Danielle Graf/Katja Seide

Das gewünschteste Wunschkind aller Zeiten treibt mich in den Wahnsinn

Gelassen durch die Jahre 5 bis 10

Danielle Graf/Katja Seide

Das gewünschteste Wunschkind aller Zeiten treibt mich in den Wahnsinn

Gelassen durch die Jahre 5 bis 10

BELTZ

Das Werk einschließlich aller seiner Teile ist urheberrechtlich geschützt. Jede Verwertung ist ohne Zustimmung des Verlags unzulässig. Das gilt insbesondere für Vervielfältigungen, Übersetzungen, Mikroverfilmungen und die Einspeicherung und Verarbeitung in elektronische Systeme.

Die im Buch veröffentlichten Hinweise wurden mit größter Sorgfalt und nach bestem Gewissen von den Autorinnen erarbeitet und geprüft. Eine Garantie kann jedoch weder vom Verlag noch von den Verfasserinnen übernommen werden. Trotz sorgfältiger inhaltlicher Kontrolle können wir auch für den Inhalt externer Links keine Haftung übernehmen. Für den Inhalt der verlinkten Seiten sind ausschließlich deren Betreiber verantwortlich. Die Haftung der Autorinnen bzw. des Verlages und seiner Beauftragten für Personen-, Sach- oder Vermögensschäden ist ausgeschlossen.

Dieses Buch ist erhältlich als:
ISBN 978-3-407-86504-5 Print
ISBN 978-3-407-86613-4 E-Book (EPUB)

5. Auflage 2023
© 2018 im Beltz Verlag
in der Verlagsgruppe Beltz · Weinheim Basel
Werderstraße 10, 69469 Weinheim
Alle Rechte vorbehalten

Illustration: www.gutentag-hamburg.de
Lektorat: Kirsten Reimers, Petra Dorn
Umschlaggestaltung: www.anjagrimmgestaltung.de (Gestaltung),
www.stephanengelke.de (Beratung)
Bildnachweis: © ZOCKY/stocksy.com
Herstellung: Myriam Frericks
Layout: www.anjagrimmgestaltung.de
Satz: publish4you, Bad Tennstedt
Druck und Bindung: Beltz Grafische Betriebe, Bad Langensalza
Beltz Grafische Betriebe ist ein klimaneutrales Unternehmen
(ID 15985-2104-100).
Printed in Germany

Weitere Informationen zu unseren Autor_innen und Titeln finden Sie unter:
www.beltz.de

*Für Carlotta, Helene, Josua, Sophie und Richard.
Euch zu lieben ist das Einfachste auf der Welt!*

P.S. Vergesst nicht, eure Zähne zu putzen!

@froschdomse Wenn man die eigenen Kinder als Quest und nicht als Endgegner sieht, geht's eigentlich!

Inhalt

Einleitung 9

Drahtseilakt Zahnlückenpubertät

Erziehung – ein Kinderspiel? 17

Zwei Wege aus dem Konflikt
beim Abendbrot 27

Ziehen wir wirklich
Tyrannen heran? 34

Schon groß und doch noch klein

Selbstständig werden, Freunde, Schule:
Was wirklich zählt 49

Vom Unterschied zwischen
Wünschen und Bedürfnissen 53

Was tun, wenn es schwirig wird? 64

Wenn die Bedürfnisse mehrerer Kinder
aufeinandertreffen 73

Dem Wunschkind die Wurzeln stärken

In Beziehung gehen – wie geht das?   84

Paula: Schule und
Eigenverantwortung   99

Sibel: Mithilfe im Haushalt   118

Ahmed: Von Gefahren
und Naturerfahrungen   132

Selbstbestimmung für Wackelzahn-Rebellen

Simon: »Und meine Suppe ess ich nicht!«   146

Marie: Unsympathische Freunde   160

Manuel: Wie viel Handy ist okay?   178

Alexander: Jedes Kind ist einzigartig   199

Wenn nicht strafen, was dann?

Lina: Einfach mal so was angestellt   218

Pascal: Mein Kind hört nicht   233

Julie: Klauen, Lügen und die Entwicklung der Moral   248

Peter: Der Provokateur   266

Übersetzungshilfen: Krasse Wörte

Die »vier Ohren« von Kindern und Eltern   278

Grit: Aktives Zuhören schafft Nähe   290

Vom Familiendesaster zum Win-win-Kompromiss

Lea: »Ich will mich wieder wohl in meiner Haut fühlen!«   312

Bedürfnis- und beziehungsorientiert durch die Jahre 5 bis 10   329

Nachwort: Liebevolles Begleiten zwischen Trotzphase und Pubertät   345

Quellenverzeichnis und Anmerkungen   349

Literatur   351

Register   356

Die Autorinnen   359

Einleitung

Weinend reichte mir meine beste Freundin Mara ihr Handy. Ich schaute aufs Display und sah ein Selfie ihres zehn Jahre alten Sohnes Mirko: Er lag auf ihrer weißen Couch, neben ihm auf dem Sofa ein Teller mit einem krümeligen Schoko-Nougat-Creme-Toast und ein Glas Cola. »Guck mal, was ich gerade mache!«, hatte er unter das Bild geschrieben. Erstaunt las ich weiter. »Du weißt genau, dass du da nicht essen sollst und schon gar nicht Schokolade!«, hatte seine Mutter erbost zurückgeschrieben. Mirkos Antwort war knallhart: »Und was willst du jetzt dagegen machen? Von der Arbeit nach Hause kommen, weil ich einen Toast esse?« Die nächste SMS seiner Mutter war erst zehn Minuten später abgeschickt worden. Offenbar hatte Mara eine Weile mit sich gerungen: »Warte nur, wenn ich das dem Papa erzähle!« – »Na und? Soll mir das Angst machen?«

»Ich muss Mirko irgendwie bestrafen«, stellte Mara bitter fest. »Hilf mir mal, etwas zu finden. Soll ich ihm für eine Woche das Handy wegnehmen? Oder soll ich das WLAN zu Hause abschalten? Hausarrest? Ich weiß nicht, ob ich das noch durchsetzen kann. Ich fürchte, dafür ist er schon zu groß geworden. Ich habe nicht die Kraft, ihn davon abzuhalten, einfach aus der Tür zu gehen. Eigentlich macht er nur noch, was er will. Ich hasse das. Mein kleiner, süßer Sohn ist mir so fremd geworden.« Sie fing an zu weinen und ich umarmte sie sanft, einen dicken Kloß im Hals.

Während es sie leise in meinen Armen schüttelte, schweiften meine Gedanken zurück zu der Zeit, als der heutige Zehnjährige fünf war. Damals saßen wir im Café und schauten mit liebevollen Augen dem bildhübschen Vorschulkind zu, das gewissenhaft und mit Zunge im Mundwinkel ein kompliziertes Feenbild malte. Auf meinen Kommentar, wie toll ihr Junge sei und dass sie wirklich stolz auf ihn sein könne, hatte sie damals nachdenklich gesagt: »Ja, Mirko ist toll. Aber weißt du, manchmal habe ich Angst, was passieren könnte, wenn ich nachlasse.« Ich verstand nicht, was sie meinte, und hakte nach. »Ach, ich finde es einfach so anstrengend, ihn immer in der Spur zu halten … ihn zu erziehen«, präzisierte sie. »Es fühlt sich an wie ein ewiger Kampf. Aber was, wenn ich nicht mehr so streng mit ihm bin? Ich möchte nicht, dass er mal auf die schiefe Bahn gerät, weißt du? Also darf ich nicht nachlassen.«

Meine Gedanken kamen zurück in die Gegenwart. Nun, die »schiefe Bahn« war der Schoko-Creme-Toast auf der weißen Couch vielleicht nicht, und doch begann die Situation gerade, unangenehm zu eskalieren. Dem Jungen das Handy wegzunehmen oder das WLAN auszuschalten, würde wahrscheinlich zu noch mehr Krieg führen. Meine Freundin schaute mich traurig an. »Er ist uns gegenüber so gehässig geworden. Du hast ja seine SMS gelesen – es ist, als wolle er uns irgendwas heimzahlen. Er entfernt sich immer weiter von mir. Muss das so sein? Ist der Sinn des Großwerdens, seine Eltern besonders stark zu verletzen, damit man selbst unabhängig wird? Das ist doch scheiße so. Das muss doch irgendwie anders gehen! Ich will mein Baby zurück.«

Wir sind fest davon überzeugt, dass es anders geht. Dass Kinder, die erwachsen werden und sich von ihren Eltern lösen wollen, dies auch ohne Gehässigkeit tun können, wenn – ja, wenn – sie nicht selbst im Laufe der Jahre immer wieder verletzt wurden. Denn viele der herkömmlichen Erziehungswege produzieren bei den Kindern Unmut und Wut über ihr Ausgeliefertsein den Eltern gegenüber und eine Sehnsucht nach eigener Macht, die entweder Schwächeren gegenüber ausgelebt wird, zum Beispiel durch Mobbing an der Schule, oder eben gegenüber den Eltern, wenn die Kinder ihnen in Größe und Kraft ebenbürtiger werden.

In diesem Buch wollen wir einen Weg aufzeigen, der ohne Verletzungen der Integrität der Kinder auskommt und trotzdem nicht die Eltern zu willfährigen Dienern ihrer Söhne und Töchter macht. Ein Weg, der auf die Bedürfnisse *aller* achtet. Der Lebensabschnitt zwischen dem fünften und zehnten Geburtstag ist ideal, um unseren Kindern wichtige soziale und gesellschaftliche Regeln zu vermitteln. Die Voraussetzungen dafür sind in diesem Alter bereits im Gehirn angelegt: die Fähigkeit zum Perspektivenwechsel, Impulskontrolle, Empathie, Selbstberuhigungskompetenzen und ein schon gut arbeitsfähiger präfrontaler Cortex.

Doch jetzt müssen diese Fähigkeiten angewendet und ausgebaut werden. Das passiert nicht nur innerhalb der Kernfamilie, sondern auch in anderen sozialen Beziehungen. Kein Wunder also, dass Kinder zwischen fünf und zehn Jahren zunehmend den Drang haben, mehr Zeit mit ihren Freunden zu verbringen als mit uns. Sie haben ein gutes Bauchgefühl dafür, was sie brauchen. In der Regel gehen diese Freunde nämlich sehr viel nachsichtiger mit Verstößen gegen soziale Regeln um als wir Erwachsenen. Wir Großen haben bereits ein sehr starres Gerüst in unserem Kopf, was »man darf« oder »nicht darf«, was peinlich ist oder schlichtweg inakzeptabel. Wir wissen auch, was ein antisoziales Verhalten für die Zukunft unseres Kindes bedeuten könnte, und wollen ihm deshalb aus Sorge um Tochter oder Sohn möglichst schnell entgegenwirken. Ein ganzer Rattenschwanz aus Gedanken und Gefühlen hängt an unseren Reaktionen, wenn unser Kind etwas tut, das wir moralisch oder gesellschaftlich grenzwertig finden.

Unsere inneren Ängste bleiben Kindern aller Altersstufen nicht verborgen. Sie sind Meister darin, unsere unbewusste Mimik und Gestik zu interpretieren und zu erkennen, dass wir denken, mit ihnen stimme etwas nicht. Dieses fremde Bild von ihnen verankert sich möglicherweise in ihrem Inneren – es wird unter Umständen sogar zu ihrem Selbstbild. Andere Kinder hingegen haben keinen solchen Rattenschwanz an Gedanken, wenn sie mit unseren Kindern spielen, weil sie noch nicht erwachsen denken. Sie reagieren nur darauf, was das Verhalten unserer Kinder mit ihnen macht. Wenn es sie ärgert, sind sie ärgerlich. Wenn es sie freut, freuen sie sich. Selbstverständlich gibt es unter Kindern heftige Streits und manchmal sogar Beziehungsabbrüche, Manipulationsversuche und emotionale Erpressung. Wer hat nicht schon mal ein Kind gehört, das sagte: »Wenn du das machst, bin ich nicht mehr deine Freundin«? Doch bei all diesen Konflikten bleibt eins wunderbar unangetastet: das Selbstbild des Kindes. Es lernt die Kausalität seines Verhaltens (»Wenn ich immer herumkommandiere, spielen die anderen nicht mit mir.«) ohne das tonnenschwere Gefühl von Schuld, welches von uns Erwachsenen oft unbeabsichtigt eingepflanzt wird (»Was stimmt denn nicht mit mir, dass ich andere immer so herumkommandiere, statt freundlich zu bitten?«).

Dieses Buch will Eltern zurückführen zum bedingungslosen, sorgenfreien Annehmen ihrer Kinder. Wir werden zeigen, dass vermeintliches antisoziales oder sogar tyrannisches Verhalten mit der großen Lernaufgabe dieses Altersabschnitts zu tun hat und gar nicht so besorgniserregend ist, wie wir Erwachsenen denken und wie in einigen Ratgebern behauptet wird. Wir werden erklären, warum unsere Kinder manchmal nicht auf uns hören oder uns sogar absichtlich provozieren und was wir ändern können, damit das besser wird. Wir werden darstellen, was bedürfnis- und beziehungsorientierte Elternschaft bedeutet und dass, gerade im Hinblick auf die nicht mehr weit entfernte Pubertät, die Jahre fünf bis zehn ein immens wichtiger Entwicklungsabschnitt sind, dessen Bedeutung leider noch zu oft übersehen wird. Es ist verwunderlich, wie wenig Literatur es für dieses mittlere Alter gibt, obwohl doch gerade hier die Grundlagen für das soziale Miteinander in Familie und Gesellschaft gelegt werden.

In Teil 1 möchten wir Ihnen schildern, was eine beziehungs- und bedürfnisorientierte Elternschaft von fünf- bis zehnjährigen Kindern im Alltag bedeutet. In Teil 2 erläutern wir die wichtigsten Bedürfnisse von Kindern in diesem Alter sowie hilfreiche bzw. nicht so hilfreiche Strategien zu ihrer Erfüllung, und wir stellen Ihnen unsere Überlegungen vor, wie dieser Erziehungsstil sich bei den zentralen Themen in den mittleren Jahren der Kindheit, nämlich selbstständig werden, Freunde und Schule umsetzen lässt. Der 3. und 4. Teil widmen sich der kindlichen Selbstbestimmung und ihren Grenzen – Themen, die uns Eltern in diesen Jahren immer wieder beschäftigen. Der Themenkreis neue Medien hat hier genauso seinen Platz wie die (manchmal etwas beunruhigende) Einzigartigkeit unserer Kinder wie auch immer wiederkehrende Konflikte rund ums Essen, um die Eigenverantwortung bei den Hausaufgaben, bei der Mithilfe im Haushalt oder beim Zusammensein mit Freunden und vielem anderen mehr. Teil 5 behandelt die Frage, wie wir als Eltern reagieren können, wenn wir unsere Kinder nicht bestrafen wollen, und in Teil 6 geht es um krasse Aussagen von Eltern und Kindern und was sie eigentlich bedeuten. Wichtig ist uns auch, und darüber sprechen wir im letzten Teil unseres Buches, auf welche Weisen wir in Beziehung mit unseren Kindern sein können und welche Lösungwege und Win-win-Kompromisse sich aus dem Abwägen von Bedürfnissen ergeben können.

Sollten Sie an der einen oder anderen Stelle des Buches nicht mit unserer Sichtweise mitgehen können, legen Sie es bitte nicht gleich beiseite: Es werden andere Stellen kommen, die sich in Ihr Herz schleichen und für Sie Sinn ergeben. Diese sind es, die Ihrer Familie guttun werden. Denn Erziehung sollte sich nicht schwer anfühlen. Weder sollten Sie als Eltern das Gefühl haben, ständig in einen Machtkampf mit ihren Kindern verstrickt und nur noch Mecker-Mama oder Mecker-Papa zu sein, noch sollten Sie dauerhaft die Grenzen Ihrer Belastbarkeit ignorieren, um alle Wünsche und Bedürfnisse der Kinder zu erfüllen. Das Babyalter, in welchem das nötig ist, ist vorbei. Wir sind davon überzeugt: In einem Familiengefüge, in dem alle Mitglieder alt genug sind, um die Perspektive eines anderen einzunehmen, müssen die Bedürfnisse jedes Einzelnen gleichermaßen beachtet werden. Selbstverständlich wird es trotzdem immer wieder schwierige Phasen geben, aber insgesamt sollten alle – Kinder und Erwachsene – das Zusammenleben als leicht und schön empfinden. Dann ist man als Familie auf dem richtigen Weg.

Wir, das sind Katja Seide und Danielle Graf. Unsere Wunschkinder Carlotta, Helene, Josua, Sophie und Richard sind seit Erscheinen unseres ersten Buches *Das gewünschteste Wunschkind aller Zeiten treibt mich in den Wahnsinn. Der entspannte Weg durch Trotzphasen* größer geworden und nun zwischen vier und neun Jahre alt. Viele der Probleme, die Eltern mit ihren kleinen Wackelzahn-Rebellen durchmachen, haben wir selbst auch erlebt. In unserem zweiten Buch, das Sie nun in Ihren Händen halten, schildern wir sowohl Situationen aus unserem Alltag mit unseren fünf Kindern als auch häufige Probleme der Leser unseres Blogs *Das gewünschteste Wunschkind aller Zeiten treibt mich in den Wahnsinn*, der auch für dieses Buch namensgebend war. Deren Namen in den Beispielen haben wir geändert und die Geschehnisse an einigen Stellen zusammengefasst. Um den Lesefluss nicht zu stören, haben wir auf die Unterscheidung »der Leser/die Leserin« verzichtet.

Seit über fünf Jahren begleiten uns zahlreiche Mütter und Väter, Großeltern und Menschen in Berufen, die mit Kindern zu tun haben. Jeden Monat werden unsere Blogartikel über bindungs- und bedürfnisorientierte Elternschaft und viele andere Themen rund ums Elternsein über eine halbe Million mal angeklickt und auch unser erstes Buch hat viele Leser erreicht. Wir sind glücklich, so viele Menschen durch das Abenteuer Leben mit Kindern begleiten zu dürfen. Immer wieder erreichen uns E-Mails oder Nachrichten über die sozialen Netzwerke, in denen uns berichtet wird, dass unsere Gedanken und Anregungen zu einem entspannteren Familienleben geführt haben. Mit unserem Buch wollen wir diesen Weg durch die Jahre fünf bis zehn weitergehen.

Es ist uns wichtig, zu betonen, dass wir keine Bedienungsanleitung für Kinder bereitstellen wollen. Stattdessen möchten wir alternative Wege aufzeigen und begründen, warum wir diese selbst gehen oder gegangen sind. Da jedoch jede Familie ein individuelles Gefüge mit verschiedenen Charakteren und Bedürfnissen ist, kann es nicht »den einen« Erziehungsweg geben. Unsere Ausführungen sind darum weder objektiv als »richtig« noch als »falsch« einzustufen. Sie sind lediglich Ergebnis dessen, was wir in unserem Leben mit unseren Kindern an positiven oder negativen Erfahrungen gesammelt haben. Unsere Argumente sind als Anregungen und Augenöffner zu verstehen, nicht jedoch als abzuhakende »To-do-Liste«, an deren Ende garantiert ein glücklicher, zuvorkommender Zehnjähriger steht.

Drahtseilakt Zahnlückenpubertät

Erziehung – ein Kinderspiel?

Oft stößt man auf Vorurteile, wenn man von beziehungs- und bedürfnisorientierter Elternschaft spricht. Das sei doch das, wo die Kinder keine Grenzen hätten, oder? Und ganz wild und laut durchs Restaurant springen würden, mit ungeputzten Zähnen und dreckigen Händen, immer geradezu danach lechzend, von den Eltern mal in die Schranken gewiesen zu werden – während diese zu faul seien, Grenzen zu setzen, oder Angst hätten, mit einem Nein die Liebe ihrer Kinder zu verlieren. Laissez-faire hieß das früher, und man hätte ja schon gesehen, wo das hinführt. Nee, nee, ehrlich mal, dieses Herumexperimentieren an den armen Kindern, wenn die Eltern ohne Bauchgefühl immer den neuesten Erziehungstrends folgten – das kann doch einfach nicht gut sein!

Es ist schwierig, jemanden, der einen ganz anderen Erziehungsweg gegangen ist oder noch geht, davon überzeugen zu wollen, dass es andere ebenso valide Wege gibt. Vielleicht ist es sogar unmöglich. Niemand lässt sich zu einem Erziehungsstil überreden, den er nicht zumindest ein bisschen aufgrund seiner bisher gemachten Erfahrungen kennengelernt hat. Die Überzeugungen, die ein Mensch in sich trägt, schreibt der Neurobiologe Dr. Gerald Hüther in seinem Buch *Ein bisschen mehr Hirn bitte*, entsprächen nur dem, was dieser betreffende Mensch bisher in seinem Leben an Erfahrungen gesammelt hätte. Unter anderen Lebensumständen, in einer anderen Familie, mit einem anderen sozialen Hintergrund, in einer anderen Region, in einer anderen Kultur hätte dieser Mensch ganz andere Erfahrungen gemacht, was sich wiederum in seinen inneren Überzeugungen niedergeschlagen hätte. Dann würde er oder sie anderes für wichtig und notwendig erachten und andere Ziele verfolgen[1]. Die erbitterten Glaubenskriege in den Internetforen für Eltern dieser Welt sind daher unproduktiv, denn es gibt objektiv gesehen keine Antwort auf die Frage, welcher Erziehungsweg »der Beste« ist. Es ist schlicht unmöglich, das pauschal festzulegen, da es in jeder Familie unterschiedliche Voraussetzungen und Lebensgeschichten gibt. Deshalb soll dieses Kapitel (und dieses Buch) nicht als Überzeugungsversuch gesehen werden, sondern einfach als Bemühen, den Unterschied zwischen der bisher gängigen autoritativen Erziehung und der bedürfnis- und beziehungsorientierten Elternschaft aufzuzeigen. Um das Verständnis zu erleichtern, greifen wir auf eine Metapher zurück: Stellen wir uns vor, Erziehung wäre ein Kinderspiel.

Es gibt, grob gesagt, zwei Arten, wie Kinder spielen können. Entweder sie finden sich in einer Gruppe zusammen und überlegen sich spontan, was sie spielen wollen. Das ist das, was man gemeinhin als freies Spiel bezeichnet. Oder sie organisieren sich in einer Mannschaft und werden dort von einem Trainer professionell betreut. Das nennt sich angeleitetes Spiel. Beziehungs- und bedürfnisorientierte Elternschaft ist, wenn man so will, wie das freie Spiel von Kindern, während autoritative Erziehung dem angeleiteten Spiel ähnelt. Keines ist besser oder schlechter als das andere. Sie sind einfach nur unterschiedlich.

Lassen Sie uns das Bild noch etwas ausbauen, um es ein wenig besser erklären zu können. Nehmen wir eine tatsächliche Spielsituation meiner Kinder, um die Grundsätze des freien Spiels und der bedürfnisorientierten Elternschaft zu skizzieren: Carlotta, Helene und Josua (damals 6, 6 und 3 Jahre alt) warteten morgens im Hinterhof. Geplant war, zuerst Josua und Helene zur Kita zu bringen, dann Carlotta zur Schule. Meine Töchter holten ihre Roller aus dem Fahrradraum, mein Sohn sein Kettcar. Dieses liebte er abgöttisch, aber man kann damit nicht besonders schnell fahren.

Die Kinder waren bereits »im Spiel«, das heißt, sie hatten den Morgen damit verbracht, in imaginäre Rollen zu schlüpfen. Das ging unten auf dem Hof weiter.

Carlotta: »Passt auf, ich bin die Mama und ihr meine Kinder. Du bist die ältere Schwester, und du bist das Baby, Josua.«
Josua: »Nein! Ich bin doch schon groß! Ich bin kein Baby mehr!«
Helene lenkt ein: »Gut, dann bin ich das Baby. Und du bist der große Bruder. Riesengroß bist du, okay?«
Josua nickt zufrieden.
Carlotta: »Und, ähm, die Mama kann fliegen, weil die eine … äh … eine Zauberin ist.«
Helene: »Aber das Baby kann auch fliegen. Ich habe klitzekleine Flügel, weil ich eine Babyfee bin.«
Carlotta, irritiert, weil es von ihrem Spielplan abweicht: »Eine Fee? Aber eine Fee kann doch kein Kind einer Zauberin sein.«
Helene: »Wohl! Du hast mich halt adoptiert.«
Helene will auch im Spiel die höhere Position behalten, die sie im echten Leben gegenüber ihrem Bruder hat, obwohl sie die Babyrolle angenommen hat. Sie schlägt deshalb vor, dass sie fliegen kann, Josua aber nicht.
Carlotta überlegt, ob sie mit dieser Änderung ihrer Idee leben kann und antwortet: »Na gut, okay, du bist eine Babyfee und fliegst hinter deiner Mama her. Aber … du kannst es noch nicht so gut und fällst manchmal runter, und ich muss dich dann mit dem Zauberstab retten, ja?«
Helene stimmt zu: »Genau, ich fliege noch nicht so gut. Ich übe noch. Und Josua … äh … der kann nicht fliegen. Weil … er ist bestimmt zu schwer, wo er doch so riesengroß ist.«
Ihr Bruder guckt skeptisch abwartend, sagt aber nichts. Die

Mädchen registrieren sein wachsendes Unbehagen und wissen, wenn sie nicht wollen, dass er aus dem Spiel aussteigt oder wütend wird, müssen sie ihm ein Zugeständnis machen.

Carlotta: »Ja, Josua, du kannst zwar nicht fliegen, aber du bist wirklich *sehr stark* und du … du passt auf, dass die Babyfee nicht runterfällt. Du fängst sie manchmal auf, wenn ich mit dem Zauberstab nicht schnell genug bin. Gut?«

Josua freut sich: »Ja! Ich fange sie auf. Ich bin der Stärkste!«

Carlotta gütig: »Na klar, voll stark bist du.«

Helene bestätigend: »Ja, du bist der *Allerstärkste* von uns.«

Carlotta: »Dann fahren wir jetzt los. Im Spiel fliegen wir und Josua fährt mit seinem schnellen Rennauto. Aber wir fliegen schneller.«

Josua empört: »Nein! Ich bin der Schnellste! Ein Auto ist doch schneller als eine Babyfee!«

Carlotta beschwichtigend: »Josua, du bist doch immer *der* Schnellste. Wir sind halt *die* Schnellsten. Du bist doch der einzige Junge bei uns, daher wirst du immer *der* Erste, *der* Schnellste und *der* Stärkste sein.«

Josua ist unbeeindruckt von dieser Logik (vor ein paar Wochen zog dieses Argument übrigens noch bei ihm): »Aber ich will wirklich der Schnellste sein. Ihr sollt hinter mir fahren mit den Rollern.«

Helene: »Nee … äh … wir wollen schnell fahren. Ich will nicht hinter dir fahren. Das ist voll lahm!«

Josua: »Doch! Ihr sollt hinter mir fahren!«

Gleich gibt es Streit. Wenn die Mädchen wollen, dass ihr Bruder im Spiel bleibt, müssen sie einen für ihn annehmbaren Kompromiss finden. Sie könnten ihn natürlich auch aus dem Spiel aussteigen lassen. Das ist jederzeit möglich und passiert auch häufiger mal. Freies Spiel ist immer freiwillig. Aber heute haben sie Interesse daran, zu dritt im Spiel zu bleiben.

> Carlotta sagt darum nach einer Denkpause: »Pass auf, äääh, wir machen es so. Wir fahren mit den Rollern nicht ganz bis zur Kita. Wir fahren zwar vor, aber wir bleiben im Versteck bei den Büschen in der Nähe der Kita. Dann fährst du zwar nicht so schnell wie wir, aber du bist trotzdem der Erste, der bei der Kita ankommt. Gut?«
> Josua überlegt einen Moment. Die Roller sind definitiv schneller als sein Kettcar, aber aufs Kettcar will er nicht verzichten. Wenn er auf die erste Position beim Fahren verzichtet, bekommt er trotzdem seinen Wunsch erfüllt, der echte Erste zu sein, weil seine Schwestern darauf verzichten, ganz zur Kita zu fahren. Er kann sie bei den Büschen überholen. Er kommt zu dem Schluss, dass er damit leben kann und bestätigt seine Entscheidung mit einem »Gut!«. Schon fahren alle drei glücklich los.

Wie Sie sehen, hatte jedes meiner Kinder eine starke eigene Vorstellung davon, wie das Spiel weitergehen sollte, doch um die Mitspieler nicht zu verlieren, bemühten sich alle darum, bei Streitpunkten einen Kompromiss zu erreichen. Kompromiss bedeutet im freien Spiel nicht unbedingt hundertprozentige Zustimmung, sondern eher, dass alle mit dem Beschlossenen soweit leben können, dass ein Weitergang des Spiels möglich ist. Die beiden Mädchen hatten in ihrem Alter bereits Hunderte solcher Rollenspiele gemacht, und man merkt ihnen an, dass sie geübt darin sind, ihre Wünsche argumentativ so einzubringen, dass ihre Spielpartner sich nicht verärgert zurückziehen. Auch fühlten sie sich in die Wünsche ihres Bruders ein, als sie ihm als Ersatz fürs Nicht-fliegen-Können eine große Kraft andichteten. Sie kannten ihn gut genug, um zu wissen, dass er dieses Angebot annehmen würde. Oft brachten sie ihre Spielideen auch als Vorschlag ein, der mit einer Nachfrage wie »Gut?« endete, um dem Mitspieler Gelegenheit zu geben, Veto einzulegen. Diese Fähigkeit hatte der kleine Josua mit seinen drei Jahren noch nicht, er forderte eher, als dass er verhandelte. Doch auch darauf nahmen seine größeren Schwestern Rücksicht. Wie man in diesem Beispiel sieht, sind Selbstbehauptung, Verhandlungsgeschick, Empathie und Kompromissbereitschaft die entscheidenden Voraussetzungen für freies Spiel.

Bedürfnisorientierte Elternschaft ist nicht viel anders als das freie gemeinsame Spiel von Kindern. Wenn wir wollen, dass der Alltag rund läuft und alle Mitglieder der Familie glücklich »dabei bleiben«, müssen wir immer wieder Kompromisse anbieten, mit denen wir leben können – aber auch auf Dingen bestehen, die uns selbst wichtig sind. Dann ist es Aufgabe der anderen, uns entgegenzukommen, damit wir nicht aus dem Miteinander aussteigen. Da unseren Kindern das Kompromisse-Finden eigentlich von der Natur in die Wiege gelegt wurde (wie man erkennt, wenn man sie beim freien Spiel beobachtet), gelingt es ihnen in der Regel auch gut innerhalb des Familienverbandes. Doch so, wie Carlotta und Helene auf ihren deutlich jüngeren Bruder geachtet haben und auf seine Wünsche stärker eingingen, als er es im Gegenzug mit ihren Wünschen konnte, müssen wir Erwachsenen beachten, dass unsere Kinder noch im Lernprozess sind, was Entgegenkommen und Win-win-Kompromisse angeht. Während es für einen Vierjährigen ein großer Schritt ist, wenn er *überhaupt* von seiner Position abrückt (und sei es noch so wenig), kann man von einem Zehnjährigen schon deutlich mehr Kompromissfähigkeit erwarten – wenn diese kontinuierlich von den Eltern unterstützt und auch eingefordert wurde.

Innerhalb der beziehungs- und bedürfnisorientierten Familie gibt es, wie beim freien Spiel, keinen wirklichen »Bestimmer«. Die Eltern sind nicht die Trainer, sondern Teil des Teams. Alle können und sollen ihre Vorstellungen in die Diskussion einwerfen und werden berücksichtigt. Dabei haben die Erfahrungen der Großen, wie in altersgemischten Kindergruppen auch, natürlich etwas mehr Gewicht als die der Kleineren, und doch bleibt das Akzeptieren dieser Führungsposition auf freiwilliger Basis. Ich kann als Erwachsener zwar sagen, dass ich es draußen als kalt empfinde und denke, eine Jacke wäre angebracht, doch es bleibt jedem überlassen, ob er meinen Rat annimmt oder nicht. Dazu zählen selbstverständlich nicht Gefahrensituationen wie befahrene Straßen, Steckdosen, offene Fenster oder giftige Substanzen. Da mein erwachsenes Gehirn besser planen kann als das meiner Kinder, nehme ich vorsichtshalber Jacken für sie mit, wenn sie sich dagegen entscheiden. Ich dränge sie ihnen nicht auf. Sie sind einfach da und werden ohne ein besserwisserisches »Ich hab es dir doch gesagt!« übergeben, falls die Kinder später merken, dass ihnen doch kalt ist.

Selbstverständlich gibt es auch beim freien Spiel Regeln, doch diese werden gemeinschaftlich aufgestellt. Dementsprechend entscheiden auch alle gemeinsam, ob gerade eine Regel gebrochen wurde. Fühlt sich einer ungerecht behandelt, teilt er das lautstark und vehement mit. Aufgabe des Teams ist es dann, zu besprechen, was getan werden kann, damit dieser Spieler sich wohler fühlt. Gelingt das nicht, löst sich das Spiel womöglich auf. Es ist auch nicht so, dass es allen Kindern gleich leicht fällt, sich auf Kompromisse einzulassen oder von ihren Ideen abzurücken. Mit Kindern, denen es schwerer fällt, gibt es deutlich mehr Streit, und deutlich öfter wird das freie Spiel von einer der Parteien abgebrochen. Doch das ist nicht so schlecht, wie es auf den ersten Blick aussieht. Es ist ein menschliches Grundbedürfnis, zu spielen und Teil einer Gruppe zu sein. Dieses Bedürfnis ist so stark in uns verankert, dass auch solche Kinder, denen es schwerfällt, von ihren eigenen Wünschen abzurücken, es schließlich lernen, weil es sie immer wieder zur Gruppe zurückzieht. Sie müssen nur genügend Zeit haben, es zu üben. Sie müssen scheitern, die Konsequenzen des Scheiterns tragen und es erneut versuchen dürfen.[2]

Auch in der beziehungs- und bedürfnisorientierten Elternschaft gibt es Momente, in denen unsere Kinder kurzzeitig aus dem Alltagsspiel aussteigen, weil in ihren Augen kein gemeinsamer Weg gefunden wurde. Genauso wie beim Spiel braucht es dann Gesprächsbereitschaft. Macht ein Erwachsener oder ein Kind »zu«, ist also nicht bereit, Rücksicht auf die Bedürfnisse der anderen zu nehmen und dessen Argumente anzuhören, funktioniert es nicht. Ohne Verhandlungsbereitschaft kommt kein freies Spiel und kein bedürfnisorientiertes Zusammenleben zustande. Da die Eltern, die diesen Erziehungsstil verfolgen, nicht strafen wollen, haben sie auch nichts in der Hand, um ihren »Mitspieler« zu irgendetwas zu zwingen. Wenn man es gewohnt ist, eine klassische Führungsposition als Elternteil innezuhaben, lässt einen dieses »Nicht-am-längeren-Hebel-Sitzen« zunächst ratlos zurück. Wie bringt man ein »bockiges« Kind dazu, etwas zu tun, das es nicht möchte? Das ist die entscheidende Frage, auf die wir im Kapitel »Wenn nicht strafen, was dann?« eingehen werden. An diesem Punkt ist erst einmal nur wichtig, dass Eltern ihre Kinder in einem solchen Fall nicht anbetteln, etwas zu tun oder zu lassen. Sie reden auch nicht endlos auf sie ein, sie überreden sie nicht, sie locken sie nicht mit irgendwelchen Versprechungen. Drohen können sie ihnen auch nicht. Bedürfnis- und beziehungsorientierte Eltern sagen ihren Kindern klar, was sie sich wünschen, und oft auch, wie sie sich gerade fühlen, und dann vertrauen sie darauf, dass die Familie nach einer kurzen Wartezeit eine gemeinsame Lösung finden wird. Und das klappt in den meisten Fällen! So erstaunlich es klingt, es funktioniert wirklich ganz ohne Belohnung und Strafe.

Die autoritative Erziehung gestaltet sich dagegen eher wie ein angeleitetes Spiel nach Regeln. Es gibt einen oder zwei Trainer – die Eltern –, die die Regeln kennen und darauf achten, dass die Mitglieder der Mannschaft, also die Kinder, diese Regeln einhalten, damit alles fair und ohne Streit abläuft. Sie haben also eine höhere

Position inne als die Spieler. Diese Position begründet sich darauf, dass sie älter und weiser sind. Immerhin haben sie schon fast ein halbes Leben hinter sich. Sie haben gute und schlechte Erfahrungen auf ihrem Weg gesammelt, und es wäre eine Vergeudung von Lebenszeit und Ressourcen, Erfahrungen nicht an den Nachwuchs weiterzugeben, so wie es ein guter Trainer nun einmal macht.

Außerdem haben die Eltern auch den Job des Schiedsrichters. Mit ihrem umfassenden Regelverständnis können sie vorausschauend und zum Besten aller das Spiel führen. Wenn die Mannschaft auf die Trainer und Schiedsrichter hört, gibt es keine Verweise, Rote Karten oder Auszeiten. Alles läuft wunderbar rund, und es ist eine Freude, Teil des Teams zu sein. Wenn einer der Spieler Mist baut und gegen die Regeln verstößt, dann hat das für ihn Konsequenzen, die ihm klar machen, dass dieses Verhalten unerwünscht ist. Der Schiedsrichter entscheidet, was ein Regelverstoß ist und wie die Strafe ausfällt. Manchmal ist das eine mündliche Verwarnung, manchmal eine Gelbe Karte, manchmal eine Auszeit auf der Bank. So lernt das Kind, sich an die Regeln zu halten und sich ins Team einzuordnen. Es lernt ebenfalls, sich darauf zu verlassen, dass die Trainer es gut mit ihm meinen, auch wenn ihm das angesichts der erfolgten Konsequenz nicht so vorkommt. Da unsere gesamte Gesellschaft in dieser Form hierarchisch aufgebaut ist, wird das Kind so gut auf »das richtige Leben« mit seinen ganz eigenen Regeln vorbereitet.

Ab und zu lehnen sich die Spieler gegen die Entscheidung des Schiedsrichters auf, oder sie stellen die Kompetenz des Trainers in Frage. Dann werden sie ebenso wie die Erwachsenen wütend und steigen aus dem Spiel aus, um sich erst einmal zu beruhigen. Um wieder mitspielen zu können, müssen sie sich allerdings wieder den von den Erwachsenen aufgestellten Regeln beugen. Je älter die Spieler werden, desto mehr Mitspracherecht bekommen sie, denn mit der Spielpraxis kommt Einsicht und Verständnis für die notwendigen Regeln. Die größeren Spieler dürfen dann ab und zu die Aufgaben des Schiedsrichters übernehmen und über ihre kleineren Teamkameraden wachen. Damit erhalten sie eine höhere Position und mehr Rechte und lernen peu à peu, andere umsichtig zu führen. Nutzen sie ihre neue Position aus, beschweren sich die Kleinen bei den Eltern, und diese rügen entweder das große Kind oder sie entziehen ihm als Folge das Anrecht zu führen. Doch wie äußert sich der Unterschied der Erziehungshaltungen im Alltag? Auf den nun folgenden Seiten werden wir die eher theoretischen Überlegungen dieses Kapitels anhand eines Praxisbeispiels tiefergehend erklären.

Zwei Wege aus dem Konflikt beim Abendbrot

In vielen Familien bietet der Abendbrottisch Konfliktpotenzial. Nehmen wir eine alltägliche Situation wie diese: Eine Familie sitzt beisammen, alle hatten einen langen Tag in der Schule oder auf der Arbeit. Die Eltern wünschen sich eine ruhige, gesittete Mahlzeit, doch die Kinder sind laut, albern herum und hören mit ihrem Quatsch nicht auf, obwohl die Eltern schon mehrfach um Ruhe gebeten haben. Was nun?

In der klassischen autoritativen Erziehung wären die nächsten Schritte nun ziemlich klar:

- Die Eltern sagen den Kindern noch einmal klar, dass sie leiser sein sollen und warum.
- Sie drohen, dass das Essen für die Kinder beendet sei, wenn sie weiter herumalbern.
- Die Eltern brechen das Essen tatsächlich ab (sie handeln konsequent) und schicken die Kinder aus der Küche.
- Die Eltern essen in Ruhe weiter.
- Die Kinder ziehen sich wütend in ihr Zimmer zurück.
- Nach dem Essen reden die Eltern noch einmal freundlich mit den Kindern. Sie erklären ihnen, warum sie als Eltern so gehandelt haben und wie die Kinder das nächste Mal vermeiden können, dass das Essen für sie beendet wird.
- Liebevolles Vergeben und Vergessen.

Diese Schritte kommen uns ganz natürlich in den Sinn, weil wir sie in der Kindheit häufig erlebt haben. Sie sind uns vertraut, wir brauchen nicht groß über sie nachzudenken.

Eine bedürfnis- und beziehungsorientierte Lösung für die gleiche Situation zu finden, gestaltet sich etwas schwieriger, wenn wir es nicht gewohnt sind, Konflikte so zu bearbeiten, dass es weder Sieger noch Verlierer gibt. Schauen wir uns die Situation einmal genauer an: Um alle Bedürfnisse der einzelnen Familienmitglieder berücksichtigen zu können, müsste man zunächst hinter das Verhalten gucken, um zu erkennen, was das Herumalbern auslöst. Da Bedürfnisse individuell sind, kann das recht schwierig sein. Es erfordert einiges an Einfühlung, um das Bedürfnis eines anderen, der sich vielleicht selbst nicht darüber im Klaren ist, herauszufinden. Doch ist es relativ wahrscheinlich, dass das Bedürfnis der Kinder nach einem anstrengenden Tag *Erholung* und *Entspannung* ist. Die Strategie, die sie zur Befriedigung wählen, ist *Herumalbern*. Die Eltern dürften nach dem langen Arbeitstag ebenfalls das Bedürfnis nach *Entspannung* haben, doch sie wünschen sich *Ruhe*, um dieses zu befriedigen. Sie wollen am Tisch sitzen und möglichst wenig Unruhe um sich herum haben, während sie essen. Das sind zwei Grundbedürfnisse, die miteinander kollidieren und gegeneinander abgewogen werden wollen. Wessen Bedürfnis wiegt schwerer, das der Kinder oder das der Eltern? In anderen Situationen fällt das Abwägen relativ leicht – wir kommen darauf noch einmal in Kapitel »Vom Familiendesaster zum Win-win-Kompromiss« zu sprechen – doch in unserem Beispiel ist das Bedürfnis nach Entspannung durch Herumalbern genauso relevant wie das Bedürfnis nach Ruhe. Sie sind gleichwertig. Was nun?

Da bedürfnis- und beziehungsorientierte Elternschaft wie freies Spielen ist, kommunizieren nun alle Familienmitglieder solange miteinander, bis sie einen Kompromiss finden. Die Eltern könnten zum Beispiel sagen: »Wir haben euch mehrmals um Ruhe gebeten, doch ihr habt nicht aufgehört. Daran merken wir, dass ihr *wirklich* gerade nicht leise sein könnt. Sonst hättet ihr unseren Wunsch erfüllt. Wir beide sind aber ziemlich kaputt und haben Ruhe nötig. Was könnten wir tun, damit wir alle das bekommen, was wir brauchen?«

Ziemlich oft kommen Kinder dann mit einer praktikablen Lösung um die Ecke, weil sie, im Gegensatz zu uns, noch nicht so sehr in eingefahrenen Bahnen denken. »Mami und du, ihr könntet doch euer Abendbrot im Wohnzimmer essen. Dann könnt ihr auf der Couch rumliegen und essen und euch unterhalten, und wir können hier in der Küche weiter Quatsch machen«, könnte eine der möglichen Lösungen sein. Eine andere wäre, dass die Kinder ihr Abendbrot als Picknick auf dem Hof, im Garten oder auf dem Spielplatz einnehmen und währenddessen herumalbern könnten. Zwar wäre, ähnlich wie beim klassischen Erziehungsweg, an diesem Abend eine gemeinsam eingenommene Mahlzeit nicht möglich, weil einfach die Bedürfnisse zu verschieden sind, um sie unter einen Hut zu bekommen – aber schließlich kommt eine solche Situation ja nicht allzu oft vor. Weder brechen klassisch erziehende Familien jeden Tag das Essen mit ihren Kindern ab, noch müssen bedürfnisorientierte Eltern jeden Tag in einem anderen Raum zu Ende essen. Doch anders als bei dem autoritativen Beispiel oben würde bei dieser bedürfnisorientierten Lösung niemandem die *Schuld* zugewiesen werden. Ein Win-win-Kompromiss wäre gefunden worden. Niemand wäre auf den anderen sauer, niemandes Integrität würde verletzt werden.

Blöd nur, dass unser angelerntes Bauchgefühl sich oft trotzdem meldet und uns besorgt fragen lässt, ob diese angebliche Win-win-Lösung *wirklich* gut ist? Haben wir Eltern nicht irgendwie verloren, wenn wir uns ins ruhige Wohnzimmer zurückziehen? Horchen Sie in sich hinein – hatten Sie dieses ungute Gefühl auch, als Sie die bedürfnisorientierte Lösung der Situation lasen? Das geht vielen Eltern so. Unsere eigenen Erziehungserfahrungen – die großen

Einfluss auf unser Bauchgefühl haben – lassen uns immer wieder unsicher werden. Dass unsere erweiterte Familie ebenfalls oftmals skeptisch ist, macht es nicht einfacher. Wir haben unentwegt Angst, etwas falsch zu machen, sodass unsere Kinder womöglich zu egoistischen Tyrannen heranwachsen. Deshalb haben wir nicht nur Schwierigkeiten, außerhalb unserer klassischen Lösungsstrategien nach Kompromissen zu suchen, wir haben hinterher auch noch mit einem schlechten Gewissen zu kämpfen. Das ist nicht so prickelnd, nicht wahr? Gott sei Dank verflüchtigen sich diese Gefühle, wenn wir sehen, wie gut diese gleichwürdige Beziehung unseren Kindern tut und wie leicht das Zusammenleben wird.[3]

Doch kommen wir noch einmal auf unser altes Bauchgefühl zurück: Ja, man hat als Elternteil verloren, wenn man sich ins Wohnzimmer zum Essen zurückzieht, weil die Kinder in der Küche einfach nicht aufhören, Blödsinn zu machen – *wenn* man die Situation als Machtkampf versteht. Wenn man denkt, man müsse sich in jedem Fall gegen seine Kinder durchsetzen, weil sie sonst den Respekt verlieren und einem auf der Nase herumtanzen, dann darf man auf keinen Fall die Küche verlassen. Sieht man jedoch seine Kinder nicht als Gegner, sondern als Individuen, deren Bedürfnisse gleichwertig mit denen der Erwachsenen sind, dann verliert man nicht an Respekt, wenn man ihnen die Küche überlässt. Man hat einfach auf die Bedürfnisse aller geachtet.

Die Schritte für die bedürfnis- und beziehungsorientierte Elternschaft sind also:

- Die Eltern sagen den Kindern noch einmal klar, dass sie leiser sein sollen und warum.
- Sie warten kurz ab.
- Die Eltern erklären, dass sie verstanden haben, dass die Kinder offenbar im Augenblick wirklich nicht anders reagieren können.

- Alle versuchen, die Bedürfnisse hinter dem unterschiedlichen Verhalten zu finden.
- Die Bedürfnisse aller werden verbalisiert und abgewogen.
- Alle Familienmitglieder finden gemeinsam einen Kompromiss.
- Die gefundene Lösung wird umgesetzt.

Wie Sie sich vielleicht denken können, dauert der bedürfnis- und beziehungsorientierte Ansatz länger. Natürlich wird die Familie mit der Zeit geübter darin, Kompromisse zu erzielen, doch braucht es naturgemäß mehr Zeit, wenn sich alle einigen müssen, als wenn einer die Richtung angibt. Dies wird von Kritikern des Erziehungsstils immer wieder als Gegenargument angeführt: Die beziehungs- und bedürfnisorientierte Elternschaft sei kein alltagstaugliches Konzept, weil sie zu viel Zeit in Anspruch nähme. Allenfalls Vollzeiteltern, die keine Termine wahrnehmen müssten, könnten sie umsetzen. Als voll arbeitende Erwachsene können wir diese Kritik nicht bestätigen, doch wollen wir nicht verheimlichen, dass der erforderliche Aufwand im Alltag manchmal lästig sein kann. Es ist in der Tat anstrengender, sich die Zeit zu nehmen, einen Kompromiss zu finden, als einfach anzuordnen, was gemacht wird. Wir können Ihnen jedoch versprechen, dass es sich lohnt, diese Zeit auch und gerade am Anfang der Erziehung zu investieren. Denn während es eine zähe Angelegenheit ist, abzuwarten, bis man mit einem Dreijährigen eine Lösung gefunden hat, gestaltet sich das mit einem Fünfjährigen schon sehr viel einfacher, und mit etwa sieben Jahren sind die Kinder dann so geübt, dass das Finden eines Win-win-Kompromisses nicht viel länger dauert als mit einem erwachsenen Freund.

Anhand des Abendbrotbeispiels kann man ganz gut erkennen, dass die beiden Erziehungskonzepte kindliche Kompetenzen auf unterschiedliche Art und Weise fördern. Vielleicht fördern sie sogar unterschiedliche Kompetenzen. Die Kinder, die wegen ihres Quatschmachens rausgeschickt wurden, werden sich vielleicht beim nächsten Mal stärker zusammenreißen und ihr Lautsein unterbinden, damit die Eltern ihre Ruhe haben. Damit hätten sie ihre Impulskontrolle trainiert und einen wichtigen Schritt in Richtung Sozialverhalten gemacht – sie nehmen sich selbst in einer Situation zugunsten anderer zurück. Ihr Beweggrund, sich zu zügeln, ist, gemeinsam mit den Eltern zu essen. Sie haben gelernt, sich in eine Gruppe einzufügen, ohne anzuecken. Sie haben gelernt, für ihren »Fehler« (das Quatschmachen zum ungünstigen Zeitpunkt) einzustehen und die Konsequenz (rausgeschickt zu werden) zu tragen. Die Kinder der anderen Familie lernen, ihre Bedürfnisse hinter ihrem Verhalten zu erkennen und sich in die Bedürfnisse der anderen hineinzuversetzen. Vielleicht ermöglicht ihnen dieses Wissen, sich beim nächsten Mal freiwillig für den anderen zurückzunehmen. In diesem Fall würden sie auch ihre Impulskontrolle trainieren. Sie lernen zudem, ihren Wünschen Gehör zu verschaffen. Sie haben ihre Kompromissbereitschaft und ihr Verhandlungsgeschick geschult und eine Win-win-Lösung gefunden.

Beide Erziehungswege sind von der Liebe der Eltern zu ihren Kindern geprägt. Egal, welches Erziehungskonzept wir verfolgen, sind die Werte, die wir Eltern unseren Kindern mit auf den Weg geben wollen, eigentlich fast überall gleich. Es gibt selbstverständlich kulturell bedingte unterschiedliche Gewichtungen, aber man kann sagen, dass fast alle Eltern sich wünschen, dass ihre Kinder

- Selbstwertgefühl entwickeln: Sie sollen sich als wertvoll für ihr Umfeld empfinden, verstehen, dass sie einen einzigartigen Beitrag leisten und Dinge schaffen können, die sie sich vornehmen. Kurz, sie sollen glücklich sein.
- ein gutes Sozialverhalten lernen: Sie sollen sich und ihre Wünsche zugunsten anderer zurücknehmen können, freund-

lich agieren, Kompromisse finden und sich in eine Gruppe einfügen können.
- Durchsetzungsvermögen haben: Sie sollen keine Ja-Sager werden, in einer Gruppe nicht untergehen und ihre Interessen selbstbewusst vertreten.
- Durchhaltevermögen zeigen: Sie sollen beharrlich an einer Aufgabe dran bleiben, auch wenn diese langwierig, schwer oder langweilig ist. Sie sollen nicht vorschnell bei jedem kleinen Hindernis aufgeben.
- Eigenverantwortlichkeit lernen: Wenn sie einen Fehler gemacht haben, sollen sie dazu stehen können und sich um Wiedergutmachung bemühen – Selbstreflexion und Kritikfähigkeit sind wichtige Voraussetzungen dafür. Kinder lernen »gute« eigene Entscheidungen zu fällen, dabei ihre Zukunft im Blick zu behalten und zu planen.
- empathisch sind: Sie sollen sich in die Gefühlswelt anderer hineinversetzen können und auf der Grundlage dieses Mitgefühls Dinge unterlassen, sollten diese den anderen unangenehm sein, oder Dinge tun, die andere freuen.
- moralisch handeln: Wenn etwas gegen ihre inneren Moralvorstellungen verstößt, sollen sie das Rückgrat haben, es nicht zu tun, selbst wenn ihre Freunde und Peers es machen. Sie sollen sich der gängigen Moralvorstellungen der Gesellschaft bewusst sein und sich daran halten.

Leider wird der bedürfnis- und beziehungsorientierten Elternschaft oftmals abgesprochen, diese Werte vermitteln zu können. Stattdessen wird der neuen Elterngeneration auffallend oft vorgeworfen, sie würden egozentrische, ungezogene, unangepasste und arbeitsscheue Kinder aufziehen. Was dran ist an diesen Vorwürfen und warum Kinder früher scheinbar sehr viel einfacher zu führen waren, werden wir im folgenden Kapitel beleuchten.

Ziehen wir wirklich Tyrannen heran?

Es gibt nichts, das Eltern so sehr stresst wie der Gedanke, ihre Erziehung könnte in irgendeiner Weise scheitern und aus ihren Kindern könnten egoistische kleine Arschlöcher werden. Es gibt auch nichts, das Eltern so oft unheilvoll prophezeit wird wie die egozentrische Tyrannei ihrer Kinder, weil ihre Erziehung versagt hat. *Warum unsere Kinder zu Tyrannen werden, Tyrannen müssen nicht sein, Wenn die Tyrannenkinder erwachsen werden, Das explosive Kind: Plan B für Eltern von kleinen Tyrannen, Persönlichkeiten statt Tyrannen* … ein Blick in die Regale mit Erziehungsratgebern in Buchhandlungen legt den Schluss nahe, wir seien die unfähigste Elterngeneration aller Zeiten.

Doch was ist dran am Vorwurf der vermeintlichen Experten? Nun gibt es sicherlich einen wahren Kern in der Beobachtung, dass Kinder heute lauter oder aufmüpfiger sind. Möglicherweise liegt es nicht nur an der positiv verzerrten Erinnerung unserer Eltern, wenn sie Stein und Bein schwören, dass wir »nie *so* waren«. Doch wenn das stimmt, dann wäre es interessant herauszufinden, welchen Grund dies hat – und ob diese Entwicklung wirklich so problematisch ist, wie uns eingeredet wird. Unseres Erachtens spielt mit hinein, dass Eltern früherer Generationen und die heutigen Eltern ihre Babys und Kleinkinder ganz unterschiedlich behandeln. Um das zu erklären, müssen wir einen kleinen Abstecher in die Psychologie machen. Genauer gesagt in das Thema »erlernte Hilflosigkeit«.

Erlernte Hilflosigkeit

Die erlernte Hilflosigkeit – und ihr Zusammenhang mit Depressionen und anderen Problemen – wurde von Martin E. P. Seligman, Professor für Sozialpsychologie und Klinische Psychologie, untersucht und beschrieben. Er teilte zum Beispiel bei einem Versuch Hunde in drei Gruppen auf. Am Anfang des Experiments erhielten die Hunde der ersten Gruppe elektrische Schocks, die sie durch eine bestimmte Reaktion, beispielsweise das Drücken eines Hebels, verhindern konnten. Die Hunde lernten sehr schnell und zeigten zuverlässig eine Vermeidungsreaktion. Selbst schwierige Lernaufgaben, wie den Kopf völlig still zu halten, damit der Elektroimpuls aufhörte – also im Prinzip das *Unterlassen* einer Reaktion –, wurde von den Hunden gemeistert. Die zweite Versuchsgruppe erhielt unter sonst gleichen Bedingungen ebenfalls elektrische Schocks, konnten diese jedoch nicht verhindern. Egal, was sie taten, ob sie sich bewegten, ob sie stillhielten, ob sie bellten oder auf Hebel drückten, die Stromschläge waren für sie unvermeidbar und unvorhersehbar. Die dritte Gruppe diente als Kontrollgruppe und erhielt keine Schocks.

In der zweiten Phase des Experiments kamen die Hunde in eine Shuttle-Box, die aus zwei identischen Kammern bestand, die durch eine Trennwand miteinander verbunden waren. Der Boden der Kammer, in denen sich ein Hund befand, wurde nach einiger Zeit unter Strom gesetzt. Diesen Schocks konnte er entgehen, indem er über die Trennwand in die andere Box sprang. Die erste Gruppe, die die Erfahrung gemacht hatte, aktiv etwas gegen die Schmerzen tun zu können, lernte schnell, die Schocks zu vermeiden. Da diese auch von einem bestimmten Ton angekündigt wurden, sprangen sie sogar schon bald über die Trennwand, *bevor* der Stromschlag sie erreichte. Sie lernten also, ihm komplett zu entgehen. Auch die

Hunde der Kontrollgruppe, die bisher keine Stromschlägen erhalten hatten, fanden – wenn auch etwas langsamer – heraus, wie sie die Schmerzen vermeiden konnten.

Die zweite Gruppe jedoch, die in der ersten Runde erlebt hatte, dass die Schocks unvermeidlich und für sie unkontrollierbar waren, blieben in der Box liegen und ertrugen die Stromschläge leise winselnd und lethargisch. Selbst wenn ihnen gezeigt wurde, dass die andere Seite der Box sicher war, oder wenn sie hungrig waren und auf der sicheren Seite ihre Lieblingswurst lag, konnten die Forscher sie nicht dazu bewegen, den Schocks durch eine aktive, selbstständige Handlung zu entgehen. Nur, wenn die Versuchsleiter die Hunde an der Leine etwa 25- bis 500 Mal mit großer Kraftanstrengung über die Absperrung gezerrt hatten, begannen die hilflosen Hunde endlich wieder, von sich aus zu handeln.[4]

Seligmann schloss daraus, dass der Zustand der Hilflosigkeit erlernt werden könne. Tiere – und Menschen –, die in der Vergangenheit unkontrollierbaren Traumata ausgesetzt waren, zeigen bei späteren erneuten traumatischen Situationen keine Motivation, diesen durch aktives Handeln zu entgehen. Die erlebte Macht- und Hilflosigkeit führt zu einem eingeschränkten Verhaltensrepertoire. »Mehr noch«, schreibt Seligman, »selbst wenn er [der Hund] reagiert und es ihm gelingt, durch seine Reaktion den Stress zu reduzieren, so hat er Schwierigkeiten zu lernen, wahrzunehmen und zu glauben, dass seine Reaktion dies bewirkte.«[5]

Dass das Wort »Trauma« in diesem Fall nicht nur Elektroschocks, Vergewaltigung oder Krieg meint, zeigten die Experimente zur erlernten Hilflosigkeit des Psychologen Donald Hiroto. Statt Stromschlägen wurden Studenten einem unangenehm lauten Geräusch ausgesetzt, während sie eine anspruchsvolle Aufgabe lösen mussten. Die Gruppe, die dieses Geräusch in der ersten Phase durch einen Knopfdruck beeinflussen konnte, fand auch in der zweiten Phase schnell heraus, mit welcher Aktion der Lärm abgestellt werden konnte. Diejenigen, die jedoch die Erfahrung gemacht hatten, dass das Geräusch nicht zu beeinflussen war, versuchten es in der zweiten Phase gar nicht mehr.[6]

Hiroto stellte auch fest, dass es maßgeblich von den inneren Überzeugungen eines Menschen abhing, wie schnell dieser sich in den Versuchsanordnungen als hilflos erlebte: Diejenigen, die glaubten, ihr Leben sei von Zufall oder Glück gelenkt, neigten eher zur Hilflosigkeit als solche, die überzeugt davon waren, dass der Verlauf ihres Lebens von ihren eigenen Fähigkeiten und Fertigkeiten geprägt sei, sie es also selbst in der Hand hätten, wie ihr Leben verläuft. Doch wie kommt es zu solchen inneren Überzeugungen?

Die Erfahrung von Kompetenz

Innere Überzeugungen werden in der frühesten Kindheit »eingepflanzt«. Wie die meisten von uns wissen, war es in der Kindheit der heutigen Elterngeneration, also etwa in den 1970er-Jahren (in den 1980ern nicht mehr so stark) noch gang und gäbe, Babys in einem strikten Vierstundentakt zu stillen oder zu füttern und auf ihr Weinen und Schreien nicht zu reagieren, damit sie lernten, allein einzuschlafen beziehungsweise mit ihrem Gequengel niemanden zu manipulieren. Damit wurden wir als Babys ganz klassisch auf Hilflosigkeit konditioniert. Verspürten wir Hunger oder Einsamkeit, bewirkte keine unserer Aktionen irgendeine Veränderung der unangenehmen Situation. Egal, ob wir am Fäustchen lutschten, auf der Suche nach der Brustwarze unseren Kopf hin- und herdrehten oder laut weinten, um unsere Bezugspersonen auf unser Unwohlsein aufmerksam zu machen: Nichts brachte uns Erleichterung. Niemand reagierte, wenn nicht die vier Stunden zwischen den Mahlzeiten um waren. War das der Fall, kam das Fläschchen, der

Brei oder die Brust, ganz unabhängig davon, ob wir Hungersignale zeigten oder nicht.

Das Essen oder die körperliche Zuwendung erhielten wir also völlig unabhängig von unseren Äußerungen – was uns nicht nur Kompetenzerfahrungen verwehrte, sondern uns eben klassisch auf Hilflosigkeit konditionierte. Wie den Hunden in Seligmanns Experimenten halfen uns unsere Handlungen nicht, unsere Bedürfnisse zu befriedigen. Diese Art der Hilflosigkeitserfahrung wirkt sich stark auf das Verhalten im weiteren Leben aus.

Kinder, die von Anbeginn ihres Lebens erfahren haben, dass sie gegen den Willen der Erwachsenen nicht ankommen, werden auch in späteren Situationen in ihre erlernte Hilflosigkeit zurückfallen. Selbst wenn sie etwas älter sind und trotzig gegen die Entscheidungen der Eltern rebellieren, können die Erwachsenen dies relativ leicht eindämmen, weil wenig Glaube an die eigene Kompetenz und Kraft sowie einen möglichen Sieg in den Kindern verankert ist.

Behaupten unsere Großeltern und Eltern also beim Anblick unserer vehement ihre Grenzen und Integrität verteidigenden Kinder, dass »es das bei uns nicht gegeben hat«, dann stimmt das sogar. Wir haben gelernt, angesichts der Macht der Erwachsenen früh zu kapitulieren. Wir sind bei Konflikten mit unseren Eltern schnell in unsere erlernte Hilflosigkeit zurückgefallen und haben nicht mehr für unsere Belange gekämpft. Wir haben Mützen aufgesetzt, obwohl uns warm war – weil unsere Eltern sagten, dass es kalt sei. Wir haben das Essen runtergewürgt, das wir nicht mochten – weil unsere Eltern sagten, wir müssten erst was »Richtiges« zu uns nehmen, bevor es Nachtisch gäbe. Manche von uns haben sogar ein Fach studiert oder einen Beruf erlernt, der nicht ihren Neigungen entsprach, weil die Eltern meinten, sie wüssten besser, was ein zukunftsträchtiger und krisensicherer Job sei und uns glücklich macht.

Im Gegensatz zu uns haben die Kinder heute normalerweise als Säuglinge keine Hilflosigkeit erfahren. Die Bedürfnisse der heutigen Babys werden zumeist feinfühlig von ihren Eltern erkannt und befriedigt. Wenn sie weinen, versuchen ihre Eltern herauszufinden, was sie stört. Das Weinen wird nicht als Manipulationsversuch verstanden, sondern als Signal echter Not. Wenn sie Hungersignale zeigen, werden sie gestillt oder mit der Flasche gefüttert – nach Bedarf und unabhängig von der Zeit. Zeigen sie, dass sie auf den Arm der Eltern wollen, werden sie hochgenommen. Manche Eltern sind sogar so kompetent im Lesen ihrer Kinder, dass sie erkennen können, ob ihr Kind gerade Harndrang hat. Es kann auf diese Weise von Geburt an windelfrei aufwachsen.

Kinder, deren Signale verstanden werden, merken, dass sie von ihren Bezugspersonen angenommen werden, wie sie sind; und dass sie nicht hilflos sind, sondern Werkzeuge wie Stimme, Mimik und Gestik besitzen, um aktiv daran zu arbeiten, dass momentanes Unwohlsein verschwindet. Vom Tag ihrer Geburt an erleben sie sich selbst als kompetent. Der Leitsatz »Ich kann etwas bewirken, wenn ich es will« gräbt sich als Selbstbewusstsein und Selbstwertgefühl tief in ihren Erfahrungsschatz ein.

Nun haben wir also auf der einen Seite die Babys früherer Generationen, denen das Weinen und andere Signale von Anfang an konsequent abgewöhnt wurde, die auf Hilflosigkeit konditioniert wurden. Und wir haben die heutigen Babys, die erfolgreich auf ihre Bedürfnisse mithilfe von Weinen und anderen Reaktionen aufmerksam machen. Es ist nicht verwunderlich, dass die Kinder ihre Strategien auch nach dem ersten Geburtstag beibehalten: Die einen werden Dinge hinnehmen, weil sie gelernt haben, dass ihre Handlungen und Lautäußerungen die Lage nicht verändern. Die anderen werden laut und deutlich sagen, wenn ihnen etwas nicht passt und zur Not für die Einhaltung ihrer Rechte und Integrität auch körperlich kämpfen.

Ich hatte in diesem Zusammenhang ein aufschlussreiches Erlebnis mit meinem Sohn Josua, das ohne Zweifel keine Sternstunde meiner mütterlichen Kompetenz war. Mein Sohn war damals zwei Jahre alt, und ich hatte bis dahin noch niemals eines seiner Neins übergangen. Wir hatten es immer geschafft, einen Kompromiss zu finden. Er war aufgewachsen in dem Bewusstsein, dass seine Stimme zählt und alle Menschen seine Grenzen achten, sofern er sie aufzeigt. Nun hatte er die ganze Woche schon morgens immer wieder genörgelt, er wolle nicht in den Kindergarten, und die ganze Woche lang hatte ich, meinen eigenen Grundsätzen folgend, innerlich klar meine Erwartungen formuliert und dann auf seine freiwillige Kooperation gewartet, die auch stets zuverlässig kam. Er war jeden Morgen mitgekommen, ohne dass ich ihn zwingen oder bestechen musste.

Doch es war eine anstrengende, nervenaufreibende Woche für mich gewesen, und als er am Freitagmorgen wieder zu nörgeln begann, er wolle nicht in die blöde Kita, war meine Geduld am Ende. Ich hatte keine Lust mehr. Ich spürte, wie sich meine alten »Programme« nach oben kämpften – Glaubenssätze, die aufgrund meiner eigenen Kindheitserfahrungen im meinem Gehirn abgespeichert sind: Der Junge musste endlich lernen, zu hören! Ich würde mir das nicht mehr gefallen lassen! Schließlich hatte ich Verpflichtungen, ich musste pünktlich bei der Arbeit erscheinen, und das setzte zwingend voraus, dass der Junge in die Kita ging! In meinem Gehirn machte es hörbar »Klick«, und ich tat, was ich noch nie getan hatte: Ich nahm ihn gegen seinen Willen hoch und verließ mit ihm die Wohnung.

Doch so leicht machte er es mir nicht. Er strampelte und schrie in meinen Armen. Er wand sich wie ein Aal und machte sich schwer, sodass ich Schwierigkeiten hatte, ihn zu halten und die Treppe sicher hinunterzusteigen. Er brüllte lautstark. Er konnte offenbar gar nicht fassen, was ich da tat. Doch nun hatte ich diesen Weg einmal gewählt und konnte nicht mehr zurückrudern. Andere Eltern machen das doch auch andauernd, beschwichtigte ich mein Gewissen. Sicher würde er sich bald beruhigen.

Nein, er beruhigte sich nicht. Der Weg zur Kita ist nur 150 Meter lang, doch er kam mir vor wie eine Ewigkeit. Immer wieder musste ich stehen bleiben und das sich heftig wehrende Bündel in meinen Armen justieren, damit es nicht wegrutschte. Mehr als einmal trafen mich fliegende Ärmchen und Beinchen schmerzhaft. Josua schrie Zeter und Mordio – so laut, dass ein mir unbekannter Radfahrer abstieg, um zu fragen, ob er helfen könne. Vielleicht dachte er, ich würde dieses Kind entführen. Obwohl ich ihn böse anfunkelte und nicht gerade freundlich abkanzelte, bestand der Fremde darauf, uns bis zur Kita zu begleiten. Er trug meinen Rucksack und schob unseren Kinderwagen, mit dem ich vorher erhebliche Schwierigkeiten gehabt hatte, da ich beide Hände brauchte, um Josua im Arm zu halten. Im Nachhinein ziehe ich im Stillen meinen Hut vor so viel Zivilcourage. Sich einer wütenden Mutter zu stellen ... Chapeau!

Bei der Kita angekommen, beruhigte sich Josua immer noch nicht. Ich trug ihn – weiterhin wild strampelnd und laut kreischend – die Treppe hoch. Völlig fertig und durchgeschwitzt kamen wir in der Garderobe an. Ihn in so aufgelöstem Zustand abzugeben, kam natürlich nicht infrage. Er war wirklich völlig außer sich. Noch nie zuvor hatte ich körperliche Macht angewendet, um seinen Willen zu brechen und meinen durchzusetzen – und dieses Erlebnis hat mich vollständig davon geheilt, es je wieder versuchen zu wollen! Man sah dem kleinen Kerl deutlich an, dass er nicht fassen konnte, dass ich so gehandelt hatte. Ich brauchte sage und schreibe 30 Minuten, um ihn halbwegs zu trösten – 20 mehr, als es in den Tagen vorher gedauert hatte, einen Kompromiss zu finden, den wir gemeinsam tragen konnten. Nur durch eine Verkettung günstiger Zufälle kam ich an diesem Tag doch noch pünktlich zur Arbeit.

Wenn Eltern also dem bedürfnis- und beziehungsorientierten Weg folgen und dementsprechend den Leitsatz »Nein heißt nein!« anerkennen, dann haben sie, sollte ihr Kind älter als ein Jahr alt sein, kaum noch Chancen, ihre eigenen Wünsche mit *Druck* durchzusetzen. Die Kinder knicken nicht einfach ein, nur weil wir Erwachsenen das wollen. Genau dies ist der Punkt, an dem die Tyrannen-Herbeischreier uns vorwerfen, wir hätten unsere Kinder nicht »im Griff«. Sie wären zu laut, zu aufmüpfig, zu unverschämt – Arschlochkinder eben. Sie würden Grenzen nicht akzeptieren, sondern alles diskutieren wollen, und auch Ansagen von Respektspersonen wie Lehrerinnen und Lehrern würden immer seltener Beachtung finden. Ich kann das als Sonderpädagogin durchaus bestätigen – es ist heute deutlich schwerer, Schülerinnen und Schüler mit Strafmaßnahmen zu beeindrucken, als es noch in meiner Kindheit vor 30 Jahren war. Ja, die Kinder sind heutzutage selbstbewusst genug, um auch in der Schule oder Ausbildung nachzuhaken, wenn ihnen eine Anweisung von Autoritätspersonen unsinnig vorkommt. Doch anders als die Autorinnen und Autoren der oben erwähnten Ratgeber halten wir es für eine gute, gesunde Richtung, in die wir uns da bewegen. Immerhin wünscht sich die Gesellschaft Erwachsene, die selbstbewusst auf Ungerechtigkeiten hinweisen und das Rückgrat besitzen, für ihre Meinungen einzustehen, auch wenn sie deswegen Gegenwind erfahren. Individuen, die zum Beispiel Verfehlungen einer Regierung aufdecken, werden von den Menschen gefeiert und mitunter sogar versteckt, damit sie den Vergeltungsmaßnahmen entgehen können. Es stellt sich die Frage, warum es Kindern zunächst abgewöhnt werden soll, wenn es doch im Erwachsenenalter als erstrebenswerter Charakterzug empfunden wird.

Wir denken darum, dass nicht die Kinder sich ändern müssen: Sie sind genau richtig, wie sie sind. Es wäre absurd, zum alten Umgang mit Babys zurückzukehren, nur um dann wieder wie früher willfährige Klein- und Schulkinder zu haben. Der Schaden an der psychischen Gesundheit, den der Umgang früherer Generationen mit den kleinen Erdenbürgern unwissentlich verursacht hat und den eine Rückkehr dorthin erneut verursachen würde, ist viel höher, als die Mühe, die es macht, neue Wege jenseits von Machtausübung zu finden, die ein kooperatives und respektvolles Miteinander zwischen Erwachsenen und Kindern ermöglichen.

Das Für und Wider unserer eigenen Sozialisation

Fühlen Sie sich hilflos? Nein? Ich mich auch nicht. Ich verzweifle auch nicht bei jeder kleinen Hürde, die in meinem Leben auftaucht. Eigentlich sind wir doch ziemlich gut geraten, so im Großen und Ganzen, oder? Genau! Das liegt daran, dass wir hilflosen Säuglinge von damals in späteren Lebenssituationen sehr wohl Kompetenzerfahrungen machten. Unsere Eltern ließen uns allein in der Kindergruppe draußen herumstromern, sodass wir unbeaufsichtigt auf Bäume kletterten, unbekannte Stadtgebiete erkundeten und uns mit unseren Freunden zerstritten und wieder vertrugen. In diesen Situationen erlebten wir uns nicht als hilflos, sondern bauten ein Selbstwertgefühl auf, das uns versicherte: »Ich kann etwas.« Während wir uns also machtvollen Personen wie zum Beispiel unserer Chefin gegenüber klein fühlen, sind wir trotzdem zu lebenstüchtigen Menschen herangewachsen. Wir haben vielleicht Schwierigkeiten, selbstbewusst »Nein!« zur wiederholten Überstunde oder zum tausendsten »Kannst du mal eben schnell …?« unseres Kollegen zu sagen, doch in anderen Bereichen unseres Lebens sind wir stark und aufrecht.

Unglücklicherweise wird den Kindern heute diese Chance mehr und mehr verstellt – mit den besten Absichten. Unabhängig vom Erziehungsweg übrigens. Weil die Welt gefährlicher scheint, dürfen unsere Kinder nur noch selten allein, und wenn, dann altersmäßig sehr viel später durch die Gegend streifen. Die Spielplätze sind voll von am Rand sitzenden Erwachsenen, die bei Streit unter Kindern schlichtend eingreifen, weil sie nicht mit ansehen können, dass die Kleinen sich mit ihrer noch unausgereiften Impulskontrolle handgreiflich streiten. Unsere Kinder machen also eher Kompetenzerfahrungen in der Kommunikation mit Erwachsenen – ihre verbalen und nonverbalen Äußerungen werden ernst genommen. Sie erfahren jedoch immer stärker Hilflosigkeit in Fragen des Alltags und des Lebens. Denn dort werden ihnen zu viele Aufgaben abgenommen. So entwickeln sie möglicherweise hier die Leitgedanken »das schaffe ich sowieso nicht«, »dazu bin ich noch zu klein« oder »dafür bin ich einfach zu dumm«. Einer solchen Erziehungskonstellation können dann tatsächlich Menschen entwachsen, die sich von Respektspersonen »nichts sagen lassen«, aber bei jeder kleinen Schwierigkeit einknicken und aufgeben. Solche also, vor denen die Tyrannen-Ratgeber warnen. Oha!

Günstiger wäre es deshalb, zwar den Trend der gleichwürdigen Beziehung zwischen Erwachsenen und Kindern beizubehalten, aber gleichzeitig den Kindern stärker die Möglichkeit zu geben, zu scheitern, auf die Nase zu fallen und zu lernen, wieder aufzustehen. Wir müssen unseren Kindern wieder vertrauen lernen und Gefahren zulassen, die wir selbst als Kinder auch gemeistert haben.

Die Psychologen Martin Seligman und Franz Petermann warnen in ihrem Buch *Erlernte Hilflosigkeit*: »Wenn ein junger Erwachsener keine Erfahrung mit der Bewältigung von Angst und Frustration sammeln konnte, wenn er niemals versagte und damit fertig wurde, wird er nicht fähig sein, Misserfolg, Langeweile und Frustration in entscheiden Situationen zu bewältigen. Zu viel Erfolg, zu viel Verwöhnung macht ein Kind hilflos, wenn es schließlich mit seinem ersten Misserfolg konfrontiert wird. […] Ich bin überzeugt, dass viele […] ›Versager‹ aufgrund zu vieler Erfolge unzureichende

Bewältigungsmechanismen entwickelt haben. Ihre Eltern und ihre Lehrer machten ihnen die Dinge aus einem falschverstandenen Gefühl von Liebe heraus viel zu leicht.«[7]

Es ist wichtig, die Hintergründe zu kennen, die ein Kind antisozial, egozentrisch oder lebensuntüchtig werden lassen könnten, denn nur so ist es möglich, diese Stolperfallen in der Erziehung zu umgehen. Es wäre geradezu aberwitzig, wenn wir aus der guten Absicht heraus, unsere Kinder anders als frühere Generationen zu behandeln, neue Probleme für die Gesellschaft kreierten. Im nun folgenden Abschnitt werden wir uns darum mit dem Teil des Gehirns beschäftigen, der unsere Kinder befähigt, angenehm sozial, empathisch und beharrlich zu werden.

Supertool präfrontaler Cortex

Es ist schwierig, zu definieren, was »Arschlochkinder« oder »Tyrannenkinder« überhaupt sein sollen, da jegliches auffälliges Verhalten von Kindern immer nur ein Indikator dafür ist, dass dieses Kind unglücklich ist. Jedes Verhalten hat einen – für das Kind guten – Grund. Wenn sich ein Kind also wie ein kleines Arschloch oder ein großer Tyrann aufführt, wenn es absichtlich andere Kinder ärgert, Erwachsene provoziert oder Dinge zerstört, dann ist das seiner momentanen Verfassung geschuldet, und es will damit ausdrücken, dass es sich wünscht, jemand würde seinen Schmerz sehen und ihm helfen. Diesen Punkt werden wir im Laufe unseres Buches noch tiefergehender erklären.

Es lässt sich trotzdem nicht bestreiten, dass es unangenehme Erwachsene gibt, die das Wort »Arschloch« oder »Tyrann« verdienen. Menschen, die nur auf ihren eigenen Vorteil bedacht sind. Menschen, die lügen und betrügen und so anderen schaden. Menschen, die Freude daraus ziehen, andere in Angst und Schrecken zu versetzen. Menschen, die die Grenzen von anderen nicht akzeptieren und darüber hinwegwalzen, wenn es ihnen in den Kram passt. Man braucht gar nicht lange zu suchen – ein Blick in die obersten Etagen der Weltpolitik allein offenbart eine ganze Reihe an handfesten Tyrannen und Arschlöchern. Deren Erziehung ist schon lange abgeschlossen. Was um Himmels Willen lief da schief? Wie konnte es dazu kommen, dass diese von Natur aus guten Kinder zu so rücksichts- und gewissenslosen Erwachsenen wurden?

Die Antwort findet sich unter anderem im Gehirn des Menschen – speziell in einem Bereich, der präfrontaler Cortex genannt wird. Das sind neuronale Netzwerke, die im Stirnhirn über den Augenhöhlen liegen und einen Großteil dessen ausmachen, was wir als zivilisiertes und gesellschaftlich akzeptables Verhalten empfinden. Der präfrontale Cortex ist quasi eine vernünftige Kontrollschleife, in der all unsere spontanen Impulse evaluiert werden. Werden wir beispielsweise geärgert und haben den Impuls, den Angreifer zu schlagen, dann durchläuft dieser aggressive Wunsch die Kontrollschleife. In Sekundenschnelle wird abgewogen, was unser Zuschlagen für Folgen hätte. Würde unser Gegenüber noch aggressiver reagieren, sodass wir in Gefahr kämen? Steht unsere potenzielle Reaktion in einem angemessenen Verhältnis zum auslösenden Ärgern? Würde es unserem Gegenüber großen Schaden zufügen? Je nachdem, wie dieser Prozess verläuft, wird der Schlagimpuls vom Gehirn mäßigend verändert.[8]

Die neuronalen Netzwerke des präfrontalen Cortex beginnen erst im dritten Lebensjahr langsam zu reifen, was erklärt, warum Kleinkinder sofort und ungehemmt zuhauen oder beißen, wenn ihnen etwas nicht passt. Ihre Kontrollschleife arbeitet noch nicht. Erst ab dem dritten Lebensjahr fängt das Gehirn langsam an, die für den Abwägeprozess notwendigen Informationen zu speichern. Es muss zum Beispiel abgelegt werden, wie ein Mensch aussieht, der wütend ist. Kann ein Kind die wütende Mimik und Gestik seines Gegenübers nicht entschlüsseln, würde es keine Notwendigkeit erkennen, sein Verhalten zu zügeln. Auch natürliche Folgen von Verhalten müssen abgespeichert werden: Schlägt ein Kind ein anderes, wird dieses wahrscheinlich sofort zurückhauen. Ein Erwachsener, der vom Kind geschlagen wird, dreht sich vielleicht um und geht weg, oder er schimpft laut. All diese Reaktionen speichert das Gehirn des Kindes im Laufe der Zeit ab.

Der präfrontale Cortex ist aber nicht nur dafür verantwortlich, ob wir jemanden schlagen oder nicht. Mit seiner Hilfe können wir uns auch Ziele für die Zukunft setzen, Handlungen im Kopf planen, bevor wir sie ausführen, uns konzentrieren, unsere Aufmerksamkeit willentlich steuern und dabei Störendes unterdrücken, uns beim Kuchenessen oder anderen Dingen zurückhalten, damit wir nicht zu dick werden, uns aufraffen, wenn wir eigentlich müde sind und abhängen wollen, und auch Rückschläge im Leben aushalten, ohne daran zu verzweifeln. Kurz gesagt, unser Gehirn und besonders der präfrontale Cortex sind unser menschliches »Supertool«, ohne das wir ziemlich aufgeschmissen wären.

Und genau an dieser Stelle könnte es möglicherweise schieflaufen. An dieser Stelle entscheidet sich, ob ein Kind empathisch und sozial wird oder unempathisch und egoistisch. Ob es seine Zukunft im Blick behält und auf seine Ziele beharrlich hinarbeitet oder darauf wartet, dass Mutti das schon macht. Ob es lernt, die Bedürfnisse anderer gegen die eigenen abzuwägen, oder ob es einfach seinen Willen durchsetzt, weil es in dem Moment stärker und mächtiger ist. Deshalb werden wir im nun kommenden Teil des Buches beleuchten, wie die beziehungs- und bedürfnisorientierte Elternschaft auf ganz natürliche Weise dazu beiträgt, die positiven Werte unserer Gesellschaft in unseren Kindern zu verankern.

Schon groß
und doch
noch klein

Selbstständig werden, Freunde, Schule: Was wirklich zählt

Manchmal ist das Verhalten unserer Kinder für uns Erwachsene völlig unverständlich. Kaja, 35, und Jan, 32, zum Beispiel werden jeden Abend von ihrer Tochter Bella in einen Streit getrieben – für keinen von ihnen eine schöne Situation. Und weder Kaja noch Jan können sich erklären, warum ihre Tochter so handelt.

> Bei uns ist seit einiger Zeit abends vor dem Schlafengehen der Wurm drin. Meine Tochter Bella ist sechseinhalb. Sie ist gerade zur Schule gekommen. Morgens beim Frühstück ist alles okay. Sie ist freundlich, zuvorkommend und hilft beim Tisch decken und so weiter. Alles ist friedlich, bis wir nachmittags vom Spielplatz nach Hause aufbrechen. Nach der Schule gehen wir nämlich meist noch dorthin, damit sie sich vom Schulstress entspannen kann. Dort spielt sie dann auch glücklich mit ihren Freundinnen. Danach aber geht es los. Manchmal explodiert sie schon auf dem Weg nach Hause und beschimpft uns übel, wenn irgendwas in ihren Augen schiefläuft. Bemühen wir Eltern uns jedoch, uns nicht provozieren zu lassen, kommen wir oft nach Hause, ohne dass sie explodiert. Aber dann kommt es unweigerlich kurz vor dem Ins-Bett-Gehen zum Streit.
> Sobald wir im Bad sind, wird sie unausstehlich. Sie kommandiert uns herum, als wären wir ihre Bediensteten. Sie pöbelt richtig!

Wir sollen ihr »gefälligst« (O-Ton) beim Ausziehen helfen und wehe, wir tun es nicht in der Reihenfolge, in der sie es will! Danach mault sie, warum das blöde Bad schon wieder so eiskalt sei. Wir hätten doch mal daran denken sollen, die Heizung für sie hochzudrehen. Später ist es ganz sicher so, dass wir die falsche Zahnpasta auf die Bürste gedrückt haben. Sie motzt uns an, dass wir doch wüssten, dass sie die andere lieber mag. Aber am nächsten Abend sagt sie das Gleiche zur anderen Zahnpasta. Man kann es Bella wirklich nicht recht machen.

Mein Mann und ich, wir versuchen ihre Pöbelei möglichst zu ignorieren, aber irgendwann platzt uns beiden trotzdem der Kragen. Irgendwann kann ich einfach nicht mehr, und ich schreie sie an. Verbitte mir diesen Ton und weise sie darauf hin, wie extrem unfreundlich sie gerade mit uns spricht. Wenn ich das früher mit meinen Eltern gemacht hätte, ich hätte spätestens nach dem zweiten Satz eine sitzen gehabt.

Das Ding ist, sobald wir zurückmotzen, ist Bella richtiggehend schockiert und todunglücklich. So als ob wir ihr das größte Unrecht der Welt antun. Ich verstehe das nicht. Ich meine, sie fängt doch an! Sie bricht in Tränen aus und weint sich die Seele aus dem Leib. Wir kuscheln dann natürlich mit ihr und bleiben so lange bei ihr, bis sie aufhört und einschläft. Dann erinnert sie mich immer so an die Zeit, als sie noch ein Baby war. Ich liebe sie so sehr, aber ich wünschte, sie würde abends mit dem Pöbeln aufhören. Mir wird zwar von allen Bekannten und Freunden gesagt, dass sich Kinder in Bellas Alter halt an uns Eltern reiben müssen und dass solche Machtkämpfe normal sind. Aber ich halte das kaum noch aus – meine Nerven liegen blank. Warum mutiert unser Kind im Badezimmer zum Diktator? Wir wünschen uns eine ruhige Abendroutine. Gespräche über ihr unmögliches Verhalten haben nicht geholfen.

Eigentlich muss es doch für Bella unglaublich unangenehm sein, jeden Abend von ihren Eltern ausgeschimpft zu werden und dann weinend einschlafen zu müssen. Eigentlich müsste es in ihrem eigenen Interesse sein, die Abendroutine in einer entspannten Atmosphäre zu durchlaufen. Es ist doch viel schöner, beim Zähneputzen mit dem Papa zu scherzen, beim Schlafanzuganziehen der Mama vom Tag zu erzählen und dann mit einem Küsschen von beiden ins Bett zu hüpfen und vielleicht noch eine Gute-Nacht-Geschichte vorgelesen zu bekommen. Und doch gebärdet sich das Kind immer wieder so biestig, dass sie ihre Eltern regelmäßig gegen sich aufbringt. Obwohl die Großen mit ihr gesprochen haben, scheint kein Lerneffekt einzutreten. Bella mutiert nach der Schule oder abends im Bad unweigerlich zum Tyrann, und die Erwachsenen schütteln verständnislos den Kopf.

Bella: Stressabbau einer Erstklässlerin

In den allermeisten Fällen von unangemessenem, provozierendem Verhalten ergibt der eingeschlagene Weg für unsere Kinder einen Sinn. Für Bella muss es demnach einen (unbewussten) wichtigen Grund geben, immer wieder so unfreundlich zu sein, sonst hätte sie angesichts der Schelte, die sie deswegen einsteckt, längst damit aufgehört. Schauen wir uns die Situation also genauer an. Die Eltern erzählen, dass ihre Tochter schon als Baby abends in ihren Armen geweint habe. Das ist bei Babys nicht ungewöhnlich: Die meisten von ihnen haben abends eine sogenannte »Schreistunde«, in denen sie die Eindrücke vom Tag verarbeiten. Im Prinzip ist es ein Ventil zum Stressabbau.

In diesem Licht betrachtet, ist das Verhalten der nun Sechseinhalbjährigen plötzlich gar nicht mehr so unverständlich: Sie ist gerade zur Schule gekommen, das heißt, sie hat während des Tages mit ungewohnten, neuen Situationen zu tun, die ihr Stress verursachen: Freunde finden, sich alleine organisieren – es sind eine Menge Anforderungen, die am Schulanfang auf die Kinder einstürmen. Dieses Stresslevel bleibt in Bella bestehen, bis sie eine Möglichkeit findet, es abzubauen. Das menschliche Gehirn greift gern auf Strategien zurück, die in der Vergangenheit erfolgreich waren, deshalb sucht Bella unbewusst eine Möglichkeit, ihren Stress so abzubauen, wie sie es bisher immer gemacht hat – durch Weinen.[1] Da sie von überaus liebevollen Erwachsenen umgeben ist, ist ihr unbewusster Wunsch, zu weinen, um ihr unbewusstes Bedürfnis nach Stressabbau zu befriedigen, gar nicht so leicht umzusetzen. Sie nutzt daher, auch wieder unbewusst, die Strategie des Pöbelns, um in der Konfrontation mit ihren Eltern einen echten Grund zum Weinen zu haben. Schimpfen die Eltern mit ihr, kann der innere Druck – ihr Schulstress – endlich via Tränen raus.

Für Bella ist der Ringkampf mit ihren Eltern also eine äußerst effektive Strategie der Psychohygiene! Und gerade weil sie so effektiv ist, hält das Kind so vehement daran fest. Für Bella ist der Nutzen (Stressabbau) höher als die Kosten (ausgeschimpft werden), zumal sie in den Armen ihrer Eltern weinen darf, trotz ihres unmöglichen Verhaltens vorher. Würden die Eltern es schaffen, sich absolut nicht provozieren zu lassen, egal, wie das Mädchen sich verhält, müsste Bella mit erhöhtem Stresslevel ins Bett – auf Dauer eine ungesunde Sache. Andererseits ist ihre Strategie für die Eltern bei aller Liebe absolut unhaltbar. Kein Elternteil dieser Welt muss sich so von seinen Kindern behandeln lassen, kindliche Psychohygiene hin oder her. Wir können ab und zu Prellbock spielen, aber nicht auf Dauer und nicht auf Kosten unserer eigenen psychischen Gesundheit. Zwar ist das »Warum« von Bellas Verhalten nun verständlich, doch das »Wie« ist und bleibt für die Erwachsenen unerträglich.

Vom Unterschied zwischen Wünschen und Bedürfnissen

Um eine gute Lösung für Bellas Familie zu finden, müssen wir uns ein bisschen näher mit dem Unterschied von Wünschen und Bedürfnissen befassen: Jeder Mensch hat Wünsche. Jeder Mensch hat Bedürfnisse. Leider wachsen wir in unserer Gesellschaft nicht mit der Kompetenz auf, beides klar auseinanderhalten zu können. Deshalb fällt es uns Eltern häufig schwer, zu entscheiden, ob wir etwas, das unser Kind will, erfüllen sollten: Ist es nur ein Wunsch oder ist es ein echtes Bedürfnis?

Häufig sehen wir Eltern nur die Strategien unserer Kinder und werden sauer. Es ist ja auch wirklich ärgerlich, wenn ein sechsjähriger Knirps zu allem und jedem Nein sagt und wie Bella die gesamte Abendroutine torpediert. Wenn man dann als Elternteil wirklich seine Ruhe braucht, bleibt im Alltag oft keine Zeit, um tiefer zu forschen und zu erkunden, welches Bedürfnis hinter der Strategie steckt. Manche Eltern sind sich nicht einmal bewusst, dass da überhaupt ein Bedürfnis im Hintergrund steht. Dann werden Erklärungen wie »Er will nur testen, wer der Herr im Haus ist«, »Sie möchte ihre Grenzen aufgezeigt bekommen« oder »Er will seinen Willen durchdrücken« bemüht, um das Verhalten der Kleinen zu interpretieren.

Viele von uns Eltern schaffen es, hinter dem Verhalten ihres Kindes den Wunsch zu erkennen. Das ist ein großer Schritt vorwärts, denn damit gibt es immerhin einen nachvollziehbaren Grund für uns Großen. Wer kennt es nicht, morgens nicht zur Arbeit zu wollen? Wir können uns also mit dem kindlichen Wunsch, nicht zur Schule zu müssen, identifizieren, und das stimmt uns im Hinblick auf die – für uns anstrengende – Strategie milder. Manchmal können wir die Wünsche jedoch nicht nachvollziehen, weil wir sie selbst nicht haben. Dann ärgern wir uns richtig – sowohl über den Wunsch als auch die Strategie. Bei Bellas Eltern war das der Fall: Sie konnten einfach nicht nachvollziehen, warum das Mädchen jeden Abend offenbar weinend ins Bett gehen *wollte*, statt eine entspannte Abendroutine mit ihren Eltern zu durchlaufen. Ist uns der Wunsch unseres Kindes fremd, reagieren wir genervter auf die Art und Weise, mit der er geäußert wird, als wenn wir ihn nachvollziehen können.

Hinter sehr vielen Wünschen stehen echte Bedürfnisse, die denjenigen, die diese Wünsche äußern, meist gar nicht bewusst sind. Bella zum Beispiel war sich nicht bewusst, dass sie sich jeden Abend so renitent verweigerte, weil der Schulanfang sie immens anstrengte. Ihr Bedürfnis hinter ihrem Wunsch und hinter ihrer Strategie war für alle Beteiligten zunächst ein Rätsel. Erst durch das Zusammenpuzzeln der Begleitumstände und ihres Verhaltens als Baby wurde klar, dass Entspannung beziehungsweise Stressabbau der treibende Faktor ihres Verhaltens war. Dieses Bedürfnis konnten Kaja und Jan gut nachvollziehen. Als den Eltern klar wurde, dass ihre Tochter nicht einfach nur ein »fieses Tyrannenkind« war oder sich »an ihnen reiben musste«, änderte sich ihre Sicht auf die abendlichen Machtkämpfe grundlegend. Zwar war der Ton der Tochter für sie immer noch schlimm und auf Dauer nicht tragbar, doch wussten sie nun, dass Bella einfach noch keine bessere Strategie gefunden hatte. Das Wissen um Bellas Bedürfnis eröffnete der gesamten Familie endlich neue Wege zu seiner Befriedigung.

Fassen wir also zusammen: Menschen haben unterschiedliche Leben, unterschiedliche Charaktere, unterschiedliche Wünsche und unterschiedliche Strategien – diese können deshalb bei anderen Wut auslösen, aber wir alle haben dieselben lebenswichtigen Grundbedürfnisse. Auf dieser Ebene sind alle Menschen gleich. Sobald wir also einem anderen Menschen ein echtes Bedürfnis offenbaren, ruft das meist eine positive Resonanz hervor, da die anderen es nachvollziehen können. Unsere Wünsche und Strategien mögen ihnen fremd sein, unsere Bedürfnisse sind es nicht. Das führt dazu, dass sie sich zumeist tatsächlich bemühen, uns bei der Befriedigung unseres Bedürfnisses zu unterstützen.

Was jeder Mensch zum Glücklichsein braucht

Luft, Nahrung, Wasser, Schlaf, Körperhygiene – ohne die Erfüllung dieser Grundbedürfnisse würden wir relativ schnell sterben, das ist uns allen klar. Auch Bewegung beziehungsweise Körpertraining, Ruhe und Erholung, Sex und Körperkontakt sowie Schutz vor Gefahren sind Bedürfnisse, die den meisten von uns nach einigem Nachdenken einfallen. Doch es gibt noch andere, weniger offensichtliche Bedürfnisse, die im Leben eines jeden Menschen erfüllt sein müssen. Wir schreiben *müssen* bewusst, weil ein Mensch nur dann wirklich glücklich werden kann, wenn seine Bedürfnisse befriedigt werden – diejenigen, denen mehrere wichtige Elemente fehlen, werden depressiv und verlieren oftmals den Lebensmut.

Das Gehirn des Menschen ist nämlich so angelegt, dass die Erfüllung von Bedürfnissen die Ausschüttung von den körpereigenen Opioiden Dopamin und Oxytocin nach sich zieht – es werden also glücklich machende Hormone freigesetzt, und der Mensch fühlt sich wohl. Werden die Bedürfnisse dagegen missachtet oder gar nicht erst erkannt, stockt die Ausschüttung. Der Mensch fängt an, unglücklich zu werden. Leider ist das ein sehr unbestimmtes Unglücklichsein. Eines ohne wirklich greifbaren Anlass. Da wir uns unserer eigenen echten Bedürfnisse häufig nicht wirklich bewusst sind, fangen wir in solchen Momenten an, Strategien zu suchen, um wieder glücklicher zu werden. Meist nutzen wir allerdings die falschen Mittel. Doch bevor wir die falschen Strategien genauer erläutern, wollen wir zunächst einmal klären, was die wirklich lebenswichtigen Bedürfnisse eines Menschen sind.[2]

Authentizität und Integrität

Jeder Mensch möchte er selbst sein dürfen, ohne sich für einen anderen verbiegen zu müssen. Dieses Bedürfnis haben wir von Geburt an. Leider wurde in der Vergangenheit Babys und Kleinkindern sehr viel Anpassung an die Wünsche ihrer Eltern abverlangt, was dazu führte, dass die meisten von uns eben nicht ihr ureigenes Selbst entwickeln konnten, sondern etwas windschief in die Richtung gewachsen sind, in der man uns haben wollte. Die Folge eines solchen Lebens »neben der Spur« kann sein, dass man sich zeitlebens irgendwie vage unglücklich oder falsch fühlt.

Grundsätzlich gilt: Jedes Kind möchte so geliebt werden, wie es ist. Darf es all seine Facetten zeigen und wird auch bei Konflikten seine Integrität gewahrt, wächst es psychisch gesund heran.

Selbstwirksam sein

Nichts macht Kinder (und Erwachsene) glücklicher, als zu sehen, dass sie selbst etwas bewirken können. Sei es, wenn ein Baby es zum ersten Mal schafft, an der Schnur des Hampelmanns zu ziehen und dieser daraufhin die Arme und Beine bewegt. Sei es, dass der Einjährige mit großer Mühe den Hochstuhl allein erklettert. Sei es, dass der Zweijährige sich mit dem Kindermesser selbst ein Brot schmiert ... Deshalb ist es wichtig, dass wir Eltern unseren Kindern nicht zu viel abnehmen aus Angst, sie könnten sich verletzen. Damit beschneiden wir nämlich automatisch ihre Bedürfnisse nach Selbstwirksamkeit. Viele Probleme, die wir mit unseren fünf- bis zehnjährigen Kindern haben, resultieren daraus, dass sie sich nicht als selbstwirksam erleben. Sie haben das Gefühl, ihr Leben nicht selbst in der Hand zu haben und es nicht durch eigene Kraftanstrengung verbessern zu können. Dieses Gefühl macht nicht nur unglücklich, es kann sogar zu Depressionen führen.[3]

Eigene Entscheidungen treffen

Sobald ein Kind feststellt, dass es »Ich« ist und der andere »Du«, wächst das Bedürfnis, eigene Entscheidungen zu treffen. Der Beginn der Autonomiephase wird markiert vom ersten vehementen »Nein!« des Kindes. Wir Eltern sollten darauf achten – altersgerecht natürlich –, möglichst viele Neins zu akzeptieren und die Kinder eigene Entscheidungen für ihren persönlichen Bereich treffen zu lassen. Dass dies nicht bedeutet, mit einem unzureichend bekleideten Einjährigen auf dem Fahrrad durch die winterliche Stadt zu fahren, wie es kürzlich in einer Zeitung zu lesen war, sollte jedem klar sein. Ein solches Verhalten ist unterlassene Fürsorgepflicht und gehört bestraft. Dennoch ist es möglich, auch Kleinkinder Entscheidungen treffen zu lassen. Je älter das Kind wird, desto mehr sollte ihm überlassen werden: Was ziehe ich an? Wann bin ich müde und gehe schlafen? Wie viel esse ich? Wann gehe ich auf die Toilette? Was möchte ich lernen?

Beachten Eltern dieses Bedürfnis ihres Kindes nicht, wird es immer wieder dafür kämpfen. Das gilt besonders für unsere fünf- bis zehnjährigen Kinder. Sie fühlen sich schon unheimlich groß und reagieren genervt und manchmal mit Aggression, wenn wir

Erwachsenen nicht genügend Entscheidungsfreiheit und Eigenverantwortung einräumen.

Wertgeschätzt werden

Wertschätzung für unser Tun und unser Sein zu erfahren ist eines der größten Grundbedürfnisse der Menschheit. Oft wird Wertschätzung mit Lob verwechselt – Lob ist allerdings nur eine Art Ersatzdroge. Echte Wertschätzung kann mit einem Blick, einer Körperhaltung, einem einfachen »Danke« oder einem Kopfnicken ausgedrückt werden. Sie ist das Funkeln im Auge einer Mutter, wenn sie ihr Kind anguckt, und wirkt viel stärker als jedes überschwängliche Wort. Kränkelt eine Beziehung zwischen zwei Menschen, liegt es häufig daran, dass sich einer vom anderen nicht genügend wertgeschätzt fühlt. Kinder fangen dann oft an, absichtlich zu provozieren, Frauen und Männer nörgeln oder werden passiv-aggressiv – all das sind unbewusste Strategien, die ausdrücken sollen, dass man das Gefühl hat, nicht mehr wertvoll für den anderen zu sein. Fehlende Wertschätzung drückt sich auch über den Ton aus, mit dem Menschen miteinander sprechen. Vielleicht waren Sie auch schon einmal in der unangenehmen Situation, mitzuerleben, wie ein Partner eines Paares mit dem anderen in abwertendem Ton und mit genervter Mimik und Gestik sprach. Meist bleiben diese Paare dann nicht mehr sehr lange zusammen.

Leider können sich Kinder nicht von ihren Eltern scheiden lassen. Werden sie Tag für Tag von den Großen mit einem genervten Grundton angesprochen, werden sie genauso unglücklich wie ein nicht wertgeschätzter Ehepartner. Nicht nur das. Ihre Eigenwahrnehmung kann sich dadurch ändern. Denn wenn schon ihre Eltern keinen liebevollen Blick für sie haben, dann fürchten sie – so interpretiert es ihr Gehirn –, nicht liebenswert zu sein.

Emotionale Verbundenheit

Babys, die über längere Zeit einem Mangel an emotionaler Zuwendung ausgesetzt sind, leiden ihr ganzes Leben lang an einer erhöhten Empfindlichkeit ihrer biologischen Stressreaktion.[4] Säuglinge, die von Ammen aufgezogen wurden, denen vom Stauffer-Kaiser Friedrich II. verboten worden war, mit ihnen zu sprechen, starben.[5] Die fehlende emotionale Verbundenheit und Liebe in ihrem Leben schlug sich auf die Biologie ihres Körpers durch – ihre Systeme gaben einfach auf. Auf der anderen Seite schüttet das menschliche Gehirn bei liebevoller sozialer Zuwendung Botenstoffe aus, die Glücksgefühle auslösen. Ohne Liebe sterben wir, mit Liebe gedeihen wir – was wohl beweist, dass wir von Natur aus so angelegt sind, eine Mindestdosis an emotionaler Verbundenheit zu benötigen. Sie ist ein wichtiges Grundbedürfnis.

Ein Ziel haben

Menschen haben ein biologisch verankertes Zukunftsbedürfnis. Ist es uns beispielsweise aufgrund unserer Lebensumstände nicht möglich, einen erreichbaren Traum für uns zu formulieren, reagieren wir mit Aggressionen, Depressionen oder Suchttendenzen. Ich arbeite als Sonderpädagogin mit Kindern aus bildungsfernen Familien in einem Brennpunktbezirk. Es ist äußerst schwer, sie dazu zu motivieren, irgendwelche Anstrengungen zu unternehmen: »Warum soll ich das überhaupt lernen? Ich werde später eh nie einen Job bekommen. Ich werde wie meine Eltern Hartz IV beziehen und den ganzen Tag vor der Glotze hängen.« Sie haben die Pubertät noch nicht einmal erreicht und bereits vor dem Leben kapituliert. Glücklich sind sie damit nicht.

Um gesund und vital zu bleiben, brauchen auch Erwachsene ein

Entwicklungsziel. Wer hat noch nicht vom lähmenden Gefühl gehört, im Job in einer Sackgasse gefangen zu sein? Oder vom gähnenden Loch, in das manche fallen, wenn sie in den Ruhestand gehen? Wir Menschen sind die einzigen »Tiere«, die Zukunftspläne schmieden und ihren Träumen nachjagen können. Wir *brauchen* diese Träume von einer lebenswerten Zukunft, um glücklich zu sein.[6]

Zugehörigkeit und Geborgenheit

Die Sozialpsychologin und Neuroforscherin Naomi Eisenberger bewies in einem Experiment, dass der soziale Ausschluss aus einer Gemeinschaft die Regionen des menschlichen Gehirns aktivieren, die normalerweise dann feuern, wenn echter, körperlicher Schmerz gefühlt wird: Im Experiment spielte ein Mann mit zwei anderen, für ihn nicht sichtbaren Probanden, per Computer Ball. Zunächst warfen sich alle drei die Bälle relativ gleichmäßig zu. Nach einer Weile jedoch bekam der Mann von seinen Mitspielern keinen einzigen Ball mehr virtuell zugeworfen. Im Kernspintomografen war klar zu sehen, wie sehr ihn dieser Ausschluss »schmerzte«.[7]

Das Bedürfnis nach Zugehörigkeit und Geborgenheit lässt sich auch im Alltag mit Kindern leicht erkennen. Nichts lässt sie panischer werden als die Drohung der Eltern, sie würden nun allein losgehen, wenn das Kind nicht augenblicklich mitkäme. Nichts macht sie so abgrundtief unglücklich wie ihre Freunde, die plötzlich ohne sie spielen wollen. Kinder wie Erwachsene haben das dringende Bedürfnis, Teil einer Gemeinschaft zu sein.

Zur Bereicherung einer Gemeinschaft beitragen

Als Studentin habe ich alte Menschen gepflegt, bin täglich zu ihnen gefahren, habe sie gewaschen, angezogen und ihnen Essen gemacht. Die meisten von ihnen wollten nicht mehr leben. Auf meine Frage, warum, kam immer die gleiche Antwort: »Weil ich nicht mehr gebraucht werde.« Sie hatten das Gefühl, keinen wertvollen Beitrag für ihre Gemeinschaft mehr leisten zu können. Gebraucht zu werden ist ein grundlegendes menschliches Bedürfnis, und es zeigt sich schon in frühesten Jahren. Kinder, denen alles abgenommen wird, sind irgendwann frustriert und werden aggressiv – und zwar, weil sie nicht ihren Teil zum Wohlergehen der Familie beitragen können. Erst, wenn sie *echte* Aufgaben erhalten, also solche, die tatsächliche Verantwortung beinhalten, ist ihr Grundbedürfnis erfüllt, und die Aggressionen verschwinden.

Es hilft Kindern nicht, einfach nur irgendwelche Aufgaben übertragen zu bekommen, wie zum Beispiel die Blumen zu gießen. Die Aufgaben müssen einen Sinn ergeben. Es muss gar nichts Großartiges sein, es reicht, der Mama zu helfen, die schweren Einkaufstüten die Treppe hochzutragen, wenn sie es selbst gerade nicht schafft; Löwenzahn für die Meerschweinchen zu pflücken; die Soße im Topf umzurühren und vor dem Anbrennen zu retten, bis der Papa dem Geschwisterchen die Windel gewechselt hat; zum Bäcker zu laufen und Brötchen zu kaufen, während die Mama den Frühstückstisch deckt. Die Liste ließe sich beliebig erweitern: Alle Aufgaben, bei denen die Familie (für einen kurzen Moment) *wirklich* auf die Mithilfe des Kindes angewiesen ist, damit alles reibungslos laufen kann, befriedigen des Bedürfnis danach, eine Bereicherung für die Gemeinschaft zu sein.

Lachen und Spielen

Die Neurowissenschaftler Dean Mobbs und Allan Reiss von der US-amerikanischen Stanford Universität konnten nachweisen, dass auch Lachen das Belohnungssystem des menschlichen Gehirns nachhaltig anregt. Wenn wir Lachen und Freude empfinden, fühlen wir uns gut. Eng verbunden damit ist das Spielen. Selbst niedere Säugetiere, die miteinander spielen, zeigen eine (vom Menschen differierende) Form des Lachens, und auch bei ihnen werden dabei Glückshormone ausgeschüttet. Dem Spiel, dem Lachen und der Freude wurde also von der Natur eine zentrale Rolle zugeordnet.[8] Sie sind lebenswichtige Bedürfnisse.

Gefühle ausleben

Alle Gefühle ausleben zu dürfen, ist ein wichtiger Bestandteil unserer Psychohygiene und gehört deshalb ebenfalls zu unseren grundlegenden Bedürfnissen. Leider hakt es an diesem Punkt in unserer Gesellschaft immer noch gewaltig. Wut und Trauer, begleitet von der Strategie Aggression, sind nicht gern gesehen und werden häufig zu schnell »abgeschaltet«. Leider werden auch heutzutage noch Kinder darauf trainiert, nicht zu viele Gefühle zu zeigen, also nicht zu laut zu weinen, zu lange zu wüten oder zu intensiv zu trauern.

Struktur erleben

Egal, ob man sich selbst als ordentlich empfindet oder nicht, jeder Mensch hat ein biologisch verankertes Bedürfnis nach Struktur. Das bedeutet nicht, dass wir uns nur dann wohlfühlen, wenn immer alles aufgeräumt ist. Es bedeutet, dass wir uns wohlfühlen, wenn wir bestimmte Abläufe *voraussehen* können. Deshalb sind für Babys und Kleinkinder Rituale so entspannend. Ein chaotischer, nicht vorhersehbarer Alltag würde unser Gehirn enorm stressen. Eine Weile lässt sich so ein Zustand aushalten und überbrücken, doch schon bald würde er zu stressbedingten Krankheiten führen.

Das heißt jedoch nicht, wie von Experten oft postuliert, dass Kinder unbedingt Regeln und Richtlinien brauchen. Zum einen bedeuten Regeln und Richtlinien nicht zwangsläufig Struktur. Ein Tag ist schon strukturiert, wenn klar ist, dass morgens aufgestanden und sich angezogen wird, es dann zum Kindergarten oder zum Spielplatz geht und am Abend wieder ins Bett gegangen wird. Selbst wenn es ansonsten für das Kind keinerlei Regeln gäbe, wäre der Tag dennoch strukturiert. Zum anderen ist es charakterabhängig, wie viel Struktur wirklich benötigt wird – manche Menschen haben das Bedürfnis nach viel, manche nach wenig Ordnung im Leben.

Halten wir also fest: Wirkliche Bedürfnisse sind davon gekennzeichnet, dass alle Menschen in allen Kulturen sie haben. Das liegt daran, dass echte Bedürfnisse biologisch in unserem Gehirn verankert sind. Werden sie befriedigt, löst das Belohnungssystem unseres Gehirns ein Hormonfeuerwerk aus. Wir fühlen uns dann gesund, glücklich und lebensbejahend.

Was tun, wenn es schwierig wird?

Um Bedürfnisse zu befriedigen, wenden wir Menschen, egal ob groß oder klein, unterschiedliche Strategien an – nicht alle sind tatsächlich hilfreich. Aber warum ist das so? Warum wählen wir mitunter sogar Wege, die uns gar nicht zum Ziel führen?

Strategien, die so gar nicht nicht zielführend sind

Nicht allen Menschen sind ihre tatsächlichen Bedürfnisse bewusst, weshalb es vorkommt, dass sie irreführende Strategien anwenden. Eine Mutter, die ihre Kinder annörgelt, weil sie genervt davon ist, dass diese Tag für Tag ihre Jacken achtlos auf den Boden fallen lassen statt sie aufzuhängen, hat vordergründig den Wunsch nach mehr Ordnung. Sie meckert oder schimpft so lange, bis die Kinder entnervt Folge leisten.

Das tatsächliche Bedürfnis der Mutter aber ist die Wertschätzung ihrer Arbeit. Sie möchte *eigentlich*, dass ihre Kinder sehen, dass sie mit Mühe die Wohnung ordentlich und sauber hält und dass sie diese Arbeit würdigen, indem sie selbst darauf achten, nicht zu viel zusätzliche Unordnung zu schaffen. Da sich die Mutter ihres wirklichen Bedürfnisses nicht bewusst ist, wählt sie eine nicht zielführende Strategie: die des Nörgelns. Sie erreicht damit zwar, dass ihr vordergründiger Wunsch nach Ordnung widerwillig erfüllt wird, doch ihr eigentliches Bedürfnis, die Wertschätzung ihrer Arbeit, bleibt unberücksichtigt. Deshalb fühlt sie sich nicht besser, auch wenn die Jacken endlich hängen. Sie ist weiter unzufrieden. Die Kinder können möglicherweise den Wunsch nach Ordnung nicht nachvollziehen – sie haben vielleicht eine andere Toleranzgrenze, was Unordnung angeht. Sie haben nun aber schlechte Laune, weil sie von ihrer Mutter so angemeckert wurden und reagieren selbst gereizt und patzig.

Wäre sich die Mutter ihres echten Bedürfnisses bewusst, könnte sie eine völlig andere Strategie zur Erfüllung suchen. Eine Möglichkeit wäre, offen anzusprechen, was sie bedrückt. Wie wir weiter oben schon ausgeführt haben, stößt die Offenbarung echter Bedürfnisse meist auf positive Resonanz bei anderen. Hätte sie ihren Kindern *ohne Vorwurf in der Stimme* gesagt: »Ich gebe mir wirklich Mühe, dass unsere Wohnung ordentlich ist, aber ich habe das Gefühl, ihr seht gar nicht, wie viel Arbeit das ist. Ich fühle mich wie eure Dienerin, wenn ihr eure Jacken einfach so auf den Boden werft. Ich wünschte, ihr würdet daran denken, sie aufzuhängen.«, hätten diese ihr Problem möglicherweise besser nachfühlen können. Wer hat schon gern den undankbaren Job des Aschenputtels? Die Chance, dass die Kinder zumindest in der nächsten Zeit die Jacken von selbst aufhängen und damit das mütterliche Bedürfnis nach Wertschätzung erfüllen, ist so in jedem Fall größer als bei der Strategie des Nörgelns.

> Als mein Sohn Josua zwölf Monate alt war, waren wir oft auf dem Spielplatz. Ebenfalls dort waren die damals achtjährigen Zwillinge Rosa und Marie, die mit uns im selben Haus wohnten. An einem Tag waren sie eigentlich dort mit ihrer besten Freundin Mona zum Spielen verabredet. Doch die Zwillinge waren

ganz vernarrt in meinen Sohn und beschäftigten sich an diesem Tag fast ausschließlich mit ihm. Mona dagegen hatte kein Verlangen, mit Josua zu spielen. Sie war wegen ihrer Freundinnen da und irgendwann war sie sehr genervt, dass diese sich ihr nicht zuwandten. Zuerst versuchte sie, neutral zu fragen: »Kommt ihr jetzt spielen?«, doch sie kam gegen die Magie des Babys nicht an. Josua quietschte und giggelte vergnügt, weil die großen Mädchen für ihn Quatsch machten. Mona fing an, sich allein zu beschäftigen, sah aber sehr traurig aus. Irgendwann versuchte sie, Rosa und Marie zum Spielen zu animieren, indem sie zu ihnen rannte, sie antippte und rief: »Du bist!« Auch das funktionierte nicht.

Die Zwillinge buddelten nun mit Josua in der Sandkiste. Mona wurde ärgerlich. Patzig stieß sie hervor: »Es ist gemein, dass ihr immer mit dem Baby spielt!« und warf, zögerlich, aber bewusst, etwas Sand auf Marie. Das störte diese natürlich. Sie forderte erbost, Mona solle damit aufhören. Was Mona aber nicht tat – sie warf noch mehr Sand. Daraufhin wurden die Zwillinge wütend und ein Streit entspann sich. Mona lief mit hochrotem Kopf weg.

Sie kam an der Bank vorbei, auf der ich saß. Mit unterdrücktem Zorn warf sie mir vor: »Marie und Rosa spielen immer nur mit deinem Baby. Dabei waren sie mit mir verabredet.« Ich nickte. »Ich habe es gesehen«, sagte ich und wartete ab. Würde sie sich öffnen? Sie blieb etwas unschlüssig vor mir stehen und schaute stumm auf ihre Zehenspitzen. Das Warten zog sich ein bisschen. »Die sind so gemein!«, platzte es irgendwann unglücklich aus ihr heraus. Dann hatte sie eine Idee: »Kannst du dein Baby wegnehmen? Dann spielen sie bestimmt mit mir.« Ich überlegte, ob das eine echte Lösung für ihr Problem wäre. Vermutlich würde es kurzfristig helfen, aber dann hätte Mona die Chance verpasst, eine neue Strategie zu erlernen.

Deshalb wählte ich einen anderen Weg: »Hast du ihnen denn schon gesagt, wie du dich fühlst?«, fragte ich.

»Na klar, ich habe gesagt, dass ich es gemein finde, dass sie mit dem Baby spielen und nicht mit mir.«

»Mmhhh. Nein, ich meinte eigentlich, ob du ihnen gesagt hast, wie du dich *fühlst*. Wie fühlst du dich denn?«

»Ich bin sauer auf die beiden!«

»Das kann ich verstehen. Fühlst du noch etwas anderes?«

»Ich bin traurig. Nein, warte, ich bin enttäuscht. Ich hatte mich auf das Spielen gefreut.«

Ich nickte wieder und schaute ihr direkt in die Augen. »Weißt du, ich habe euch beobachtet. Du hast wirklich eine Menge ausprobiert, um die beiden zum Spielen zu überreden. Du hast sie freundlich gebeten, du hast sie angestupst, und dann bist du sauer geworden und hast sie mit Sand beworfen. Das alles waren Strategien, die aber nicht so gut funktioniert haben. Vielleicht gehst du mal zu ihnen hin und sagst ihnen, wie du dich fühlst. Also, du fängst den Satz nicht mit ›Ihr seid gemein!‹ an, sondern du sagst: ›Ich bin enttäuscht und traurig, weil …‹ Ich habe die Erfahrung gemacht, dass das hilft.«

Mona schaute mich skeptisch an und drehte sich dann abrupt um. Sie lief zu den Zwillingen und sagte: »Ich hatte mich auf euch gefreut. Wir wollten doch spielen. Aber jetzt spielt ihr mit dem Baby. Das macht mich irgendwie traurig. So als wäre ich euch gar nicht wichtig.« Marie und Rosa schauten ganz bestürzt: »Ja, stimmt, wir wollten spielen. Okay, warte.« Sie wandten sich meinem Baby zu: »Josua? Wir spielen jetzt mit Mona, ja? Bis später! Und nicht so viel Sand essen, Kleiner!« Dann rannten sie zusammen mit ihrer Freundin los.

Monas neue Strategie hatte funktioniert. Sie hatte die beiden auf ihr Bedürfnis, ein wertvoller Spielpartner zu sein, aufmerksam gemacht, statt das Spiel der anderen zu stören.

Strategien, die nur scheinbar zielführend sind

Das Belohnungssystem unseres Gehirns, das die Glückshormone ausschüttet, wenn unsere echten Bedürfnisse erfüllt sind, lässt sich durch Ersatzbefriedigungen austricksen. Die Glücksmaschinerie in unserem Hirn wird leider auch dann angeworfen, wenn wir Süßigkeiten essen, unnütze Dinge einkaufen, vor dem Fernseher abhängen oder uns in sozialen Netzwerken herumtreiben. Das alles sind Strategien, die unsere Bedürfnisse scheinbar gut befriedigen, aber doch nicht ganz.

Nehmen wir die sozialen Netzwerke. Mittlerweile sind wir Erwachsenen ganz in der digitalen Welt angekommen. Wir treiben uns täglich auf Twitter, bei Facebook, Instagram und so weiter herum und finden in den meisten Fällen einen genau auf uns zugeschnittenen, super unterstützenden Online-Clan.[9] Wir unterhalten uns, wälzen gemeinsam Probleme, heulen uns aus und manchmal streiten wir uns auch. Ab und zu gibt es grandiose Wellen von Unterstützung, wenn jemand in finanzielle oder andere Not geraten ist. Dann werden Spenden und Pakete geschickt, bis es demjenigen wieder besser geht. Man kann also so weit gehen, zu sagen, dass sich online echte Freundschaften entwickeln. Wir erfüllen unser Grundbedürfnis nach Gemeinschaft dort.

Nun wissen wir nicht, wie es Ihnen geht, aber für die meisten Eltern, mit denen wir sprachen, sind die sozialen Medien seltsam süchtig machend. Sie ertappen sich immer häufiger dabei, wie sie ihr Handy gedankenverloren aus der Hosentasche ziehen, um »nur mal schnell« zu gucken, was die anderen so machen, sagen und posten. Haben sie selbst einen Tweet geschrieben oder ein Foto gepostet, sind sie alle paar Minuten neugierig, ob es schon geliked wurde. Es scheint so, als fände unser Gehirn die Online-Gemeinden so großartig, dass es nicht genug davon bekommen kann. Es möchte immer mehr. Genau das ist auch das Merkmal von Ersatzbefriedigungen. Sie scheinen auf den ersten Blick unsere Grundbedürfnisse zu erfüllen: Im Fall der sozialen Medien ist es die Zugehörigkeit zu einer Gruppe und die Wertschätzung unserer Persönlichkeit. Doch *echte* Befriedigung ist es nicht wirklich, jedenfalls nicht für unser Gehirn. Die Befriedigung ist deshalb nicht nachhaltig. Unser Gehirn braucht davon schnell immer mehr, um die gleiche Menge an Glückshormonen auszuschütten. So geraten wir in eine Art Suchtkreislauf, wenn er auch meist eher milde ist. Unsere neuzeitliche Strategie, unser Bedürfnis nach Gemeinschaft durch ein soziales Netzwerk zu erfüllen, ist also nur scheinbar zielführend.

Auch die Bedürfnisse nach Erholung und Entspannung werden heutzutage oft nicht wirklich zielführend befriedigt. Häufig sind wir Erwachsenen und auch unsere Kinder abends nach einem anstrengenden Tag so müde, dass wir uns nur noch auf die Couch werfen und uns Schokolade essend von einer Serie berieseln lassen wollen. Dagegen ist an sich nichts einzuwenden, denn auch wenn es vielleicht keine lang anhaltende, echte Erholung verschafft, reicht diese Strategie im Alltag erst einmal aus.

Wir wollen Ihnen nur ans Herz legen, im Hinterkopf zu behalten, welche echten Bedürfnisse Sie und Ihre Kinder damit eigentlich befriedigen wollen, damit Sie nicht vergessen, das auch wirklich zu tun. Wenn Sie sich also wieder und wieder mit dem Smartphone in der Hand wiederfinden, um zu gucken, ob Ihr neustes Instagram-Bild schon Herzchen bekommen hat, wenn sich Ihre Kinder mit Chips und Cola vor den Laptop verziehen und danach trotzdem immer noch angespannt und aggressiv sind, dann denken Sie daran, dass Ihre Grundbedürfnisse mit einer Grillparty mit Freunden oder einem Spaziergang im Wald nachhaltiger befriedigt werden können. Unser Gehirn ist einfach noch sehr urzeitlich geprägt.

Strategien, die zum Ziel führen

Wenn wir Hunger haben und deshalb etwas essen, ist das eine zielführende Strategie zur Befriedigung unseres Bedürfnisses. Wenn wir müde sind und schlafen gehen, ebenfalls. Fühlt sich eine Ehefrau von ihrem Mann nicht mehr genug beachtet – sie vermisst Streicheleinheiten und Sex und beginnt daraufhin eine Affäre mit einem anderen Menschen – ist diese Strategie im Hinblick auf ihr Bedürfnis zielführend. Ob es eine kluge Strategie im Hinblick auf ihre Ehe ist, ist zu bezweifeln. Doch da der innere Druck eines unerfüllten Bedürfnisses sehr hoch ist, gehen wir Menschen manchmal Wege, von denen wir eigentlich wissen, dass sie nicht gut für uns sind. Bellas Strategie, ihre Eltern anzupöbeln, damit diese mit ihr schimpfen und ihr damit einen legitimen Grund zum Weinen geben, ist für das Kind ebenfalls zielführend. Sie kann damit jeden Abend ihr Bedürfnis nach Stressabbau befriedigen. Für sie gibt es darum keine wirkliche Notwendigkeit, ihre Strategie zu ändern – für ihre Eltern jedoch sehr wohl. Denn Bellas Strategie verletzt Kajas und Jans Bedürfnisse nach Wertschätzung, Ruhe und Harmonie. Da sie das auf Dauer unglücklich macht, muss die Familie für Bella eine andere, ebenso zielführende Strategie finden.

Zunächst einmal besprachen die Eltern innerhalb einer Familienkonferenz mit ihrer Tochter den vermuteten Zusammenhang zwischen ihrem Pöbeln, der neuen Schulsituation und dem Entspannungsweinen. Sie zeigten Verständnis für das kindliche Bedürfnis, machten aber gleichzeitig klar, dass die Strategie für sie und ihre eigenen Bedürfnisse unhaltbar war. Möglicherweise war dieses Gespräch für Bella noch ein wenig zu anspruchsvoll, aber da sie ihre Eltern lieb hat, signalisierte sie Bereitschaft, andere Wege auszuprobieren, um sich nach der Schule zu entspannen. Zunächst schlugen die Eltern vor, das Mädchen solle versuchen, abends an etwas sehr Trauriges zu denken, damit sie weinen konnte. Als das nicht funktionierte, versuchte die Familie es mit einem Boxsack. Bella sollte ihren Stress »herauskämpfen«. Bei vielen Menschen ist das eine gut funktionierende Lösung, doch das Mädchen empfand keine Entspannung dabei. Deshalb baten Kaja und Jan sie, es mit Progressiver Muskelentspannung zu versuchen. Obwohl Bella die Übungen spaßig fand, nutzte sie sie nicht regelmäßig, sodass auch dieser Weg sich als nicht ideal entpuppte.

Erst als Eltern und Tochter sich stärker darauf fokussierten, was Bella früher als entspannend empfunden hatte, fanden sie eine wirklich zielführende Strategie für ihr Bedürfnis: Nach der Schule wurde das Mädchen von ihrem Vater auf dem Rücken oder den Schultern getragen. Durch den Körperkontakt konnte Oxytocin ausgeschüttet werden, das der Gegenspieler von Stress ist. Wie beim Tragen im Tragetuch wurden durch die Bewegungen des Vaters die Muskeln des Mädchens angeregt, leichte Ausgleichsbewegungen zu machen. Dadurch wurde ein kleiner Teil des Stresses über diese motorischen Prozesse abgeleitet.[10] Statt nach der Schule auf den Spielplatz zu gehen, wünschte sich das Kind, nach Hause zu dürfen. Dort wollte Bella allein und in Ruhe mit ihren kleinen Spielzeugpferden in ihrer Fantasiewelt versinken. Sie war schon immer ein Kind gewesen, das sich sehr gut selbst beschäftigen konnte und eigentlich keine anderen Kinder um sich herum brauchte. Der Spielplatzbesuch war für sie zwar schön, aber eben auch mit erneutem Sozialstress verbunden. Das fiel mit dieser Lösung weg. Überraschenderweise brauchte es tatsächlich nur diese minimale Anpassung in der familiären Routine nach der Schule, um das massive Problem der abendlichen Provokationen aufzulösen. Eine zielführende Strategie sowohl für Bellas Bedürfnis als auch für die Bedürfnisse der Eltern war gefunden.

Das bedeutet leider nicht, dass diese Strategie auch für eine andere Familie zielführend sein muss. Ob etwas passt oder nicht, ob etwas funktioniert oder nicht, ist vollkommen individuell. Probieren Sie verschiedene Möglichkeiten aus und gucken Sie, was bei Ihnen am zielführendsten wirkt. Denn was Sie als Quintessenz aus diesem Kapitel mitnehmen sollten, ist, bei auffälligem Verhalten Ihrer Kinder sofort an unerfüllte Bedürfnisse und möglicherweise ungünstige Strategien zu denken, statt: »Sie wollen uns auf dem Kopf rumtanzen.« Oder: »Das haben wir nun von deiner weichen Erziehung!«. Schauen Sie *hinter* das Verhalten, statt nur auf die Symptome zu achten.

Wenn die Bedürfnisse mehrerer Kinder aufeinandertreffen

Schwierig wird es, wenn die Bedürfnisse mehrerer Kinder aufeinanderprallen. Erwachsene schaffen es meist recht gut, ihr eigenes Bedürfnis für kurze Zeit zurückzustecken, aber Kinder? Es ist wirklich die hohe Kunst der Elternschaft, in einem solchen Moment allen gerecht zu werden. Da es meist unmöglich ist, alle kindlichen Bedürfnisse gleichzeitig zu erfüllen, muss abgewogen werden, wer für den Moment zurückstecken kann und wer nicht. Wichtig dabei ist, die Bedürfnisse, die nicht sofort erfüllt wurden, im Blick zu behalten, um sie sofort zu befriedigen, wenn die Kapazität da ist, ohne dass das Kind sie noch einmal einfordern muss. Das ist wirklich *immens* wichtig. Denn nur so lernen unsere Kinder, dass sie nicht um die Befriedigung ihrer Bedürfnisse kämpfen müssen. Viel Geschwistereifersucht kann vermieden werden, wenn unsere Kinder spüren, dass sie und ihre Bedürfnisse im Alltag nicht untergehen.

Um die Bedürfnisse gegeneinander abwägen zu können, ist es wichtig, seine Kinder gut zu kennen. Wir Eltern tun gut daran, sowohl das stete Bedürfnis nach Aufmerksamkeit und Liebe als auch das jeweils momentane Bedürfnis zum Beispiel nach Autonomie, Struktur oder Sicherheit im Blick behalten. Das klingt komplizierter als es ist.

Meine Kinder und ich müssen morgens um 7:30 Uhr los, damit wir alle pünktlich zur Arbeit, Schule oder Kita kommen. Ich stehe meist um 6 Uhr auf, um in Ruhe zu duschen, mich anzuziehen und dann die Schulbrote der Kinder zuzubereiten. Meine Tochter Helene hasst es, in Zeitdruck zu geraten, und sie hasst es, jeden Morgen aus dem Bett steigen zu müssen, deshalb gehe ich etwa alle 15 Minuten zu ihr, um sie zart zu streicheln und ihr zu sagen, dass bald Aufstehzeit ist. So kann sie sich innerlich darauf vorbereiten. Josua und Carlotta dagegen sind Morgenmenschen. Wenn sie nicht von allein wach werden, lege ich mich etwa um 6:30 Uhr zu ihnen und kuschele und küsse sie wach. Dieses Kuscheln erfüllt bei beiden ein wichtiges Bedürfnis nach Liebe und Aufmerksamkeit. Helene dagegen kann gut darauf verzichten – es bringt ihr nicht so viel. Sie liebt es aber, wenn ich ihr beim Anziehen assistiere, obwohl sie sich natürlich schon lange selbst anziehen kann. Doch der Umstand, dass ich mir die Zeit nehme, ihr die Kleidungsstücke zu reichen, erfüllt sie genauso mit Liebe und Aufmerksamkeit wie Carlotta und Josua das Kuscheln.

Beim Zähneputzen helfe ich allen dreien, weil es *mein* Bedürfnis ist, dass ihre Zähne gesund bleiben, doch das anschließende Frühstück ist wieder geprägt von ihren individuellen Vorlieben. Carlottas Bedürfnis ist, zur Gemeinschaft einen wichtigen Beitrag zu leisten. So kann es sein, dass sie für die gesamte Familie den Frühstückstisch deckt. Meist hat sie dazu eher am Wochenende Zeit, aber auch in der eng getakteten Morgenroutine kommt es vor, dass sie für alle Obst schneidet oder Eier kocht. Mit etwa sechs Jahren liebte sie den Gefahrenaspekt des Kerzenanzündens, daher war ihr damals sehr wichtig, dass wir bei Kerzenschein frühstücken. Ihre kindliche Art, den Frühstückstisch zu decken oder auch das Obst zu schneiden, unterscheidet sich natürlich von meiner erwachsenen, sodass ich manchmal den Wunsch habe, alles etwas ästhetischer anzurichten. Aber ich halte mich zurück und lasse also ihrem Bedürfnis den Vortritt.

Josua ist vier Jahre alt und möchte vor allem autonom agieren und seine Fähigkeiten ausbauen. Deshalb verschiebt er Küchenstühle, um auf die Arbeitsplatte klettern zu können und von dort aus – aus meiner Sicht waghalsig – nach den Müslipackungen auf dem hohen Kühlschrank zu greifen. Ebenso abenteuerlich erobert er sich die Milch aus dem Kühlschrank sowie Porzellanschüssel und Löffel aus dem Küchenschrank. Ich greife nicht ein, weil ich weiß, dass das sein Bedürfnis beschneiden würde. Ich achte nur darauf, das nirgendwo Messer herumliegen, an denen er sich verletzen könnte. Außerdem bin ich damit beschäftigt, Helenes Frühstück zuzubereiten, die meist am Tisch vor sich hin träumt und langsam wach wird. Auch hier wünscht sie sich, bemuttert zu werden. In bestimmten Abständen klingelt immer wieder mein Handywecker, um uns allen ein akustisches Signal zu geben, wie viel Zeit wir noch bis zum Losgehen haben. So gelingt es uns an den meisten Tagen, weder zu spät zu kommen (mein Bedürfnis), noch in Zeitdruck zu geraten (Helenes Bedürfnis), noch haben wir Streit (unser aller Bedürfnis), weil irgendwer noch nicht fertig ist.

Die jeweiligen *momentanen Bedürfnisse* von Kindern ergeben sich also am ehesten aus ihrem Lebensalter: Sie wollen zur Gemeinschaft beitragen oder autonom agieren, eigene Entscheidungen treffen, Entspannung erfahren, spielen und so weiter. Auf der anderen Seite gibt es, abhängig vom Charakter des Kindes, *immer geltende* Bedürfnisse, die dazu dienen, den wichtigen Liebes- und Aufmerksamkeitstank des Menschen zu füllen. Der US-amerikanische Paar- und Beziehungsberater Gary Chapman beschreibt unterschiedliche Liebestypen.[11] Wir greifen etwas weiter unten die wichtigsten drei heraus: den Hilfe-Typ , den Ungeteilte-Zuwendungs-Typ und den Körperkontakt-Typ. Wenn Sie das Gefühl haben, Sie geben Ihren Kindern unendlich viel Aufmerksamkeit, und dennoch sind sie weiterhin unzufrieden und reagieren provozierend, dann könnte es daran liegen, dass die Art Ihrer elterlichen Aufmerksamkeit nicht mit der übereinstimmt, die Ihr Kind am glücklichsten macht.

Doch zurück zu den Morgenroutinen in meiner Familie. Es erscheint vielleicht objektiv gesehen unfair, wie oft ich Helene helfe und den anderen beiden nicht. Aber genau das ist der Punkt: Es kommt nicht darauf an, alle unsere Kinder absolut gleich zu behandeln – das ist keine Gerechtigkeit! Gleichbehandlung vermeidet auch keine Geschwistereifersucht. Es geht darum, individuelle Bedürfnisse und Vorlieben zu erkennen und *diese* soweit wie möglich zu erfüllen. Sowohl Josua als auch Carlotta würden sich eingeengt fühlen, wenn ich ihnen die Brote schmieren oder beim Ankleiden helfen wollte. Die meisten Streitigkeiten zwischen Eltern und Grundschulkindern entstehen, weil die Erwachsenen noch im »Kleinkindmodus« verharren und ihrem Nachwuchs zu viel abnehmen oder zu wenig zutrauen, obwohl deren Bedürfnisse sich bereits geändert haben. Wenn ich Josua also sein Müsli selbst erobern lasse, ich meine Hilfe an dem Punkt bewusst unterlasse, mache ich ihn ebenso glücklich wie Helene, wenn ich ihr das Frühstück bereits vorbereitet vor die Nase stelle.

Natürlich ist es morgens bei uns turbulenter, als sich das oben liest. Es kann sein, dass Josua sein Lieblingsshirt nicht in seiner Schublade findet, während ich gerade dabei bin, Carlotta die Zähne zu putzen oder Helene beim Anziehen zu helfen. Dann unterbreche ich kurz meine Tätigkeit, um das Shirt für Josua zu finden oder ihm ein anderes anzubieten. Danach kehre ich sofort zurück, um mich um seine Schwestern zu kümmern. Oder Helene bittet mich beim Frühstück um ein Glas Wasser, während ich gerade hinter

Josua stehe, der auf der Arbeitsplatte balanciert. Dann erfülle ich zunächst mein eigenes Bedürfnis nach Sicherheit: Ich stehe also unauffällig bereit, um Josua notfalls aufzufangen, und wenn diese Situation vorbei ist, fülle ich Helenes Glas auf. Es kann sein, dass sie so durstig ist, dass sie nicht abwarten möchte, dann steht sie auf und macht es allein. Wende ich mich einem Geschwisterkind zu, weil dessen Bedürfnis mir dringender scheint, haben meine Kinder immer die Möglichkeit, selbst allein weiterzumachen oder zu warten, bis ich Zeit habe. Normalerweise muss sich niemand länger als ein paar Minuten gedulden, bis sein Wunsch oder Bedürfnis bedacht wird, inklusive mir selbst. Wenn ich zum Beispiel zu spät aufgestanden bin und mich selbst noch anziehen muss, während die Kinder schon am Frühstückstisch sitzen, übernehmen alle die Aufgaben. Helene zieht sich ohne Hilfe an und macht sich ihr eigenes Frühstück, Carlotta schmiert die Schulbrote und so weiter.

Im Prinzip könnte man das Abwägen der Bedürfnisse vieler Familienmitglieder mit dem Kochen eines großen Menüs vergleichen: Man hat mehrere Pfannen und Töpfe auf dem Herd und immer im Blick, in welchem man gerade rühren muss, damit nichts anbrennt. Man schneidet Gemüse, gibt Salz hinzu, stellt die Hitze niedriger, sodass am Ende alle Gerichte gleichzeitig fertig werden. Auf sich selbst achtet man natürlich auch: Pausen, Händewaschen oder zwischendurch einen Schluck Kaffee trinken. Mit ein bisschen Routine ist Kochen nicht stressig, sondern sogar entspannend. Genauso ist es mit dem Abwägen von Bedürfnissen der Familienmitglieder.

Wenn einer zu viel zurücksteckt

Im Laufe des Tages kann es vorkommen, dass immer mal wieder eines der Kinder abwarten muss, weil ein anderes eine akutere Krise zu bewältigen hat. Weil größere Kinder besser abwarten und auch erkennen können, wenn es für ihre Eltern stressig ist, tendieren wir Großen manchmal dazu, ihnen zuzumuten, zu oft zurückzustecken. Es ist eigentlich unvermeidbar, dass immer mal eines der Kinder zu kurz kommt, wenn zum Beispiel ein Geschwisterkind einen Entwicklungsschub hat und tagelang nörgelig und weinerlich ist. Es ist nicht dramatisch, wenn das passiert, nur müssen die Eltern im Hinterkopf behalten, dass die Reaktion des zu kurz gekommenen Kindes darauf nicht tyrannisch oder manipulierend gemeint ist, sondern einfach sein Signal, dass es ihm nicht gut geht.

Bei uns ist es häufig Carlotta, die zurückstecken muss, weil beispielsweise Josua an diesem Tag NUR! MIT! MAMA! spielen will und ich zu nichts anderem komme. Wenn sie ihre Bedürfnisse zu oft zurücknehmen musste, explodiert sie irgendwann wegen einer Nichtigkeit. Sie schreit dann, dass wir blöde Eltern seien, sie sowieso ausziehen möchte oder ihr »eh alles egal« sei. Mittlerweile erkennen wir in vielen Fällen jedoch vorher an ihrer Mimik oder Körperhaltung, wann sie an ihre Grenze kommt, und manchmal verbalisiert sie es sogar selbst, indem sie klar sagt: »Mama, ich habe ein Bedürfnis im Herzen!« Oft reicht es, wenn ich ihr dann sage, dass ich sehe, dass sie gerade zu kurz kommt und ich gleich noch mit ihr allein spazieren gehen werde. Ich kündige ihr also eine baldige Bedürfniserfüllung an. Das reicht meist aus, damit sie noch ein paar Minuten durchhält. Und ich halte mein Versprechen, egal, wie viel Tohuwabohu gerade beim Rest der Familie herrscht. Es kann sein, dass Josua wütend wird, wenn ich mit Carlotta für eine halbe Stunde verschwinde, doch Wut ist kein Bedürfnis. Ich finde es verständlich, dass es ihn wütend macht, wenn ich in dieser Zeit nicht mit ihm spiele, obwohl er es sich wünscht. Doch aus meiner Sicht wiegt das Bedürfnis seiner Schwester, die den ganzen Tag zurückgesteckt hat, in diesem Moment schwerer. Kommen wir von unserem Spaziergang zurück, kann ich mich wieder meinem Sohn zuwenden, sofern er das dann noch braucht.

Wenn wir Bedürfnisse falsch einschätzen

Erinnern Sie sich noch an das Gefühl der ersten Hilflosigkeit, als Ihre Kinder noch Babys waren und durch subtile Signale wie das Abwenden ihres Kopfes oder weniger subtil durch lautes Weinen ausdrückten, dass sie ein unerfülltes Bedürfnis hatten? Die erste Zeit des Zusammenlebens mit Ihrem Neugeborenen war vermutlich von der Unsicherheit geprägt, ob Sie das Baby richtig verstehen. Sie mussten es erst einmal kennenlernen und seine Signale entschlüsseln, um dann mehr oder minder feinfühlig darauf zu reagieren. Da es noch nicht sprechen konnte, mussten Sie seine Bedürfnisse erahnen oder erraten. Mit der Zeit wurden Sie immer besser darin – bis Ihr Kind größer wurde und seine Bedürfnisse sich änderten. Woran haben Sie damals erkannt, dass Sie mit Ihrer Einschätzung richtig lagen, dass Ihr Kind hungrig, müde oder gelangweilt war? Vermutlich daran, dass es nach Ihrer Antwort auf sein Signal zufrieden und ausgeglichen wirkte und das Senden dieses speziellen Signals für den Moment einstellte.

Viel anders ist es heute, da Ihre Kinder größer sind und gut sprechen können, auch nicht. Natürlich sind sie nun in der Lage, sich selbst etwas zu essen zu nehmen, wenn sie hungrig sind, oder sich ins Bett zu legen, wenn die Müdigkeit sie überkommt. Doch die meisten Menschen sind sich ihrer eigenen, pressenden Grundbedürfnisse nicht richtig bewusst, und das gilt auch für Kinder. Anstatt also zu sagen: »Ich fühle mich in meiner Autonomie eingeengt, wenn du mich andauernd mit dem Auto überall hinfährst« oder »Wenn ihr so oft an meinem unordentlichen Zimmer herumkrittelt, fühle ich mich von euch nicht bedingungslos geliebt«, fangen sie an, unbewusste Signale zu senden. Sie werden aggressiv, maulig, weinerlich oder nehmen zu allen Vorschlägen der Eltern eine entschiedene Antihaltung ein. Kurz: Sie zeigen auffälliges Verhalten. Eltern tun gut daran, diese Signale zu entschlüsseln und feinfühlig zu beantworten, wie damals in der Babyzeit. Dabei kann es natürlich vorkommen, dass wir die Bedürfnisse unserer Kinder zunächst falsch einschätzen und unpassend reagieren. Das ist kein wirkliches Drama – unsere Kinder werden dann weiterhin geduldig ihre Signale weitersenden. Laut und vehement, ja, aber geduldig. Haben wir jedoch das Bedürfnis richtig erkannt und beantwortet, hören sie mit ihrem auffälligen Verhalten auf. Sie wirken zufrieden und ausgeglichen, das Zusammenleben mit ihnen fühlt sich leicht und schön an.

Gut ist, was funktioniert

»Ich würde wirklich gern bedürfnisorientiert erziehen«, sagte uns eine Mutter vor Kurzem, »doch mein Sohn kann sich abends einfach nicht allein regulieren. Er schafft es nicht, rechtzeitig ins Bett zu gehen, sondern torkelt dann übermüdet und übellaunig durch die Wohnung. Es geht nicht anders, ich muss ihm einfach sagen, wann er ins Bett soll. Und zwar, bevor er schon so drüber ist, dass er mich anpöbelt.«

»Aber dann bist du doch bedürfnisorientiert«, antworteten wir verwundert.

»Nein, nein, er geht nicht selbstbestimmt ins Bett. *Ich* bestimme, wann er ins Bett geht. Das ist doch nicht bedürfnisorientiert.«

»Moment, du hast doch gerade gesagt, er könne sich nicht selbst regulieren?«

»Genau, er braucht meine Struktur von außen.«

»Das heißt, es geht ihm besser, wenn du ihn ins Bett schickst. Ihr habt dann keinen Streit und er ist am Morgen ausgeschlafen?«

»Genau. Wenn er aber allein ins Bett gehen soll, dann streiten wir uns ziemlich sicher. Wenn er so müde ist, wird er richtig garstig.«

»Und er wehrt sich nicht dagegen, wenn du ihn früh ins Bett schickst?«

»Nein, überhaupt nicht.«

»Dann hat er das Bedürfnis nach äußerer Struktur, nicht nach Autonomie. Und dann handelst du sehr wohl bedürfnisorientiert, wenn du ihm diese Struktur gibst, indem du ihn ins Bett schickst.«

»Oh!«

Immer wieder lesen Eltern im Internet oder in Zeitschriften, dass sie verschiedene Dinge tun oder lassen müssen, um sich »bedürfnisorientiert« nennen zu dürfen. Langzeit-Stillen, Tragen, selbstbestimmtes Einschlafen und Familienbett, kindergartenfrei, Freie Schule oder sogar gänzlich Freilerner, das scheint definierter Standard zu sein. Manchmal werden auch noch »freier Zugang zu Medien und Süßigkeiten« sowie »gegen Impfung« dazu gezählt.

Wir stehen solchen rigorosen Zuordnungen recht ratlos gegenüber, weil sich in unseren Augen die Bedürfnisorientierung nicht verträgt mit Regeln, die von anderen für alle festgelegt werden. Tatsächlich ärgern uns solche Dogmen sehr. Erinnern wir uns: Beziehungs- und bedürfnisorientierte Elternschaft ist vergleichbar mit freiem Spiel. Die Regeln dieses Spiels werden von den Mitspielern gemeinsam aufgestellt, je nachdem, was jeder braucht und wie viel der Einzelne geben kann. Die Mannschaft ist niemandem Rechenschaft darüber schuldig, welche Eckpunkte sie für ihr eigenes Spiel festgelegt hat! Unsere Kinder sind nun mal mit ihren fünf, acht oder zehn Jahren in einem Alter, in dem sie beständig zwischen Groß und Klein, zwischen Vernünftig und Kopflos hin und her wechseln. Solange alle Mitglieder der Familie glücklich und zufrieden sind, und das Zusammenleben weitestgehend harmonisch ist – Streit gibt es auch im freien Spiel –, ist genau dieser Weg der Richtige für genau diese Familie. Ob dabei alle Checkpunkte einer »Bedürfnisorientierungsliste« erfüllt werden oder nicht, ist unseres Erachtens völlig irrelevant. Ja, vielleicht birgt das die Gefahr, dass manche Erwachsene zu viele Regeln aufstellen und das mit »Sie braucht das aber!« rechtfertigen, aber andererseits ist es ebenso ungünstig, einem Kind etwas zuzumuten, das gegen sein eigentliches Bedürfnis geht, nur um in das Label »Attachment Parenting« zu passen. Streichen wir die Checkpunkte dieser Liste also doch besser durch und ergänzen nur einen einzigen Punkt: »Was auch immer bei uns gut funktioniert.«

Dem Wunschkind die Wurzeln stärken

In Beziehung gehen – wie geht das?

Bevor ich Kinder hatte, hätte ich jeden, der mir mit der Phrase »in Beziehung sein« gekommen wäre, angegangen mit: »Watt? Pass ma' uff, du, ick geh gleich in Beziehung mit dir, Freundchen!« Auch lange, nachdem ich schon in der bedürfnisorientierten Elternszene aktiv war, wusste ich nicht wirklich, was damit gemeint war. Alle benutzten diese Wendung, und es schien wirklich wichtig zu sein, »in Beziehung« mit seinen Kindern zu bleiben, doch was zur Hölle bedeutete das? Sind wir nicht automatisch »in Beziehung«, wenn wir in einer Beziehung sind?

Vor einigen Jahren war ich mit meiner Familie im Urlaub. In einem Park fanden wir einen wunderschönen großen Spielplatz, auf dem wir uns eine Weile ausruhen wollten. Der Spielplatz war gut gefüllt mit Kindern, und etwas abseits an Tischen saßen deren Eltern und unterhielten sich. Auf einem Tisch stand Picknick, das für Kinder und Erwachsene gleichermaßen gedacht war. Und dort auf diesem Spielplatz verstand ich endlich, was es bedeutete, mit seinen Kindern »in Beziehung« zu sein.

> Schon ein paar Minuten nach dem Ankommen fiel mir auf, dass die Kinder alle sehr angespannt und unkooperativ spielten. Sie waren etwa zwischen fünf und neun Jahre alt. Offenbar kannten sie einander. Dennoch spielten sie nicht mit-, sondern eher

gegeneinander. Auf dem Trampolin sprang zum Beispiel ein Mädchen einem liegenden Jungen auf den Rücken, und als dieser zu weinen begann, gab es niemanden, der ihn tröstete. Die Erwachsenen hatten die Szene gar nicht mitbekommen, wohl aber die Freunde des Jungen. Trotzdem kam niemand, um ihm aufzuhelfen. Auf einem Klettergerüst hockte ein anderer Junge und verteidigte es höchst aggressiv. Er ließ niemanden dort spielen und trat oder spuckte auf die Hände derjenigen, die es dennoch wagten. Spielten die Kinder miteinander, dann, indem sie einem etwas wegnahmen und so lange hin und her warfen, bis dieser wütend wurde. Sie sprachen einander durchgängig mit »Du Opfer!« an.

Das Verhalten der Kinder weckte meine Neugier, denn von außen betrachtet war dies eine Idylle. Die Kinder waren in der Natur, sie hatten Freunde dabei, es gab einigermaßen gesundes Essen und ihre Eltern ließen sie zwar frei spielen, waren aber anwesend, falls die Kinder etwas brauchten. Und doch waren alle – ich kann es nicht anders beschreiben – hochaggressiv. War die Ursache für dieses kindliche Verhalten in den Erwachsenen zu finden? Zumindest war ihr Umgang mit den Kindern überraschend rau. Die Ansprache erfolgte in einem ziemlich genervten Ton, der, selbst wenn die gewählten Worte oft relativ neutral waren, deutlich zeigte, wie dumm oder störend die Kinder in den Augen der Großen waren. »Jetzt nerv nicht schon wieder!« und »Du bist 'ne olle Petze!« waren die häufigsten Sätze. Wenn Kinder ihre Eltern aufforderten, zu gucken, was sie Tolles konnten, folgten diese der Aufforderung entweder gar nicht oder nur halbherzig.

Da ich diese Eltern nur einen Vormittag erlebt habe, tue ich ihnen vermutlich Unrecht mit meiner Beobachtung. Gehen wir davon aus, dass das einfach ein schlechter Tag war und diese Eltern sonst liebevoll und in Verbindung mit ihren Kindern agierten. Doch um unseren Punkt zu demonstrieren, möchte ich Sie bitten, so zu tun, als würde diese eindimensionale Karikatur, die ich von den Beziehungen dieser Familien gezeichnet habe, zutreffen. Lassen Sie uns annehmen, es gäbe noch Eltern, die so desinteressiert und lustlos mit ihren Kinder umgehen. Was passiert, wenn die innere Verbindung in einer Familie fehlt?

Aggression durch Verlust

Wir haben schon weiter oben deutlich gemacht, dass es zu den menschlichen Grundbedürfnissen gehört, mit anderen Menschen emotional verbunden und Teil einer Gemeinschaft zu sein; nur dann sind wir glücklich. Thomas Insel, Leiter des National Institute on Mental Health in Maryland, USA, konnte durch neurobiologischen Studien beweisen, dass wir Menschen ein soziales Gehirn haben. Dieses setzt vor allem dann körpereigene Opioide frei, wenn wir von anderen gesehen werden, wenn wir die Aussicht auf soziale Anerkennung haben und positive Zuwendung sowie Liebe erfahren.[1] Diese körpereigenen Botenstoffe wirken auf das Emotionszentrum des Gehirns, sodass wir uns glücklich und zufrieden fühlen sowie starke Lebensfreude empfinden.

Joachim Bauer erklärt: »Da sie mit der Ausschüttung der Glücksbotenstoffe Dopamin, Oxytocin und Opioide einhergehen, sind gelingende Beziehungen das unbewusste Ziel allen menschlichen Bemühens. Ohne Beziehung gibt es keine dauerhafte Motivation. Die von den Motivationssystemen ausgeschütteten Botenstoffe ›belohnen‹ uns nicht nur mit subjektivem Wohlergehen, sondern […] auch mit körperlicher und mentaler Gesundheit. Dopamin sorgt für Konzentration und mentale Energie, die wir zum Handeln benötigen. Besonders relevant ist jedoch das, was das Oxytocin und die endogenen Opioide leisten: Sie reduzieren Stress und Angst, indem sie das Angstzentrum der Mandelkerne (Amygdala) und das oberste Emotionszentrum (Anteriorer cingulärer Cortex) beruhigen.«[2]

Das erklärt das Verhalten der Kinder auf dem Spielplatz: Wenn wir aufhören, unsere Kinder richtig anzusehen und mit ihnen »in Beziehung« zu sein, dann sinkt die Ausschüttung von Oxytocin und der Opioide, was nicht nur zur Folge hat, dass sie sich unglücklich fühlen (und nicht genau wissen, warum, wenn ihr Leben eigentlich idyllisch wirkt), sondern auch, dass sie, hält der Zustand des Nicht-in-Beziehung-Seins länger an, aggressiv werden, da die Angst- und Aggressionszentren im Gehirn nicht mehr von den Glückshormonen beruhigt werden!

Lassen wir das einen Moment auf uns wirken, denn es ist eine bedeutsame Erkenntnis. Es ist ein neurologisch gesteuerter Prozess, zunächst mit Aggression zu reagieren, wenn man sich nicht wertgeschätzt fühlt. Werden wir über lange Zeit sozial ausgegrenzt, kommt es schließlich zum Zusammenbruch der Motivation. Wir hören auf, uns Ziele zu stecken, vegetieren lustlos vor uns hin und verlieren den Lebenswillen.[3] Die Aggression eines Kindes, sein auffälliges, provozierendes, freches Verhalten, hat also den von der Natur angelegten Sinn, darauf aufmerksam zu machen, dass es sich nicht mehr wertgeschätzt fühlt. Die bisher gängige erzieherische Antwort auf solches Verhalten setzt demnach an der völlig falschen Stelle an. Werden die Kinder von ihren Eltern ausgeschimpft oder wird ihnen gar die kalte Schulter gezeigt, verstärkt sich der soziale Ausschluss und das Gefühl der Beziehungslosigkeit noch mehr. Vielmehr müssen die Eltern genau das Gegenteil tun: Sie müssen wieder stärker in Beziehung gehen mit ihrem wütenden Nachwuchs. Sie müssen sich ihnen *zu-* statt *ab*wenden.

Die fünf Säulen guter Beziehungen

Eigentlich müsste das »in Beziehung sein« etwas so Natürliches sein, dass es uns ohne großes Nachdenken von der Hand gehen sollte. Leider gibt es in unserer kollektiven Vergangenheit so viele (während des Dritten Reiches auch bewusst) gestörte Beziehungen zwischen Eltern und Kindern, dass es vielen von uns an einem Gespür dafür mangelt, was Liebe angeht. Deshalb muss man auch etwas Elementares und Organisches wie eine zwischenmenschliche Verbindung zunächst einmal wissenschaftlich anpacken, um über das verstandsmäßige Verstehen wieder zum instinktiven Fühlen zu kommen.

Es gibt fünf Säulen, die eine gute Beziehung ausmachen. Das gilt nicht nur für die Beziehung zwischen Eltern und Kind, sondern für jede Art menschlicher Beziehung. Diese fünf Säulen sind:

- wirklich wahrgenommen werden,
- den Interessen des anderen echte Beachtung schenken (Joint tention),
- gemeinsames Tun,
- auf einer Wellenlänge sein (emotionale Resonanz),
- sich in den anderen einfühlen und seine Motive und Absichten erkennen.[4]

Wirklich wahrgenommen werden

Der Mensch ist ein äußerst visuell orientiertes Wesen; darum ist es nicht verwunderlich, dass das Ansehen des anderen und das Selbst-gesehen-werden zu einer guten Beziehung beitragen. Sogar bei der frühesten Bindungsanbahnung zwischen Eltern und Kind spielt Blickkontakt eine große Rolle: Durch das Anschauen des Gesichtes erkennen die Eltern die Mimik des Kindes und können so vorsprachlich seine Bedürfnisse feinfühlig erkennen und beantworten.

Blinde Menschen haben übrigens keinen Nachteil bei der Wahrnehmung innerhalb einer Beziehung. Sie nehmen über andere Kanäle als das Auge wahr. Sie hören am Klang der Stimme oder spüren anhand seiner angespannten Muskeln, wie es dem anderen geht.

Auch in der Schule oder im Beruf tun Lehrerinnen beziehungsweise Vorgesetzte gut daran, ihre Schüler beziehungsweise Kollegen wirklich zu sehen, denn schon allein das steigert deren Motivation zur Mitarbeit.[5] Nichtbeachtung dagegen wird vom Gehirn als genauso schmerzhaft interpretiert wie körperlicher Schmerz. So fühlen Menschen, die von ihrem sozialen Umfeld nicht beachtet werden, zunächst ein unbestimmtes Unwohlsein, das sich über depressive Verstimmungen bis hin zu Suizidgedanken steigern kann. Nicht ohne Grund gibt es den sogenannten »Voodoo Tod« bei verschiedenen Völkern, der erstmals 1942 von Walter B. Cannon in der wissenschaftlichen Literatur beschrieben wurde.[6] Verstößt ein Mitglied des Stammes gegen ein heiliges Tabu, wird es »zum Tode verurteilt«. Alle Stammesmitglieder hören gleichzeitig auf, denjenigen anzuschauen und auf ihn zu reagieren. Es ist, als existierte er nicht mehr, als sei er ein Geist, den die anderen nicht sehen können. Selbst wenn er laut schreiend vor ihnen auf- und abspringt oder sie anrempelt – sie lassen mit keiner Faser ihres Körpers erkennen, dass sie ihn sehen. Ein so vollständiger Abbruch der Wahrnehmung seiner Person führt bei den meisten Menschen tatsächlich schnell zum Tod, selbst wenn sie körperlich völlig gesund sind.

In Anbetracht dessen sollten wir uns als Gesellschaft überlegen, ob wir weiterhin auf unserem Weg zur Arbeit die Obdachlosen und Drogenabhängigen auf der Straße übersehen wollen oder ob wir ihnen nicht, wenn schon kein Geld, wenigstens einen *Augenblick* schenken wollen. Wir sollten ebenfalls überlegen, ob Maßnahmen wie das Ignorieren in der Kindererziehung wirklich angemessen ist. Sicher, sie bringt unsere Kinder dazu, einzuknicken und das zu tun, was wir wollen, jedoch nur, weil sie die Schmerzen des Beziehungsabbruchs nicht aushalten können. Eine echte Einsicht, dass ihr Tun falsch war, wird so nicht erzeugt.

Leider ist gerade diese wichtige Säule einer guten Beziehung, der Blickkontakt, in der heutigen Gesellschaft erheblich weniger geworden. Es wäre albern zu behaupten, wir hätten früher den fremden Menschen in öffentlichen Verkehrsmitteln tief in die Augen geschaut und netten Small Talk gemacht – nein, wir haben auf Zeitungen oder in Bücher gestarrt statt aufs Smartphone. Aber heute liegen bei Treffen unter erwachsenen Freunden, wenn Kinder nach der Schule miteinander rumhängen und manchmal sogar beim gemeinsamen Familienabendbrot die Handys gut sichtbar auf dem Tisch und ziehen immer wieder die Aufmerksamkeit auf sich. Wir Menschen schauen uns insgesamt weniger an. Wie stark dieses Phänomen auf Sie zutrifft, können nur Sie selbst beurteilen. Ich merke immer wieder, wie verlockend es für mich ist, einfach nur »Mmmh« und »Ah ja?« zu murmeln, wenn mir eins meiner Kinder etwas scheinbar Unwichtiges mitteilt, während ich etwas scheinbar Wichtiges auf meinem Smartphone lese, statt mir die Zeit zu nehmen, mein Kind direkt anzugucken und mich auf seine Gedankenwelt einzulassen. Es ist aber essenziell, das zu tun. Wirklich.

Den Interessen des anderen echte Aufmerksamkeit schenken

Wussten Sie, dass es Wind-, Wasser-, Erd- und Feuereinhörner gibt? Nein? Nun, wenn Ihre Kinder im Alter von vier bis sechs Jahren sind, können sie Ihnen das ausführlich erzählen. Die Chancen stehen gut, dass Sie lernen, dass der Triceratops ein Pflanzenfresser war und mit seinem riesigen Nackenschild vermutlich die Saurierdamenwelt der Oberkreide in Entzücken versetzen wollte. Vielleicht werden Sie die Namen sprechender Autos aus einem bestimmten Film auswendig lernen müssen, und zwar *alle 133*. Sie werden Elfenmädchen an ihrer Flügelfarbe unterscheiden lernen, Fidget Spinner in den Händen drehen lassen und im Internet nachschlagen, wie man ein Rattfratz-Pokemon dazu bringt, sich in ein Rattikarl zu entwickeln. Vermutlich werden Sie auch alle Automarken an den Zeichen auf der Motorhaube erkennen, weil Ihr Nachwuchs beim Spazierengehen immer danach fragt. Und das ist auch gut so. Denn »Joint Attention«, also die gemeinsam geteilte Aufmerksamkeit für ein bestimmtes Interesse, Thema oder Ding, ist die zweite wichtige Grundsäule für eine gelingende Beziehung und ein Teil der wirklichen Wahrnehmung anderer.

Sich dem zuzuwenden, was einem anderen Menschen am Herzen liegt, zeigt dem anderen, dass er für uns wertvoll und interessant ist. Vielleicht kennen Sie das Gefühl, in einer nett plaudernden Gruppe etwas zu erzählen und zu merken, dass keiner Ihnen mehr zuhört. Alle haben plötzlich ihre Aufmerksamkeit einem anderen zugewandt. Die meisten von uns werden dann leiser und brechen ihre Geschichte mitten im Satz ab. So unangenehm ist dieser Moment, dass wir am liebsten nie wieder in einer Gruppe unsere Gedanken aussprechen möchten, selbst wenn es keine böse Absicht der anderen war. *Das* ist das traurige Gefühl, das unsere Kinder haben, wenn wir immer wieder signalisieren, dass wir es langweilig finden, zuhören zu müssen, wenn sie über Elfen, Zauberer oder die Angriffs- und Verteidigungspunkte des Monsters auf dieser speziellen Yu-Gi-Oh-Karte sprechen.

Bemühen wir uns also, aufmerksam zu sein, wenn unsere Kinder für etwas brennen. Verdrehen wir nicht die Augen, wenn der nächste Trend aus der Schule zu uns nach Hause schwappt, sondern nutzen wir die Chance, uns mit dem Thema zu beschäftigen. Es reicht nicht, dem Kind einfach die Pokémon-Karten zu kaufen, die es sich so sehr wünscht. Lernen wir auch die Regeln für das Spiel, damit wir mitreden, nachfragen und gern auch mitspielen können! Auch in erwachsenen Beziehungen kann man gut anhand der Joint Attention erkennen, wie es um die Beziehung steht. Es ist nicht so, dass man alles spannend finden muss, was einem der Partner erzählt – ich zum Beispiel kann mich beim besten Willen nicht dafür begeistern, ob Hertha BSC auf- oder absteigt, und meine Ohren beginnen augenblicklich zu fiepen, wenn mir aus der Zeitung etwas dazu vorgelesen wird –, aber es sollte nicht so sein, dass man dem Partner gar nicht mehr zuhört oder ihm nichts mehr von dem erzählt, was einen tagtäglich bewegt. Man sollte das Gefühl haben, seinem Partner noch etwas zu sagen zu haben, und wirklich hören zu wollen, was ihn umtreibt. Wissen Sie noch, wie viel Anstrengungen Sie unternommen haben, Interesse für die Interessen Ihres Partners, Ihrer Partnerin aufzubringen, als Sie frisch verliebt waren? *Das* ist dieses »an der Beziehung arbeiten«, das alle meinen. Diese Mühe sollten Sie auch für Ihren Nachwuchs aufbringen. Wer weiß, vielleicht entdecken Sie ja selbst Ihre Liebe zu einem Thema, das Sie vorher noch nicht kannten?

Unser Zuhause ist seit einigen Jahren Auffangbecken für diverse Kleinsttiere wie Schnecken, Raupen oder Marienkäfer, und wir Erwachsenen mögen das sogar. Es fing alles an in einem Sommer, in dem unsere Kinder händeweise Schnecken sammelten. Die Kita-Erzieherinnen griffen dieses Interesse auf und legten für ein paar Wochen ein Terrarium an, in dem die Schnecken beobachtet werden konnten. Kinder wie Erwachsene lernten gemeinsam, was diese gern fressen, wie sie ihr Gehäuse reparieren und wie sie Liebe machen. Danach schleppten die Kinder noch mehr kleine Tiere an. Ich wusste bis dahin nicht, wie die Eier und Larven von Marienkäfern aussehen, aber ich lernte es zusammen mit meinen Kindern und entdeckte gleichzeitig meine Liebe für solche biologischen Informationen. Wir haben sogar Schmetterlingsraupen bis zur Verwandlung in Schmetterlinge begleitet. Ich kann Ihnen verraten, dass es wirklich bewegend ist, gemeinsam als Familie vor einem winzigen Kokon zu sitzen, der plötzlich aufbricht und einen noch nassen, zerknitterten kleinen Diestelfalter freigibt.

Anders herum geht es übrigens auch: Wenn Ihre Kinder mehr über Ihre Hobbys oder die Arbeit wissen wollen, dann erzählen Sie. Erzählen Sie auch, was Sie selbst als Kind mochten. Geraten Sie ins Schwelgen! Denn je mehr Sie für ein Thema brennen, desto höher ist die Wahrscheinlichkeit, dass Ihr Kind sich auch dafür begeistert, was wiederum eine wunderbare Grundlage für noch mehr geteilte Aufmerksamkeit ergibt.

Gemeinsames Tun

Die dritte Säule, das gemeinsame Tun, ergibt sich oft aus der geteilten Aufmerksamkeit. Zusammen etwas zu tun, stellt ein wohltuendes Verbundenheitsgefühl her. Es müssen nicht einmal große Ausflüge sein – Kleinigkeiten im Alltag reichen vollkommen aus. Das gemeinsame Kochen mit Freunden, mit den Kindern eine Sandburg bauen oder einfach zusammen eingekuschelt im Bett liegen und ein Buch vorlesen. Die eindrücklichsten Erinnerungen aus meiner Kindheit sind jene, in denen ich etwas mit jemandem zusammen getan habe. Ich erinnere mich, dass ich mit meinem Vater in unserem engen Flur Handballwürfe geübt habe und wir mehrmals die Glaslampe, die von der Decke hing, trafen. Sie ging trotzdem nie kaputt, was ich schon damals überraschend fand. Ich erinnere mich an das Mensch-ärgere-dich-nicht-Spielen mit meiner Familie an verregneten Tagen im Campingurlaub, an das Spazierengehen im Dunkeln im Winter, bei dem ich von meiner Mutter mit dem Schlitten gezogen wurde, und das Glücksgefühl, *so lange* wach bleiben zu dürfen. Vermutlich war es damals gerade mal 18 Uhr, aber für mich waren das magische, wertvolle Ausnahmen, die sich tief in mein glückseliges Kinderherz eingruben. Ich erinnere mich an das Schwimmen mit meinen Freundinnen und an das laute gemeinsame Singen mit den anderen Mädchen in der Umkleidekabine vor jeder Sportstunde.

Es ist so leicht, in Beziehung zu sein, doch fährt uns unsere Bequemlichkeit oder auch Erschöpfung oft in die Parade. Wir sind froh, wenn die Kinder endlich anfangen, sich ohne uns zu beschäftigen; und dieser Moment der Ablösung ist ja auch ein wirklich wichtiger für unseren Nachwuchs. Doch gerade weil sie sich entwicklungsbedingt kontinuierlich von uns wegbewegen, ist es umso dringender, die wenigen Chancen auf gemeinsames Tun zu nutzen. Es ist erschreckend leicht, nur noch neben seinen Kindern herzuleben, obwohl alle in der gleichen Wohnung wohnen. Tappen wir nicht in diese Falle!

Emotional auf einer Wellenlänge sein

Der größte Teil des menschlichen Austausches erfolgt nonverbal über Tonlage, Mimik, Gestik, Körperhaltung und Sprechtempo. Normalerweise bemühen wir uns als Zuhörer unbewusst, mit unserem Gesprächspartner mitzuschwingen, weil uns das erleichtert, auf emotionaler Ebene zu erfassen, wie es dem anderen gerade geht.

Verursacher dieses Phänomens sind die Spiegelneuronen im Gehirn eines jeden Menschen. Ohne darüber nachdenken zu müssen, öffnen wir im Gespräch verblüfft die Augen, wenn unser Gegenüber etwas Erstaunliches erzählt, ziehen irritiert die Augenbrauen zusammen, wenn das Gesagte für uns Blödsinn ist oder lächeln bestätigend, wenn wir das Gleiche auch schon erlebt haben. Selbst Körperhaltungen spiegeln wir: Verschränkt unser Gesprächspartner die Arme vor der Brust, tun wir es auch, lehnt er sich entspannt an eine Wand, folgen wir. Wir haben dann das Gefühl, ihn wirklich zu verstehen, während er sich wirklich verstanden fühlt. Wir gähnen, wenn ein Freund gähnt. Fangen wir im Vorbeigehen von einer Fremden ein Lächeln auf, lächeln wir meist zurück, und spannenderweise hellt dieser kurze Moment des Einschwingens unser Inneres oft spontan auf. Plötzlich sind wir guter Laune!

Beziehungsstiftend ist diese emotionale Resonanz deshalb, weil die nonverbalen Zeichen des einen durch die unbewusste körperliche Spiegelung beim anderen ähnliche Saiten im Gehirn zum Schwingen bringen. Es gibt jedoch Menschen, denen diese Fähigkeit zur emotionalen Resonanz fehlt. Diese stoßen immer wieder auf zwischenmenschliche Probleme, weil sie unabsichtlich auf ihre Mitmenschen irgendwie »kühl« wirken. Als ich zum Beispiel einer Kollegin einmal erzählte, wie herausfordernd ich es finde, Vorträge vor einer großen Anzahl von Menschen zu halten, tat sie es lapidar ab mit einem »Ach, so schlimm ist das doch nicht. Du schaffst das schon«. Ich erfuhr keinerlei emotionale Resonanz von ihr, da sie mein Problem nicht nachfühlen konnte. Ich fand ihre Aussage unsensibel und war kurzzeitig wie vor den Kopf gestoßen. Ich zweifelte gar nicht daran, dass ich »das schaffen« würde, ich hatte nur etwas über mich selbst erzählen wollen.

Eltern und Erzieher machen den Fehler des Nicht-Mitschwingens oft, wenn Kinder weinen, weil sie sich verletzt haben. Statt mit mitfühlender Mimik und Gestik zu trösten, bleiben sie emotional unbeteiligt und versuchen, den Schmerz wegzureden: »Ist doch nicht so schlimm«, »Tut doch gar nicht weh«, »Jetzt beruhige dich doch mal«. Wir brauchen vermutlich an dieser Stelle nicht mehr zu unterstreichen, wie wenig hilfreich das für ein Kind ist. Ja, man kann sogar behaupten, dass dieses unsensible Verhalten der Beziehung einen kleinen Knacks gibt. Gott sei Dank ist das Phänomen der emotionalen Resonanz so intuitiv, dass wir in den meisten

Situationen gar nicht anders können, als uns mitschwingend auf unsere Kinder einzulassen. Und wenn man weiß, wie wichtig emotionale Resonanz ist, kann man Situationen, in denen man nicht unwillkürlich mitschwingt, durch achtsame Wortwahl zumindest soweit entschärfen, dass man den anderen nicht verletzt. Auch das ist beziehungsstiftend.

Sich in den anderen einfühlen und seine Motive und Absichten erkennen

Wie wir schon ausführlich beschrieben haben, ist auffälliges Verhalten oft auf unerfüllte Bedürfnisse zurückzuführen. Um »in Beziehung« zu sein, ist es daher unabdingbar, zu versuchen, sich in den anderen einzufühlen, um hinter das Verhalten zu schauen und so seine Motive und Absichten erahnen zu können.

In unserem ersten Buch zeigten wir an vielen Beispielen, wie schnell es gehen kann, dass wir Erwachsenen unseren Kindern falsche Absichten unterstellen. Ein Dreijähriger, der sich laut schreiend vor dem Supermarktregal auf den Boden wirft, weil die Eltern ihm keinen Schokoriegel kaufen, will keinen Druck auf sie ausüben, sondern ist in der Regel überwältigt von Wut und Trauer über diese Grenze und kann diese Gefühle noch nicht leiser kundtun. Eine Siebenjährige, die morgens dramatisch weinend zusammenbricht, weil alle Anziehsachen plötzlich doof sind und kratzen, will nicht ihre Eltern in den Wahnsinn treiben, sondern hat möglicherweise ein temporäres Problem mit den anderen Kindern an der Schule und kann diesen inneren Stress nicht anders ausdrücken als über ein Stellvertreterproblem. Das macht die dramatischen Gefühle und die Tränen des Mädchens nicht weniger echt. Es hilft jedoch nicht, ihr neue Anziehsachen zu kaufen – man muss *hinter* ihr Verhalten schauen und dort das Problem lösen.

Auch unter Erwachsenen kommt es oft zu Missverständnissen, weil wir Absichten oder Motive hineinlesen, die nicht individuell auf die spezielle Person abgestimmt sind, sondern ihren Ursprung sowohl in uns selbst als auch in unseren typischen Erfahrungen mit anderen haben. Das ist keine böse Absicht von uns, sondern einfach eine Ressourceneinsparung des Gehirns. Doch so fühlt man sich schnell angegriffen durch Dinge, die vom Beziehungspartner gar nicht so gemeint waren. Es ist eigentlich unmöglich, die Motive eines anderen *wirklich* zu durchschauen. Man kann nur annehmen und erahnen. Oft kommen wir dem sehr nah, was den anderen wirklich angetrieben hat, doch wir müssen uns immer bewusst sein, dass es möglich ist, dass wir völlig falsch liegen.

Wichtig für diese Säule der guten Beziehung ist darum das offene Gespräch. Erklären Sie Ihren Kindern und Partnern, warum Sie bestimmte Dinge getan haben oder nicht. Erklären Sie Ihre Motive und Absichten. Nutzen Sie auch die Chance, auf das Verhalten von anderen auf dem Spielplatz aufmerksam zu machen und mit Ihren Kindern zu überlegen, was die Motive des Einzelnen gewesen sein könnten. Wenn Sie eine Idee haben, warum Ihr Kind sich gerade so verhält, wie es sich verhält, dann nutzen Sie das aktive Zuhören nach Gordon, das wir unter der Überschrift »Grit: Aktives Zuhören schafft Nähe« näher beschreiben. Durch das zusammenfassende Nachfragen kann Ihr Kind bestätigen oder verneinen, dass Sie seine Absicht oder sein Motiv richtig verstanden haben.

Kehren wir noch einmal zu dem Spielplatz mit den aggressiven Kindern zurück. Ich will ehrlich mit Ihnen sein. Ich wollte an diesem Tag nicht die Kraft aufbringen, mich mit fremden Kindern auseinanderzusetzen. Ich fand es schrecklich dort und hielt die Atmosphäre kaum aus. Am liebsten wäre ich sofort gegangen. Doch ich hatte die Rechnung ohne meine Kinder gemacht. Helene und Josua eilten zu dem Jungen auf dem Trampolin und versuchten, ihn zu trösten. Carlotta, die keine Abneigung gegen Spucke hat, ging zu dem Klettergerüst. Sie sah dem Jungen freundlich in die Augen und machte ein Spiel daraus, seiner Spucke auszuweichen. Ich vermute, dass sie einfach nicht erkannte, wie ernst es ihm war. Ich konnte kaum hinsehen, aber sie lachte vergnügt, weil er sie immer wieder verfehlte. Unmerklich änderte sich das Spiel. Irgendwann fing der Junge an, so zu tun, als sei er ein Tiger, der wild nach meiner Tochter tatzte. Helene und Josua kamen hinzu, und das Spiel wurde wilder und lauter. Aber es war nur gespielte Aggression, sie waren alle miteinander im Flow. Carlotta hatte ihn in ihrer wunderbar kindlichen Bedingungslosigkeit angenommen, wie er war, und sie hatten eine tragfähige Spielbeziehung aufgebaut. Als wir nach zwei Stunden endlich doch gingen, verabschiedete er sich sehr ernsthaft mit Handschlag von ihr. Sie waren nun gute Kumpel. Sicher, sie würden sich nie wieder sehen, aber für einen kurzen Moment im Leben beider Kinder hatte es eine Verbindung gegeben, die beiden geholfen hatte, zu lernen, was es heißt, »in Beziehung« zu sein.

Paula: Schule und Eigenverantwortung

Eines der größten Probleme im Zusammenleben zwischen Eltern und Kind ist die ungünstige Verteilung von Verantwortung. Unserer Beobachtung nach übernehmen wir Eltern diese oft an unnötigen Stellen und geben sie wiederum in Bereichen an unsere Kinder ab, in denen diese aufgrund ihrer entwicklungsbedingten Unreife noch unsere Unterstützung bräuchten. Sobald diese Falschverteilung einmal erkannt und verändert wurde, fallen schlagartig viele Minenfelder weg, die vorher für tägliche Explosionen sorgten. In den beiden folgenden Kapiteln werden wir uns mit der Art der Verantwortung beschäftigen, die unsere Kinder entwicklungsbedingt noch überfordert, und damit, welche Verantwortung Eltern ihren Kindern unbedingt überlassen müssen.

Jutta, 43, erzählt von ihrer Tochter Paula, 9:

> Ich bin seit einiger Zeit genervt von Paula. Sie ist neun Jahre alt, und alles dauert ewig. Ich muss sie wirklich bei jedem einzelnen Schritt antreiben. Das geht schon morgens los. Sie kann sich nicht entscheiden, was sie frühstücken will. Also entscheide ich irgendwann für sie. Wenn ich sie lasse, sitzt sie verträumt eine halbe Stunde vor ihrem Müsli und nimmt nicht einen Bissen zu sich! Erst, wenn ich sie immer wieder darauf hinweise, doch jetzt mal einen Löffel zu essen, kommt Leben in sie. Allerdings

ist sie von dieser ständigen Gängelei sehr genervt und mault mich dann an.

Das ist auch nachmittags bei den Hausaufgaben so. Es ist eigentlich ein Wunder, dass wir uns dabei noch nicht gegenseitig erwürgt haben. Bis ich sie zum Anfangen überreden kann, dauert es oft zwei Stunden. Und dann muss sie sich erst mal 15 Minuten darüber beschweren, dass sie überhaupt Hausaufgaben hat und wie doof diese sind. Jede Rechenaufgabe wird persönlich verflucht und oft mit einer Sauklaue hingeschmiert. Ich bin natürlich sauer darüber und radiere sie wieder weg. Neulich war die Schrift so schlimm, dass sie sie nicht mal mehr selber lesen konnte. Ich muss außerdem praktisch neben ihr sitzen bleiben, sonst fängt sie an zu malen oder zu spielen. Es fällt ihr gar nicht mal übermäßig schwer, die Aufgaben zu erledigen, aber sie will einfach nicht.

Sämtliche Verabredungen liegen auf Eis, weil Paula oft erst gegen 18 Uhr fertig wird. Ich kann sie locken mit Ausflügen aller Art und Belohnungen für schnelles Erledigen und so weiter. Das prallt alles an ihr ab. Sie wird sogar sauer auf mich, wenn ich ihr sage, sie kann ihre Freundin nicht treffen, weil die Hausaufgaben noch nicht fertig sind. Dann wird sie verletzend, respektlos und aggressiv mir gegenüber. Denn natürlich bin ich schuld. In ihren Augen bin ich an allem in ihrem Leben schuld. Ich bin die böse Mama, die ihr das verbietet und überhaupt die schlechteste Mutter der Welt. Dass ihre Langsamkeit das Problem ist, hat sie anscheinend noch nicht kapiert.

Als Jutta zu uns in die Beratung kam, beklagte sie sich vor allem darüber, sich so sehr vereinnahmt zu fühlen. Neben der Verantwortung für ihren Job und den Haushalt habe sie so viel Arbeit mit ihrer Tochter, dass sie kaum Zeit für sich selbst fände. Ständig müsse sie Paula quasi überwachen, damit das Kind überhaupt etwas schaffen würde. Jutta verstand gut, warum ihre Tochter so allergisch auf die ständigen Gängeleien reagierte, aber sie sah auch keinen Ausweg aus dem Dilemma, da sie sich sicher war, das Kind würde in der Schule dramatisch absacken, wenn sie sie nicht zu den Hausaufgaben zwingen würde, oder aber verhungern, wenn sie sie nicht ans Essen erinnern würde. Dennoch wusste die Mutter, dass es so nicht weitergehen konnte. Sie sagte, sie hätte eigentlich schon lange die Grenze ihrer Kraft überschritten und liefe permanent im Modus »Überforderung«. Deshalb sei sie auch nicht immer so entspannt und liebevoll, wie sie es eigentlich sein wolle.

Jutta ist kein Einzelfall. Unsere heutige Elterngeneration übernimmt unseres Erachtens viel zu viele Aufgaben. Das hängt sicherlich damit zusammen, dass wir zwar wissen, dass wir es »anders« als frühere Genrationen machen wollen, aber leider haben wir noch keine Ahnung, wie dieser neue Weg aussehen soll. So kommt es, dass wir uns oft ein Arbeitspensum aufbürden, das für einen Einzelnen einfach nicht zu schaffen ist.

Ein Grund dafür liegt – wir schrieben es schon – darin, dass wir Großen das Gefühl dafür verloren haben, an welchen Stellen unsere Unterstützung nötig und wo sie unnötig ist. Kinder können, wollen und sollen Eigenverantwortung für all die Dinge übernehmen, die ihren eigenen Körper betreffen. Übernimmt der Erwachsene jedoch diese Verantwortung, können drei Dinge passieren: das Kind verliert sein natürliches Gefühl für seine körperlichen Bedürfnisse; das Kind verinnerlicht, dass seine Selbstfürsorge nicht erwünscht ist; die Erwachsenen überfordern sich.

Das Kind verliert sein natürliches Gefühl für seine körperlichen Bedürfnisse

Kinder wissen, wann sie Hunger haben und wie viel sie essen wollen – diese Kompetenz haben sie, wenn auch nicht bewusst, seit dem Tag ihrer Geburt. Lange Zeit wurde den Eltern jedoch eingeredet, sie müssten überwachen, wie viel ihr Kind zu sich nimmt, damit es gedeiht. So wurden – von Experten unterstützt – die Mahlzeiten bis aufs Gramm genau abgewogen und Essenszeiten festgelegt. Auch heute noch unterliegen die Eltern häufig der irrigen Vorstellung, sie müssten ihrem Baby noch ein bisschen mehr Brei unterschummeln, selbst wenn es bereits den Kopf wegdreht oder den Mund zukneift. Größeren Kindern wird heutzutage zwar nicht mehr gesagt, sie müssten aufessen, doch entscheiden weiterhin meist die Erwachsenen in ihrem Leben, ob sie »schon genug« gegessen haben. »Noch einmal abbeißen!«, heißt es dann oder »Iss noch eine Gabel voll Gemüse, dann kannst du Nachtisch haben.«

Auch in anderen Bereichen greifen Eltern unnötigerweise ein. Sie kämpfen beispielsweise mit ihren Kindern darum, was diese an kühleren Tagen oder bei Hitze anziehen. Sie legen fest, wann sie ins Bett gehen und schlafen sollen. Manche entscheiden mit einem »Das ist doch nicht schlimm« oder mit »Deswegen muss man doch nicht gleich heulen« sogar darüber, ob eine Situation es wert ist, vom Kind beweint zu werden oder nicht. Meine Töchter durften im Kindergarten einmal nicht Wasser statt Kuhmilch in ihr Müsli geben, weil dies laut der Erzieherin »doch nicht schmeckt«. Das mutet schon reichlich absurd an, nicht? Entscheiden zu wollen, was einem anderen Menschen schmeckt oder nicht, ist, rational betrachtet, völliger Unsinn. Und doch kommt es vor.

Auch Paulas Mutter hat das Gefühl, sie müsse ihre Tochter daran erinnern zu essen, vermutlich, weil sie meint, es läge in ihrer elterlichen Verantwortung, dass das Kind gestärkt und satt in den Tag geht. Doch die Mutter ist *nur* dafür verantwortlich, dass genügend gesundes Essen im Haus ist und dass das Mädchen im normalen Ablauf des Morgens ausreichend Zeit hat, sich an den Tisch zu setzen, um zu essen. Ob es diese Zeit nutzt und wie viel es isst, liegt wiederum im Verantwortungsbereich des Kindes.

Das Kind verinnerlicht, dass seine Selbstfürsorge nicht erwünscht ist

Die Spiegelneuronen im Gehirn unserer Kinder nehmen sehr genau auf, wie unsere Gesellschaft funktioniert, und speichern das als Normalzustand ab. In einer anderen Umgebung würden sie andere Verhaltensweisen als »richtig« abspeichern – je nachdem, was dort als normal angesehen wird. Die ureigenen Instinkte der Kinder sind eigentlich auf Selbstfürsorge ausgerichtet. Werden Neugeborene nach der Geburt auf den Bauch der Mutter gelegt, drücken und schieben sie so lange mit den Beinchen, bis sie mit dem Mund die Brustwarze erreichen. Haben Babys das Gefühl, allein zu sein, fangen sie an zu schreien, um mit ihrem Weinen ihre Bezugspersonen dazu zu veranlassen, zurückzukommen. Sie kümmern sich mit den ihnen verfügbaren Mitteln darum, versorgt zu sein. Auch bei Einjährigen kann man den natürlichen Drang nach Selbstfürsorge gut erkennen, nämlich bei jedem »Alleine machen!«, das uns Großen entgegenschallt. Doch in unserer Gesellschaft ist es noch immer üblich, kleinen Kindern die Verantwortung für sich selbst abzunehmen. Einjährige, die schon stabil sitzen können, werden trotzdem oft noch in ihrem Hochstuhl zum Essen angeschnallt. Meist geschieht das aus Angst, dass ihnen etwas passieren könnte. Das ist verständlich und doch problematisch. Denn so wird den Kindern von Anfang an subtil vermittelt, dass nicht sie für sich verantwortlich sind, sondern andere. Das kann so weit gehen, dass der Nachwuchs immer darauf vertraut, dass jemand anderes sich schon kümmern wird. Doch spätestens, wenn die Kinder zur Schule kommen, wollen die meisten Eltern, dass sie eigenständiger werden. Sie sind genervt, wenn ihre Kinder keine Anstalten machen, sich um sich selbst zu kümmern. Es muss doch möglich sein, dass sich ein Sechsjähriger selbst Frühstück nimmt, wenn er Hunger hat, statt darauf zu warten, dass Mama endlich kommt. Klar ist es möglich! Aber eben nur dann, wenn dem Sechsjährigen nicht sechs Jahre lang die Eigenverantwortung abgenommen wurde.

Die Erwachsenen überfordern sich

Wir Eltern sorgen dafür, dass unsere Kinder genügend vollwertiges Essen zu sich nehmen, dass sie genug Schlaf bekommen, dass sie wettergerecht angezogen sind und nicht krank werden, dass sie gut in der Schule lernen, damit sie nicht abgehängt werden und später einen guten Job bekommen. Das haben schon unsere Eltern für uns und unsere Großeltern für unsere Eltern getan. Dass wir dafür verantwortlich sind, ist tief in unserem kollektiven Gedächtnis verankert. Zusätzlich übernehmen wir heutigen Eltern aber ein viel größeres Pensum an emotionaler Fürsorge als frühere Generationen. Wir versuchen, feinfühlig auf die Bedürfnisse unserer Kinder einzugehen; in den Babyjahren planen wir sogar unseren Alltag um die Bedürfnisse der Kinder herum. Wir halten Wutanfälle aus und bemühen uns, den Kindern bei der Regulierung ihrer Gefühle zur Seite zu stehen. Wir trösten ausgiebig. Wir wenden uns bei Streit mit unseren Kindern nicht ab, sondern versuchen, zu klären und Kompromisse zu finden. Wir wägen die Bedürfnisse aller ab und versuchen, sie unter einen Hut zu bekommen. Das ist, um es mal vorsichtig auszudrücken, anstrengend.

Die wahrscheinlichste Erklärung dafür, dass frühere Elterngenerationen nicht so stark am Limit liefen wie wir, ist vermutlich ganz einfach: Es wurde weniger Bohei um das emotionale Wohl der Kinder gemacht. Nicht, dass wir nicht geliebt wurden. Aber wenn wir einen Wutanfall hatten, mussten wir allein »ausbocken«. Manch einem, der ohne für die Erwachsenen ersichtlichen »guten« Grund weinte, wurde gedroht, ihm werde gleich mal ein echter Grund zum Weinen gegeben – was hieß, dass er eins auf den Hintern bekam. Wenn wir einen Konflikt mit unseren Eltern hatten, wurde der selten auf Augenhöhe geklärt. Es war klar, dass die Erwachsenen das Sagen hatten, ob sie nun im Recht waren oder nicht. Das Leben wurde um die Bedürfnisse der Eltern herum organisiert, Kinder hatten sich dem anzupassen. Bei Widerspruch konnte es vorkommen, dass dem Kind von seinen Eltern die kalte Schulter gezeigt wurde, bis es diesen Liebesentzug nicht mehr aushielt und sich entschuldigte, auch wenn es eigentlich im Recht war.

Natürlich waren die Ausprägungen in jeder Familie individuell, und es gab auch Ausnahmen, aber im Großen und Ganzen war unsere Kindheit so. Um es noch einmal zu betonen: Unsere Eltern liebten uns. Es war damals einfach nicht en vogue, auf die emotionalen Bedürfnisse von Kindern einzugehen. Vermutlich war niemandem klar, dass das wichtig ist.

Das wir *diese Art* von Erziehung nicht wiederholen wollen, steht wohl außer Frage. Doch es ist offensichtlich, dass wir uns wieder stärker um uns selbst kümmern sollten. Unsere eigene Selbstfürsorge dürfen wir nicht schleifen lassen. Sonst nehmen wir unseren Kindern vor lauter Selbstaufgabe irgendwann übel, dass sie scheinbar so viel von uns verlangen. Um unseren Kräftehaushalt zu schonen, müssen wir Möglichkeiten finden, unser Arbeitspensum zu verkleinern. An diesem Punkt kommt die Eigenverantwortung der Kinder ins Spiel.

Die Eigenverantwortung zurückgeben

Kinder haben in allen Bereichen, die sie selbst betreffen, einen angeborenen, natürlichen Instinkt für das, was sie brauchen und was ihnen gut tut. Sie wissen ganz genau, was ihnen schmeckt und was nicht. Sie erkennen, ob etwas für sie angenehm oder unangenehm riecht. Sie wissen selbst am besten, ob ihnen warm oder kalt ist.

Ebenso können sie sich auf ihre Gefühle verlassen: Sie wissen, wen sie leiden können und wen nicht. Es ist übergriffig und teilweise gefährlich, sie überreden zu wollen, dass eine bestimmte Person nett ist. Wenn sie jemanden nicht umarmen oder gar küssen wollen, muss das respektiert werden, selbst wenn es ein naher Verwandter ist. Wenn sie wegen etwas traurig oder zornig sind, dann fühlen sie genau das, unabhängig davon, ob der Grund in den Augen der Erwachsenen unwichtig ist. Sie wissen, ob sie ein Junge, ein Mädchen oder etwas dazwischen sind, egal welche Merkmale ihr äußerer Körper trägt.

Auch was ihre Bedürfnisse angeht, wissen Kinder genau, was sie brauchen: Sind sie müde, schlafen sie ein; sie spüren, wann sie auf die Toilette müssen, wann sie Hunger oder Durst haben, wann sie Nähe brauchen, wann sie für sich selbst sein wollen. Niemand muss ihnen sagen, was sie lernen sollen, ihr Weg führt sie ganz allein zu den wichtigsten Kulturtechniken ihres sozialen Umfeldes. Sie können selbst entscheiden, welche Hobbys sie interessieren, und sie wissen, was sie als schön empfinden und kleiden oder schminken sich entsprechend. Sie spüren auch, ob und an wen sie glauben und welcher Religion sie folgen wollen.

Wird dieses instinktive Wissen um die eigenen Belange nicht von gutmeinenden Erwachsenen überschrieben, kann man sich als Eltern an diesen Stellen entspannt zurücklehnen und die Kinder machen lassen. Die Wahrheit ist nämlich: Unsere Kinder wollen gar nicht, dass wir ihnen diese Dinge abnehmen. Tatsächlich streiten sie sich unglaublich oft mit uns genau um diese Themen! Genau das ist die Chance für die heutige Elterngeneration, ihre Selbstfürsorge zu verbessern. Lassen wir unsere Kinder einfach machen. Lassen wir sie entscheiden, wann sie ins Bett gehen, was sie aus den angebotenen Speisen zu sich nehmen wollen. Stellen wir nicht in Frage, wenn sie ohne Jacke aus dem Haus gehen wollen.

Das fällt einem zugegebenermaßen nicht immer leicht. Ich muss meine Bedenken regelmäßig hinunterschlucken, wenn ich sehe, dass meine Tochter Carlotta im Winter in unserer Altbauwohnung mit nackten Füßen über das kalte Parkett läuft. Ich selbst habe eine Fleecejacke und dicke Hausschuhe an und friere immer noch. Sie jedoch wirft, sobald sie von der Schule nach Hause kommt, mindestens ihre Socken von sich. Interessanterweise wird Carlotta von allen Familienangehörigen am seltensten krank. Es mag keinen kausalen Zusammenhang mit ihrer leichten Kleidung geben, aber dieser Fakt hat mich zumindest derart erleichtert, dass ich nun weitaus entspannter ihrer Selbstfürsorge vertraue. Sie weiß selbst am besten, wann ihr kalt ist.

Die Kinder selbst entscheiden zu lassen, bedeutet nicht gleichzeitig, sie allein zu lassen. Natürlich haben wir Großen mehr Erfahrung, und die sollten wir ihnen nicht vorenthalten. Gehen meine Kinder ohne Jacke aus dem Haus, nehme ich diese meist vorsichtshalber mit, wenn für den Nachmittag Regen angesagt ist. Wenn sie abends sehr intensiv spielen und nicht merken, wie spät es ist, erinnere ich sie selbstverständlich. Aber ob sie meine Erinnerung annehmen und dann schlafen gehen, bleibt ihre Entscheidung.

Schule und Hausaufgaben

Ganz besonders stark ausgeprägt ist die unnötige Übernahme von Verantwortung durch uns Eltern, wenn es um das schulische Lernen geht. Das ist verständlich, denn wir machen uns Gedanken über ihre zukünftigen Job- und Aufstiegschancen; deshalb möchten wir ihnen aktiv bei der Bildung zur Seite stehen. Oft vermuten wir auch, dass die Kleinen noch nicht die Weitsicht besitzen, sich in dieser Hinsicht klug zu entscheiden. Aber eigentlich fällt es nicht in unseren Verantwortungsbereich. Eigentlich sollten Kinder von Anfang an dazu ermutigt werden, ihren Lernweg selbst zu gestalten. Dazu gehört, selbst für die Hausaufgaben verantwortlich zu sein. Aufgabe von uns Eltern ist nur, einen ruhigen Ort und ein ausreichendes Zeitfenster bereitzustellen. Gern dürfen wir auch bei Fragen unsere Hilfe anbieten oder zeitliche Orientierung geben, beispielsweise indem wir dem Kind signalisieren, wenn das Zeitfenster sich dem Ende zuneigt. Mehr Einmischung ist allerdings unnötig. Vertrauen Sie Ihrem Nachwuchs. Sie werden erstaunt sein, wie reibungslos dies im Großen und Ganzen ablaufen wird. Sicherlich wird es die eine oder andere unerledigte Hausaufgabe geben. Vielleicht werden es zunächst auch viele unerledigte Hausaufgaben sein, vor allem, wenn die Großen zuvor zu viel Verantwortung übernommen haben. Dann braucht es eine Anpassungsphase seitens des Kindes. Es muss erst neu lernen, dass es jetzt selbst am Steuer sitzt – und dass es niemand anderem als sich selbst die Schuld dafür geben kann, wenn es da am nächsten Tag eine wenig entzückte Lehrerin gibt, der es wegen der unerledigten Hausaufgaben Rede und Antwort stehen muss. Das Vertrauen von uns Eltern ist ein ganz entscheidender Baustein für das Gelingen der beziehungs- und bedürfnisorientierten Elternschaft. Unsere innere Erwartungshaltung spiegelt sich in unbewusster Gestik und

Mimik, daher ist es wichtig, dass wir tatsächlich davon überzeugt sind, dass unsere Kinder die natürliche Tendenz haben, sich für das Richtige zu entscheiden. Vertrauen Sie Ihren Kindern!

Insgesamt sind Kinder daran interessiert, zu lernen. Sie wissen auch, dass eine gute Schulbildung wichtig für ihr zukünftiges Leben ist und verhalten sich dementsprechend – wenn man ihnen die Freiheit lässt. Ganze Schulen fußen auf diesem Prinzip; zum Beispiel die Freien Demokratischen Schulen. Dort entscheiden die Schüler von der ersten Klasse an, was und wann sie lernen wollen. Sie haben dort jederzeit die Möglichkeit, sich gegen Unterricht und für Spielen zu entscheiden. Auch, ob sie Hausaufgaben erledigen wollen oder nicht, bleibt ihnen überlassen. Doch am Ende sind Schulabgänger dieser Freien Schulen genauso gut gebildete Menschen wie jene aus dem klassischen Schulsystem! In den USA ist es mittlerweile so, dass die Colleges besonders gern Freilerner beziehungsweise Homeschooler annehmen, da deren Ergebnisse in den Aufnahmetests regelmäßig über dem Durchschnitt liegen. Auch bei standardisierten akademischen Leistungstests schneiden Homeschooler bis zu 25 Prozent besser ab als Schüler öffentlicher Schulen – unabhängig vom Bildungsgrad der Eltern oder dem sozialen Status.

In unserem Eingangsbeispiel von Paula und Jutta sehen wir zwei große Brennpunkte, die die Mutter entschärfen kann, wenn sie ihrer Tochter die Verantwortung zurückgibt: die Hausaufgaben und das langsame Essen. Juttas Aufgabe ist nur, sicherzustellen, dass das Kind im Laufe des Nachmittags genügend Zeit für schulische Dinge und die entsprechenden Materialien samt Arbeitsplatz zur Verfügung hat. Ob das Mädchen dies nutzt, liegt in seiner Verantwortung. Jutta kann ihre Hilfe bei den Hausaufgaben anbieten, sollte sich jedoch nicht aufdrängen oder wütend sein, wenn die Tochter diese Hilfe ablehnt.

Möglicherweise wird zunächst eintreten, wovor sie Angst hat, nämlich, dass die Neunjährige malt und spielt, statt zu arbeiten. Auch Kinder, die aus einer Regelschule an eine Freie Schule wechseln, spielen oft erst einmal ausgiebig und ignorieren die Lernangebote. Offenbar wollen sie die neu gewonnene Freiheit erst einmal auskosten. Doch zeigt die Erfahrung, dass all diese Quereinsteiger wieder Lust am Lernen bekommen und anfangen, ihren Lernweg selbstverantwortlich zu gehen. Deshalb könnte Jutta lockerlassen und Paula einfach machen lassen, denn wenn der Druck von den Erwachsenen nachlässt, reagieren die meisten Verweigerer nicht mehr mit Gegendruck. Wer eine echte Wahl hat, ist frei, sich für das zu entscheiden, was für ihn am besten ist, statt sich immerzu gegen die Bevormundung aufzulehnen.

Jutta braucht ihre Tochter auch morgens nicht zum Essen zu animieren, sondern kann sich um eigene Dinge kümmern, so hat die Mutter nicht das Gefühl, andauernd für das Kind da sein zu müssen und sich selbst zu vernachlässigen. Sie gewinnt mit der Rückgabe der Verantwortung freie Zeit. Aufgabe der Mutter ist nur, den Ablauf des Morgens so zu gestalten, dass genügend Zeit für das Frühstück gegeben ist und dass gesundes Essen eingekauft wurde. Sollte Paula träumen statt zu essen, ist das ihre eigene Entscheidung. Sie wird merken, dass sie dann hungrig zur Schule geht und ob ihr das gut tut. Je nachdem, wie ihre Bewertung ausfällt, wird sie bald darauf achten, etwas zum Frühstück zu essen oder eben auch nicht. Denn es ist ja gar nicht gesagt, dass Paula unbedingt ein Frühstück braucht. Viele Menschen gehen ohne Frühstück aus dem Haus und essen erst im Laufe des Vormittags etwas.

Dinge loszulassen, die den persönlichen Bereich des Kindes betreffen, ermöglicht ihnen, »aus den Konsequenzen zu lernen« in einer Weise, die für die Kinder machbar und richtig ist, weil es ihre kognitiven Fähigkeiten nicht überschreitet. Die Kausalität von »ohne Jacke ist mir kalt«, »ohne Frühstück habe ich Hunger und bin schlapp« oder »ohne Hausaufgaben bekomme ich eine schlechte Note« wird auch schon von Fünfjährigen verstanden. Bei guter Selbstfürsorge – die jedem Menschen angeboren ist – werden diese Erkenntnisse unweigerlich zu Handlungen führen, die denen ähneln, die schon die Erwachsenen angestrebt haben. Sprich: Die Kinder werden sehr wahrscheinlich eine Jacke anziehen, Frühstück essen oder ihre Hausaufgaben machen. Tun sie das nicht, dann war ihnen entweder nicht kalt, sie fühlten sich ohne Frühstück nicht schlapp oder aber sie haben das Gefühl, die Erwachsenen waren nicht ehrlich bei der Übergabe der Verantwortung.

Achtung, Falle: Die verborgene Agenda

Ein Elternteil, das wütend beschließt, dem Kind nun eben nicht mehr bei den Hausaufgaben zu helfen, weil es sich immer so bockig dagegen sträubt, aber insgeheim hofft, die Lehrerin möge dem Kind mal so richtig zeigen, was es davon hat, damit es im Anschluss einknickt und zugibt, dass besagtes Elternteil recht hatte, übergibt keine Eigenverantwortung, sondern sinnt insgeheim auf Rache. Dieser Wunsch ist nur zu menschlich und entspringt vermutlich dem Gefühl der Kränkung, dass das Kind nicht dankbar für die elterliche Einmischung ist. Wir wollen doch nur sein Bestes!

Sollten Sie Verantwortung an Ihr Kind zurückgeben wollen, weil Sie den ewigen Kampf darum leid sind und gleichzeitig Gedanken haben wie »Es wird schon sehen, was es davon hat!«, dann wird das Experiment vermutlich scheitern. Kinder haben einen sechsten Sinn für derartige heimliche Agenden – sie wecken in ihnen unbewusst Widerstand. Sie werden sehenden Auges in ihr eigenes Unheil rennen, nur um Ihnen nicht die Genugtuung zu geben, zu gewinnen. Das Ganze ist ein unguter Kreislauf, denn bei Ihnen wird die Sturheit Ihres Nachwuchses vielleicht sogar Ihr Mitgefühl verringern. Es gibt Eltern, die mit steinerner Miene neben ihrem weinenden Kind mit urinnasser Hose stehen und »Selbst schuld!« erklären. Sie hatten ihm schließlich gesagt, es solle vorher nochmal aufs Klo. Oder Eltern, die ihr Kind mit einer dicken Erkältung zur Schule schicken, weil sie nicht einsehen, für seine Unverantwortlichkeit einen Krankentag nehmen zu müssen. Sie hatten ihm schließlich gesagt, dass es eine dickere Jacke anziehen soll. Das sind eigentlich liebende Eltern – aber gefangen in ihrer Kränkung. Ich denke, wir brauchen an dieser Stelle nicht weiter auszuführen, dass dies ein Verhalten ist, das nicht mehr von Liebe geprägt ist. Ganz sicher ist das nicht die Art von Beziehung, in der wir uns mit unseren Kindern befinden wollen.

Die Rückgabe der Eigenverantwortung muss also einem echten Verständnis entspringen, dass es anmaßend war, sie dem Kind überhaupt erst wegzunehmen. Es mag ein bisschen dauern, bis wir Erwachsenen diesen Punkt erreichen, aber es lohnt sich. Sobald wir unsere Agenda fallen lassen, haben unsere Kinder wirkliche Freiheit, selbstverantwortlich zu handeln.

Achtung, Falle: Pseudo-Übergabe von Verantwortung

Es gibt eine weitere Falle, in die Eltern tappen, die noch unsicher sind, ob sie ihren Kindern diese Eigenverantwortlichkeit wirklich zutrauen können. Die Falle heißt: Pseudo-Übergabe. Oft versuchen Eltern nämlich, erst einmal »im Kleinen« Eigenverantwortung zu überlassen, um zu schauen, ob es klappt. Dann dürfen die Kinder zum Beispiel am Wochenende oder in den Ferien entscheiden, wann sie ins Bett gehen. Das läuft fast immer schief. Die Kinder regulieren sich dann nicht selbst, sondern bleiben so lange auf, wie sie können, nur um den nächsten Tag zu verschlafen, was wiederum für die Großen der Beweis ist, dass die Kinder noch überfordert sind von dieser Art der Eigenverantwortung.

Wenn man genauer hinsieht, ist von vornherein klar, dass ein solcher Versuch nicht gut gehen kann, es sei denn, man hat ein extrem einsichtiges und vernünftiges Kind. Die meisten Kinder wünschen sich, länger aufbleiben zu können, doch die Eltern entscheiden, dass es besser ist, wenn sie früh ins Bett gehen, um am nächsten Morgen ausgeschlafen zu sein. Durch die Fremdregulierung steigert sich der Wunsch des Kindes, länger wachbleiben zu dürfen, und wird natürlich ausgelebt, wenn sich die Möglichkeit dazu eröffnet: am Wochenende und in den Ferien. Allerdings wird das Kind in diesem Fall auf seine natürliche Müdigkeit nicht acht geben, denn es will ja die kurzzeitige Freiheit so weit wie möglich auskosten. Außerdem muss es in den Ferien sowieso nicht früh aufstehen, es besteht also auch nicht die Notwendigkeit, vernünftig zu sein. Dementsprechend treten keine natürlichen Konsequenzen ein. Ein Kind, das während der Schulzeit erst um 1 Uhr nachts ins Bett geht, wird vermutlich am nächsten Morgen sehr müde und im Unterricht schlecht konzentriert sein – *das* ist eine natürliche Konsequenz.

Seien wir ehrlich: Nicht einmal wir Erwachsenen gehen am Wochenende und in den Ferien so früh ins Bett, wie es uns guttun würde. Warum also sollte es bei unseren Kindern klappen? Aber wir gehen im Alltag relativ pünktlich ins Bett, weil wir durch Versuch und Irrtum festgestellt haben, wie viel Schlaf wir brauchen. Genau diese Möglichkeit sollten wir auch unseren Kindern eröffnen. Die Übergabe von Eigenverantwortung sollte entweder ganz oder gar nicht stattfinden, aber eine Pseudo-Übergabe wird alle Familienmitglieder frustrieren. Ein echter Lernprozess kann so nicht stattfinden.

Achtung, Falle: Wenn ich mich einmische, geht es schneller

Es stimmt: Wenn wir unseren Kindern die Eigenverantwortung abnehmen, gehen viele Dinge schneller. Die Kinder streiten sich? Gehen wir dazwischen und trennen die Streithälse, kehrt – zumindest oberflächlich – bald wieder Ruhe ein. Sie nörgeln, ihnen sei langweilig? Machen wir Vorschläge oder unterbrechen unsere eigene Arbeit, um sie zu bespaßen, hört die Nörgelei schnell auf. Sie können sich nicht entscheiden? Wählen wir Eltern für sie aus, ist das eine Sache von Sekunden.

Doch dies ist eine weitere Falle, in die gutmeinende Eltern tappen können. Denn die Hilfe wirkt allenfalls kurzfristig. Langfristig werden den Kindern immer wieder Entwicklungsmöglichkeiten vorenthalten.[7] Denn wie sollen sie ihre Fähigkeit ausbauen, konstruktiv zu streiten, wenn sie nur selten die Gelegenheit haben, einen Konflikt bis zum Ende zu führen, weil immer ein Erwachsener dazwischenfunkt? Nun könnte man einwenden, dass ein Kinderstreit oft handgreiflich wird und dass Kinder dabei ja wohl keine »konstruktiven« Strategien erlernen, aber das stimmt so nicht ganz. Denn Impulskontrolle, Empathie und Moral sind eng miteinander verbunden. Eskaliert der Kinderstreit also bis zum gegenseitigen Hauen, werden viele Informationen im Gehirn abgespeichert. Auf diese greift der präfrontale Cortex beim nächsten Streit zurück, und der Impuls, zuzuschlagen, wird sehr wahrscheinlich weniger stark sein. Unterbinden Erwachsene jedoch solches Verhalten, wird der Streit zwar unterbrochen, aber die möglichen Konsequenzen können nicht als Referenz abgespeichert werden. Es wird nicht gelernt: »Wenn ich den anderen haue, weint und blutet er vielleicht sogar«, sondern: »Wenn wir streiten, kommt ein Erwachsener und verhindert, dass ich haue.« Dieser Unterschied ist für die Entwicklung des moralischen Gewissens von entscheidender Bedeutung und bildet die Grundlage für das konstruktive Streiten! Hinzu kommt, dass ein Streit, der durch einen Erwachsenen unterbrochen wurde, nicht geklärt ist. Er schwelt im Verborgenen weiter, und kommt bei nächster Gelegenheit wieder hoch.

Dürfen Kinder Eigenverantwortung schultern, dann mögen manche Situationen äußerst lange dauern oder zunächst sehr krude gelöst werden. Und doch macht immer noch Übung den Meister. Um souverän mit zwischenmenschlichen Beziehungen, eigenen Bedürfnissen, sozialen Gepflogenheiten und eigener Freiheit umgehen zu können, bedarf es einer Menge Übung, Wiederholung, Irrwege und manchmal sogar Scheitern. Wenn wir nicht zulassen, dass unsere Kinder Fehler begehen und daraus lernen, beschneiden wir sie ganz entschieden in ihrem Wachstum.

Doch um nicht allzu dogmatisch zu werden: Wir halten es nicht für verwerflich, wenn Sie auch mal keine Lust haben, immer pädagogisch korrekt zu handeln. Manchmal wollen wir Großen einfach, dass es schnell geht. Nur zu! Das Leben ist zu komplex für starre Erziehungsrichtlinien. Bei jeder der tausend Kleinigkeiten, die sich Tag für Tag in der Familie ergeben, haben Sie die Wahl: Wollen Sie eine schnelle Lösung oder wollen Sie, dass Ihre Kinder ihre Kompetenzen ausbauen? Das ist keine Fangfrage. Der Alltag ist anstrengend genug. Da Sie mit Ihrer Familie in einer völlig individuellen Situation sind, können nur Sie allein entscheiden, ob Sie genügend Kraft haben, sich nicht einzumischen.

Die »Weil-ich-es-sage«-Karte

Manchmal können wir einfach nicht loslassen. Ich habe zum Beispiel arge Schwierigkeiten, beim Thema Zähneputzen meinen Kindern die Verantwortung zu überlassen, obwohl es eindeutig in die Kategorie »ihr eigener Körper« fällt. Es ist nicht so, dass ich sie zwingen würde, sich die Zähne zu putzen – das habe ich nie getan. Somit kam es im Laufe der Jahre sicherlich auch schon vor, dass meine Kinder das ein oder andere Mal morgens mit ungeputzten Zähnen aus dem Haus gingen. Aber im Großen und Ganzen stehe ich jeden Tag zweimal im Bad, um gründlich nachzuputzen. Das ist ein Punkt, der mir sehr wichtig ist. Meine Kinder wissen und akzeptieren das.

Ich bin mir sicher, dass jede und jeder von Ihnen einen solchen wunden Punkt hat, bei dem Sie die Kontrolle gern behalten möchten. Die Schulbildung vielleicht? Der Umgang mit digitalen Medien? Oder das gesunde Essen? Das ist auch in Ordnung. Es ist nicht zu leugnen, dass wir Erwachsenen an einigen Stellen tatsächlich mehr Weitsicht besitzen als unsere Kinder. Insofern ist uns manches wichtiger als ihnen selbst. Entscheidend ist, die Kinder nicht überreden zu wollen, unsere Sicht der Dinge zu übernehmen. Denn dann manipulieren wir sie.

Wenn wir ihnen einzureden versuchen: »Zähneputzen ist so wichtig! Zähne putzen ist toll, das musst du mir glauben. Du willst doch schöne, weiße und gesunde Zähne haben! Eines Tages wirst du mir dafür danken, dass ich so darauf bestanden habe, dass du Zähne putzt«, dann reagieren sie gegen diese Manipulation ihrer Gefühle allergisch – wie wir Erwachsenen übrigens auch. Es ist eine Sache, Zähneputzen zu müssen. Es ist eine andere, auch noch fühlen sollen zu müssen, dass Zähneputzen wichtig ist, und dankbar dafür zu sein, dazu gezwungen zu werden.

Kinder können mit einer unverrückbaren elterlichen Regel durchaus souverän umgehen, solange diese nicht ihre innere Haltung verändern will. In unserem Haus heißt diese Regel, dass ich die Zähne nachputzen werde, bis sie zehn Jahre alt sind. Ich habe ihnen erklärt, warum *mir* das wichtig ist, aber ich habe nicht versucht, sie davon zu überzeugen, dass es *für sie* wichtig ist. Ich habe ihre Sicht der Dinge unangetastet gelassen. Meine Kinder finden Zähneputzen weiterhin überbewertet und lästig. Ab und zu stöhnen sie, wenn ich schon wieder im Bad auftauche, um nachzuputzen. Manchmal geraten wir sogar in Streit deswegen. Es ist an mir, diesen Streit und das Stöhnen zu akzeptieren, denn es repräsentiert ihre Meinung. Dieses Genervtsein erinnert mich daran, dass sie mir einen Wunsch erfüllen. Weil sie merken, dass es mir wichtig ist, und weil sie mich gernhaben. Es ist eine Kapitulation aus Liebe; sie überlassen mir freiwillig ein wenig ihrer Verantwortung. Und genau aus diesem Grund kämpfen wir nicht miteinander, obwohl die Situation eigentlich das Potenzial zum Machtkampf hätte: Als Mutter möchte ich in diesem Punkt das Sagen haben, und ich rücke auch nicht von diesem Erwachsenenprivileg ab, aber es ist ebenso klar, dass meine Kinder meinen Führungsanspruch an diesem einen Punkt freiwillig anerkennen, ohne dass sie mit mir einer Meinung sind. Ihre Integrität bleibt trotz meines Machtanspruches gewahrt. Es versteht sich von selbst, dass wir Erwachsenen diese »Weil-ich-es-sage«-Karte nur in einigen wenigen, uns extrem wichtigen Fällen ausspielen sollten. Die Eigenverantwortung sollte möglichst in allen oben angesprochenen Bereichen bei den Kindern bleiben.

Sibel: Mithilfe im Haushalt

Wie stark die falschen Vorstellungen von Verantwortung und Verantwortungsbewusstsein in unseren erwachsenen Köpfen verankert sind, zeigt auch das Gespräch mit Tugce, 30, die über ihre Tochter Sibel, 9, berichtet.

> Sibel ist faul – ich sag es mal so frei von der Leber weg. Andauernd vergisst sie ihre Aufgaben, die sie hier in der Familie hat, also Blumen gießen, den Müll runter bringen oder den Käfig ihrer Vögel säubern. Dabei hat sie uns damals so angebettelt, Wellensittiche zu bekommen und hoch und heilig versprochen, sich immer gut um sie zu kümmern. Die Blumen lasse ich vertrocknen, damit sie die Konsequenzen ihres Handelns spürt, aber beim Müll meckere ich so lange, bis sie daran denkt. Den Vögeln werfe ich auch heimlich ein paar Körner hin, sie sollen natürlich nicht verhungern. Obwohl sie daraus wohl am besten lernen würde, aber das bringe ich echt nicht übers Herz.
> Sie vergisst auch ihre Wintermütze oder ihre Handschuhe und natürlich ihren Sportbeutel für die Schule. Oder wenn sie ihr Sportzeug mitgenommen hat, dann vergisst sie es nachmittags auf dem Weg nach Hause in der Straßenbahn, und ich muss schon wieder Neues kaufen. Unterschriften unter Klassenarbeiten will sie grundsätzlich am Montagmorgen fünf Minuten vor dem Losgehen von mir, obwohl sie das ganze Wochenende Zeit hatte, mir die Arbeit zu zeigen. Ich habe aufgehört, ihr ihre Sa-

chen hinterherzutragen oder sie daran zu erinnern. Die Unterschriften zwischen Tür und Angel verweigere ich. Ich möchte die Arbeit mindestens am Abend vorher sehen.

Ich finde, mit neun Jahren muss sie schon in der Lage sein, selbst an ihr Zeug zu denken. Ich hoffe ja ein bisschen, dass sie anfängt, besser auf ihre Sportsachen aufzupassen, wenn sie merkt, dass ihr dann kalt ist oder sie eine schlechte Note im Sportunterricht bekommt, weil sie wieder mal nicht mitmachen kann. Aber ehrlich gesagt ist dieser Effekt noch nicht eingetreten. Sie denkt vielleicht mal einen Tag dran, aber dann geht das Geschussel wieder von vorn los. Übrigens gibt sie mir die Schuld: Dass ich nicht unterschreibe, wenn sie mir kurz vor knapp ihre Klassenarbeit unter die Nase hält, sei ja voll fies von mir. Und ich könne ihr doch sagen, wenn mir auffällt, dass sie das Sportzeug nicht mit hat. Aber woran soll ich denn noch alles denken? Ich bin doch nicht ihre Bedienstete.

In der Regel erwarten Eltern von ihren Kindern ab einem bestimmten Alter, dass sie sich verantwortungsvoll um ihre eigenen Angelegenheiten – wie Sportbeutel oder Unterschriften – kümmern. Tugce ist da keine Ausnahme. Aber es läuft nicht gut. Dabei kann es doch nicht so schwer sein, oder? Nun … doch, es ist schwer. Schauen wir mal ins menschliche Gehirn:

Um morgens an all seine Sachen zu denken, muss ein Kind seine Aufmerksamkeit steuern können und mehrere wichtige Aspekte gleichzeitig im Arbeitsgedächtnis halten. Das Arbeitsgedächtnis ist verantwortlich für die Verarbeitung eingehender Informationen. Sekündlich werden von unserem Seh-, Hör-, Geruchs-, Geschmacks-, Tast- und dem Gleichgewichtssinn Reize aus der Umwelt aufgenommen. In ihrer Vielzahl würden sie das Gehirn komplett überfordern, darum werden (scheinbar) irrelevante Informationen ausgeblendet und nur solche durchgelassen, die für die gerade aktuelle Aufgabe vonnöten sind. Laut Elsbeth Stern, Intelligenzforscherin und Professorin für Lehr- und Lernforschung an der Hochschule Zürich, müssen Menschen, die zielgerichtet arbeiten wollen, drei Dinge im Auge behalten: das Ziel selbst, das bereits verfügbare Wissen, das zur Erreichung des Ziels benötigt wird, und eingehende Information aus der Außenwelt, die für die Handlungsplanung nötig ist.[8]

Schauen wir uns unsere fünf- bis zehnjährigen Kinder an, dann müssten diese drei Punkte eigentlich von ihnen zu leisten sein: Sie wissen, dass es das Ziel ist, pünktlich und mit allen Materialien zur Schule zu kommen. Sie wissen, dass sie dafür alle Dinge möglichst gebündelt an einem Platz versammeln sollten. Am besten wäre es, diese schon am Abend vorher in die Schultasche zu packen. Kommen morgens noch neue Informationen hinzu, etwa dass es in der Nacht geschneit hat, oder wenn sie eine SMS bekommen, dass heute Sport statt Mathe stattfindet, könnten sie diese durchaus umsetzen, indem sie ihre Materialien entsprechend anpassen. Und *gerade weil* sie im Prinzip in der Lage wären, diese Dinge umzusetzen und zielgerichtet zu agieren, macht es uns Eltern wahnsinnig, wenn es wieder und wieder nicht klappt.

Diese Diskrepanz zwischen Können und Machen ist leicht zu erklären. Es ist nämlich so, dass die Aufnahmekapazität des Arbeitsspeichers begrenzt ist. Wir können uns nicht unendlich viele Dinge auf einmal merken – auch wir Erwachsenen nicht. Je jünger ein Kind ist, desto geringer ist das Fassungsvermögen seines Arbeitsspeichers. Er wird erst im Laufe der Jahre durch intensive Nutzung und wiederkehrende Übung ausgebaut. Etwas verallgemeinernd ausgedrückt kann sich also ein fünfjähriges Kind morgens weniger Dinge merken, die es mitnehmen sollte, als ein zehnjähriges und dieses wiederum weniger als ein 15- oder 20-Jähriger.

Je jünger das Kind ist, desto mehr Fehlertoleranz sollten wir

Eltern demnach haben. Hat unser Nachwuchs an seine Mütze gedacht, aber dafür die Handschuhe vergessen, ist das kein Grund, mit den Augen zu rollen oder genervt aufzustöhnen. Ein Kleinkind meckern wir ja auch nicht an, weil es noch nicht so weit gehen kann wie wir – wir helfen ihm einfach, bis es die physischen Voraussetzungen hat, mit uns mitzuhalten. Deshalb sollten wir Eltern morgens die Siebensachen unserer Kinder gut im Blick behalten und sie ihnen, wenn sich abzeichnet, dass sie etwas davon vergessen, ohne Vorwurf noch schnell in die Hand drücken. Ständige Nörgelei bringt das kindliche Gehirn nicht dazu, sich schneller zu entwickeln. Sie verdirbt nur die Stimmung in der Familie. Und wenn sich Sibel kurz vor dem Losgehen erinnert, dass sie noch eine Unterschrift von ihren Erziehungsberechtigten braucht, dann ist das eine kognitive Leistung, die Tugce eher bejubeln sollte – sie zeigt nämlich, dass das Mädchen in dem Moment, in dem es ein bestimmtes Ziel vor Augen hat (zur Schule gehen), so gut fokussieren kann, dass ihm relevante Zusatzinformationen (die nötige Unterschrift) wieder einfallen. Die Unterschrift dann aus Trotz zu verweigern ist, da hat das Mädchen recht, ganz schön gemein. Kein Wunder, dass sie von ihrer Mutter enttäuscht ist und sich beschwert.

Hinzu kommt, dass die kindlichen Ziele am Morgen selten mit den Zielen der Erwachsenen übereinstimmen. Unsere Kinder sind mit ihren Gedanken nicht bei der späteren Turnstunde, wenn sie die Wohnung verlassen. Sie denken wahrscheinlich eher daran, ob Flo mit den hübschen Grübchen sie heute wieder anlächeln wird, ob Mia wieder so gemein tuschelt oder ob Franz seine neuen Pokémon-Karten zum Tausch anbietet. Sie haben völlig andere Prioritäten als ihre Eltern. Wie schon erwähnt, lässt das Gehirn von der Vielzahl der Reize nur diejenigen durch, die es als relevant für das gerade aktuelle Ziel einstuft. So ist es sehr wahrscheinlich, dass sich unser Kind in dem Moment also gut daran erinnert, seinen Lippenstift oder die Pokémon-Karten mitzunehmen, das Sportzeug aber vergisst.

Apropos vergessen – Tugce beklagt sich, dass ihre Tochter andauernd ihren Turnbeutel in der Straßenbahn liegen lässt. Es ist gut verständlich, wie ärgerlich das für die Mutter ist, denn es ist teuer, immer wieder Turnschuhe nachkaufen zu müssen. Allerdings tut sie an dieser Stelle ihrer Tochter wieder ein wenig Unrecht. Denn auch in diesem Fall ist eine bestimmte Eigenheit des menschlichen Gehirns der Grund für das »Versagen« des Kindes: Wenn man mit der Straßenbahn fährt, unter der Dusche steht oder joggt, ist für das Gehirn in diesem Moment unwichtig, was es sieht oder hört – diese Informationen werden daher ausgeblendet. (Es sei denn, es passiert etwas so Ungewöhnliches wie ein Feuerwehreinsatz.) Weil das Gehirn gerade die Kapazitäten dazu hat, beginnt es zu tagträumen: Die Gedanken schweifen ab, ganz von allein. Offenbar ist dies sogar wichtig für unsere grauen Zellen – Studien haben ergeben, dass wir uns, wenn wir wach sind, nur etwa die Hälfte der Zeit auf das Hier und Jetzt konzentrieren und die andere Hälfte der Zeit unsere Gedanken schweifen lassen.[9]

Beginnt Sibel also in der Straßenbahn zu träumen, dann ist der Turnbeutel automatisch nicht mehr im Fokus ihrer Aufmerksamkeit. Muss sie dann aussteigen, können zwei Dinge passieren: Entweder kennt sie den Weg, den sie fahren und gehen muss, so gut, dass sie ihn fast automatisch findet – dann bleibt ihr Gehirn im Tagtraummodus – und sie vergisst vielleicht den Beutel. Oder der Weg ist noch neu für sie. Dann ist das Aus- oder Umsteigen an der richtigen Stelle, das Achten auf den Verkehr, die schnellen Entscheidungen, die da getroffen werden müssen, so belastend für den Arbeitsspeicher ihres Gehirns, dass sie sich *nur darauf* konzentrieren kann – und sie vergisst den Beutel. Wechseln wir kurz die Perspektive, dann wird ersichtlich, wie toll Sibel es also eigentlich schafft, sich fast immer rechtzeitig, bevor sie aussteigen muss, wieder so auf ihren Plan zu konzentrieren, dass sie auch beim Aussteigen an all die Sachen denkt, die sie nicht verlieren will. Vielleicht sollten wir Eltern in Anbetracht dessen unsere Kinder an jedem Tag innerlich feiern, an dem sie ihre Sachen vollständig nach Hause bringen, statt sie bei den paar Malen anzumeckern, an denen es nicht klappt. Denn mal Hand aufs Herz: Wie oft haben Sie schon einen Regenschirm irgendwo liegen lassen?

Es ist zwar nicht schön, dass unsere Kinder ihre Materialien so oft verbummeln, aber – im Hinblick auf die Leistungsfähigkeit des Gehirns – normal. Möglicherweise können Sie mit der Lehrerin vereinbaren, dass die Turnschuhe im Fach Ihrer Kinder in der Schule verbleiben dürfen, wenn der Rest der Sportsachen nach Hause zum Waschen mitgenommen wird. Ein T-Shirt und eine kurze Hose reißen vielleicht nicht ein ganz so großes Loch ins Budget wie ein weiteres Paar Sneakers.

Prioritäten setzen

Kommen wir noch einmal zurück zu den Prioritäten im Leben unserer Kinder. Sie sind es nämlich, die nachvollziehbar machen, warum sie so oft ihre häuslichen Aufgaben vergessen. Das Wohlergehen von Papas Pflanzen ist normalerweise nicht unter den Top Ten ihrer persönlichen Dringlichkeiten zu finden. Anders sieht es aus, wenn das Kind ein Faible für Pflanzen und selbst welche angepflanzt hat – dann denkt es weitaus häufiger daran, diese zu gießen. Normalerweise vergeben wir Eltern solche kleinen Aufgaben an unsere Kinder, weil wir denken, dass diese sie stolz und selbstbewusst machen und ihr Verantwortungsbewusstsein stärken. Doch nach der anfänglichen Euphorie flacht das Interesse unserer Kinder bald ab. Die Aufgaben bleiben unerledigt. An diesem Punkt sind wir Erwachsenen meist enttäuscht und beginnen, an unseren »verantwortungslosen« Söhnen und Töchtern herumzunörgeln. Doch es ist unsere falsche Vorstellung von Verantwortung, die das Problem erwachsen lässt. Blumengießen zum Beispiel ist eigentlich nur eine pseudo-verantwortliche Aufgabe, die wir Großen für das Alter unserer Kinder angemessen finden, aber keine tatsächliche Verantwortung. Wenn Kinder diese Aufgabe vergessen, passiert nichts, was als natürliche Konsequenz irgendwie eindrücklich wäre. Die Pflanzen verdorren, ja, aber das finden Kinder eher weniger schlimm. Und genau aus diesem Grund wählen die Erwachsenen solche Aufgaben ja aus – weil es eben nichts ausmacht, wenn es mal schief geht. Doch die Kleinen merken bald, dass sie keine echte Verantwortung schultern durften. Sie sind ihrerseits enttäuscht und bleiben nur halbherzig dran.

Dabei ist es so einfach, echte Verantwortung zu übergeben – die Eigenverantwortung nämlich. Können Kinder all das selbst entscheiden, was *sie selbst* betrifft, haben sie eine echte Chance, an ihren Aufgaben zu wachsen. Denn dann müssen sie mit wirklichen Konsequenzen zurechtkommen. Haben sie beispielsweise entschieden, keine Hausaufgaben für die Schule zu machen, müssen sie sich am nächsten Tag selbst mit der Lehrerin auseinandersetzen und sich anhören, was diese dazu zu sagen hat. Oder entscheiden sie sich, morgens kein Frühstück zu essen, müssen sie den späteren Hunger bis zur nächsten Unterrichtspause aushalten. Das sind dann keine von Erwachsenen aufgesetzten Strafen, sondern das wahre Leben, echte Menschen sowie deren Reaktionen, die nachhaltigen Eindruck hinterlassen. *Das* ist Verantwortung.

Das heißt nicht, dass Kinder keine Aufgaben innerhalb des Familienverbundes übernehmen sollten. Im Gegenteil. Wir finden es wichtig, dass Kinder ab dem 5. Lebensjahr dazu beitragen, dass alle Mitglieder ihrer Familie sich wohlfühlen und Unterstützung erhalten. Dazu können durchaus das Blumengießen, das Runterbringen des Mülls oder das Decken des Abendbrottischs zählen. Wir wollen nur darauf hinweisen, dass diese Aufgaben nicht dafür geeignet sind, dem Kind Verantwortungsgefühl »beizubringen«. Verantwortungsgefühl erwächst aus echter Eigenverantwortung sowie im Laufe der Empathie- und Moralentwicklung.

Aufgaben in der Familie verteilen

Wir finden es wichtig, dass Kinder im Haushalt helfen und ihre Eltern unterstützen – wir Großen sind keine Bediensteten. Allerdings halten wir es auf beziehungsorientierter Ebene für unabdingbar, dass dies nicht mit Druck oder Drohungen eingefordert wird. In unserem ersten Buch *Das gewünschteste Wunschkind aller Zeiten treibt mich in den Wahnsinn. Der entspannte Weg durch Trotzphasen* haben wir sehr ausführlich dargestellt, warum wir glauben, dass jegliche Art von Kooperation immer freiwillig sein sollte. Aber wie soll das gehen? Wie bringt man ein Kind dazu, zu helfen, wenn man nicht sagen kann: »Räum den Geschirrspüler aus, sonst kannst du deine Lieblingsserie nachher nicht ansehen.«? Denn so richtig Lust haben unsere Kleinen ja meist nicht auf die dröge Arbeit …

Nun, bei der Mithilfe im Haushalt kommt uns der natürliche Drang nach »risky play« zugute. Kinder mögen es, gefährliche Dinge auszuprobieren – Dinge, die sie an ihre Angstgrenzen führen. Wir gehen darauf ausführlich im Kapitel »Ahmed: Von Gefahren und Naturerfahrungen« ein. Das muss nicht unbedingt das Erklimmen des höchsten Baumes sein. Genauso aufregend kann es sein, den Müll ganz allein nach unten in den Hof zu bringen. Es kommt darauf an, wie alt man ist. Unser Sohn Josua zum Beispiel war eineinhalb Jahre alt, als er von Müll aller Art magisch angezogen wurde. Was lag also näher, als ihm die Aufgabe zu geben, den Müllsack zu den Mülltonnen zu schleppen? Das war eine Riesenaufgabe für ihn, weil er gerade mal sicher die Treppen hinunterkam, und nun musste er plötzlich überlegen, wie er auch noch die Mülltüte mit sich tragen konnte. Mit zwei Jahren schälte er gern Kartoffeln mit dem Sparschäler oder rührte Suppe im Topf um. Um das zu ermöglichen, bauten wir ihm einen Learning-Tower, eine Art Hocker mit Geländer, auf dem er sicher auf einer Höhe mit dem Herd war. Seit er drei ist, hat er die Aufgaben übernommen, mit mir zusammen den Meerschweinchenkäfig zu säubern und allein den Geschirrspüler auszuräumen. Wir halten ihn dazu nicht an, er macht es, weil es ihm Spaß macht auf Stühle und Arbeitsplatten zu klettern, um unsere Tassen in den richtigen Schrank zu räumen. Es ist für ihn eine Art Spiel, bei dem er seine Körperbeherrschung schult.

Meine Kinder helfen alle relativ gut im Haushalt mit, und ich glaube, dass der bedürfnisorientierte Ansatz auf diesem Gebiet hilfreich war. Wir Eltern haben ihnen keine festen Aufgaben übertragen, sondern immer geschaut, wo gerade ihr Interesse und auch ihr Bedürfnis lagen. Mit vier Jahren zum Beispiel wollte Carlotta unbedingt kochen lernen. Da ich keine besonders begnadete Köchin bin, besuchte sie ein mit uns befreundetes Paar, das sehr gut kochen kann. Dort bekam sie alles beigebracht, was ich in der Küche nicht beherrsche. Bei uns zu Hause wandte sie ihr Wissen dann an. Sie schälte Möhren, panierte Schnitzel, höhlte Zucchini aus, rührte Kuchenteig an und so weiter – alles mit echten Geräten und scharfen Messern. Es war genug »Gefahr« bei diesen Aufgaben dabei, um an ihre Angstschwelle zu kommen und ihre Eigenmotivation zu kitzeln. Mit fünf und sechs Jahren kochte sie freiwillig ganze Menüs für uns zum Abendbrot. Das Einzige, was sie nicht tun wollte, war, mit spritzendem Fett in einer Pfanne zu hantieren. Das machte ihr noch zu viel Angst. Also übernahm ich diese Aufgabe. Mit sieben hatte sie eine lange Kuchenbackphase, die uns allen einige Kilos mehr auf den Rippen bescherte; und sie hatte einen Hang zu schönen Tischarrangements, sodass sie uns Kerzen auf den Frühstückstisch stellte oder Obst in Mandala-Form auf den Teller legte.

Helene dagegen reizt Kochen nicht, sie fand aber mit fünf Jahren Nähen spannend. Also ging sie bei der Mutter einer Freundin von uns in die »Lehre«, die ihr die Grundlagen des Nähens mit der Hand liebevoll beibrachte. Bei uns zu Hause bekam sie zum Üben unsere Shirts oder Hosen mit Löchern, die sie sehr gewissenhaft und fleißig wieder zusammenflickte. Selbstverständlich sah das noch nicht besonders professionell aus, aber wie sollte es auch? Der Sinn hinter der Mitarbeit im Haushalt ist nicht das perfekte Endergebnis, sondern die Hingabe bei der Ausführung. Unsere Kinder sollen erkennen, wie schön und befriedigend es ist, anderen zu helfen und eine Aufgabe durchzuhalten. Das klappt eher nicht, wenn das Ergebnis der Arbeit kritisiert wird. Mit sechs wandte sich Helene dem Nähen an der Nähmaschine zu und entdeckte das Bügeln für sich. In unserem Haushalt wurde bis dahin nie gebügelt. Wir haben ihr ein etwas kleineres Reisebügeleisen gekauft, weil das für ihre Hände handlicher war und auch nicht ganz so heiß wird.

Wie man an meiner Erzählung vielleicht erkennt, wechseln die Aufgaben der Kinder immer wieder. Sie widmen sich einige Wochen einem selbst gewählten Haushaltsdienst, bis sie in ihren Augen genug gelernt haben, und wenden sich dann neuen Herausforderungen zu. Wir Eltern verlassen uns demnach nicht darauf, dass eine bestimmte Arbeit von den Kindern erledigt wird. Es kann sein, dass wir Großen das Kochen, das Nähen oder das Saubermachen des Meerschweinchenkäfigs wieder allein übernehmen müssen. Worauf wir uns aber verlassen können, ist, *dass* die Kinder im Haushalt mithelfen. Irgendeine Aufgabe reizt sie garantiert – manchmal sind es große, manchmal kleine. Dann putzen sie hingebungsvoll unsere Spiegel, waschen unsere Wäsche oder gehen

Blümchen einkaufen und pflanzen sie dann auf unserem Balkon ein. Und wenn sie ein paar Wochen lang untätig herumliegen und Hörspiele hören … nun, dann ist das auch okay.

Freiwillige vor!

Es geht bei der Mitarbeit im Haushalt unseres Erachtens nicht um die Übernahme von Verantwortung, wie es andere Ratgeber empfehlen. Mit der Übernahme der Eigenverantwortung sind unsere Kinder schon gut ausgelastet. Es geht bei der Mitarbeit um das gegenseitige Unterstützen. Um das Sehen und das Wertschätzen der Arbeit der anderen. Darum, Teil des Teams zu sein und seinen Teil zum großen Ganzen beizutragen. Wenn Kinder das ganz ohne Druck erleben dürfen, dann entwickeln sie eine positive Sicht auf die Übernahme von Aufgaben im Haushalt. Im Fahrwasser dieser positiven Verknüpfung passieren meist zwei Dinge: Erstens: Die Kinder entwickeln Vorlieben für bestimmte Aufgaben und übernehmen diese freiwillig regelmäßig. Zweitens: Die Eltern können auch um die kurzfristige Übernahme von Aufgaben bitten, um die sich Kinder nicht reißen würden. Denn wenn die Aufgaben im Gehirn eine angenehme Resonanz auslösen, überwinden sich Menschen eher, als wenn die Verknüpfung negativ ist. Sprich: Ein Kind, das dazu angehalten wurde, immer den Geschirrspüler auszuräumen, obwohl es nicht wollte, wird anders reagieren auf den Wunsch der Eltern, es möge noch schnell vor Ladenschluss Brot vom Bäcker holen, als ein Kind, das bisher freiwillig Aufgaben übernommen hat, weil es Teil des Familienteams ist.

Das richtige Maß an Verantwortung

Tugce hat ihrer Tochter Sibel unabsichtlich beigebracht, dass man sich in einer Familie nicht gegenseitig unterstützt. Weil sie nicht »die Bedienstete« sein wollte, verweigerte sie ihrer Tochter Hilfe oder half nur heimlich, wie beim Füttern der Wellensittiche. Das ist sehr unglücklich gelaufen, denn die Intention Tugces war ja eine gute: Sie wollte, dass Sibel lernt, Verantwortung zu übernehmen. Wir können es nur vermuten, aber wahrscheinlich wollte sie ihr auch beibringen, beharrlich an einer Sache dranzubleiben und sich auch mal durch etwas »durchzubeißen«, auch wenn es anstrengend ist. Was Erwachsene in solchen Fällen oft übersehen, ist, dass unsere Kinder diese Dinge von ganz allein üben. Nur eben auf Gebieten, die wir Großen meist als albern oder unnütz abtun.

Vielleicht erinnern Sie sich: Vor ein paar Jahren war es unter Kindern »in«, eine halb mit Wasser gefüllte Plastikflasche mit Deckel so aus dem Handgelenk zu schleudern, dass sie in der Luft mehrere Saltos schlug und dann – das war wichtig – aufrecht auf dem Boden stehend landete. Meine Schüler waren verrückt nach dieser »Bottle-flip-Challenge«, sehr zum Ärger meiner Kolleginnen und Kollegen, denn die Kinder passten kaum noch im Unterricht auf, da sie eigentlich lieber wieder draußen ihre Flaschen geworfen hätten. Kurzerhand wurde es verboten. Das war schade, denn wenn man sich das Ganze mal genauer anguckt, dann hat man hier das perfekte Beispiel dafür, dass Kinder im Spiel genau das lernen, was wir ihnen mit auferlegten Pflichtaufgaben mühsam antrainieren wollen. Um eine Flasche aus dem Wurf zum Stehen bringen zu können, muss man die Bewegung aus dem Handgelenk viele hunderte Male einüben. Nuancen an Kraft- oder Winkelunterschieden entscheiden darüber, ob es klappt oder nicht. Wenn man die Kinder gelassen hätte, hätten sie über viele Stunden hintereinander diesen »Blödsinn« geübt. Trotz schmerzendem Handgelenk, trotz Muskelermüdung, trotz Hunger und Durst. Ganz nebenbei hätte ihr Gehirn abgespeichert, wie schön und befriedigend es ist, sich ganz auf eine Aufgabe zu konzentrieren und beharrlich zu üben, bis man sie gemeistert hat. Keine von Erwachsenen auferlegte Aufgabe kann so eine nachhaltig positive Verknüpfung im Gehirn erstellen. Keine. Umso seltsamer, dass wir Großen dazu tendieren, solche selbstgesuchten Beharrlichkeits-Herausforderungen zu unterbinden, weil sie unserem Erachten nach den »wichtigen« Lebensaufgaben im Weg stehen. Das Ding ist nur – Beharrlichkeit und Durchhaltevermögen, die mit positiven Gefühlen im Gehirn verknüpft sind, sind zwingende Voraussetzung, um auch an Aufgaben dranzubleiben, die man langweilig und überflüssig findet. Vokabeln lernen zum Beispiel. Wir stehen also mit unseren guten Absichten unseren Kindern mitten im Weg. Lassen wir das doch einfach, hm?

Wir raten Tugce, sich noch einmal ganz genau zu überlegen, was sie Sibel eigentlich beibringen will. Ist es Verantwortung? Nun, diese lernen Kinder durch Eigenverantwortung. Möchte sie, dass Sibel Durchhaltevermögen lernt? Dann sollte sie die »Spleens« des Kindes aushalten, von denen es gerade besessen scheint. Im Internet findet man z. B. ein Video eines Jungen, der professionell auf einer Waschmaschine trommelt. Nicht nur auf das Gehäuse außen, manchmal lehnt er sich auch weit hinein, um auf die blecherne Waschmaschinentrommel zu klopfen. Es klingt fantastisch und muss eine Obsession über viele, viele Wochen gewesen sein, um so gut zu klingen.

Möchte Tugce, dass Sibel Hilfsbereitschaft lernt, dann sollte sie ihrerseits Hilfsbereitschaft zeigen. Es tut niemandem weh, jemanden an etwas zu erinnern, das dieser vergessen würde. Es tut aber weh, zu sehen, dass jemand hätte helfen können und es bewusst unterließ, damit »man es lernt«. Das ist einfach keine nette Art, mit einem geliebten Menschen umzugehen, und es hilft ganz sicher nicht dabei, einem Kind Hilfsbereitschaft nahezubringen.

Möchte Tugce, dass ihre Tochter die Arbeit anderer wertschätzt, sollte sie ihr Dinge im Haushalt erlauben, die auf den ersten Blick vielleicht zu gefährlich scheinen. Wie gesagt, Kinder fühlen sich von Aufgaben angezogen, die in ihren Augen risikobehaftet sind. Wir würden kein Kind offene Fenster putzen oder Steckdosen reparieren lassen, aber es ist durchaus möglich, sie mit Messern schneiden oder mit Bügeleisen bügeln zu lassen. So lernen sie den verantwortungsbewussten Umgang mit Werkzeugen und stärken ihr Selbstwertgefühl. Während Kinder ihre freiwillig gewählten Aufgaben ausprobieren, merken sie, wie anstrengend und manchmal zeitraubend diese sind. Damit wächst automatisch ihre Wertschätzung, wenn wir diese Aufgaben wieder übernehmen.

Ahmed: Von Gefahren und Naturerfahrungen

In den USA nehmen Antriebslosigkeit, Ängstlichkeit, depressive Verstimmungen und Depressionen bei Kindern und Jugendlichen in den letzten Jahrzehnten kontinuierlich zu und liegen 85 Prozent über dem Durchschnittswert von Vergleichsgruppen aus den 1950er-Jahren.[10] Die Wissenschaft vermutet schon länger, dass verstärkte Ängste, Missmut oder Verstimmtheit unter anderem durch das Gefühl ausgelöst werden, keine Kontrolle über das eigene Leben zu haben. Diese Form von »Kontrolle« erleben Menschen immer dann, wenn sie Erfahrungen von selbstverantwortlicher Bewältigung haben. Ein Baby – um das mal sehr plakativ zu formulieren –, das von seinen Eltern immer in eine sitzende Position gebracht wird, erlebt sich als hilflos und abhängig, während eines, das so lange üben und scheitern durfte, bis es sich von selbst aufsetzt, ein Gefühl von Kontrolle und Selbstwert erfährt.

Kontrolle über den eigenen Körper zu erlangen, immer wieder an eigene Grenzen zu gehen und über sich hinauszuwachsen, ist als Grundbedürfnis in unserem menschlichen Entwicklungsplan verankert. Immer, wenn wir eine uns selbst gestellte Aufgabe meistern, lodert in unserem Belohnungszentrum des Gehirns ein wahres Feuerwerk an Hormonen auf.[11] Wir können eigentlich gar nicht anders, als diesem Entwicklungsplan zu folgen, wenn wir uns glücklich und zufrieden fühlen wollen. Es ist dementsprechend nicht verwunderlich, dass es unweigerlich zu schlechter Laune, latenter oder offener Aggression, Missmut oder Antriebslosigkeit führt, wenn dieses Grundbedürfnis nach Weiterentwicklung und Überschreitung eigener Grenzen nicht ausgelebt und befriedigt werden kann, beispielsweise weil die Eltern zu viel Angst haben, dass dem Kind dabei etwas passiert.

Den Kindern der westlichen Zivilisation wird heutzutage leider immer seltener zugestanden, draußen allein rumzustromern oder ein in den Augen von Erwachsenen »gefährliches« Spiel zu spielen, also auf Bäume zu klettern, etwas mit dem Messer zu schnitzen oder mit Freunden einen Fahrradausflug in den nächsten Wald zu machen. Während es früher vollkommen normal war, dass Kindergruppen ohne Aufsicht draußen spielten, stehen sie heute immer stärker unter der Aufsicht mindestens eines Erwachsenen. Das liegt zum einen daran, dass die Tage der Kinder mit Ganztagsschule, Fußballtraining, Musikschule oder anderen geplanten Freizeitaktivitäten durchgetaktet ist, zum anderen steigen die Sicherheitsbedenken der Erwachsenen stetig. Dabei nimmt das Risiko, beispielsweise Opfer eines Sexualmordes zu werden, kontinuierlich ab und liegt im Vergleich zu Anfang der 1970er-Jahre nur noch bei etwa einem Fünftel.[12]

Nun bedeutet Korrelation nicht unbedingt Kausalität, es kann also sein, dass die Anzahl der depressiven Verstimmungen im Kindesalter zwar zufällig genau in dem Maße ansteigt, in welchem die Freiheit der Kinder abnimmt, das eine jedoch nicht das andere bedingt. Es gibt aber gute Gründe, die vermuten lassen, dass sehr wohl ein direkter Zusammenhang zwischen diesen beiden Tatsachen besteht. Einer davon ist die simple Beobachtung, dass Kinder wie Ahmed, 7, von dem seine Mutter Aybüke, 27, erzählt, ihr mürrisches Verhalten schlagartig ablegen, sobald ihnen die Freiheit gewährt wird, sich selbst gesuchten Herausforderungen stellen zu dürfen.

> Ich habe das Gefühl, dass mein Sohn Ahmed schon in der Pubertät ist. Dabei ist er gerade mal sieben! Er ist andauernd mürrisch, zieht sich antriebslos in sein Zimmer zurück. Nichts interessiert ihn wirklich. Bis vor Kurzem hat er noch an so vielem Spaß gehabt. Er war im Fußballverein, er hat mit seinem Vater Schwimmen geübt, er hat versucht, zu lernen, wie man Schach spielt. So was alles. Er war total wissensdurstig und aufgeschlossen in der Kita!
> Und heute: Nichts davon. Am liebsten würde er nach der Vorschule die ganze Zeit vor dem Fernseher hängen und sich berieseln lassen. Da wir Eltern das nicht wollen, werden wir aggressiv angegangen und beleidigt. Er schreit, wir hätten ihm gar nichts zu sagen. Er knallt mit Türen oder droht, auszuziehen. Man kann kein vernünftiges Wort mehr mit ihm wechseln – er explodiert bei der kleinsten Kritik.
> Wenn er nicht laut wird, sitzt er mit mauligem Gesicht herum und verdirbt uns die Laune. Wenn wir einen Fahrradausflug machen wollen: Keinen Bock! Ins Museum? Langweilig! In den Zoo? Für Babys! Seine ewige Negativität geht mir so auf die Nerven. Außerdem frage ich mich, wie schlimm es in der Pubertät wird, wenn er jetzt schon so ätzend drauf ist.

Viele Kinder werden besonders in der Phase zwischen Kindergarten und Grundschule mürrisch oder potenziell explosiv, sodass diese Zeit auch Wackelzahn- oder Vorschulpubertät genannt wird. Oft sind Eltern überrascht vom plötzlichen Wandel im Verhalten ihrer Wackelzahn-Rebellen. Meist wird dies damit erklärt, dass Jungen in diesem Alter durch einen Testosteronschub aggressiver werden. Allerdings handelt es sich hierbei um ein »urbanes Märchen«, denn es gibt weder im Alter von vier Jahren noch mit fünf, sechs oder sieben einen signifikanten Anstieg des Hormons im

Blut zu verzeichnen. Zudem sind auch Mädchen kleine Wackelzahn-Rebellinnen, was nun wirklich nicht mit einem Testosteronanstieg zu erklären ist. Bis zum zehnten Geburtstag haben Jungen und Mädchen quasi einen gleich hohen Testosteronspiegel, nämlich nahe null.[13] Erst in der Pubertät wird es im männlichen Körper gebildet, was zum Wuchs von Bart- und Schamhaaren, zu Pickeln und zum Stimmbruch führt.

Sehr viel wahrscheinlicher ist die Ursache, dass in dieser Zeit riesige Veränderungen im Leben der Kinder anstehen, über die sie keine Kontrolle haben. Der Wechsel vom bekannten und behütenden Kindergarten in die völlig neue Welt der Schule ist zwar ein mit Vorfreude erwarteter, nichtsdestotrotz aber ein sehr beängstigender Schritt. Da diese Veränderung unausweichlich ist und von den Kindern nicht aktiv gesteuert werden kann, fühlen sie sich in gewisser Weise hilf- und machtlos. Sie haben keine Kontrolle über diesen kurzen Zeitabschnitt ihres Lebens. Sie werden eingeschult, ob sie wollen oder nicht. Dieses Gefühl der Hilflosigkeit macht, das haben wir in diesem Buch schon mehrfach beschrieben, entweder aggressiv oder lethargisch.

Um das Gefühl dieser Hilflosigkeit loszuwerden, brauchen Kinder in diesem Alter echte Herausforderungen mehr als alles andere, weil sie beim Meistern der Gefahren die Kontrolle über sich selbst und ihre Ängste haben. Damit verschieben sich in diesem Alter die Bedürfnisse der Kinder. Während in den Jahren davor die emotionale Verbundenheit mit den Liebsten, Geborgenheit und das Ausleben von Gefühlen eine große Rolle spielten, geht es nun darum, selbstwirksam zu sein und autonom agieren zu können. Eng verbunden mit diesen Bedürfnissen ist der Wunsch, »mehr zu dürfen«. Da das Erkennen unserer Bedürfnisse uns aber leider selten leichtfällt, nutzen Kinder nicht die zielführendsten Strategien, um ihre Wünsche auszudrücken. Sie wissen selbst noch nicht, was sie eigentlich wollen, und motzen uns an. Dann ist es gut, wenn wir Großen die Nerven behalten und ihnen das geben, was sie jetzt dringend brauchen: Herausforderungen, Freiheit und Vertrauen.

Unwiderstehlich!

Ellen Sandseter, Professorin für Psychologie an der Queen Maud Universität im norwegischen Trondheim, stellte aufgrund ihrer Studien zu »risikoreichem Spielen« fest, dass sich alle Kinder dieser Welt von ganz bestimmten Herausforderungen beziehungsweise Gefahrenfeldern angezogen fühlen: von den Naturelementen, von großen Höhen, von Schnelligkeit, gefährlichen Werkzeugen, von Jagd-, Versteck- und Kampfspielen sowie davon, unbekanntes Terrain zu entdecken.

Feuer, das Spielen mit Streichhölzern, Kerzen oder ein Lagerfeuer üben eine unbeschreibliche Faszination auf Kinder aus, gegen die Eltern machtlos sind. Ebenso verhält es sich mit Wasser: Schon ganz kleine Kinder spielen gern an und in großen Pfützen. Später bevorzugen sie den Fluss, waten durch das Wasser, versuchen, kraftvoll gegen den Strom zu schwimmen oder lassen sich jauchzend mitreißen. Sie bauen Dämme und balancieren über große Steine auf die andere Seite des Flusses. Das dritte Element, das besondere Faszination ausübt, ist Erde. Kinder buddeln gerne Löcher hinein – je tiefer, desto besser – und haben kein Problem damit, sich im Matsch zu wälzen und dreckig zu werden.

Mit großen Höhen verhält es sich ähnlich: Kinder klettern gern auf Bäume und balancieren waghalsig auf Mauern, obwohl ihnen bewusst ist, dass ein falscher Schritt ihnen mindestens ein gebrochenes Bein bescheren könnte. Sie tasten sich vorsichtig bis an den Rand steiler Abhänge, um beim Hinabschauen den Nervenkitzel zu spüren.

Die Begeisterung für Schnelligkeit zeigt sich daran, dass sie gern rennen, Fahrrad, Inlineskates oder Longboard fahren, je schneller, desto besser. Dabei probieren sie immer wieder, noch waghalsiger zu werden. Mit dem Skateboard fahren sie in Halfpipes oder sausen Treppen hinunter. Sie legen sich mit dem Fahrrad steil in die Kurve, immer in der Gefahr, wegzurutschen. Manche Jugendliche suchen sogar den Schnelligkeitskick, indem sie auf dem Dach einer S-Bahn »surfen« oder sich auf dem Skateboard stehend heimlich von einem Auto mitziehen lassen, immer in dem Wissen, dass dies tödlich für sie enden kann.

Die Faszination gefährlicher Werkzeuge kennen Sie als Elternteil bestimmt auch. Schon Kleinkinder sammeln Stöcke und Steine, um mit ihnen zu »kämpfen«. Später schnitzen sie mit dem Taschenmesser oder basteln sich Pfeil und Bogen. Auch der Rasenmäher, die Bohrmaschine, die Nähmaschine, der Herd, Küchenmesser und heiße Bügeleisen sind ab einem bestimmten Alter für Kinder attraktiv.

Das Kräftemessen beim Jagen, Verstecken und miteinander Ringen scheint ebenfalls Teil unseres biologischen Plans zu sein. Im freien Spiel bevorzugen es Kinder, derjenige zu sein, der gejagt oder gesucht wird. Der Gejagte befindet sich in der »gefährlicheren« Position, denn wäre das Spiel ernst, wäre sein Leben in Gefahr.

Auch beim Versteckspiel geht es darum, sich geschickt der Gefahr des Entdecktwerdens zu entziehen. Wie beim Jagdspiel ist die Position des Suchers die am wenigsten beliebte. Gejagt zu werden und zu entkommen, scheint den Nervenkitzel auszumachen. Bei Kampfspielen, beim Ringen miteinander kann man beobachten, dass es den Kindern weniger um den Sieg geht, sondern eher darum, Kräfte zu messen und sich aus einer schwierigen Position aus eigener Kraft zu befreien.

Nichts macht Kindern so sehr Angst, wie der Gedanke, verloren zu gehen und nicht wieder nach Hause zu finden. Diese Angst greifen sie im Spiel oft auf, indem sie sich kurzzeitig von ihren Eltern entfernen und neues Terrain erschließen. Schon kleine Babys krabbeln gern von ihren Eltern weg, um nach kurzer Zeit schnellstmöglich zu ihnen zurückzukehren und den positiven Stress des Nervenkitzels mithilfe von Berührung abzubauen. Dies nennt sich Explorationsverhalten und ist ein guter Hinweis darauf, dass sich das Kind sicher genug fühlt, um Neues lernen zu wollen. Auch im Park oder auf Spielplätzen findet man Kinder häufig nicht dort, wo die Spielgeräte stehen, sondern eher in den Büschen und ungezähmten Ecken, in denen sie, außer Sichtweite der Eltern, neue Wege erkunden. Ebenso ziehen Ruinen, dunkle Keller oder verstaubte Dachböden Kinder magisch an. Es scheint fast so, als habe der Mensch ein Entdecker-Gen, das ihn antreibt, seine Umwelt systematisch zu erkunden.[14]

Der Wunsch, Gefahren zu meistern, scheint in unserem inneren Entwicklungsplan festgeschrieben zu sein. Jedes Kind – egal ob draufgängerisch veranlagt oder eher in sich ruhend – folgt ihm beim Aufwachsen unweigerlich. Entwicklungsbiologisch muss das einen Sinn haben, denn auch tierischer Nachwuchs zeigt eine Neigung zum gefährlichen Spiel.

Die Jungtiere aller Säugetierarten setzen sich in ihrem Spiel absichtlich und wiederholt misslichen, relativ gefährlichen und beängstigenden Situationen aus. Während sie spielerisch herumgaloppieren, springen und einander jagen, wechseln sie ständig zwischen dem Verlust und dem Wiedererlangen von Körperkontrolle. Wenn Ziegenjungen springen, verdrehen und verbiegen sie sich dabei zum Beispiel auf eine Weise, die es ihnen schwer macht, zu landen. Junge Affen und Menschenaffen schwingen zwischen Ästen umher, die weit genug voneinander und vom Boden entfernt sind, um ein wenig Angst zu haben, aber nicht so hoch, dass ein Sturz ernsthafte Verletzungen zur Folge hätte. Junge Schimpansen scheinen sich im Spiel besonders gerne von hohen Ästen fallen zu lassen, um sich im letzten Moment vor dem Aufprall an niedrigeren Ästen festzuhalten.[15]

Durch das Ausprobieren gefährlicher Dinge lernen Kinder – und Tiere – sowohl ihre körperlichen und geistigen Fähigkeiten realistisch einzuschätzen als auch diese zu erweitern, ihre Angstschwelle kontinuierlich nach oben zu verschieben und mit Notfällen umzugehen. Zu viel Angst lähmt. Zu wenig Angst tötet möglicherweise. Eine gute Balance ist wichtig.

Das ausgeklügelte System der Natur

Dürfen Kinder sich »gefährlichen« Gegenständen und Situationen in ihrem eigenen Tempo nähern, entwickeln sie dank eines ausgeklügelten Systems von kalkuliert gefährlichem Vorstoß und schamfreiem Rückzug eine sogenannte Erfahrungsangst, die schlichtweg genial ist. Diese ermöglicht es ihnen nämlich, sehr kompetent einzuschätzen, an welche Aufgabe sie sich bereits herantrauen dürfen und welche noch zu anspruchsvoll für sie ist. So minimiert sich das Verletzungsrisiko drastisch![16]

Kinder gehen dabei wie echte Forscher vor: Sie wählen sich eine Aufgabe, die sie sehr nah an ihre Angstschwelle heranführt und überprüfen währenddessen genau, welche Gefühle das auslöst. Ist die Angst noch aushaltbar? Ein schnell klopfendes Herz, Gänsehaut und ein flaues Gefühl im Magen fühlen sich für unsere Kinder nicht per se schlecht an. Dieser Nervenkitzel ist nämlich gerade der Antrieb, der sie dazu bringt, ihre Kompetenzen peu à peu zu erweitern und im wahrsten Sinne des Wortes daran zu wachsen. Fällt ihre Einschätzung der Situation positiv aus, überwinden sie ihre Angst und stellen sich der Aufgabe. Fällt ihre Analyse dagegen negativ aus, nehmen sie für den Moment Abstand von ihrem Vorhaben. Sie werden sich aber – am nächsten Tag, in der nächsten Woche oder vielleicht auch erst im nächsten Jahr – erneut in diese Situation hineinbegeben, ohne dass man sie dazu drängen oder überreden muss.

Angesichts dieses ausgeklügelten Systems ist es umso lachhafter, dass wir Erwachsenen uns anmaßen, permanent einzugreifen, um unsere Kinder zu »beschützen« oder »ein bisschen zu fordern«. Denn das Gegenteil ist der Fall: Wir beschneiden mit unserer Angst oder unserem Druck ihre Möglichkeiten, eigene Fähigkeiten kompetent einzuschätzen zu lernen. Manchmal überfordern wir sie höllisch – indem wir sie bedrängen, ihre Erfahrungsangst zu überhören und etwas zu tun, zu dem all ihre Systeme »Nein« schreien. Denken wir nur an die Eltern, die ihre Kinder mit bester Absicht als »Memme« bezeichnen, um sie anzustacheln, vom Dreimeterbrett zu springen.

Auf der anderen Seite verbieten wir Aktionen, bei denen ihre Einschätzung positiv ausgefallen ist, wie beispielsweise das Rennen mit einem Stock in der Hand, das Hüpfen von der dritten Treppenstufe oder selbstständig zur Schule zu fahren. Ja, diese Dinge sind gefährlich! Ja, es könnte etwas dabei passieren! Ich habe Tausende blutiger Szenarien vor meinem inneren Auge, wenn Josua und seine Freunde mit Stöcken in der Hand durch die Gegend ziehen. Doch wenn wir unseren Kindern diese Dinge permanent verbieten, beschneiden wir ihre Eigenkompetenz und das Gefühl, ihr Leben unter Kontrolle zu haben. Eine valide Erfahrungsangst und Risikoeinschätzung, die beide vor Verletzungen schützen, können so nämlich einfach nicht aufgebaut werden. Heraus kommen Kinder, die ihr Können entweder maßlos überschätzen, weil sie nie gescheitert sind, oder die ängstlich alles vermeiden.

Schon die Kinderbuchautorin Astrid Lindgren wusste, wie wichtig es für Kinder ist, sich ihrer Angst in ihrem eigenen Tempo zu stellen. So lässt sie etwa in *Ronja Räubertochter* den Vater seine geliebte Tochter warnen, sie solle sich davor hüten, in den Fluss zu fallen – um dann augenzwinkernd zu beschreiben, wie Ronja dies übt, indem sie kühn dort, wo das Wasser am wildesten tobt, von einem Stein zum anderen springt.[17]

Meistern Kinder »gefährliche« Situationen, erleben sie sich als kompetent. Sie spüren, dass sie nicht hilflos sind und dass sich Angst kontrollieren lässt. Das ist eine der wichtigsten Lektionen, die sie lernen können. Doch dazu bedarf es eben Übungsmöglichkeiten im Alltag. Es ist gar nicht so schwer, dieses Bedürfnis zu befriedigen, nur müssen wir Eltern dafür unsere eigenen Ängste unter Kontrolle halten. Ich weiß noch sehr genau, welch starkes Herzklopfen ich hatte, als Carlotta und Helene das erste Mal allein zum Bäcker schlenderten und Brötchen für das Sonntagsfrühstück einkauften. Alle ersten Male des »Loslassens« waren eine Überwindung für mich, und ich denke, so wird es den meisten Eltern gehen. Und dennoch sollten wir es tun.

Eine unvollständige Liste von Dingen, die Kinder im Alter von fünf bis zehn Jahren dürfen sollten

- zum Bäcker oder in den nächsten Laden gehen, um eine Kleinigkeit zu kaufen
- allein zur Schule gehen
- mit Freunden, aber ohne Eltern, auf den Spiel- oder Bolzplatz gehen
- allein mit dem Fahrrad in einem bestimmten Umkreis fahren (bis acht Jahre müssen sie auf dem Gehweg, ab zehn auf der Straße fahren)
- mit dem Fahrrad kontrollierte Stürze üben
- einen Baum hochklettern

- auf Mauern balancieren
- über Mauern und Zäune klettern
- ein Treppengeländer herunterrutschen
- von Treppenstufen oder anderen Höhen herunterspringen
- allein mit dem Bus, der Straßenbahn oder U-Bahn fahren
- allein zum Training gehen oder fahren
- eine Kerze mit Streichhölzern oder Feuerzeug anzünden
- draußen mit Lupe und Sonnenlicht ein Feuer anzünden
- experimentieren, welches Material brennt, und die richtigen Löschmöglichkeiten kennenlernen
- am Herd kochen
- Nahrungsmittel mit scharfem Messer schneiden
- mit einem Taschenmesser schnitzen üben
- allein zu Hause bleiben
- einen Damm im Bach bauen (wenn sie schwimmen können)
- bekleidet in ein Schwimmbecken springen (wenn sie schwimmen können)
- mit dem Bügeleisen bügeln
- eine Nähmaschine bedienen
- mit Werkzeugen (Säge, Hammer, Zange) umgehen
- mit Heißklebepistole basteln
- allein oder mit Freunden im Garten oder auf dem Hof im Zelt übernachten

Einige der Punkte sollten selbstverständlich nur im Beisein der Eltern gemacht werden. So dürfen Kinder in der Wohnung nur mit Feuer spielen, wenn ihre Eltern auch zu Hause sind. Meine Kinder üben im Bad am Waschbecken das Anzünden von Streichhölzern und Kerzen, während ich zum Beispiel in der Küche bin. Auch das Kokeln mithilfe einer Lupe geschieht nur auf dem Hof und in meinem Beisein – ich habe ihnen erklärt, dass kein weiteres brennbares Material in der Nähe herumliegen darf und sie immer einen

Eimer Löschwasser parat halten sollten. Außerdem wissen sie, dass nicht alle Arten von Feuer mit Wasser gelöscht werden dürfen. Auch am Herd kochen dürfen meine Kinder nur, wenn ich da bin, weil es auch mir als Erwachsener oft noch passiert, dass ich aus Versehen den Herd anlasse. Ich möchte nicht, dass das geschieht, wenn meine Kinder allein zu Hause sind.

Welche Punkte dieser Liste für Sie und Ihre Kinder in Betracht kommen, hängt ganz von Ihren Lebensumständen ab. Sollten Sie meinen, dass es zum Beispiel ganz und gar unmöglich ist, dass Ihr Kind allein zur Schule geht, dann wird Ihre Einschätzung sicher richtig sein. Wir können Ihnen nur Vorschläge unterbreiten, von denen wir wissen, dass fünf- bis zehnjährige Kinder sie meistern können und wollen, aber selbstverständlich wissen wir nicht, wie Sie leben, sodass wir das Risiko gar nicht einschätzen können.

Ahmeds Mutter Aybüke entschied sich dafür, ihren Sohn zu bitten, für sie Besorgungen im etwa zehn Minuten entfernten Eckladen zu machen. Sie wohnen in einer Großstadt, und ihr war zunächst nicht wohl bei dem Gedanken. Doch sie merkte, wie stolz es Ahmed machte, allein losziehen und mit echtem Geld hantieren zu dürfen. Gleichzeitig veränderte sich ihr eigener Blick auf den Jungen. Bisher war sie enttäuscht gewesen, dass er immer so antriebslos herumgelegen hatte, doch nun merkte sie, dass sie ihm einfach die falschen Angebote gemacht hatte. Etwas scherzhaft sagte sie zu uns, er sei ein echter Jäger und Sammler, denn am glücklichsten sei er, wenn er für seine Familie Essen besorgen könne. Diese Beobachtung brachte sie auf weitere Ideen. Sie besorgte ihm einen Sportbogen, Saugnapf-Pfeile und eine Zielscheibe, woran er ebenfalls Gefallen fand – und das so stark, dass er später sogar einem Bogenschützenverein beitrat. Zum siebten Geburtstag schenkten die Eltern ihm eine Werkbank mit echten Werkzeugen, an der er nun ausgiebig nach der Schule im Hof ihres Hauses werkelte. Dank dieser Beschäftigung fand er wieder stärker mit seinem Vater zusammen, denn nun arbeiten sie oft gemeinsam an Holzprojekten.

Ahmeds Lust, einkaufen zu gehen, legte sich übrigens relativ schnell. Das ist nicht ungewöhnlich. Vielleicht wird Ihnen auch auffallen, dass Ihre Kinder, wenn sie etwas »Gefährliches« ausprobieren dürfen, das meist nur zwei- oder dreimal machen. Möglicherweise verlieren sie danach das Interesse daran. Das ist ein normaler Vorgang, vergleichbar mit dem Zurückkrabbeln des Babys zu seinen Eltern. Auf das Abenteuer und die Überwindung der Angst folgt erst einmal ein Rückzug in den Schoß des sicheren Hafens. Seien Sie also nicht enttäuscht und drängen Sie nicht, wenn Ihr Kind zwei Sonntage lang enthusiastisch Brötchen einkaufen gegangen ist, aber am dritten Sonntag höflich dankend ablehnt. Erinnern Sie sich: Der Sinn für das Kind besteht darin, seine initiale Angstschwelle zu überwinden und zu erweitern, um im gleichen Atemzug zu erfahren, dass es sein Leben selbst in der Hand hat. Nicht mehr, nicht weniger.

Selbst-bestimmung für Wackelzahn-Rebellen

Simon: »Und meine Suppe ess ich nicht!«

Bevor ich selbst Kinder hatte, beäugte ich als Sonderpädagogin immer kritisch die Brotdosen meiner Schülerinnen und Schüler. Ich rümpfte die Nase, wenn drei Viertel der Klasse in der Frühstückspause wieder Weißbrot mit Schokoladencreme auspackte. Ich führte Krisengespräche mit Eltern, schrieb bei Elternabenden haarklein an die Tafel, welche Lebensmittel an der Schule erwünscht sind und welche nicht, und verdrehte innerlich die Augen, wenn am nächsten Tag doch wieder Pudding oder Knabbereien mitgebracht wurden.

Als meine Tochter Carlotta ihren ersten Schultag hatte, packte ich liebevoll geschmierte Frischkäse-Vollkornbrote in ihre Dose, dazu ein paar Paprikastreifen und Walnüsse. Natürlich aß sie nichts davon. Am Dienstag versuchte ich es mit Mischbrot und ihrer Lieblingswurst, Möhrenschnitzen und ein paar Rosinen. Auch das kam unangetastet zurück. Am Mittwoch, schon leicht panisch, stand ich extra früh auf, um das Mischbrot mit Plätzchenausstechern in lustige Fingerfood-Form zu bringen. Ich schnitzte einen »Zauberapfel« und legte einen Naturjoghurt bei. Der Joghurt platzte im Laufe des Schultages, zurück kam eine völlig verschmierte, volle Brotdose. Am Donnerstag entschuldigte ich mich in Gedanken tränenreich bei all den Eltern meiner Schülerinnen und Schüler, die ich wegen der Brotdosen ihrer Kinder verurteilt hatte, und schmierte Schokocreme auf Toast. Dazu legte ich einen Quetschmusbeutel, der hoffentlich nicht auslaufen würde, und ein paar

Salzstangen. Am Nachmittag war das Weißbrot noch da, das Mus und die Salzstangen jedoch immerhin aufgegessen. Ich verbuchte das als Erfolg. Am Freitag pfiff ich auf jegliche Konventionen und Bedenken und packte zwei Quetschmusbeutel und eine Brotdose voller Erdnussflips in ihre Tasche. Diese Kombination wurde restlos aufgegessen – ha! Allerdings fragte mich Carlotta am Ende des Schultages vorwurfsvoll, wo denn ihr Brot gewesen wäre, sie hätte Hunger gehabt! Und warum ich plötzlich so seltsam kichern würde? Voll peinlich, Mama!

Sie sehen, auch Autorinnen von Ratgebern sind nicht gegen dieses Problem gefeit. Mittlerweile haben wir ein gutes Mittelmaß gefunden – die Pausenbrote sind halbwegs gesund und werden gegessen oder auch nicht. Ich gehe damit entspannter um. Das Beispiel von Immanuel, 32, und seinem Sohn Simon, 9, zeigt, wie schwierig es manchmal sein kann.

> Ich werde noch irre mit Simon. Er isst einfach nicht. Also, er isst keine gesunden Sachen. Süßigkeiten könnte er den ganzen Tag in sich hineinschlingen, aber wehe, ich komme mal mit einer Gemüsesuppe an. Dann ist er nach zwei Löffeln »satt« und will wieder spielen gehen. Letztens hatte ich so die Nase voll, dass ich ihn gezwungen habe, sitzen zu bleiben und den Teller Suppe aufzuessen. Ich wusste mir nicht mehr anders zu helfen. Es hat ganze 40 Minuten gedauert! Die ganze Zeit hat sich Simon heulend gewunden, als ob ich ihn vergiften will. Das war für mich sehr schwer auszuhalten. So möchte ich das nicht noch mal machen.
> Ich habe schon währenddessen gemerkt, dass es keine gute Idee war. Aber ich wollte dann auch nicht einknicken, weil ich wirklich, wirklich gern möchte, dass Simon gesünder isst. Ei-

gentlich ernährt er sich nur von trockenen Nudeln, Toast und Würstchen. Nicht einmal Ketchup oder Tomatensoße isst er mehr zu den Nudeln, obwohl er das früher liebte. Und wehe, ich gebe Butter auf den Toast. »Bäh!«, ruft er dann und lässt ihn liegen. Ich weiß wirklich nicht, woher er überhaupt Energie zum Leben hat, wo er doch so wenig Nahrhaftes zu sich nimmt. Die Schulbrote kommen auch jeden Tag unangetastet zurück, egal, wie viel Mühe ich mir damit gebe. Maximal isst er einen Erdbeerjoghurt oder Knabberzeug wie Brezeln. Die packe ich aber auch nur dazu, weil er sonst gar nichts essen würde. Die liebevoll geschnittenen Apfelstückchen kommen unberührt zurück. Ich weiß wirklich nicht mehr weiter. Ich weiß ja, man soll Kinder nicht zum Essen zwingen, aber was ist denn, wenn sie von sich aus nur Süßigkeiten mampfen? Dann muss ich als Elternteil doch irgendwie eingreifen.

Kinder holen sich, was sie brauchen

Vor 80 Jahren servierte Dr. Clara Davis 15 zuvor gestillten Waisenkindern im Alter von sechs bis elf Monaten täglich ein Sortiment aus 34 verschiedenen, mundgerecht zubereiteten Speisen. Sie ließ die Kinder ihre Mahlzeiten komplett selbst zusammenstellen. Alle angebotenen Lebensmittel waren ungezuckert und ungesalzen, das Gemüse war gedämpft und es gab keine verarbeiteten Produkte (wie Butter, Wurst oder Brot). Zu jeder Mahlzeit wurde eine Auswahl von zehn Komponenten bereitgestellt: Äpfel, Ananas, gekochter Weizen, Hafer, Roggen, Mais, Tomaten, Kartoffeln, Hirn, Knochenmark, Nierchen, gehäckselter Fisch, Eier, Wasser, Orangensaft, Milch und so weiter. Die Kinder zeigten auf die gewünschten Lebensmittel und bekamen diese dann gereicht.[1]

Das Experiment wurde bis zu sechs Jahre lang durchgeführt und erbrachte unter anderem folgende Ergebnisse:

- Die Vorlieben der Kinder waren sehr unterschiedlich – es wurde jedoch durchschnittlich von allen ein ungefähr gleicher Anteil an Kohlenhydraten, Fett und Eiweiß verzehrt.
- Die ausgesuchte Nahrung wurde teilweise sehr ungewöhnlich kombiniert (ein Kind frühstückte zum Beispiel in der Regel einen halben Liter Orangensaft und ein Stück Leber).
- Es gab zyklische Vorlieben – oft wurde tagelang nur ein bestimmtes Lebensmittel gegessen (erst ein paar Tage lang Bananen, dann nur Hackfleisch).
- Die verzehrten Mengen während der Mahlzeiten waren sehr unterschiedlich.
- Grundsätzlich bevorzugt wurde Obst. Getreide und Gemüse waren weniger beliebt. Kaum ein Kind aß Kopfsalat, Spinat oder Kohl.
- Fast alle Kinder probierten im Laufe der Zeit alle Lebensmittel. Es gab nur zwei Kinder, die nie Salat probierten, und eines, das niemals Spinat kostete.
- Kein Kind litt jemals wegen des Essens unter Durchfall, Erbrechen oder Verstopfung.
- Alle Kinder nahmen in etwa die für die Altersstufe empfohlene Kalorienmenge auf.
- Bei Infektionen änderten die Kinder ihr Essverhalten – es wurde dann überdurchschnittlich viel Karotten, Rind und Rüben gegessen.
- Ein Kind litt unter Rachitis. Ihm wurde zusätzlich Lebertran angeboten, welchen es auch zu sich nahm – bis die Rachitis ausgeheilt war. Danach hat es ihn nie wieder angerührt.

Das Erstaunliche dabei war: Ausnahmslos alle Kinder gediehen gut, waren gesund (alle Blutwerte lagen im Normbereich), und es traten keine Mangelerscheinungen auf. Kein Kind war dick, keines zu dünn. Ärzte bescheinigten den Kindern einen überdurchschnittlich guten Gesundheitszustand. Dieses Experiment zeigte, dass Kinder offenbar intuitiv wissen, was ihnen guttut und wie viel sie wann wovon benötigen. Kinder sind also von Natur aus »programmiert«, genau so viel zu essen, wie sie brauchen. Wenn wir eine sinnvolle Essensauswahl anbieten, werden Kinder ihrer Natur folgen und sich ganz automatisch mit dem versorgen, was sie benötigen.

Das funktioniert natürlich nur dann wirklich perfekt, wenn naturbelassene, zusatzstofffreie Mahlzeiten angeboten werden. Hätten die Kinder im Experiment industrielle Süßigkeiten oder auch Fertigmahlzeiten bekommen, hätten sie vermutlich bevorzugt darauf zurückgegriffen, da der kindliche Organismus darauf geprägt ist, Süßes und Fettes zu bevorzugen. Die Natur hat jedoch nicht vorausgesehen, dass es irgendwann nährstoffarme, stark verarbeitete Nahrungsmittel geben würde, die besser nicht in größeren Mengen verzehrt werden sollten.

Auch wenn sich Kinder eine Zeit lang einseitig ernähren, führt das normalerweise nicht zu Mangelerscheinungen. Wochenlang nur Nudeln? Oder Marmeladentoast? Kein Problem – Kinder holen sich über kurz oder lang, was sie brauchen. Das ergab auch eine Langzeitstudie der Universität Stanford, die 120 Kinder über den Zeitraum zwischen zwei und elf Jahren hinweg begleitete.[2] Etwa 13 bis 22 Prozent der untersuchten Kinder waren mäklig. Die Eltern berichteten, dass ihre Kinder nur sehr wenige Speisen anrührten, dass sie Wutanfälle bekamen, wenn sie Neues probieren sollten oder ihnen ihr bevorzugtes Essen verweigert wurde, oder dass sie nur aßen, wenn das Essen auf ganz bestimmte Weise zubereitet wurde.[3] Insgesamt kreisten die Gedanken der Eltern stark um die schlechte Ernährungsweise ihrer Kinder, und es kam oft zu Streit am Esstisch.[4] Dennoch wurde innerhalb der Studie kein signifikanter gesundheitlicher Unterschied zwischen Gutessern und Mäklern festgestellt. Die Mäkler entwickelten sich körperlich und geistig so normal wie die Kinder der Gutessergruppe, allerdings wogen sie weniger, da sie weniger Kalorien zu sich nahmen. Das Essverhalten, so die Schlussfolgerung der Forscher, scheint zu einem großen Teil einfach Charaktersache zu sein.

Ein Schutzprogramm der Natur

Wir hatten schon erwähnt, dass Kinder evolutionsbiologisch bedingt Lust auf Süßes haben. Die Prägung erfolgt durch die süße Muttermilch. Süß waren früher ausschließlich reife Früchte – diese waren eine besonders wertvolle Nahrung mit einem hohen Vitamingehalt und hoher Energiedichte. Da die Früchte nur begrenzte Zeit zur Verfügung standen und sehr gesund waren, war es sinnvoll, möglichst viel davon zu essen, also grundsätzlich Süßes zu bevorzugen. Außerdem gibt es nichts in der Natur, das süß schmeckt *und* giftig ist. Bitteres und Saures hingegen signalisieren: »Diese Nahrung ist vielleicht giftig.«

Bei der Beikosteinführung sind die meisten Kinder noch experimentierfreudig und probieren das, was ihnen angeboten wird. Das war auch schon in der Steinzeit so – Essen wurde in der Regel eingeführt, während sich die Kinder noch dauerhaft im Sicherheitsbereich der Eltern befanden. Nach der Kleinkindzeit änderte sich das. In der Steinzeit wechselten die Kinder zu diesem Zeitpunkt meist in die Obhut einer gemischten Kindergruppe, sie waren also viel sich selbst überlassen. Um die Kinder zu schützen, musste also ein natürlicher Mechanismus wirken, der sie davor bewahrte, Giftiges zu sich zu nehmen: Die Lust auf neue, bisher unbekannte Nahrungsmittel nimmt in diesem Alter stark ab. Erst mit etwa acht bis zwölf Jahren werden Kinder wieder experimentierfreudiger und probieren nach und nach bis dahin abgelehnte Lebensmittel.[5]

Kinder brauchen oft weniger, als wir annehmen

Eltern überschätzen häufig die Mengen, die ein Kind wirklich benötigt. Manchmal hilft es, ein Ernährungsprotokoll zu führen – so mancher erkennt dann, was sein vermeintlich schlecht essendes Kind zwischendurch so alles verdrückt. Nach den Richtwerten für die durchschnittliche Energiezufuhr der Deutschen Gesellschaft für Ernährung sollen Kinder im Alter von vier bis sieben Jahren je nach Geschlecht und dem Grad ihrer körperlichen Bewegung 1300 bis 1800 Kalorien pro Tag zu sich nehmen. Zwischen sieben bis zehn Jahren sind es 1500 bis 2100 Kalorien pro Tag.

Ein Glas Milch mit 3,5 Prozent Fett enthält 128 kcal, Apfelsaft etwa 100 kcal pro Glas. Ein einziges Gummibärchen hat etwa 7 kcal; eine Milchschnitte oder ein Riegel Kinderschokolade schlägt mit rund 120 kcal zu Buche, ein mittelgroßer Apfel mit etwa 85 kcal. Mit kleinen Naschereien kommen Kinder schnell an ihren natürlichen Kalorienbedarf heran – essen sie dann weiter, weil ein Erwachsener darauf pocht, dass noch etwas »Richtiges« gegessen werden muss, essen sie über ihren Bedarf hinaus. Passiert das häufiger, nehmen sie zu. Wohlgemerkt: Sie nehmen nicht wegen der Süßigkeiten zu, sondern weil sie mehr Kalorien zu sich nehmen, als sie verbrauchen. Rein theoretisch könnte sich ein Mensch nur von Süßigkeiten ernähren – bliebe er damit im Rahmen seines Kalorienbedarfs, würde er nicht zunehmen.[6] Natürlich fehlen dann Vitamine, Proteine, Mineralien, Spurenelemente und so weiter. Es ist deshalb nicht ratsam, sich so zu ernähren – aber Angst vor Süßigkeiten muss man auch nicht haben.

Ein gutes Mittel für die Einschätzung, ob das Kind wirklich zu wenig isst, sind die Wachstumskurven. Solange ein Kind sich entlang seiner Perzentile entwickelt, besteht kein Grund zur Besorgnis. Selbst wenn ein Kind etwas hinterherhinkt, kann es unbedenklich sein. Es empfiehlt sich in diesem Falle jedoch ein Besuch beim Kinderarzt.

Essen als Machtkampf

Häufig bekomme ich von anderen Erwachsenen, bei denen meine Kinder den Tag verbracht haben, die Rückmeldung, wie viel oder wie »gut« sie gegessen haben: »Sie hat ausreichend zu Mittag gegessen, aber dann wollte sie nur noch Wasser trinken und nichts mehr essen, obwohl ich ihr mehrmals was angeboten habe. Vielleicht wird sie krank oder so?« Anfangs war ich davon irritiert, weil mir nicht im Traum eingefallen wäre, nachzuhaken, ob meine Tochter ausreichend gegessen oder getrunken hat. Aber da das kein Einzelfall blieb, sondern Erzieherinnen, Babysitter oder Großeltern gleichermaßen Wert darauf legten, mir vom Essverhalten meiner Kinder zu berichten, kam ich zu dem Schluss, dass das wohl eine von der Gesellschaft als normal angesehene Interaktion ist. Stattdessen schien *ich* diejenige zu sein, die sich seltsam verhielt. Ich war fasziniert – was war wohl der Grund dafür?

Die Antwort war: Verantwortung. Während ich die Verantwortung dafür, dass ein Kind nicht hungrig oder durstig ist, beim Kind sehe, fühlen sich viele andere Erwachsene selbst dafür verantwortlich, dass das Kind genügend isst. »Trink bitte mehr, sonst bekommst du wieder Kopfschmerzen«, »Iss dich erst am Hauptgericht satt, bevor du den Nachtisch nimmst«, »Du kannst doch noch gar nicht satt sein, du hast doch kaum was gegessen«, »Nur Nudeln ohne alles? Das schmeckt doch gar nicht. Nimm mal wenigstens einen Klecks Soße, sonst rutschen die Nudeln nicht gut in deinen Bauch.« Das sind Sätze, die Kinder häufiger hören und die zeigen, dass die Verantwortung bei den Großen liegt.

Aus dieser Übernahme von Verantwortung ergibt sich oft ein Problem: der Machtkampf ums Essen. Kindern, die schlecht essen, wird schnell klar, dass Erwachsene sich unbehaglich fühlen, wenn sie die Nahrung verweigern. Der Wunsch, dass sich Kinder gesund und ausreichend ernähren sollen, ist so tief in uns verwurzelt, dass wir Großen unsere Sorge kaum verbergen können – wie man auch bei Simon und seinem Vater in unserem Beispiel sehen kann. Das Versorgen mit Nahrung ist eine der elementarsten Aufgaben, wenn man Kinder großzieht. Jahrtausendelang war das auch eine durchaus schwierige Aufgabe – Nahrung war eigentlich immer knapp. Kühlschränke, Supermärkte und Flugmangos gibt es erst seit kurzer Zeit. Während Neandertaler im Grunde den größten Teil ihres Tages damit verbrachten, Beeren und Wurzeln zu suchen und Tiere zu erlegen, kostet es uns heute gerade mal ein paar Minuten und wenige Euro, die Bestandteile einer nahrhaften Mahlzeit zu besorgen.

Wenn unsere Kinder uns – aus welchem Grund auch immer – ärgern wollen, kann es sein, dass sie das Essen verweigern. Das ist nicht sehr freundlich von ihnen, aber wirksam. Denn wenn die Erwachsenen überzeugt sind, sie seien verantwortlich dafür, dass das Kind genügend isst, dann werden sie an dieser Stelle den Druck und die Fürsorge erhöhen. Sind die Kinder wütend auf die Erwachsenen, werden sie ihrerseits den Gegendruck erhöhen und weiterhin die von den Erwachsenen für gut befundene Nahrung verweigern. Und schon ist man im schönsten Machtkampf gefangen.

Vertritt man jedoch die Meinung, die Nahrungsaufnahme sei in der Eigenverantwortung des Kindes, gibt es an dieser Stelle keinen Ansatzpunkt für einen Machtkampf. Selbstverständlich haben die Eltern auch Verantwortung. Sie sind verantwortlich dafür, dass gesunde Nahrung in der Wohnung bereitsteht, also für das Einkaufen und Kochen. Sie sind auch verantwortlich dafür, dass ausreichend Zeit ist, sich zum gemütlichen Essen zusammenzusetzen, und dass es einen sauberen Ort gibt, an dem man gerne sitzt und isst. Aber ob das Kind all diese Angebote annimmt, ist seine alleinige Entscheidung. Wenn es bestimmt, dass es nicht hungrig ist oder zu wütend, um zu essen, nun – dann ist das so. Es wird schon wissen, was es tut. Ein Machtkampf ums Essen ist völlig unnötig.

Tipps und Tricks im Umgang mit Mäklern

Mit ein paar kleinen Kniffen können Sie sich das tägliche Leben mit kleinen Mäklern einfacher machen.

Entspannung

Entspannen Sie sich. Machen Sie keinen Machtkampf aus dem Thema Essen. Ein mäkliges Essverhalten ist ein normaler, evolutionsbiologisch sinnvoller Mechanismus, vor dem man sich nicht fürchten muss. Manche Kinder sind mäklig, andere nicht, genauso wie manche extrovertiert und andere introvertiert sind. Wir wollen nicht verschweigen, dass Mäkeln sich durchaus krankhaft verändern und zu einer Essstörung werden kann, aber das kommt sehr selten vor und hat vielfältige Gründe.

Kein Zwang

Eigentlich sollte es selbstverständlich sein, aber der Vollständigkeit halber erwähnen wir es dennoch: Essen sollte immer freiwillig sein. Wir entscheiden, *was* wir unseren Kindern kochen wollen, unsere Kinder entscheiden, *wie viel* sie davon essen. Nahrung sollte nie als Drohmittel oder Belohnung eingesetzt werden, da das Essstörungen oder Übergewicht auslösen könnte.

Neues immer wieder anbieten

Neues nicht zu mögen, ist, wie schon ausgeführt, in uns so programmiert – nur sehr wenige Kinder sind experimentierfreudig, wenn es um neue Lebensmittel geht. Untersuchungen haben ergeben, dass man neue Lebensmittel an bis zu zehn aufeinanderfolgenden Tagen anbieten muss, bis das Kind etwas davon kostet. Daher sollten Sie nicht aufgeben, sondern einfach immer wieder neue Lebensmittel ohne Druck anbieten. Man kann sich auch zunutze machen, dass Kinder sich oft an Vorbildern orientieren, Studien zeigen, dass Kinder ein neues Nahrungsmittel doppelt so oft probieren, wenn ein Erwachsener es isst.[7]

Kochen Sie nicht »für die Kinder«

Wenn man mäklige Kinder hat, läuft es oft darauf hinaus, dass man plötzlich »für die Kinder« kocht, also eigentlich nur noch Gerichte anbietet, von denen man weiß, dass sie in der Vergangenheit zumindest ansatzweise ankamen. Doch das ist kein zielführender Ansatz, wie ich aus eigener Erfahrung berichten kann. Denn man limitiert dadurch erstens das Angebot der Lebensmittel, mit denen die Kinder in Berührung kommen, und zweitens wird man schneller wütend, wenn die Kinder diese extra für sie ausgesuchten Gerichte dann auch nicht essen wollen. Wenn Sie also wirklich Entspannung in das Thema Essen bringen wollen, dann hören Sie auf, andauernd Kindergerichte zu kochen. Kochen Sie, was gesund ist und Sie selbst gern essen, und genießen Sie Ihre Gerichte. Wenn Ihre Kinder sowieso nicht zufrieden mit dem Essen sind, egal, was Sie ihnen anbieten, dann dürfen Sie ruhig ein wenig egoistischer werden.

Kleine Portionen

Gerade schlecht essende Kinder sind von großen Portionen schnell überfordert. Bemessen Sie darum die Portionen lieber klein. Wenn das Kind noch nicht satt ist und es gut geschmeckt hat, wird es ganz sicher Nachschlag verlangen. Wenn nicht, auch gut, dann war es wohl genug. Das Kind weiß am besten, was in seinem eigenen Körper vor sich geht.

Das Auge isst mit

Das gilt bei Kindern ganz besonders – manche haben da sehr spezielle Abneigungen. Wenn etwas irgendwie komisch aussieht, vergeht einigen der Appetit komplett. Andersherum animiert Kinder ein kreatives Anrichten oder Gestalten der Speisen durchaus, etwas zu probieren. Aus Gründen, die nur meine Kinder kennen, werden bei uns zum Beispiel »Plätzchenstullen« (mit Plätzchenausstechern in Form gebrachtes Brot) mit Enthusiasmus verspeist, während normale Brote maulend abgewiesen werden. Mein Sohn Josua wiederum hat ein Faible für Essen, das irgendeinen technischen Aspekt mit sich bringt: Käse, den man erst aus seiner roten Wachsschale pulen muss, ist super, normaler Käse ist blöd. Äpfel sind langweilig, es sei denn, er kann sie zerschneiden und die Stücke durch die Knoblauchpresse quetschen, um dann auf der anderen Seite das Mus abzulecken. Und warum auch nicht? Essen soll ja Spaß machen.

Naturjoghurt, Obst und Brot als Alternative anbieten

Um Machtkämpfe zu vermeiden, sollten Kinder immer auf eine gesunde Alternative zurückgreifen können, wenn sie partout nicht das möchten, was auf dem Tisch steht. Das kann ein (Vollkorn-)Brot mit Butter sein, Obst oder Ähnliches. Meine Töchter entscheiden sich oft für Naturjoghurt mit getrockneten Früchten. Mich würde das nicht satt machen, aber ihnen scheint es auszureichen.

Trennung der Zutaten

Einige Kinder mögen es überhaupt nicht, wenn Nahrungsmittel (ihrer Ansicht nach) »zusammengemantscht« sind. Deshalb ist es bei mäkligen Essern definitiv einen Versuch wert, die Bestandteile des Essens fein säuberlich zu trennen. Das schafft man am besten mit einem speziellen Teller, so kann sich das Kind selbst aussuchen, was womit gemischt wird oder was komplett liegen bleibt. Für manche Kinder ist tatsächlich eine komplette Mahlzeit kontaminiert, nur weil eine Erbse das Fleisch berührt hat.

Gab es bei uns früher zum Abendbrot Suppe, wurde es schwierig: Die eine mochte ihre Suppe nur mit Nudeln, aber ohne Gemüse oder Fleisch. Die andere wollte die Nudeln nicht, aber auf jeden

Fall das Fleisch. Der dritte wollte Nudeln und Gemüse, aber nicht einmal einen Fitzel Fleisch, bitte. Weil ich es leid war, beim Auftun der Suppe darauf achten zu müssen, auch ja keine Möhre oder kein Fleisch zu erwischen, habe ich die Selbermach-Suppe »erfunden«. Ich koche die Brühe mit dem Geflügel und nehme es hinterher raus und zerlege es. Die Nudeln koche ich, das Gemüse wird gedünstet. Ich stelle die einzelnen Bestandteile hübsch angerichtet auf den Tisch, und jeder löffelt das, was er möchte, in seine Brühe hinein. Später habe ich gesehen, dass auch Caspar Mierau, bekannt durch seinen Blog *Vier plus Eins*, etwas Ähnliches praktiziert. In seiner Familie gibt es den Selbermach-Kartoffelsalat. Auch hierbei werden alle Bestandteile in Schüsselchen auf den Tisch gestellt, und jedes Familienmitglied kreiert sich seinen Salat so, wie er oder sie gerne möchte. Sicherlich gibt es noch viel mehr Möglichkeiten, dieses Vorgehen auf andere Gerichte auszuweiten. Die entscheidende Zutat dabei, sagt Caspar Mierau, sei das »Selbermach«.

Kinder mitgestalten lassen

Wenn Kinder die Möglichkeit haben, Essen selbst zuzubereiten, kommt es deutlich häufiger vor, dass sie es zumindest kurz probieren. Das ist kein Allheilmittel – meine Tochter Carlotta kocht für uns sehr gern die verschiedensten Gerichte, isst jedoch nur wenige davon selbst. Wenn ich aber mit meinen Kindern koche und wir gemeinsam Gemüse schneiden, Teig rühren oder Pizza belegen, dann wandert – so meine Beobachtung – das ein oder andere Stück zwischendurch in ihren Mund, ohne dass sie groß darüber nachdenkt.

Marie: Unsympathische Freunde

Es gibt wohl kein Elternteil, das entspannt bleibt, wenn dem eigenen Nachwuchs Unrecht getan wird. Vor allem Freundschaften, die einseitig oder ausbeutend erscheinen, lassen unseren Beschützerinstinkt heftig aufflammen. Wir wollen weder, dass unsere Kinder unnötig Kummer haben, noch wollen wir, dass sie gar die Auffassung verinnerlichen, Freundschaften und Beziehungen würden immer mit Erpressung und Machtanwendung einhergehen. Es ist darum nicht verwunderlich, wenn wir Eltern uns ab und zu in die Freundschaften unserer Kinder einmischen wollen. Wir wollen sie schützen. Unglücklicherweise sprechen unsere Kinder in den seltensten Fällen positiv auf unser wohlwollendes Einschreiten an. Meist sind sie davon genervt und rücken nur noch näher an das Kind heran, von welchem wir sie gern ein Stück entfernen wollen.

Und recht haben sie, unsere Kinder. Mal wieder! Denn *sie* haben die Beziehung zu ihrer Freundin, und sie sind es auch, die die Verantwortung übernehmen dürfen für das Gelingen oder das Scheitern dieser Beziehung. Dies zeigt auch das Beispiel von Simone, 47, und ihrer Tochter Marie, 9.

> Wir haben ein kleines Problem mit der besten Freundin meiner Tochter Marie. Sie heißt Tamara, und beide sind seit drei Jahren, seit dem Tag der Einschulung, sehr eng befreundet. Sie haben sich quasi gesucht und gefunden. Die beiden kleben aneinander, sitzen in der Schule nebeneinander, wollen die glei-

chen Klamotten tragen, besuchen nachmittags dieselben Kurse und schlafen auch regelmäßig abwechselnd beieinander. Nun hatte ich vor Kurzem ein Gespräch mit der Klassenleiterin, und die machte mich auf etwas aufmerksam, das ich vorher nur unbewusst wahrgenommen habe. Sie sagte, es sei natürlich sehr schön, dass Marie eine so enge Freundin gefunden hätte, aber sie habe beobachtet, dass meine Tochter in dieser Freundschaft oft zurückstecken müsse.

Tamara erpresst sie zum Beispiel, indem sie sagt, Marie sei nicht mehr ihre Freundin oder könne nicht zu ihrem Geburtstag kommen, wenn sie nicht macht, was Tamara möchte. Anders herum bestimmt aber Tamara über ihre eigenen Dinge ganz selbstverständlich. Letztens hatte sie Lollis dabei, einen mit Erdbeer- und einen mit Cola-Geschmack. Tamara fragte meine Tochter, welchen sie gern hätte. Da Marie Cola nicht mag, wünschte sie sich den roten. Nö, sagte da ihre angebliche Freundin, schnappte sich selbst den roten und gab ihr den braunen. Ich meine, das ist ja grundsätzlich ihr gutes Recht, aber warum fragt sie dann überhaupt? Soll sie doch lieber vorher nicht fragen und einfach so entscheiden. Solche Dinger bringt sie aber öfter, und manchmal hilft ihre Mutter Silke dabei, vielleicht unabsichtlich. Wenn wir zum Beispiel Eisessen sind und ich Marie gerade erkläre, dass ich ihr nicht noch ein zweites Eis kaufe, weil eins absolut genug ist, dann kann ich ganz sicher davon ausgehen, dass Tamara zu ihrer Mutter stapft und um ein zweites Eis bittet. Da das Kind seine Mutter wirklich in jeder Situation um den Finger wickeln kann, bekommt sie das dann auch. Dieses zweite Eis hält sie dann meiner Tochter triumphierend unter die Nase, und wenn Marie dann findet, ich sei die blödeste Mutter der Welt, zückt Silke ihr Portemonnaie und will noch ein Eis kaufen. Ich könnte da echt ausrasten.
Oder letztens, da waren wir in einem Musical. Die Karten waren

ziemlich teuer, aber es war wirklich schön. In der Pause bekamen gefühlt alle Kinder so einen glitzernden Lichtstab gekauft, wirklich totaler Schrott. Sollte aber 10 Euro kosten. Ich habe zu Marie gesagt, dass ich den nicht kaufen werde. Der ist spätestens am nächsten Tag zerbrochen oder die Batterien sind leer. Tamara bekam natürlich einen Stab und tänzelte damit vor meiner Kleinen herum und zeigte, wie viele Lichtorgel-Programme das Ding hatte. Schnelles Leuchten, langsames Leuchten, im Regenbogen schillernd, nur Rosa, nur Gold ... Marie fing an zu weinen. Ich nahm sie in den Arm und tröstete sie, erklärte aber gleichzeitig noch mal meine Gründe. Silke hörte, was ich zu meiner Tochter sagte, und ging dann trotzdem los, kaufte einen zweiten dieser Stäbe und drückte ihn Marie in die Hand. Maaaann! Bestimmt gut gemeint, aber am liebsten wäre ich ihr an die Gurgel gegangen. Denn so blieb das unfreundschaftliche Verhalten von Tamara unkorrigiert, und ich stand auch noch wie eine knausrige Idiotin da.

Mir gegenüber benimmt sich das Kind übrigens auch so garstig. Also, mich kann sie natürlich nicht mit Freundschaft erpressen, aber wenn ich mir zum Beispiel wünsche, dass die Mädchen draußen im Garten spielen, damit ich in Ruhe das Abendbrot kochen kann, dann stachelt Tamara ganz sicher meine Tochter auf, irgendwas im Haus machen zu wollen. Am besten Muffins backen oder so, damit ich auch ja nicht zu dem komme, was ich mir vorgenommen habe. Wenn ich bei ihnen zu Hause bin und mit Silke einen Kaffee trinke, lässt Tamara immer die Meerschweinchen aus dem Käfig, obwohl sie weiß, dass ich höllische Angst vor den Viechern habe und ihre Mutter auch schon mehrmals mit ihr gesprochen hat, dass sie das lassen soll, wenn ich da bin. Bequemerweise »vergisst« Tamara aber immer, wie sehr ich mich vor den rumrennenden Tieren ekle.

Ich habe jetzt versucht, Marie ein bisschen von Tamara zu trennen und andere Kinder ihrer Klasse zum Spielen einzuladen, aber ihr Herz hängt leider an ihr. Ich habe auch das Gefühl, Marie sieht das ätzende Verhalten von Tamara gar nicht so wie ich. Sie ist zwar traurig, wenn sie den falschen Lolli bekommt, und sie leidet wie ein Hund, wenn sich Tamara in der Schule ganz offensiv anderen Mädchen zuwendet, wenn Marie in ihren Augen etwas »falsch« gemacht hat, aber sie bezieht ihren Kummer nie auf das Mädchen, sondern findet immer Entschuldigungen für ihr Verhalten. Sie ist dann eher auf *mich* sauer, obwohl ich nun wirklich nichts mit den Situationen zu tun habe. Ich würde dieser emotionalen Abhängigkeit gern irgendwie ein Ende bereiten, ich halte das für ungesund ... und die Klassenlehrerin ja auch, sonst hätte sie es nicht angesprochen.

Schauen wir uns die Situation genauer an. Marie und Tamara sind beste Freundinnen, sie sind also in einer Beziehung. Außerdem ist Maries Mutter Simone in einer Beziehung mit Tamaras Mutter: Sie haben eine lockere Eltern-Freundschaft und trinken ab und zu Kaffee miteinander. Zudem sind auch Simone und Tamara in einer Beziehung, denn sie ist die Mutter ihrer besten Freundin und trifft damit häufiger mit dem Kind zusammen. Die Verantwortung für die einzelnen Beziehungen liegen bei denen, die darin stecken, und bei keinem anderen.

Simone – Tamara

Wenn Tamara etwas tut, das sich gegen Simone richtet, wie immer wieder die Meerschweinchen aus dem Käfig zu lassen, obwohl Simone darum gebeten hatte, auf ihre Ängste Rücksicht zu nehmen, dann muss Simone dem Mädchen klar und deutlich ihre Grenze aufweisen. Niemand anders kann das, weil es nur ihre Beziehung betrifft. Tamaras Mutter könnte sich zwar erziehend in die Situation einmischen, ihr Einwand hätte aber bei Weitem nicht so viel Gewicht wie der von Simone. Darum sollte Simone beim nächsten Mal das Mädchen Tamara deutlich fragen, was sie mit ihrem Verhalten eigentlich bezweckt: »Ich habe dir gesagt, dass ich vor Meerschweinchen Angst habe und dich gebeten, sie im Käfig zu lassen, wenn ich zu Besuch bin. Nun hast du sie rausgelassen. Das finde ich richtig blöd. Nein, ich finde es sogar garstig. Ich fühle mich von dir absichtlich geärgert. Aber ich will nicht mit dir schimpfen, und ich will auch nicht, dass deine Mutter mit dir schimpft. Ich bin aber nicht zufrieden damit, wie du mit mir umgehst. Kannst du mir sagen, was ich deiner Meinung nach machen soll? Mir fällt jetzt eigentlich nur die Lösung ein, dass ich nach Hause gehe, weil ich nicht ängstlich auf eurer Couch sitzen will. Ist es das, was du mit deiner Aktion bezwecken wolltest?«

Bei Provokationen hilft es meist, diese direkt anzusprechen und das Kind mit dem Ergebnis seines Verhaltens zu konfrontieren. Denn oft ist Kindern – so seltsam das klingt – wirklich nicht klar, was sie bei anderen mit ihren Aktionen auslösen, weil sie noch keine ähnliche Referenzsituation in ihrem Gehirn abgespeichert haben. Meine Tochter Helene zum Beispiel boykottierte einmal mit sechs Jahren ihren Schlagzeugunterricht, weil sie sich vorher über eine Kleinigkeit geärgert hatte. Zehn Minuten lang versuchte der Schlagzeuglehrer, sie wieder aufzumuntern und ihr das Spiel schmackhaft zu machen. Es half alles nichts – Helene bewegte sich keinen Millimeter auf ihn zu. In dem anschließenden wirklich sehr ernsten Gespräch – ich war über ihre Unfreundlichkeit sehr aufgebracht – stellte ich erstaunt fest, dass sie keine Ahnung hatte, wie unangenehm diese Situation für den Schlagzeuglehrer gewesen war. Sie hatte nicht erkannt, dass er zwar Freude an seiner Arbeit hat, aber diese Freude geschmälert wird, wenn ein Kind miesepetrig und schlecht gelaunt alles verweigert, was er vorschlägt. Ihr war nicht klar, wie sehr er ihr entgegengekommen war, indem er sich um sie bemüht und versucht hatte, sie wieder fröhlich zu stimmen. Sie hatte auch noch nicht erlebt, dass er, der sonst sehr geduldig lehrte, wütend eine Stunde abbrach. Wie frech und verstockt ihr Verhalten auf uns Erwachsene gewirkt hatte, erkannte sie erst, als wir darüber sprachen. Es erschreckte sie ziemlich.

Wenn sie die Freundin ihrer Tochter direkt anspricht, wird Simone erfahren, ob Tamara die Meerschweinchen rausgelassen hat, um sie tatsächlich zu vertreiben, oder ob sie die Konsequenz ihres Verhaltens einfach nicht bedacht hatte. Vielleicht findet sie es einfach witzig, dass eine Erwachsene Angst vor Meerschweinchen hat. Sie hatte vermutlich noch nie vorher die Macht, einem Erwachsenen echte Angst einzujagen, und genoss vielleicht die unerwartet hohe Wirkkraft ihres Tuns. Das macht das Ganze natürlich nicht besser … nur verständlicher, warum Tamara so handelte. Vermutlich war in ihrem präfrontalen Cortex noch keine ähnliche Situation abgelegt, sodass sie keine sozialen oder moralischen Referenzpunkte abrufen konnte. Sprich: Sie sah die Situation nur aus ihrer wunderbar machtvollen Position heraus, konnte aber noch nicht wirklich nachfühlen, wie sich das Opfer ihrer Aktion fühlte. Daher ist es umso wichtiger, dass Simone offen und ehrlich mit dem Kind redet. Sie muss – da es *ihre* Beziehung ist – sagen, was das Herauslassen der Meerschweinchen bei ihr auslöst. Dass es sie wütend macht und sie den Wunsch hat, zu gehen, weil sie das Gefühl hat, Tamara möchte gar nicht, dass sie da ist. Mit solchen ehrlichen Rückmeldungen kann ein Kind etwas anfangen. Diese Reaktionen der Mitmenschen werden sich einprägen und können dann in einer ähnlichen Situation als Verhaltensrahmen dienen.

Simone – Silke

Tut Tamaras Mutter Silke etwas, das gegen Simones Interessen geht, zum Beispiel indem sie diesen Leuchtstab oder ein weiteres Eis kauft, dann muss Simone auch hier klar ihre Grenzen aufzeigen. Nur sie selbst kann das, kein anderer, da sie nun einmal eine der beiden Beteiligten dieser Beziehung ist. Es ist ohne Frage wirklich unangenehm, wie Silke sich verhält. Deshalb sollte Simone die Verantwortung für diese Beziehung übernehmen und zum Beispiel deutlich sagen: »Hör mal, Silke, ich mag es nicht, wenn du meine Worte untergräbst, indem du Marie genau das kaufst, was ich ihr gerade nicht kaufen wollte. Lass das! Das macht mich richtig ärgerlich. Ich habe gute Gründe, in diesem Fall Nein zu meiner Tochter zu sagen, und ich finde es auch nicht schwierig, ihre Wut oder Trauer danach auszuhalten. Sie darf darüber traurig und wütend sein, dass ich ihr den Leuchtstab nicht kaufe. Ich begleite sie in ihren Gefühlen, aber trotzdem bleibt es bei meinem Nein. Wenn du ihn ihr dann doch kaufst, untergräbst du nicht nur meine Autorität, du verhinderst auch gleichzeitig, dass sie Frustrationstoleranz und Bedürfnisaufschub lernt. Und *das* kann ich wirklich nicht tolerieren. Wenn ich also Nein zu meiner Tochter sage, dann halte du dich bitte genauso daran, okay?« Damit wäre sie auch ein gutes Vorbild für ihre Tochter Marie. Denn im Prinzip geht Silke über Simones Bedürfnisse genauso hinweg wie Tamara über Maries. Das, was Simone bei ihrer Tochter Angst macht, nämlich, dass Marie nicht für ihre eigenen Belange aufsteht und auf den Tisch haut, macht sie – soweit wir das hier anhand dieses kleinen Beispiels beurteilen können – selbst nicht.

Tamara – Marie

Auf die Beziehungen zu Tamara und Silke kann Simone Einfluss nehmen, weil sie in ihnen drinsteckt. Was aber die Freundschaft zwischen Simones Tochter Marie und der Freundin Tamara angeht: Es ist *deren* Beziehung, und jede von beiden muss Grenzen ziehen, wenn die andere sie überschreitet. Wenn Marie sich nicht wehrt, scheint sie Tamaras Verhalten nicht so schlimm zu finden wie ihre Mutter. Tatsächlich bewerten Kinder das Verhalten anderer Kinder oft milder als wir Erwachsenen. Vielleicht haben sie einen natürlichen Instinkt dafür, dass die anderen auch noch mitten im Lernprozess stecken wie sie selbst, und daher eine höhere Toleranzgrenze für einen sozialen Fauxpas. Vielleicht lieben sie auch einfach noch bedingungsloser als wir Erwachsenen – diese Liebe bringen sie ja auch uns und unseren Fehlern entgegen. Warum nicht auch ihren Freundinnen gegenüber?

Das Alter zwischen dem fünften und dem zehnten Geburtstag ist *der* Abschnitt für das Erlernen sozialer Beziehungen. Wie bei der motorischen Entwicklung im ersten Lebensjahr und dem Kennen- und Beherrschenlernen der eigenen Gefühle im Alter von ein bis fünf Jahren sollten wir Erwachsene zwar beratend zur Seite stehen, uns aber nicht einmischen. Wenn sie geärgert werden, können wir mit ihnen besprechen, was sie Lustiges oder Cooles antworten können. Wir können für unsere Kinder da sein und sie trösten, wenn die Beziehung teilweise schmerzhaft ist. Wir sollten ihnen aber die Emanzipation aus dieser Freundschaft und den vielleicht nötigen Beziehungsabbruch nicht abnehmen. Denn wie immer wird im Kindesalter geübt, was im Erwachsenenalter wichtig ist: erkennen, wann mir eine Beziehung nicht guttut, Konflikte nicht scheuen, den Mund aufmachen, um eigene Bedürfnisse zu verbalisieren, Konfliktlösungen finden, Bedürfnisse abwägen, Kompromisse eingehen. Wenn Kinder also wie Marie in eine scheinbare emotionale

Abhängigkeit zu einer vielleicht schlechten Freundin geraten, sollten wir ihnen nicht die Verantwortung abnehmen, indem wir die Freundschaft von außen beenden. Das bringt unserem Kind nichts außer Schmerz. Wollen wir, dass unsere Kinder später, wenn wir keinen Einfluss mehr auf ihre Freunde haben, sich selbstbewusst aus toxischen Beziehungen befreien, müssen wir ihnen Gelegenheit geben, im Kindesalter ihre eigenen Grenzen kennen und definieren zu lernen. Wir dürfen dabei ruhigen Gewissens auf unsere jahrelange Beziehungsarbeit mit unseren Kindern vertrauen. Denn solange *wir* ihnen nicht beigebracht haben, dass emotionale Erpressung à la »Wenn du das nicht machst, bist du nicht mehr meine Freundin!« zu einer Liebesbeziehung dazugehört, werden sie auch bei ihren Freundschaften erkennen, dass das nicht okay ist. Vielleicht brauchen sie ein bisschen länger, um zu diesem Schluss zu kommen. Vielleicht wollen sie aber auch ganz bewusst gerade lernen, mit schwierigen Menschen umzugehen. Was auch immer ihr Beweggrund ist: Wir dürfen ihnen zur Seite stehen, aber abnehmen sollten wir ihnen diesen Lernprozess nicht. Vertrauen wir ihrem Urteil – wenn sie das andere Kind mögen und gern mit ihm zusammen sind, dann wird das Kind etwas Liebenswertes an sich haben.

Wann sollten Eltern eingreifen?

Es gibt drei Situationen, in denen wir Eltern unsere Zurückhaltung aufgeben dürfen, um unterstützend einzugreifen:

- wenn die Freunde nicht verstehen, dass sie ärgern beziehungsweise auf Kosten anderer »Scherze« machen,
- wenn die Freunde absichtlich ärgern und/oder schlagen,
- wenn die Freunde krassen Mist bauen.

Wenn Freunde nicht verstehen, dass sie ärgern

Als Sonderpädagogin beobachte ich immer wieder, dass Kinder an der Schule Spiele spielen, die augenscheinlich lustig sein sollen, aber auf Kosten eines Opfers gehen. Da wird einem Kind zum Beispiel seine Mütze vom Kopf gezogen und sie dann so zwischen anderen Kindern hin und her geworfen, dass der Besitzer der Mütze nicht drankommt. Dieser ist natürlich ordentlich verzweifelt. Manchmal wird die Mütze am Ende dann irgendwo versteckt oder auf den höchsten Baum geworfen. Auch Zettel, die heimlich an den Rücken eines Kindes geklebt werden, gehören zu solchen Spielen. Der Sinn dahinter ist, sich als Gemeinschaft machtvoll zu fühlen und sich an der Wut oder Verzweiflung des Einzelnen zu freuen. Besonders in Gruppen von Jungen im Alter von etwa zehn Jahren fällt mir immer wieder auf, dass selbst enge Freunde einander mit »Du Opfer!« betiteln oder sich gegenseitig auslachen, wenn einer etwas vermeintlich »Weiches« oder Freundliches getan hat, wie etwa der Lehrerin die Tür aufzuhalten. Solche Situationen sehe ich als erste Warnung. Die meisten Kinder wissen (noch) nicht, was sie da eigentlich tun. Greife ich als Lehrerin ein und werte das mit den betroffenen Klassen aus, ernte ich meist ein verwundertes »War doch nur Spaß?!« Das ist *kein* Spaß, verdammte Axt! Es ist auch nicht harmlos. Wie kann etwas ein Spiel sein, das einem anderen Leid und schlechte Gefühle zufügt? Das ist unmöglich. So behandelt man Freunde einfach nicht.

Sollte Ihr Kind an der Schule von solchen Spielen betroffen sein, dann würden wir Ihnen raten, mit den entsprechenden Kindern zu sprechen, weil das Ihre eigenen Kinder überfordert. Sie sollen nicht mit den Übeltätern schimpfen und auch nicht mit Sanktionen drohen. Gehen Sie zunächst erst einmal von dem besten Fall aus, dass den Kindern nicht bewusst ist, was sie da tun. Sprechen Sie an, dass Spiele, bei denen sich ein Kind schlecht fühlt, keine echten Spiele und damit ein No-Go sind. Sprechen Sie von Macht und Machtmissbrauch – die Kinder sind alt genug, das zu verstehen. Reden Sie ruhig auch darüber, dass auch Erwachsene Kindern gegenüber oft ihre Macht missbrauchen, und dass das ebenso falsch ist. Sollte das nicht ausreichen, kommen wir zum zweiten Punkt.

Wenn Freunde absichtlich ärgern und/oder körperlich übergriffig werden

Machen wir uns nichts vor – es gibt unangenehme Kinder da draußen. Solche, die absichtlich ärgern und fies grinsen, wenn sie merken, sie haben ein anderes Kind zum Weinen gebracht. Solche, die sich gezielt Opfer suchen und diese ärgern. Wenn es so ein Kind auf unseres abgesehen hat und es andauernd piesackt, dann werden wir Eltern zu Hulk.

Das Ding ist, dass beziehungs- und bedürfnisorientierte Elternschaft nicht beim eigenen Kind aufhört. Es wäre absurd, mit den eigenen Kindern achtsam umzugehen, gewaltfreie Kommunikation anzuwenden und liebevoll Gründe hinter ihrem Verhalten zu suchen, aber fremde Kinder einfach rücksichtslos anzuschnauzen. Bei den unangenehmen, tyrannischen oder ärgernden Kindern in Kita, Schule und Verein gibt es ebenso Gründe hinter ihrem fiesen Verhalten! Und da sie sich außerhalb ihrer Kernfamilie ausagieren, liegt die Vermutung nahe, dass ihre Eltern momentan nicht die Kraft oder das Wissen haben, auf gute Art und Weise dagegen zu steuern. Wir gehen im Kapitel »Peter: Der Provokateur« noch ausführlicher darauf ein, wie die Eskalationsspirale in den meisten Fällen abläuft. Von den Eltern der ärgernden Kinder ist also erst einmal keine große Hilfe zu erwarten. Die beste Chance, die wir haben, um unser eigenes Kind zu schützen, ist, das Problem der Aggressoren zu verstehen und zu helfen, es aufzulösen. Das mag naiv und altruistisch aufopfernd klingen, aber glauben Sie uns, es ist der nachhaltig beste Weg.

Meine Töchter litten lange Zeit unter einem solchen Jungen. Finn ging in eine andere Gruppe ihrer Kita, und wir sahen ihn jeden Nachmittag auf dem Spielplatz. Er war überall bekannt als »das Arschlochkind«. Ich mag diesen Begriff nicht, aber ehrlich gesagt nervte Finn auch mich gewaltig. Wenn irgendwo ein Kind anfing zu weinen, brauchte man gar nicht weit zu schauen – er stand *immer* dabei und war *immer* der Grund dafür.

Carlotta piekte er mehrmals mit einem Ast. Einmal sogar ins Gesicht. Er traf kurz neben das Auge. An einem anderen Tag kletterte Helene gerade die Leiter des Klettergerüsts hoch, da drängelte Finn sich von unten an ihr vorbei, überholte sie, guckte dann im Klettern von oben auf sie herab und trat mit voller Absicht auf ihre Hand, mit der sie sich an der Sprosse festhielt! War das zu fassen!? Ab da hatte ich ihn immer im Blick. Ich war sofort zur Stelle, wenn er sich meinen Töchtern näherte, und stellte mich schützend vor sie. Ich beobachtete, wie andere Kinder auf ihn reagierten. Er brauchte nur irgendwohin zu schlendern, schon verstummten alle Gespräche. Mutigere Kinder stellten sich direkt vor ihn, und bevor er noch irgendetwas tun konnte, sagten sie: »Geh weg, oder ich gehe es sagen!« Keiner wollte mit ihm spielen. Eine gerechte Strafe für sein Verhalten? Kinder sind ja mitunter sehr direkt in ihrer Rückmeldung. Dieser soziale Ausschluss machte mir als Sonderpädagogin Sorgen. Aus Erfahrung weiß ich, dass sich ein antisoziales Verhalten schnell verfestigt, wenn das Kind in diesen Teufelskreis aus Ärgern und Zurückweisung gerät. Irgendwann glaubt das Kind selbst, dass es »böse« ist und »bestraft werden muss« und schafft es nicht mehr, seine vorhandenen sozial-kooperativen Ressourcen zu aktivieren.

Natürlich wusste ich, dass er mit seinem augenscheinlich gemeinen Verhalten vor allem ausdrücken wollte: »Mir geht es nicht gut.

Gibt es hier jemanden, der hinter mein Verhalten schaut und mir zuhört?«[8] Weil ich aber als Mutter und nicht als Sonderpädagogin auf dem Spielplatz war, fiel es mir lange Zeit schwer, den Hilferuf hinter seinem »Arschlochverhalten« zu hören. Ich war einfach sauer auf Finn und genervt, dass ich seinetwegen nicht ruhig auf der Bank entspannen konnte. Trotzdem war mir klar, dass ich ihn nicht hängen lassen durfte. Wollte ich meinen Töchtern helfen, musste ich ihm helfen. Ich beobachtete ihn weiterhin, aber diesmal, um herauszufinden, was er wirklich von uns *brauchte*, und nicht um ihn vom Ärgern abzuhalten. Ich sah, dass seine (sehr liebevolle!) Mutter vor einem halben Jahr ein weiteres Baby geboren hatte und wenig Zeit für ihn fand. Er war zusammen mit seiner Zwillingsschwester der Große und musste oft allein klarkommen, während der mittlere Bruder, der erst zweieinhalb Jahre alt war, weiterhin ihre Aufmerksamkeit bekam. Ich sah, dass viele seiner Aktionen, die in Streit endeten, eigentlich unglücklich gelaufene Kommunikationsversuche waren. Er wollte mitspielen, aber konnte das nicht gesellschaftstauglich ausdrücken, obwohl er schon fünf Jahre alt war und natürlich gut sprechen konnte.

Finns Problem war also einerseits, dass er babybedingt zu wenig Aufmerksamkeit von seinen Eltern erhielt, und andererseits, dass er es nicht schaffte, adäquat Kontakt mit anderen Kindern aufzunehmen. Ich sprach seine Mutter vorsichtig an – mir fällt dies immer sehr schwer, weil sich Eltern leicht vor den Kopf gestoßen fühlen, und ich wollte auch nicht besserwisserisch wirken. Doch sie war sehr offen und froh, meinen Lösungsvorschlag für ihr Problem zu hören. Sie hatte schon eine Weile das Gefühl, er entferne sich emotional von ihr und sie hätte ihren Einfluss auf ihn verloren. Wir verabredeten, dass sie ihm so viel exklusive Zweisamkeit geben würde, wie sie im Alltag unterbringen konnte, und dass sie versuchen wollte, ihn nicht auszuschimpfen, egal, was er anstellte. Stattdessen sollte sie ihn beim »Gutsein erwischen«, also alle gelungenen Interaktionen mit anderen mit einem freundlichen Kopfnicken oder Lächeln bemerken.

Ich selbst bemühte mich, ihn auf dem Spielplatz in passenden Momenten anzusprechen und zu unserem Spiel einzuladen. Die ersten Kontakte wurden von ihm sehr kurz gehalten, aber bald entspannte er sich in unserer Gegenwart. Es stellte sich heraus, dass er nicht nur gut raufen und piesacken konnte. Nein, er war sehr geduldig darin, meinen Töchtern Tischtennis beizubringen oder bei »Hexe, Hexe, unterm Tisch« den Fänger zu spielen. Er war auch geschickt darin, Schnecken im dichten Gestrüpp zu finden. Die allerkleinsten Babyschnecken gab er großzügig Carlotta und Helene und baute ihnen aus Blättern kleine Gehege, in denen die Babys wohnen konnten. Er brachte ihnen galant bei, wie man auf die höchsten Bäume klettert und wie man mit dem Taschenmesser einen richtig guten Indianerbogen schnitzt. Die anderen Kinder auf dem Spielplatz bemerkten, dass er ruhiger geworden war, und verhielten sich nicht mehr sofort ablehnend ihm gegenüber. Er durfte bei ihnen stehen, ab und zu wurde er sogar eingeladen, mitzuspielen. Er konnte sehr gut Fußball spielen und wurde bald ein begehrter Torjäger. Im Kindergarten wurde er in seinem letzten Jahr zum Gruppensprecher ernannt – eine Position, die die Kinder durch Wahl selbst besetzen. Niemand hatte mehr Angst vor ihm. Zu seinem sechsten Geburtstag lud er meine Töchter auf sein Fest ein. Es waren zehn Kinder anwesend – alles seine Freunde.

So eine 180-Grad-Wendung ist kein Weltwunder. Tatsächlich benötigen die meisten »Schikanierer« und »Arschlochkinder« nicht viel, um wieder sozial angemessen zu agieren. Aber wir als Gesellschaft reagieren ungünstig auf ihre Missetaten und verschlimmern damit das Problem. Druck, Strafen, sozialer Ausschluss und ein Abstempeln als böse helfen dem Kind nicht, sein ursprüngliches Problem zu lösen, sondern doktern nur an den sichtbaren Symptomen herum. Wenn ein Kind auf dem Spielplatz immer wieder andere mit dem Stock piekt, kann man natürlich als Strafe den Spielplatzbesuch abbrechen. Aber solange das Problem, das hinter dem Pieken steht, nicht bearbeitet wird, wird das Kind weiterhin diese Strategie nutzen, um auf sein Bedürfnis aufmerksam zu machen. Wird das Problem gelöst, verschwindet automatisch auch das auffällige Verhalten. Wenn Sie sich also fragen, was Sie mit dem »Arschlochkind« machen sollen, das Ihr Kind in der Schule andauernd piesackt, dann antworten wir: Seien Sie bedürfnisorientiert! Schauen Sie hinter das Verhalten des fremden Kindes. Finden Sie heraus, was es wirklich braucht, und versuchen Sie, es ihm zu geben.

Das ist sicherlich nicht der leichteste Weg, das geben wir gern zu. Es verlangt von uns Großen vermehrte Achtsamkeit, vermehrte Aufmerksamkeit und die Fähigkeit zu verzeihen, wenn man eigentlich nur wütend sein will, weil das eigene Kind verletzt wurde. Möglicherweise übersteigt das Ihre momentane Kraft – das ist okay, das geht allen manchmal so, uns auch. Aber behalten Sie im Hinterkopf, was Sie sich wünschen würden, wenn dieser Schulhof-Stänkerer *Ihr* Kind wäre und Sie als Mutter oder als Vater am Ende mit Ihrem Latein wären. Würden Sie sich wünschen, dass andere Eltern Ihr Kind zurechtweisen und ausschimpfen? Oder würden Sie sich wünschen, es gäbe eine Person da draußen, die ihm zuhört, ihr Herz öffnet und ihm das gibt, wofür Sie momentan keine Kraft haben? Wir wünschen uns, dass wir als Gesellschaft wieder dahin zurückkehren, dass ein ganzes Dorf ein Kind erzieht; aber diesmal auf bedürfnisorientierte, behutsame Art und Weise. Es wäre eine Erleichterung für uns alle, wenn Mütter, die genug Kraft und Ressourcen haben, die fremden Spielplatz-Rowdys oder Schul-Raufbolde mit Liebe und Verständnis auffangen würden, statt ihnen ablehnend und feindlich gegenüberzustehen. Es wäre wunderbar, weil so unsere eigenen Kinder von uns lernen würden, hinter die Fassade von gemeinem Verhalten zu schauen und die echten Bedürfnisse von anderen zu erkennen. Bestenfalls gewinnen sie dabei einen Freund fürs Leben.

Wenn Freunde krassen Mist bauen

Rauchen, Alkohol, andere Drogen, S-Bahn-Surfen, Einbruch, Diebstahl, Sachbeschädigung … die Liste von Dingen, von denen wir wollen, dass unsere Kinder nicht mit hineingezogen werden, lässt sich sicher endlos erweitern. Vor dem richtig krassen Mist wollen wir unsere Kinder natürlich schützen.

Allerdings funktioniert das nicht, indem wir sie von diesem schlechten Einfluss fernhalten. Es bleibt weiterhin *ihre* Beziehung, in die wir uns nicht einzumischen haben. Trotzdem sollten wir natürlich nicht stumm bleiben, wenn wir sehen, dass unsere Kinder durch andere auf Abwege geraten. Was uns helfen wird, ist, in Beziehung zu bleiben, zu vertrauen und mit ihnen zu reden. Wir dürfen darauf vertrauen, dass die Beziehung zu unseren Kindern tragfähig ist und wir ihnen in den letzten fünf bis zehn Jahren so viel grundlegend Positives mitgegeben haben, dass es eigentlich unmöglich ist, dass sie wirklich auf die schiefe Bahn geraten. Denn Suchtverhalten manifestiert sich, wenn nicht alle Grundbedürfnisse im Leben eines Menschen erfüllt sind. Dann entwickelt dieser Mensch Strategien, die nicht oder nur scheinbar zielführend sind. Ganz platt formuliert: Ein Mensch, der einsam ist und deswegen Alkohol trinkt, mag seine Einsamkeit im Rausch vergessen, aber er tut nichts, um sein Bedürfnis tatsächlich zu befriedigen. Sucht entsteht nicht primär wegen eines Suchtmittels, sondern weil versucht wird, ein grundlegendes menschliches Bedürfnis mithilfe einer nicht zielführenden Strategie zu befriedigen.

Dazu gibt es ein viel besprochenes, aufschlussreiches Experiment von Bruce Alexander aus dem Jahr 1970.[9] Bis zu jenem Jahr wurden die Hintergründe von Drogenmissbrauch nicht hinterfragt. In Experimenten war Ratten die Wahl zwischen mit Drogen vermischtem Wasser und einfachem Leitungswasser gelassen worden, die Ratten entschieden sich signifikant häufiger für das Drogenwasser – bis sie starben. Die Schlussfolgerung: Gegen die suchterzeugenden Eigenschaften von Drogen kann man sich nicht wehren. Bruce Alexander zweifelte die Richtigkeit dieses Versuchsaufbaus an und änderte ihn. Er unterteilte neugeborene Ratten in vier Gruppen: Tiere, die im Alter von 22 bis 80 Tagen in normalen Laborkäfigen gehalten wurden; Tiere, die den gleichen Zeitraum in einem groß angelegten Rattenpark verbringen durften; Tiere, die bis zum 65. Tag im Rattenpark leben durften und dann in den Laborkäfig umgesetzt wurden und die Tiere, die bis zum 65. Tag im Laborkäfig lebten und dann in den Rattenpark umgesetzt wurden. Der Rattenpark war ein – für Ratten – wunderschönes, bepflanztes Gelände mit reichlich Auslauf und potenziellen Partnern, Spielzeug und Essen, etwa 200 Mal so groß wie ein Standardlaborkäfig. In allen vier Settings bot er normales Leitungswasser und mit Morphium versetztes Wasser an.

Die Ratten in den kleinen Käfigen tranken vor allem das Drogenwasser – wie schon in den vorangegangenen Experimenten. Die Ratten aus dem Rattenpark dagegen bevorzugten eindeutig das drogenfreie Leitungswasser, wobei sie ab und an auch das andere probierten. Am interessantesten war die Gruppe von Ratten, die zunächst in den Laborkäfigen gehaust hatten, um dann in den Rattenpark gesetzt zu werden: Diese tranken dort nur noch drogenfreies Wasser. Selbst Ratten, die in einem weiteren Experiment in den Laborkäfigen ausschließlich Wasser mit Drogen angeboten bekommen hatten (also keine Wahl hatten, gesundes Wasser zu trinken), entschieden sich im Rattenpark für das reine Wasser. Sie zeigten zwar kleinere Entzugserscheinungen, aber keinen Drang, zu den Drogen zurückzukehren. Alexander schloss aus den Ergebnissen seines Versuchsaufbaus, dass nicht Drogen per se abhängig machen, sondern nur dann, wenn es an einer angenehmen Lebensumgebung, stimulierender Beschäftigung und sozialen Beziehungen mangelte, sprich, wenn die Grundbedürfnisse nicht befriedigt waren.

Die gleichen Mechanismen lassen sich bei Kindern erkennen. Sind alle ihre Grundbedürfnisse gestillt, ist in der Regel nicht zu befürchten, dass sie auf die schiefe Bahn geraten. Sie werden – selbst wenn sie mit Kindern zu tun haben, die sich selbst zerstören – dem widerstehen können, weil sie in die Gemeinschaft ihrer Familie eingebunden sind und hier Wertschätzung und Liebe erfahren. Wir sollten uns also nicht die Frage stellen: »Wie halte ich mein Kind von den gefährlichen Freunden und potenziell süchtig machenden Dingen fern?«, sondern: »Kann es sein, das mein Kind unbefriedigte Grundbedürfnisse hat und wenn ja, wie lässt sich das ändern?«

Die Sicherheit, dass wir alles in unserer Macht Stehende getan haben, um sie davor zu beschützen, auf die schiefe Bahn zu geraten, enthebt uns allerdings nicht von der Verantwortung, es anzusprechen, wenn wir sehen, dass die Freunde krassen Mist bauen. Das Reden ist unser wichtigstes Hilfsmittel, um mit unseren Kindern in Beziehung zu bleiben. Selbstverständlich müssen wir erklären, warum wir es uncool finden, wenn Freund Max im Supermarkt stiehlt oder Freundin Ilvy raucht wie ein Schlot. Wie man so etwas beziehungsorientiert mit seinen Kindern besprechen kann, erklären wir am Ende dieses Buches im Kapitel »Grit: Aktives Zuhören schafft Nähe«. Trotzdem bleibt die Entscheidung, mit diesen Freunden zu brechen, die unseres Kindes, und wir sollten ihm vertrauen, sich für das Richtige zu entschieden. Allerdings: Wenn abzusehen ist, dass unsere Kinder ohne unser Eingreifen tatsächlich abstürzen würden, greift die »beschützende Machtanwendung«; der allerletzte Ausweg für uns Eltern. Dann dürfen wir sie sehr wohl vom schlechten Einfluss der Freunde trennen und sie nicht mehr zusammen spielen lassen. Körperliches und seelisches Wohl geht vor.

Manuel: Wie viel Handy ist okay?

Das Thema digitale Medien und der scheinbar maßlose Umgang der Kinder damit treibt viele Eltern um. Das ist verständlich, immerhin lesen wir immer wieder von Online-Sucht oder Amok laufenden Eigenbrötlern, die Ego-Shooter-Spielen verfallen waren. Auch Karin, 44, kann ihr Unbehagen nicht verbergen, wenn es darum geht, mit wie viel Macht es ihren Sohn Manuel, 10, vor den Bildschirm zieht.

> In letzter Zeit ist Manuel sehr eigensinnig geworden, und ich habe das Gefühl, er entgleitet mir. Eigentlich erziehe ich eher strenger als zu lasch. Er weiß sehr genau, was er darf und was nicht. Doch seit einigen Wochen versucht er, diese Regeln zu umgehen. Zum Beispiel darf er täglich eine halbe Stunde auf dem Tablet spielen. Neulich trickste er mich morgens vor der Schule richtig aus. Er nahm das Tablet heimlich mit ins Bad. Mir erklärte er, er wolle sich einschließen, weil es ihm peinlich sei, wenn ich ihn nackt sähe. Na klar, so was akzeptiere ich sofort. Aber als ich mich wunderte, was er so lange im Bad macht, weil es langsam zeitlich knapp wurde mit dem Losgehen zur Schule, merkte ich, dass er dort die ganze Zeit am Tablet gespielt hatte! Weder war er angezogen noch hatte er die Zähne geputzt! Ich kam mir vor wie ein Idiot.

Überhaupt scheint er eine ungute Beziehung zum Handy und auch zu seiner Konsole zu entwickeln. Das macht mir langsam Angst. Er scheint überhaupt nichts anderes mehr spielen zu wollen. Andauernd fragt er nach, ob er ran darf, und nörgelt, sein anderes Spielzeug sei langweilig, wenn ich es ihm nicht erlaube. Er könnte wirklich stundenlang auf seiner Konsole Rennen fahren. Er hat da eine Ausdauer, die er im richtigen Leben oder in der Schule nicht zeigt. Da entwickelt er auf einmal Ehrgeiz, eine besonders schwierige Fahrstrecke zu meistern, aber wenn es um eine schwierige Matheaufgabe geht, dann blockt er gleich ab. Das Schlimmste ist: Wenn er seine Spiele gespielt hat und ich sage, er soll nun aufhören, dann wird er richtig aggressiv. Er will dann partout nicht hören und pöbelt rum, wenn ich meine Regel durchsetze. Ein paarmal hat er dann sogar versucht, mich zu schlagen!

Mit seinem Handy ist es auch nicht besser. Leider haben wir ihm ein altes Smartphone von uns gegeben, für unterwegs. Nun starrt er aber auch zu Hause ständig drauf und whatsappt ununterbrochen mit seinen Freunden. Er redet kaum noch mit uns. Kein Wunder, denn alle zehn Sekunden leuchtet sein Handy auf, weil wieder einer seiner Freunde was geschrieben hat, da kann er sich ja gar nicht auf ein Gespräch mit uns konzentrieren. Am liebsten würde ich ihm das Handy wieder abnehmen. Andererseits möchte ich auch gern, dass er anrufen kann, wenn unterwegs irgendwas ist. Wenn er sich verspätet oder spontan zu Freunden gehen will. Also eigentlich braucht er es.

Manuel verbringt nicht nur viel Zeit vor seinen Endgeräten und würde noch viel mehr damit spielen, wenn er dürfte, es geht sogar so weit, dass er Tricks anwendet, um an seinen »Stoff« zu kommen. Die sprachliche Nähe zum Thema Drogen kommt nicht von ungefähr:

Manchen Eltern scheint es, als wären ihre Kinder richtiggehend abhängig. Es stellt sich die Frage: Sollten wir die »beschützende Macht« anwenden und unsere Kinder von Apps, Konsolen und PC-Spielen fernhalten? Haben die Dinger überhaupt Vorteile?

Menschen lernen ununterbrochen und überall. Doch nur das wird nachhaltig im Gehirn verankert, was uns tief im Inneren berührt. Der Neurobiologe Gerald Hüther schreibt in seinem Buch *Jedes Kind ist hoch begabt*, dass die emotionalen Zentren im Mittelhirn aktiviert werden, wenn eine Entdeckung unseren Kindern unter die Haut geht. Dann setzen diese Zellgruppen vermehrt neuroplastische Botenstoffe frei. Diese wirken laut Hüther wie Dünger auf die in diesem Zustand der Begeisterung aktivierten neuronalen Netzwerke. Sie bringen die Nervenzellen dazu, diejenigen Eiweiße vermehrt herzustellen, die für das Auswachsen neuer Fortsätze und die Neubildung sowie Stabilisierung von Nervenzellenkontakten gebraucht werden. Deshalb würden Kinder genau das besonders gut lernen, was Begeisterung in ihnen auslöst.[10]

Kinder lernen am besten im Spiel – das weiß die Wissenschaft schon lange. In allen Kulturen der Welt verwenden Kinder den Hauptteil ihrer Energie für das Spielen. Selbst in den jüdischen Gettos und in den Konzentrationslagern während des Dritten Reiches spielten Kinder![11] Der Spieltrieb ist ein wichtiges Grundbedürfnis des Menschen, das sich selbst unter den widrigsten Umständen nicht unterdrücken lässt. Deshalb ist es besorgniserregend, wie wenig unsere Kinder heute noch Gelegenheit haben, frei zu spielen. Kinder bereiten sich im Spiel nicht nur auf ihre späteren Aufgaben vor, sie verarbeiten so auch ihre Ängste oder üben sich in grundlegenden sozialen Kompetenzen.

Beim Mensch-ärgere-dich-nicht-Spiel zum Beispiel müssen sie abwarten und unglückliche Umstände aushalten lernen, ohne das Brett durch die Gegend zu pfeffern. Ihre Impulskontrolle wird trainiert. Beim Klettern auf einem Baum oder beim Springen von

Plattform zu Plattform auf dem Klettergerüst müssen sie ihre Angst überwinden und entwickeln Körpergefühl und Selbstbewusstsein. Beim Spielen in der Kindergruppe müssen soziale Regeln angewandt werden, die Kinder lernen dort, zu führen oder zu folgen, sich die Ideen anderer anzuhören und zu evaluieren. Kurz und gut, das Spielen bereitet unsere Kinder so perfekt wie nichts anderes auf das Leben vor.[12]

Durch das Spielen lernen Kinder alles, was sie für das Leben brauchen. Sie tun das mit Freude und Feuereifer, solange es ihnen nicht aufgedrückt wurde. Die Selbstwirksamkeit, die sie beim Spielen erleben, die Verbundenheit mit der Natur und anderen Kindern, das Überwinden von Schwierigkeiten und die Unmittelbarkeit von Spielen, die Ursache und Wirkung spürbar machen (zum Beispiel das Bauen eines Staudamms in einem kleinen Bach), sind genau die Dinge, die auf unser Gehirn so einwirken, dass es Glückshormone ausschüttet. Und weil diese Hormone so wunderbar wirken, machen sie den Menschen quasi süchtig nach diesem Zustand – Kinder, die sich beim Spielen im Flow befinden, wollen gar nicht mehr aufhören. Sie merken nicht, dass sie auf die Toilette müssen und wollen auch nicht zum Mittagessen hereinkommen. Sie sind wunschlos glücklich. Nebenbei lernen sie ganz ohne Zwang. Sie merken, wie sie den Staudamm bauen müssen, damit er hält, sie sehen, was passiert, wenn das Wasser über den Rand steigt, sie lernen, wie sie das Wasser durch selbst gegrabene Kanäle leiten können. Der Kinderarzt Herbert Renz-Polster schreibt dazu in seinem zusammen mit Gerald Hüther verfassten Buch *Wie Kinder heute wachsen*: »Die Spielforschung zeigt, dass Kinder tatsächlich dann am meisten Freude an ihrem Spiel haben, wenn sie immer wieder solche stärkenden Grunderfahrungen machen können – sie fühlen sich da besonders wohl, wo sie elementare, unmittelbare Erfahrungen machen können, wo sie sich als wirksam erleben, wo sie Spielabläufe frei bestimmen und variieren können und wo sie in Verbindung mit anderen Menschen (oder auch Orten und Geschichten) treten können.«[13]

Um mit den Spielen des echten Lebens in Konkurrenz treten zu können, müssen Spiele-Apps und Co. so konzipiert sein, dass sie die gleichen Vorgänge im Hirn ankurbeln und die Dopamin-Ausschüttung veranlassen. Das tun sie auch, sehr effizient sogar. Die Spielehersteller wissen sehr genau, wie ein Spiel auf das Gehirn wirken muss, um Kinder (und Erwachsene) langanhaltend zu faszinieren, damit immer mehr Menschen das Spiel kaufen. Das ist keine Kritik an den App-Entwicklern, nur eine neutrale Feststellung ihrer Kompetenz.

Der Mensch ist seit jeher ein energieeffizient arbeitendes Wesen – wenn etwas auf einfachere Weise geht, nehmen wir nicht den schweren Weg, sondern den leichten. Daher ist es nur logisch, dass Kinder (und Erwachsene) gern mit Apps spielen, da sie viel schneller und konzentrierter das Gehirn dazu bringen, Dopamin auszuschütten.

Pflanzt man im eigenen Garten einen Johannisbeerstrauch, dauert es mindestens ein Jahr, bis dieser Früchte trägt. In der Zwischenzeit muss man sich gut um ihn kümmern, ihn vor Schädlingen schützen, gießen, Bienen müssen ihn bestäuben, und dann muss man lange, lange abwarten, bis die grünen Früchte endlich dunkelrot sind. Erst nach dieser mühsamen Zeit erlaubt die Natur, im wahrsten Sinne des Wortes, die »Früchte der Arbeit zu ernten«. Anders auf dem Handy: In einer App können Kinder ebenso einen Baum pflanzen, ihn gießen, vor der Sonne schützen, Bienen zu den Blüten führen, Unkraut jäten und Schädlinge davon abhalten, den Baum zu fressen. Sie werden innerhalb von wenigen Minuten dafür belohnt, indem der Baum Früchte trägt. Freilich kann das Kind diese nicht essen, trotzdem freut es sich über seinen unmittelbaren Erfolg – das Glückshormon wird ausgeschüttet.

Kurz gesagt geht das Spielen an Konsole und Co. unseren Kindern »unter die Haut«, weil es die Belohnungsareale im Gehirn anspricht. Und genau dies macht das Ganze für uns Große so beängstigend, da die Spiele süchtig machend scheinen. Aber vielleicht lässt sich gerade dies auch in positivem Licht sehen? Schauen wir uns das mal genauer an.

Positive Aspekte von Handyapps, Konsolen und PC-Spielen

Apps und PC-Spiele können Kinder das Lernen erleichtern: Es gibt Apps, die Kinder dazu bringen, sich mit Lerninhalten zu beschäftigen, die sonst nicht so sehr ihrem Interesse entsprechen. Der Computer ist für Schulkinder so anziehend, dass man ihnen damit auch eher langweilige Wiederholungen, wie das Lernen des Einmaleins, unterschummeln kann. Motivation durch Medien nennen Pädagogen das. Es ist kein Allheilmittel und sollte den Kindern auch nicht aufgezwungen werden, weil aufgezwungenes Spiel nun einmal kein Spiel ist, sondern Arbeit. Aber wenn ein Spiel das Kind so fasziniert, dass es freiwillig Matheaufgaben rechnet oder Vokabeln wiederholt, dann ist das eine gute Sache. Es gibt sogar Studien, die belegen, dass die textbasierte Kommunikation in Online-Spielen oder Chats auch die Kinder beim Schriftspracherwerb unterstützen[14], die im Schulunterricht wenig bis gar nicht motiviert waren, Lesen und Schreiben zu lernen.

Verschiedene Untersuchungen haben außerdem gezeigt, dass elektronische Medien einzelne Aspekte des Denkens fördern können. So verbessern sie beispielsweise die visuelle Aufmerksamkeit. Häufig spielende Menschen erfassen schnell aufeinanderfolgende Objekte und Informationen rascher und verarbeiten sie in höherer Geschwindigkeit.[15] Videospiele wirken sich zum Beispiel auch positiv auf das Arbeitsgedächtnis aus und steigern die Fähigkeit, mehrere einzelne Informationen gleichzeitig im Kopf zu behalten, sie fördern kritisches Denken und das Entwickeln von Problemlösungsstrategien.[16] Menschen, die häufig das Internet nutzen, haben zudem ein besseres Planungsvermögen und können Informationen erfolgreicher verarbeiten als solche, die nur gelegentlich vor dem Computer sitzen.[17]

Sind Kinder voll und ganz vom Geschehen auf dem Bildschirm gefangen, trainiert das ihre Konzentrationsfähigkeit. Je nach Art des Spieles werden auch die Abstraktionsfähigkeit und das logische und strategische Denken gefordert. Außerdem entwickeln Kinder bei elektronischen Medien ein bemerkenswertes Durchhaltevermögen. Der Umgang mit Niederlagen und Rückschlägen wirkt sich zudem positiv auf die Entwicklung der Frustrationstoleranz aus.[18]

Was wir Erwachsenen beim »Zocken« meist nicht bedenken, sind dessen soziale Aspekte. Wir haben eher diese Typen vor Augen, die stundenlang am Bildschirm hängen und nach und nach vereinsamen. Und doch können Online-Spiele sogar das soziale Lernen fördern. Denn ein Merkmal dieser Spiele ist, dass sie gleichzeitig von Tausenden Spielern weltweit gespielt werden. Oftmals können dabei höhere Level nur erreicht werden, wenn sich Spieler zusammenschließen. Das bedeutet, man muss – wie im echten Leben auch – fremde Menschen freundlich ansprechen beziehungsweise anschreiben und diese Freundschaften pflegen, indem man virtuell Rohstoffe teilt, anderen beim Bau eines Hauses hilft oder Ähnliches. Spieler, die diese Art des sozialen Miteinanders beherrschen, bleiben auch in der Online-Welt nicht unbemerkt. Sie werden in bestimmte Untergruppen aufgenommen und um Rat gefragt. Unhöfliche Mitspieler dagegen werden geblockt oder ignoriert, sodass sie – so allein dastehend – nicht mit ihrer Mission weiterkommen.

Als ich vor vielen Jahren von meinem Mentor gefragt wurde,

ob ich Teil einer Doppelkopfrunde werden wolle, übte ich vorher online das Kartenspiel, um mich nicht vor ihm zu blamieren. Beim Doppelkopf bestimmen die Karten zufällig, wer mit wem zusammenspielt und wer Gegner wird. Eines Tages wurde ich beim Online-Doppelkopf mit einer sehr erfahrenen Spielerin zusammengeworfen. Ich machte viele Fehler, und sie beschwerte sich im dazugehörigen Chat genervt über mich, obwohl in meinem Profil eindeutig erkennbar war, dass ich eine blutige Anfängerin war. Ich brach das Spiel ab, um nicht noch mehr von ihr verhöhnt zu werden, und nahm nie wieder eine Spieleinladung von ihr an. Andere Spieler jedoch, die mir mit Kommentaren und Tipps unter die Arme griffen und mir geduldig die Feinheiten des Spiels erklärten, wuchsen mir regelrecht ans Herz.

Soziales Lernen und sogar Freundschaften sind also durchaus auch bei Online-Spielen möglich. Allerdings kann auch erheblicher sozialer Druck entstehen, wenn Freunde, die öfter und länger online sind, von unseren Kindern verlangen, ebenfalls mehr zu spielen, um als Gruppe im Spiel weiterzukommen.[19] Dieses mögliche Problem sollte man als Eltern im Auge behalten und mit seinen Kindern besprechen. Letzten Endes ist das nichts anderes als sozialer Druck von Peers im echten Leben. Wir alle wissen noch aus unserer eigenen Jugend, dass es schwer sein kann, Nein zum Rauchen oder zum Trinken von Alkohol zu sagen, wenn alle Freunde das tun. Aber wenn wir es geschafft haben, verantwortlich zu handeln, dann schaffen es unsere Kinder auch.

Auch die Kommunikation per Messenger auf dem Handy erinnert an unsere eigene Jugend. Bei uns war es das stundenlange Telefonieren, das unsere Eltern die Augen rollen ließ. Können Sie sich noch daran erinnern, wie Sie versucht haben, das Telefonkabel so langzuziehen, dass es bis in Ihr Zimmer reichte, damit Sie möglichst ungestört mit der besten Freundin quatschen konnten? Diese Gespräche waren ebenso »sinnlos« wie die Textnachrichten der heutigen Kinder. Ich kann mich noch gut erinnern, dass ich – gerade erst aus der Schule nach Hause gekommen – sofort zum Telefonhörer griff, um meine beste Freundin Annie anzurufen. Dabei hatten wir gerade erst einen ganzen Schultag miteinander verbracht. Nichts anderes sind die endlosen Messenger-Chats der heutigen Jugend, nur dass sich die Art der Kommunikation aufs Schriftliche verlagert hat.

Auch Manuel aus unserem Beispiel schreibt nach der Schule gern am Handy mit seinen Freunden. Und zwar so viel, dass seine Mutter das besorgniserregend findet, da das ständige Tippen und Lesen die Aufmerksamkeit von den echten Gesprächen abzieht, die der Junge mit seiner Familie führen könnte. Wir können gut verstehen, dass Karin das nervt. Es ist eine Unsitte unserer Zeit, das Smartphone immer in Sichtweite zu legen, um ja nichts zu verpassen. Doch wenn wir ganz ehrlich sind, dann ist das nicht nur ein Problem der Jugend. Wir alle sind stark von unseren Handys abgelenkt. Wir alle haben immer wieder den Impuls, »nur mal schnell nachzusehen, ob …«. Man könnte sogar so weit gehen zu sagen, während eines Gespräches nicht aufs Handy zu linsen, sei der Marshmallow-Test[20] für Erwachsene. Wie viele Minuten halten Sie durch?

Wenn man es störend findet, dass Smartphones die Gespräche innerhalb einer Beziehung zum Stillstand bringen, dann muss man gemeinsam Lösungen finden. Wir zum Beispiel haben gleich neben der Tür eine Kiste, in die wir als Erstes nach dem Nach-Hause-Kommen die Handys hineinlegen. Unsere Familienzeit ist kostbar – unsere Gespräche auch. Erst, wenn wir ins Bett gehen, starren wir Erwachsenen wieder aufs Display. Vielleicht wäre eine ähnliche Regelung auch für Manuels Familie sinnvoll. Vielleicht darf er nach dem Abendbrot ausführlich mit seinen Freunden chatten oder am Tablet spielen? Die Zeit davor könnte dann ganz der Familie gewidmet sein.

Die negativen Auswirkungen von Handy-, Tablet-, Computer- und Konsolenspielen

Die negativen Auswirkungen ergeben sich nicht zwangsläufig: Sie *können* – im Zusammenspiel mit anderen Ursachen – auftreten, müssen es aber nicht. Deshalb sind alle nun aufgeführten Punkte als Konjunktiv zu verstehen. Es ist möglich, dass sie vorkommen, sie können aber vermieden werden, wenn man weiß, worauf man achten muss – zum Beispiel, wenn es um die Reifung des präfrontalen Cortex geht.

Dieser ist unser wichtigstes Werkzeug, um unsere Impulse zu steuern. Er ist aber auch für unsere Aufmerksamkeitsfokussierung, unsere soziale Intelligenz und für die Planung unserer Zukunft eminent wichtig. Wie das funktioniert, haben wir schon beschrieben, u. a. im Abschnitt »Supertool präfrontaler Cortex« am Ende des ersten Teils. Besonders Beharrlichkeit, Abwarten und sich selbst Zurücknehmen sind Fähigkeiten, die dringend erlernt werden müssen, damit ein Kind im Leben und in der Gesellschaft bestehen kann. Im freien Spiel werden sie automatisch und nebenbei trainiert. Möchte ein Kind zum Beispiel eine Wasserrutsche im Freibad hinuntersausen, muss es an der Treppe warten, bis es an der Reihe ist. Computerspiele und Apps dagegen trainieren meist die schnelle, automatisch ablaufende Reaktion auf Reize. Allenfalls die Beharrlichkeit wird geübt, wenn ein Kind im Computerspiel wieder und wieder eine bestimmte Sequenz spielt, bevor es die gestellte Aufgabe meistert.

Joachim Bauer, Neurobiologe und Psychotherapeut, erklärt in seinem Buch *Selbststeuerung*, dass pauschale Verurteilungen der modernen Medien unsinnig seien. Dennoch merkt er warnend an, dass das ziellose Surfen im Internet zum Beispiel für die Entwicklung der exekutiven Funktionen des Gehirns wenig hilfreich ist. Denn gefragt seien dabei meist schnelle Reaktionen auf Reize, nicht aber das für die Entwicklung der Selbststeuerung so wichtige Innehalten und Reflektieren von Wahlmöglichkeiten. Die modernen Medien, so Bauer, würden viel zu sehr das *Go*, also die schnelle und automatisch ablaufende Reaktion, und zu wenig das *No*, also das Nachdenken und Innehalten, trainieren.[21]

Aber wie so oft macht die Dosis das Gift. Solange Kinder den größten Teil des Tages offline sind, sich draußen an der frischen Luft frei bewegen und mit anderen im freien Spiel versinken können, schaden Apps und Co. nicht. Schwierig wird es allerdings, wenn dies zu gering ausfällt. Bei der Entwicklung des Gehirns, also auch beim Trainieren des präfrontalen Cortex, gilt nämlich das Motto: »Use it or lose it.« Ein Baby wird geboren mit einer Überzahl an neuronalen Bahnen – einige davon werden von seiner Umwelt und den Menschen darin angesprochen und zum »Klingen« gebracht; daraufhin verstärken sie sich. Andere, die nicht adressiert werden, verkümmern gewissermaßen.[22] Ein Neugeborenes, das aufgrund einer Netzhauttrübung blind auf die Welt kommt und nicht in der frühen Kindheit am Auge operiert wird, wird auch dann blind bleiben, wenn Jahre später die Sehfunktionalität wiederhergestellt wird. Auch beim Spracherwerb gibt es eine solche kritische Phase in den ersten Lebensjahren: Kommen Kinder erst danach mit Sprache in Berührung, werden sie nie lernen, eine Sprache flüssig zu sprechen, selbst wenn sie intensiven Unterricht erhalten.[23]

Kinder, die im Alter zwischen zwei und zehn Jahren im freien Spiel und in Beziehung zu anderen ihre Impulskontrolle und Selbststeuerung nicht genügend trainieren können, werden immer sprunghaft auf äußere Reize reagieren, schlecht planen oder sich nicht in eine Gruppe einordnen können, weil die Nervenbahnen in der kritischen Phase nicht genügend trainiert wurden und deshalb verkümmert sind.[24]

Doch nicht nur das: Selbst bei Kindern, Jugendlichen und Erwachsenen, bei denen der präfrontale Cortex schon gut entwickelt ist, kann ein übermäßiger Konsum der neuen Medien zu Problemen führen. Wird immer nur das faule Basissystem des Gehirns angesprochen und trainiert, geht der präfrontale Cortex quasi in den Ruhemodus. Das kann unschöne Auswirkungen haben, wie wir gleich sehen werden.

Die Gefahr: Ungehemmte aggressive Impulse

Wird eine Schlange provoziert, schnappt sie instinktiv zu. Ihr Reptiliengehirn reagiert mit ungebremster Aggression auf einen Stressor. Auch wir Menschen haben noch ein »Reptiliengehirn« – unser Basissystem. Auch wir haben, wenn uns jemand ärgert, zunächst den Impuls, zuzuschlagen oder verbal ausfällig zu werden. Uns unterscheidet allerdings unsere eingebaute Kontrollschleife: der präfrontale Cortex. Der aggressive Impuls, den wir verspüren, durchläuft also zunächst dieses Prüfsystem. Dort wird aufgrund vorangegangener Erfahrungen abgewogen, ob es sinnvoll ist, zu schlagen oder zu motzen. Der präfrontale Cortex hält also unsere animalischen Impulse unter Kontrolle.

Allerdings hat unser Kontrollsystem die Angewohnheit, bei intensivem Fernseh- und Computerkonsum träge zu werden, wie Studien zeigen. Es schläft sozusagen ein und ist damit zeitweise nicht arbeitsfähig.[25] Unsere aggressiven Impulse werden nicht kontrolliert. Konkret heißt das: Ein Kind, das zu viel am Computer spielt oder fernsieht, reagiert mitunter unwirsch, mürrisch oder sogar aggressiv, wenn es aufgefordert wird, nun das Spiel zu beenden. Es kann sein, dass es darum kämpft, weiterspielen zu können – manchmal auch durch Hauen, Kneifen oder Treten. Das ist kein

Grund zur Panik. Diese Reaktion zeigt nur an, dass die neuronale Kontrollschleife in diesem Moment nicht arbeitet. Selbst bei Erwachsenen ist dieses Phänomen zu beobachten.

Interessanterweise gibt es auch Studien, die eher das Gegenteil beweisen. Die sogenannte Hitman-Studie, die herausfinden wollte, welchen Effekt gewaltvolle Videospiele auf Aggression, Frustration und Depression haben, kam zu dem Schluss, dass durch die Möglichkeit, in einer virtuellen Welt dominant zu sein und die Kontrolle über das eigene Leben zu erhalten, Feindseligkeit gegenüber anderen oder auch Niedergeschlagenheit verringert werden können. Zumindest erlebten Studierende, die regelmäßig gewaltbetonte Videospiele spielten, bei einer bewusst frustrierenden geistigen Aufgabe weniger feindselige oder depressive Gefühle als Studierende, die keine Videospiele spielten. Bei beiden Gruppen war das Level an Aggression gleich hoch.[26]

Es ist also nicht ganz richtig, dass den neuen Medien vorgeworfen wird, sie machten aggressiv. Die Aggressivität ist von Natur aus in uns – die neuen Medien schalten nur zeitweise die Kontrollschleife aus. Allerdings können Computer- oder Konsolenspiele und Apps die Schwelle der Gewaltbereitschaft sinken lassen. Warum das so ist, ist nicht schwer zu erklären.

Sinkende Hemmschwellen

Wir Menschen lernen viel durch Beobachtung. Unsere im Gehirn vorhandenen Spiegelneuronen nehmen unwillkürlich alle Informationen aus unserer Umgebung auf und speichern diese als »Normalzustand« ab. Spielt nun ein Mensch wieder und wieder Baller- und Killerspiele, bleibt das im Gehirn nicht unbemerkt. Die Spiegelneuronen des Gehirns nehmen das Töten als Normalzustand auf, der Mensch stumpft ab und seine Schwelle zur Gewalt sinkt.

Selbstverständlich bedeutet das *nicht*, dass alle Menschen, die Ballerspiele spielen, Amokläufer werden! Zu diesem Schritt gehören eine Menge anderer äußerer und innerer Umstände. Es gibt aber einen »gefährdeten Personenkreis«, wie Psychologe Max Hermanutz und Kollegen in ihrer Studie *Computerspiele – Training für den Schusswaffengebrauch?* feststellen.[27] Das bedeutet, dass ein Mensch, dem in der Vergangenheit sehr viel Leid und Unrecht widerfahren ist und der diese Erfahrungen in seinem Inneren wie kleine spitze Nägel angesammelt hat, eher Amok laufen wird, wenn er vorher vermehrt aggressive Spiele gespielt hat. Ein Mensch dagegen, der keine demütigenden oder traumatischen Erinnerungsspuren in sich trägt beziehungsweise solche Erlebnisse aufarbeiten und überwinden konnte, wird eher nicht Amok laufen, auch wenn er noch so viele Ballerspiele konsumiert.

Joachim Bauer erklärt: »Aus neurobiologischer Sicht ist der Zusammenhang absolut klar: Das Gehirn ist ein permanent lernendes System. Es macht ausgerechnet dann, wenn es um die für Jugendliche überaus spannende und brisante Darbietung von Gewaltverhalten geht, keine Lernpause. Was wir sehen – dies ist die zentrale Botschaft der Spiegelneuronenforschung –, wird in Nervenzellnetze eingeschrieben, die Programme für eigene Handlungsmöglichkeiten kodieren. Sicher: Etwas zu sehen bedeutet nicht, die gesehene Handlung auch selbst auszuführen. Dazu sind noch weitere Faktoren erforderlich. Was wir an Handlungen sehen, wird jedoch als Modell abgespeichert, und es erzeugt, wenn es als Aktion in einem angenehmen, amüsanten oder nützlichen Zusammenhang erscheint, Handlungsbereitschaften«.[28]

Eigentlich sind Spiegelneuronen eine fantastische Idee der Natur, die uns Menschen ermöglicht, als Babys und Kinder energieeffizient genau das zu erlernen, was wir in unserer Gesellschaft brauchen, um uns gut zu entwickeln. Ein Kind, das im Dschungel aufwächst, lernt etwas anderes als eines, das im ewigen Schnee oder in einer Großstadt lebt, weil es die Menschen in seiner Umgebung beobachtet und imitiert – und das ist auch gut so. Problematisch wird dieses Supertool unseres Gehirns erst, wenn die Umwelt (Medien mit eingeschlossen) empathielos und voller Hass und Gewalt ist. Aufgabe der Eltern ist es deshalb, eng mitzuverfolgen, welche Art von Spielen ihre Kinder konsumieren und wie der Umgang miteinander unter Freunden und in der Schule ist. Gegebenenfalls müssen sie an dieser Stelle richtungsweisend eingreifen.

Spiele als Zeitfresser

Dass Steve Jobs ein notorischer Low-Tech-Dad war, ist mittlerweile allseits bekannt. Seine Kinder durften nur am Wochenende kurz mal auf ihre iPads gucken, nicht aber während der Schulwoche. Auch andere Eltern in hochrangigen Positionen bei Twitter, Facebook und anderen Digitalfirmen haben denselben Ansatz: ihre Kinder, solange es geht und so weit wie möglich, von den neuen Medien fernzuhalten. Sie sollen lieber Bücher lesen, in der Natur spielen oder sich miteinander unterhalten. Auch Verena Pausder, Mitbegründerin des deutschen App-Herstellers Fox and Sheep, gesteht ihren Söhnen nur am Wochenende 30 bis 45 Minuten Tablet-Zeit zu, wenn sie mit der Bahn oder dem Auto zu einem Ausflug ins Grüne fahren. Auf unsere Nachfrage, warum sie diese Einschränkung eingeführt hat, antwortete sie, dass das einfach am besten zum Rhythmus der Familie passen würde. Pausder kommt um etwa 18 Uhr nach Hause, die Kinder gehen um 20 Uhr ins Bett. Während dieser Zeit kochen und essen sie zusammen, die Kinder baden, sie spielen zusammen mit den Eltern noch ein wenig, dann wird ein Buch vorgelesen und schon ist Bettgehzeit. Spielen am Tablet oder Fernsehen würden zeitlich einfach nicht hineinpassen. Dürften die Kinder mit einer App spielen, säßen sie jeder an einem unterschiedlichen Gerät, und die Familie hätte keine gemeinsame Zeit. Am Wochenende oder auf Reisen, so Pausder, seien Apps dagegen toll, da sie den Kindern großen Spaß bereiten und sie viele Dinge damit tun können, die man mit einem Buch oder Brettspiel nicht machen kann.[29]

Allerdings dürfen heute nur noch die wenigsten Kinder wirklich frei durch die Gegend stromern und ihren ganz individuellen Entwicklungsaufgaben nachgehen. Immer seltener treffen sie draußen spontan auf andere Kinder, mit denen sie spielen – aber stets ist jemand online verfügbar. Das macht es so verführerisch. Wenn wir uns allerdings sicher sind, dass unsere Kinder einen stabilen direkten Draht zu uns und ihren Peers haben, brauchen wir uns keine Sorgen zu machen, wenn sie sich an den neuen Medien ausprobieren. Der Online-Kontakt und der persönliche Kontakt sollten nur ausgeglichen sein. Es ist auch nicht dramatisch, wenn ein Kind solche Neugier und Lernlust auf ein Spiel hat, dass es sich mehrere Tage hintereinander damit zurückzieht. Das ist normal! Und doch sollte nach einer Weile der direkte Kontakt zu den Liebsten wieder hergestellt werden.

PC-Spiele und Apps können passiv machen

Der natürliche Zweck des kindlichen Spiels ist die Erweiterung der Lebenskompetenzen. Während das Kind das Wasser eines Baches in einen selbst gegrabenen Kanal umleitet, versinkt es im Flow, es werden Glückshormone im Gehirn ausgeschüttet und es empfindet Freude am Tun. Selbst wenn das Spiel körperlich schwer und anstrengend ist, macht ihm das Ganze Spaß. Gleichzeitig, ohne dass es sich dessen bewusst ist, trainiert es seine Muskeln, und es lernt etwas über die Grenzen des eigenen Körpers und natürlich auch über die Beschaffenheit des Flusses und der Erde.

Computerspiele hingegen sind immer vorgegebene, von anderen – meist Erwachsenen – programmierte Spiele. Bei ihnen steht meist der Spaß im Vordergrund, nicht unbedingt die Erweiterung von Lebenskompetenzen. Der erlebte Spaß, der in früheren Generationen Ansporn dafür war, rauszugehen und mit Freunden herumzutoben, wandelt sich bei Computerspielen in ein relativ passives Unterhalten-Werden. Der natürliche Selbstzweck des Spiels geht damit verloren.[30] Genau das wird der heutigen Generation von Kindern und Jugendlichen ja auch vorgeworfen: eine Spaßgesellschaft zu wollen, in der sie sich nicht durch schwierige oder anstrengende Anforderungen durchbeißen müssen. Das ist natürlich erstens viel zu pauschal und zweitens auch wirklich unfair, denn diese passive, auf schnelle Bedürfnisbefriedigung und Spaß ausgelegte Haltung wurde ihnen ja quasi durch die gesellschaftlichen Lebensumstände anerzogen!

Kein Baby kommt auf die Welt und will Spaß haben. Babys kommen auf die Welt und wollen emotionale Bindung mit anderen, sie wollen sich weiterentwickeln, lernen. Aber natürlich sind Kinder anpassungsfähig. Wird ihnen, wenn ihnen langweilig ist oder die Erwachsenen ihre Ruhe wollen, immer wieder ein Smartphone in die Hand gedrückt, wird dem vernünftigen Teil ihres Gehirns, dem präfrontalen Cortex, unmissverständlich signalisiert: *Deine Arbeit wird nicht gebraucht.*

Er ist aber derjenige, der uns befähigt, uns durchzubeißen, und wenn es langweilig ist, uns aufzuraffen, um etwas dagegen zu tun. Es ist also kontraproduktiv, wenn wir Erwachsenen ihn immer wieder ausbremsen, statt abzuwarten, dass das Kind selbst etwas gegen die Langeweile unternimmt.

Risiko Suchtverhalten

Dass es Menschen gibt, die spiel- oder internetsüchtig sind, ist unbestritten. Es gibt genügend wissenschaftlich fundierte Zahlen, die das belegen. So surfen etwa 560.000 Erwachsene in Deutschland, also rund ein Prozent aller Deutschen zwischen 14 und 65 Jahren, mehr als 35 Stunden wöchentlich und täglich bis zu 12 Stunden im Internet. Rund sechs Prozent sind akut suchtgefährdet, das heißt, ihr Konsum liegt nur wenig unter der Zeit, die eine »echte« Abhängigkeit ausmacht.[31]

Der Mechanismus, der hinter dieser Sucht steckt, lässt sich wiederum mit neurologischen Eigenheiten des Gehirns erklären. Wie wir schon erwähnten, haben alle Menschen dieser Welt bestimmte Grundbedürfnisse: wertgeschätzter Teil einer Gemeinschaft zu sein, ein erreichbares Ziel für die Zukunft zu haben, emotional mit jemandem verbunden zu sein, geliebt zu werden, wie man ist, ohne sich verstellen zu müssen. Sind diese (und andere) Grundbedürfnisse erfüllt, schüttet das Gehirn Dopamin aus, und der Mensch ist glücklich und gesund.

Fehlt jedoch etwas Wichtiges, sind also nicht alle Grundbedürfnisse ausreichend befriedigt, entwickelt der Mensch Strategien, um sie zu erfüllen, auch darüber haben wir schon gesprochen. Allerdings ist die *Art* der Strategie für unser noch urzeitlich geprägtes Gehirn wichtig. Eine Online-Gemeinschaft stellt für das Gehirn nur eine Ersatzbefriedigung dar, das bedeutet, das Bedürfnis nach Zugehörigkeit wird nicht nachhaltig befriedigt.

»Es ist das Wesen eines Ersatzmittels«, schreiben Gerald Hüther und Uli Hauser, »dass es nicht leistet, was es zu leisten verspricht. Keine Ersatzbefriedigung macht wirklich glücklich, keine stillt das Bedürfnis nach wirklicher Verbundenheit und nach ureigenen Entwicklungs- und Entfaltungsmöglichkeiten. Aber alle verengen den Blick. Sie lassen wichtig erscheinen, was eigentlich bedeutungslos ist. Sie verschaffen ein kurzes Lustgefühl, aktivieren das sogenannte Belohnungszentrum im Gehirn und hinterlassen einen faden Nachgeschmack.«[32]

Erinnern Sie sich an das Rattenexperiment von Bruce Alexander im letzten Kapitel? Wenn die Ratten zusammen mit Artgenossen in einem großen Rattenpark lebten, tranken sie lieber das reine Wasser, selbst wenn sie vorher süchtig nach dem Heroinwasser waren. So geht es uns Menschen auch. Sind alle unsere Grundbedürfnisse befriedigt, kann uns und unseren Kindern die durchaus verführerische ständige Präsenz der neuen Medien nichts anhaben. Wie die gesunden Ratten nippen wir vielleicht ab und zu am »Heroinwasser«, verlieren uns also für kurze Zeit in einem virtuellen Spiel, doch wir werden davon nicht abhängig.

Sollten wir Computerspiele, Konsolen und Apps verbieten?

Nein. Sowohl Computer-, als auch Konsolen- und App-Spiele sind weder pauschal »gut« noch »böse«. Wie wir hoffentlich zeigen konnten, muss die Frage, ob die neuen Medien schädlich sein können, höchst individuell beantwortet werden. Es hängt davon ab, wie weit die Selbstkontrolle des Kindes schon entwickelt ist, in welcher Umgebung es aufwächst und wie es um die sozialen Beziehungen und die anderen Grundbedürfnisse steht. Kommen viele ungünstige Faktoren zusammen, *könnten* Computerspiele Schaden anrichten, ja. Aber das bedeutet nicht, dass wir aus Angst vor ihrem Einfluss unsere Kinder davon fernhalten sollten. Diese Rechnung wäre zu einfach.

Computerspiele und Smartphones gehören zu unserem digitalen Leben dazu, und es wäre albern, sie zu verdammen. Dennoch neigen wir Menschen dazu, erst einmal abzulehnen und als schädlich einzustufen, was die neue Generation innovativ hervorgebracht hat. Georg Milzner hat sich in seinem Buch *Digitale Hysterie* dieses Themas angenommen und fragt sehr pointiert »Hätte man Goethe verbieten müssen?« Denn kurz nachdem sein Roman *Die Leiden des jungen Werther* erschienen war, gab es eine Welle von Selbsttötungen junger Männer. Klarer Fall von Imitation der literarischen Vorlage. Heute steht das Buch – seit Jahren schon – auf den Leselisten der Schulen und zählt zu den wichtigen Klassikern der deutschen Literatur.[33] Die latente Angst der Eltern und Großeltern vor PC- oder Konsolenspielen wird also vermutlich genauso abflachen wie die Angst vor Literatur, zumal die meisten heutigen Eltern selbst als Jugendliche am Computer gespielt haben und aus eigener Erfahrung wissen, dass das kein Teufelswerk ist. Die Forschung hat die Fallstricke, die die neuen Medien bereithalten könnten, bereits herausgearbeitet – wir müssen diese Erkenntnisse nur beherzigen.

Auch Manuels Mutter darf den Konsum ihres Sohnes weniger angstbesetzt betrachten. Dass er andauernd mit seinen Mitschülern per Smartphone chattet, bedeutet letztlich nur, dass er Freunde hat, mit denen er in Kontakt bleiben will. Natürlich kann sie sich mit ihm zusammensetzen und besprechen, wie sie sich das Zusammenleben mit ihm vorstellt und warum es sie stört, wenn er während eines Gespräches mit ihr immer wieder aufs Handy schielt oder dass er sie anlügt, weil er mehr mit dem Tablet spielen will. Wir sind uns sicher, dass die Familie, wenn sie Manuels Sichtweise und Wünsche mit einbezieht, eine gute Win-win-Regelung finden wird. Und wenn Manuel Ausdauer beim Autorennen an der Konsole zeigt, nicht aber beim Lernen von Vokabeln für die Schule, dann ist das weder verwunderlich noch sonderlich problematisch. Das Spiel begeistert ihn einfach mehr als das Pauken, sodass dort mehr Dopamin im Gehirn ausgeschüttet wird. Wenn Karin ihn gerne vom Bildschirm weglocken möchte, könnte sie ihrem Sohn vielleicht vorschlagen, zu einer Gokart-Bahn zu fahren, um dort »in echt« Rennen fahren zu üben. Was für ein Hormonfeuerwerk das in seinem Gehirn auslösen würde!

Lassen wir unseren Kindern ihren Spaß. Die neuen Medien sind nicht unser Feind. Sie haben Vor- und Nachteile, über die wir uns bewusst sein müssen. Am wichtigsten sind dabei die Einsicht und Selbstkontrolle, dass einige Dinge dosiert konsumiert werden sollten, um nicht zu schaden. Es gehört zu einer bedürfnis- und beziehungsorientierten Elternschaft, dass die Erwachsenen ihren Kindern unterstützend zur Seite stehen und sie nicht mit dem verlockenden Übernutzungspotenzial der Medien allein lassen. Aber reflexartige, starre Verbote aus der Angst vor einer Sucht sind unnötig und schaden mehr, als dass sie helfen.

Alexander: Jedes Kind ist einzigartig

Als Autoren-Duo werden uns viele Fragen zur Kindererziehung gestellt. Am häufigsten wenden sich verzweifelte Eltern an uns, die Angst haben, mit ihrem Kind »stimme irgendetwas nicht«. Sollten auch Sie dazugehören, haben wir hier den ultimativen beziehungsorientierten Rat für Sie:
Lieben Sie Ihr Kind so, wie es ist, mit all seinen seltsamen Eigenheiten. Ihr Kind ist ein Individuum. Es entwickelt sich interessensgeleitet. Schritt für Schritt erobert es die Welt dort, wo es in seinen Augen gerade am spannendsten ist. Dabei weicht es möglicherweise von dem Weg ab, den angeblich »alle Kinder« gehen. Lassen Sie sich davon nicht verunsichern. Lieben Sie Ihr Kind einfach so, wie es ist.

Sollten seine Eigenheiten Standardabweichungen von der Norm sein, dann wird Ihr Kind Ihre bedingungslose Liebe wie einen Schutzmantel auf seinem individuellen Weg tragen. Es wird mit dem wunderbaren Wissen, wirklich geliebt zu werden, aufwachsen. Erziehung im Sinne von »in eine vorgegebene Richtung ziehen«, hat noch nie wirklich etwas gebracht. Höchstens unterdrücken unsere Kinder aus lauter Liebe zu uns ihre Eigenarten und wirken dann »normal«. So werden sie aber mit dem Gedanken groß, sie seien irgendwie nicht richtig, sie müssten sich anpassen, um liebenswürdig zu sein. Dieser Weg führt, darin sind sich die Experten einig, in ein unglückliches Leben.

Sollte sich irgendwann herausstellen, dass Ihr Kind tatsächlich »irgendwie anders« ist – wird bei ihm vielleicht eine Autismus-Spektrum-Störung diagnostiziert; befindet sich ein Mädchen im Jungenkörper oder stellt sich heraus, dass es hochbegabt ist – dann wird Ihr liebevoller, störungsfreier Blick, mit dem Sie Ihr Kind sein ganzes bisheriges Leben angeschaut haben, es mit so viel Glück und Zuversicht erfüllt haben, dass es die ihm entgegenschlagenden Vorurteile viel leichter aushalten kann. Denn meist ist es nicht ihr Anderssein, das unsere Kinder belastet, sondern die Reaktion der anderen darauf. Aber genau dagegen werden Sie einen Schutzmantel geschaffen haben.

Die Eigenheiten seines Kindes völlig angstfrei anzunehmen ist nicht immer leicht, wie das Beispiel von Manja, 30, und Alexander, 5, zeigt.

> Mein Sohn Alexander ist irgendwie anders als alle Kinder seines Alters, die ich kenne. Ich bin deswegen schon von der Erzieherin der Kita angesprochen worden. Sie will eigentlich, dass wir ihn von einem Experten untersuchen lassen, weil sie meint, so würde er nie und nimmer an einer Schule bestehen. Sie behauptet, er hätte in der Gruppe keine Freunde und würde am liebsten allein spielen. Außerdem würde er viel schneller als andere wütend werden und dann laut kreischen und/oder weinen. Auch sei er beim Essen sehr mäklig. Und er würde viel zu viele Fragen stellen und dabei in seinen Gedanken unablässig hin- und herspringen. Andererseits würde er noch gar nicht gegenständlich malen – da wäre er entwicklungsverzögert und hätte kein gutes Vorstellungsvermögen. Beim Ausmalen würde er immer nur schnell und krakelig die Flächen füllen, ohne wirklich auf die richtigen Farben oder auch die Linien zu achten. Wenn sie ihn frage, warum er nicht ordentlich arbeitet und so

viel weiß lässt, würde er antworten, er fände es schön so. Aber es sei ja nicht schön, es sei unsauber und nicht auf dem Niveau eines Vorschulkindes.

Ich dachte bisher, er malt einfach nicht gern, und weil das nicht sein Interessensgebiet ist, ist er da eben nicht so gut wie andere Kinder. Aber die Erzieherin sagt, er müsse das können, weil er ja bald in die Schule kommt. Er müsse auch lernen, den Stift ergonomisch zu halten. Ich solle dringend mit ihm üben, ihn notfalls zu seinem Glück zwingen. Tja. Also machen wir das jetzt. Wir besprechen am Sonntag mit ihm, was er am Montag in der Kita in der Vorschule malen kann und üben kleine Tricks ein, damit die Erzieherin erkennt, was er malt. Spaß macht das keinem von uns. Ich muss ziemlich mit ihm kämpfen, damit er sich überhaupt mit mir hinsetzt.

Aber das mit dem Essen stimmt schon, da hat die Erzieherin recht. Zum Frühstück muss ich ihm exakt 20 Cornflakes in die Schüssel geben, sonst fängt er an zu weinen. Er kann es nicht leiden, wenn er eine unbekannte Anzahl Cornflakes essen muss. Er ist auch von selbst Vegetarier geworden, weil er es gemein findet, wie die Tiere behandelt werden. Er stellt wirklich viele Fragen und merkt sich auch ganz kleine Details. Ich finde das ja eher schön, weil wir so oft in Museen gehen können. Das interessiert ihn wirklich, dabei ist er erst fünf Jahre alt. Er hört dann ganz konzentriert den Führungen zu. Letztens waren wir in einem Apfelmuseum, da sind mir beim Vortrag beinahe die Augen zugefallen, weil das so langweilig war. Aber Alex konnte mir hinterher genau sagen, welches die älteste Apfelsorte Deutschlands ist und wie viele Äpfel für einen Liter Apfelsaft gebraucht werden.

Seit die Erzieherin uns angesprochen hat, sehe ich solche Sachen plötzlich in anderem Licht – vielleicht ist er ja doch nicht normal? Unser Kinderarzt, der meinen Sohn seit seiner Geburt

> kennt, hat mir versichert, dass er einfach ein aufgewecktes Kerlchen sei. Aber er sieht ihn ja auch nicht so im Alltag wie die Erzieherin, und sie hat ja auch den Vergleich zu anderen Kindern. Was mache ich denn jetzt?

Normabweichungen werden heutzutage viel zu schnell pathologisiert. Besonders wenn ein Kind seinen Altersgenossen in der sozial-emotionalen Entwicklung etwas hinterherhinkt, wird von Erwachsenen oft Panik verbreitet. Viel zu überstürzt bekommt es den Stempel aufgedrückt, »gestört« oder »verhaltensauffällig« zu sein. Dabei gibt es auf diesem Gebiet eine höchst individuelle Entwicklungsspanne! Gerade wenn ein Kind in einem anderen Bereich – zum Beispiel intellektuell – besonders weit ist wie Alexander aus unserem Beispiel, ist es nicht ungewöhnlich, dass es auf sozialem und/oder emotionalem Gebiet zu leichten Entwicklungsverzögerungen kommt. Das ist wie bei den Kleinkindern, die motorisch fit sind, aber erst später sprechen lernen – oder eben sprachlich früh entwickelt und dafür motorisch verzögert. Dass *das* normal ist, wissen heute mittlerweile fast alle Eltern. Weniger bekannt ist, dass das Gleiche auch für andere Entwicklungsgebiete gilt.

Bleiben wir bei unserem Beispiel des motorisch fitten Kleinkindes. Stellen Sie sich vor, es ist 24 Monate alt, rennt, hüpft und klettert, aber spricht außer »Wau Wau« und »Mam Mam« noch nichts. Was würden seine Eltern tun? Vermutlich würden sie bemerken, dass ihr Kind weniger spricht als seine Peers. Vielleicht würden sie sich Sorgen machen, aber in Absprache mit ihrem Kinderarzt beschließen, ihm noch ein Jahr Zeit zu lassen. Sie würden die Sprachentwicklung im Auge behalten, deutlich und zugewandt mit ihm reden, aber keine weitere Therapie beginnen. Die Mehrheit der »Late Talkers« fängt von allein kurz vor oder nach dem dritten Geburtstag an zu sprechen. Passiert dies nicht, kann ein Problem mit den Ohren vorliegen, das sich durch eine Operation beseitigen lässt. Die meisten Kinder fangen danach an, von allein zu sprechen.

Zu keinem Zeitpunkt wird diesen spät sprechenden Kindern von ihrer Umgebung vermittelt, sie wären »nicht normal«. Sie werden nicht dafür bestraft, dass sie sich nicht richtig ausdrücken können. Sie werden nicht beschämt, weil sie weniger sprechen als andere. Das wäre ja auch absurd. Wie soll ein Kind altersgerecht sprechen, wenn es entwicklungsbedingt einfach noch nicht so weit ist? Also werden sie so angenommen wie sie sind, da allen bewusst ist, dass sie einfach noch ein bisschen Zeit brauchen. Die Erwachsenen reagieren also bei ihrer Kommunikation auf das sprachliche Entwicklungsalter, nicht auf das reale Alter des Kindes.

Auf Kinder, die auf sozialer oder emotionaler Ebene entwicklungsverzögert sind, reagieren die Erwachsenen jedoch nicht so entspannt. Egal ob sie zu schüchtern sind, um vor einer Gruppe im Morgenkreis zu sprechen oder bei jeder kleinen Irritation anfangen zu weinen, ob sie lieber allein für sich spielen, schnell wütend und laut werden oder gar im Affekt zuhauen: Sofort fühlen sich die sie umgebenden Erwachsenen bemüßigt, sie dafür zu bestrafen, dass sie sich nicht altersangemessen benehmen. »Das muss eine Sechsjährige aber schon können!«, »Du bist doch kein Baby mehr, warum weinst du denn andauernd?« Kinder, die im sozialen oder emotionalen Bereich Spätentwickler sind, werden leider immer noch nach ihrem realen Alter bewertet. Das ist ein Fehler. Sie werden nämlich so für etwas zur Rechenschaft gezogen, das sie entwicklungsbedingt noch gar nicht leisten können. Sie hinken nicht absichtlich hinterher. Ihr natürlicher innerer Entwicklungsplan ist einfach anders aufgebaut.

Sollten Sie also ein Kind haben, das im sozialen oder emotionalen Bereich nicht altersgerecht entwickelt ist, dann verfahren Sie so, wie Sie es bei einem Late Talker getan hätten: Behalten Sie es im Blick, aber geben Sie ihm Zeit. Pochen Sie in seiner Gegenwart nicht darauf, dass es »das schon können müsste«. Nehmen Sie Ihr Kind mit all seinen seltsamen Eigenheiten an. Lieben Sie es bedingungslos. Wenn es Ihnen sehr schwer fällt, entspannt mit der vermeintlichen Verhaltensauffälligkeit Ihres Kindes umzugehen, überlegen Sie sich, in welchem Alter diese als »normal« angesehen gelten. Nehmen Sie das als Entwicklungsalter Ihres Kindes an. Wenn Sie das nächste Mal den Impuls haben, es für sein Verhalten zu schelten, denken Sie an dieses Entwicklungsalter. Machen Sie sich klar, dass Ihr Kind für seine Entwicklungsstufe normal handelt. Wie bei den Late Talkern auch, verschwinden die meisten sozialen oder emotionalen Entwicklungsverzögerungen von ganz allein, wenn man dem Kind die Gelegenheit gibt, entspannt im Alltag zu üben.

Aber was, wenn doch?

Doch was, wenn es sich eben nicht herauswächst? Wie können wir Eltern unser Kind unterstützen, wenn klar wird, dass das Problem nicht von allein verschwindet?

Sozial-emotionale Entwicklungsrückstände hängen zusammen mit der Entwicklung der Impulskontrolle, mit der Fähigkeit, einen Perspektivenwechsel vorzunehmen, mit dem Empathievermögen und dem kontinuierlichen Training des präfrontalen Cortex. Wir haben diese Prozesse ausführlich in unserem ersten Buch über die Autonomiephase erklärt.[34] Um Empathie für einen anderen Menschen zu empfinden, müssen drei Voraussetzungen gegeben sein: Das Kind muss Mimik und Gestik des Gegenübers entschlüsseln können, das heißt, es muss anhand äußerer Signale erkennen, was der andere gerade fühlt. Es muss diese Gefühle schon einmal selbst bewusst erlebt haben, um sie nun nachfühlen zu können. Es muss, als zweite Voraussetzung, die Perspektive eines anderen einnehmen können, um zu begreifen, dass dieser andere Mensch traurig sein kann, obwohl es selbst gerade glücklich ist. Und als Drittes muss es sich daran erinnern, was ihm selbst geholfen hat, um diese Gefühle auszuhalten und zu überwinden – und den Impuls verspüren, diese Hilfe nun dem Gegenüber zuteilwerden zu lassen.[35] Impulskontrolle, also zum Beispiel das Unterdrücken des Impulses zuzuhauen, kann ein Kind nur dann haben, wenn es einen Perspektivenwechsel einnehmen kann, wenn ihm bewusst ist, dass das andere Kind Schmerzen leidet, wenn es geschlagen wird, und dass der Schlagende verantwortlich für diesen Schmerz ist. Dieser kognitive Meilenstein wird zwischen dem dritten und dem fünften Geburtstag erreicht. Um den Impuls zügeln zu können, müssen bereits ähnliche Situationen abgespeichert sein, die nun als Referenz wirken, damit die Kontrollschleife im Gehirn den Hauimpuls unterdrücken kann. Diese Kontrollschleife – der präfrontale Cortex – muss aber erst trainiert werden, um arbeitsfähig zu werden.[36] Das geschieht etwa ab dem dritten Lebensjahr, wobei erst ab Schuleintritt eine wirkliche Impulskontrolle erkennbar ist.

Das ist genau das Alter, in dem wir Eltern aufmerksam auf unsere angeblichen »Problemkinder« achten sollten: Im letzten Kindergartenjahr und im ersten Schuljahr gibt es normalerweise einen enormen Entwicklungsschub. Innerhalb dieser zwei Jahre sollten sich sozial-emotionale Rückstände sichtbar verkleinern. Das heißt nicht, dass am Ende der ersten Klasse Kinder nicht mehr wütend zuhauen oder wegen einer kleinen Irritation weinend zusammenbrechen, aber es sollte eine deutliche Verbesserung erkennbar sein. Ein Kind, das also noch im Kindergarten voller Wut auf andere zugerannt ist, um sich auf sie zu werfen, sollte mit etwa sieben Jahren bei einem Wutimpuls zwar noch ausholen, aber dann nur leicht oder zögerlich beziehungsweise bestenfalls gar nicht zuschlagen. Insbesondere dann, wenn der Gegner jünger, kleiner oder schwächer ist. Ist der Gegner dagegen gleichberechtigt oder sogar größer und stärker (wie etwa ein Elternteil), kann es durchaus der Fall sein, dass auch ein achtjähriges Kind noch mit voller Stärke zuschlägt.

Letzteres hat etwas mit der Einschätzung der Situation durch den präfrontalen Cortex zu tun: Dieser evaluiert, ob die Stärke des Schlagens in einem angemessenen Verhältnis zur Irritation steht und wägt gleichzeitig ab, wie stark es sowohl dem anderen als auch dem Kind selbst schadet. Steht ein größerer und stärkerer Gegner vor dem Kind, von dem es aber weiß, dass er nicht zurückhauen wird (wie etwa die Eltern), kann es durchaus sein, dass die Kontrollschleife entscheidet, dass der Erwachsene ein kräftiges Hauen aushalten kann. Das ist ohne Zweifel für uns Große eine unangenehme Einschätzung, allerdings keine bewusst vom Kind gefällte. Wir wollen das schlagende Kind damit nicht aus der Verantwortung nehmen. Es ist selbstverständlich inakzeptabel, seine Eltern (oder irgendjemanden!) zu hauen, und die Erwachsenen dürfen ihre Wut, Enttäuschung und ihren Schmerz deutlich zeigen. Es ist sogar wichtig, dass sie das tun, weil dies wiederum als Referenzsituation in der Kontrollschleife abgelegt wird.

Wenn aber jemand daraus schlussfolgert, dass es dann gut und richtig wäre, als Erwachsener doch zurückzuhauen, damit der präfrontale Cortex abspeichert, dass es gefährlich ist, andere zu schlagen, dann sagen wir ganz klar: Nein! Nein, nein, nein, nein und nochmals nein. Es gibt keine Umstände, unter denen es akzeptabel ist, ein Kind zu schlagen. Dass Gegner zurückhauen, wenn man aggressiv ist, lernen Kinder zur Genüge von anderen Kindern. Schlägt ein Erwachsener zurück, wird gleichzeitig im Gehirn abgelegt, dass Erwachsene Kinder hauen dürfen. Und das wollen Sie doch nun wirklich nicht, oder? Diesen Kreislauf wollen wir durchbrechen. Also beherrschen Sie sich, auch wenn es schwerfällt. Kein Zurückkneifen, kein Zurückhauen, kein Zurückspucken, kein Zurücktreten. Sie sind der Erwachsene. Sie haben bereits eine ausgebildete Impulskontrolle. Nutzen Sie sie.

Listen Sie auf!

Wenn Sie Angst haben, dass sich bei Ihrem Kind die sozialen oder emotionalen Entwicklungsrückstände nicht von allein geben, dann schreiben Sie ungefähr am Anfang des letzten Kita-Jahres auf, was Sie als auffällig an Ihrem Kind empfinden. Eine Liste zu führen ist eine gute Idee, weil unser menschliches Gehirn dazu neigt, Fortschritte zu übersehen. Wir registrieren eher, wenn etwas schwierig ist, aber kaum, wenn es rund läuft. Mit dieser Liste können Sie in Zukunft genau überprüfen, ob Ihr Kind auf dem richtigen Entwicklungsweg ist. Diesen Ist-Zustand hat die Erzieherin aus unserem Beispiel für Alexander festgehalten:

- hat keine Freunde,
- spielt viel allein,
- malt nicht gegenständlich,
- hat eine verkrampfte Stifthaltung,
- malt nicht »schön« aus,
- wird schnell wütend und weint oder kreischt dann,
- ist mäklig,
- will exakt 20 Cornflakes zum Frühstück,
- fragt »zu viel«,
- merkt sich kleinste Details und »langweilige« Fakten.

Das sind zwar streng genommen nicht alles sozial-emotionale Rückstände, aber das macht nichts. Machen Sie einfach eine Liste mit allen Dingen, die Ihr Kind sonderbar erscheinen lassen.

Schauen Sie sich die Liste nach einem Jahr, vielleicht kurz vor der Einschulung, wieder an. Gibt es Punkte, die sich verbessert haben? Verbessert bedeutet nicht, dass diese Auffälligkeiten ganz verschwunden sein sollen. Es bedeutet, dass nun Ansätze zu sehen sind, dass das Kind »daran arbeitet«. Nehmen wir an, es hätte mit fünf Jahren noch jedes Mal zugehauen, wenn es sich ärgerte. Schafft es mit sechs Jahren, sich ab und zu zurückzuhalten? Können Sie erkennen, dass es zuhauen will, sich aber bremst und zumindest weniger stark zuschlägt? Gut. Dann ist Ihr Kind auf dem richtigen Weg. Sollten in diesem Alter neue Schwierigkeiten dazugekommen sein, schreiben Sie sie ruhig mit auf die Liste.

Um Ihre Beobachtungen in einen professionellen Zusammenhang zu setzen, beschreiben wir Ihnen jetzt kurz, was ein *sechsjähriges* Kind in etwa können muss, um auf sozialer, emotionaler und kommunikativer Ebene als *altersgerecht entwickelt* zu gelten:

- Das Kind spielt so, dass die Spielsachen normalerweise heil bleiben.
- Es denkt sich neue Spiele aus.
- Wird in der Schule oder Kita etwas ausgeteilt, wartet das Kind ab, bis es an der Reihe ist. Es drängelt sich nicht vor und bricht nicht in Tränen aus, wenn es nicht als Erstes bedient wird.
- In der Kita oder Schule bleibt das Kind beim Frühstück oder bei Bastelarbeiten sitzen.
- Wenn das Kind von einem Erwachsenen gelobt wird, reagiert es nicht albern oder wütend, sondern freut sich.
- Wenn das Kind etwas gefragt wird, gibt es eine Antwort, die mit der Frage wirklich zu tun hat.
- Das Kind »hört« auf Erwachsene, die nicht seine Eltern sind (Erzieher, Lehrerin, Trainerin).
- Das Kind macht Aktivitäten einer Gruppe (Kita, Schule) mit.

- Wenn das Kind etwas haben oder tun will, fragt es freundlich danach.
- Das Kind beginnt von selbst Gespräche mit anderen Kindern, seinen Eltern oder Erwachsenen, wenn es etwas erzählen möchte.
- Wenn es mit einem anderen Kind spielen will, zeigt es seinen Wunsch auf freundliche Art.
- Beim gemeinsamen Spiel denkt sich das Kind zusammen mit den anderen aus, wie das Spiel weitergehen soll. Es braucht eventuell noch Unterstützung von Erwachsenen, wenn Streit aufkommt.[37]

Hat Ihr Kind die erste Klasse hinter sich, evaluieren Sie erneut anhand der Liste. Nun müssten Sie die meisten der Punkte wegstreichen können, weil Ihr Kind aus ihnen »herausgewachsen« ist. Ist das nicht der Fall, müssen Sie immer noch nicht in Panik verfallen. Fragen Sie zunächst andere für Ihr Kind bedeutsame Erwachsene, wie diese das Kind einschätzen – oft benehmen sich Kinder »außerhalb« anders als zu Hause. Schauen Sie außerdem auf die nun folgende Liste. Diese Fähigkeiten müssen Kinder bis zum *neunten Lebensjahr* beherrschen:

- Das Kind beendet Aufgaben, die es ähnlich schon einmal gemacht hat, selbstständig.
- Das Kind kennt die Regeln in einer Gruppe (Schulklasse und Ähnliches) und kann mit eigenen Worten wiedergeben, welche Erwartungen die Erwachsenen an sein Verhalten haben. (Bitte beachten Sie, dass es die Regeln *kennen* muss. Das bedeutet nicht, dass es sie immer einhält!).
- Das Kind kann sagen, warum die Erwachsenen diese Regeln aufgestellt haben.

- Das Kind kann beschreiben, wie es sich in einer Situation hätte besser verhalten können.
- Wird das Kind zum Gruppenanführer gewählt, nutzt es diese Position nicht aus, sondern behandelt die Mitglieder gerecht.
- Wird ein anderer zum Anführer gewählt, akzeptiert es diese Wahl und macht mit.
- Im Unterricht hat es seine Impulse weitestgehend unter Kontrolle (steht nicht auf, ruft nicht laut dazwischen).
- Wenn andere Kinder ausflippen, bleibt das Kind – nach Erinnerung durch einen Erwachsenen – trotzdem ruhig und macht nicht mit.
- Wenn dem Kind etwas gefällt oder nicht gefällt, drückt es das mit korrekten Worten ohne Albernheit oder Faxen aus.
- Das Kind ist in der Lage zu beschreiben, wie andere Menschen sich fühlen.
- Beim Spielen wechselt es freiwillig mit anderen Kindern ab (zum Beispiel auf der Schaukel).
- Das Kind kann Verhalten werten, indem es Begriffe wie fair/unfair, richtig/falsch, gut/schlecht nutzt.
- Das Kind macht bei einem Spiel oder Unterrichtsthema mit, das ein anderes Kind vorgeschlagen hat, obwohl sein eigener Vorschlag ein anderer war.
- Das Kind baut allmählich eine feste Freundschaft zu einem anderen Kind auf.
- Das Kind hilft anderen Kindern, sich an Gruppenregeln zu halten, indem es sie freundlich daran erinnert.[38]

Wir gehen davon aus, dass einige von Ihnen beim Lesen dieser Listen erleichtert aufgeatmet haben, weil Ihr Kind die meisten dieser Punkte bereits erfüllt. Stimmt's? Der Blick der Gesellschaft auf das, was Kinder eines bestimmten Alters sozial oder emotional leisten können müssen, hat sich seltsam nach oben verschoben.

Dabei sind die kognitiven oder neurologischen Voraussetzungen meist noch gar nicht gegeben! So kommt es, dass Eltern das Gefühl haben, ihren Nachwuchs in immer früherem Alter in immer engere Verhaltensgrenzen pressen zu müssen, damit er nicht als auffällig gilt. Das tut aber weder den Erwachsenen noch den Kindern gut.

Nun wäre es reichlich naiv, zu behaupten, dass sich alles auswächst. Manchmal bleiben Kinder auffällig, aus welchen Gründen auch immer. Dann wird aus einem sprachlichen Entwicklungsrückstand eine Sprachbehinderung und aus einer sozial-emotionalen Entwicklungsverzögerung eine handfeste Verhaltensstörung. Doch das sind wirklich Ausnahmen. Und auch diese Ausnahmen sind nicht in Stein gemeißelt. Es ist möglich, mit dem passenden Training auch echte Entwicklungsstörungen aufzulösen beziehungsweise zu verringern.

So lässt sich sozial-emotionales Verhalten trainieren

In den letzten 14 Jahren habe ich im Schuldienst mit Kindern gearbeitet, bei denen eine sozial-emotionale Entwicklungsstörung diagnostiziert worden war. Ich habe in dieser Zeit gelernt, sie nicht zu überfordern. Erinnern Sie sich, dass wir oben schrieben, Sie sollten bei den Eigenheiten Ihres Kindes auf das vermutliche Entwicklungsalter reagieren und nicht auf das echte Alter? Genau das machen wir Sonderpädagogen auch. Nur dass wir Tests haben, mit denen wir das Entwicklungsalter des Kindes ein bisschen genauer bestimmen können. Oft habe ich im Unterricht einen 14-jährigen Hünen vor mir, der auf Rap steht, sich »demnächst« tätowieren lassen will und auch sonst auf harter Bursche macht – der aber auf der sozial-emotionalen Ebene nicht älter als sechs ist. Das bedeutet für mich eine Gratwanderung. Ich spreche ihn als fast Erwachsenen an, ich plane meinen Unterricht mit Themen, die einen Teenager interessieren, aber ich kann auf der anderen Seite nicht erwarten, dass er die Frustrationstoleranz eines 14-Jährigen zeigt. Auf *dieser* Ebene betrachte ich ihn als Sechsjährigen, wenn ich ihn nicht andauernd überfordern will.

Klingt das zu kuschelig? Zu nachgiebig? Bedenken Sie: Meine Schüler haben einen sonderpädagogischen Status, *gerade weil* sie Zeit ihres Lebens an ihrem wahren Alter und nicht an ihrem Entwicklungsalter gemessen wurden. Ihnen wurde von den Erwachsenen immer rückgemeldet, dass sie »das schon können müssten« und dass sie auf diesem Gebiet Versager sind; nie aber wurde ihnen gezeigt, wie sie es besser machen könnten. Was wir an unserer Schule dagegen tun, ist, sie nach ihrem Entwicklungsalter zu bewerten. Und wenn das Entwicklungsalter sechs Jahre ist, dann ist es positiv, wenn mein 14-Jähriger sein Arbeitsblatt nicht sofort zerreißt, weil er die Aufgaben zu schwer findet! Also gebe ich ihm die Rückmeldung, dass ich gesehen habe, dass er den Impuls hatte und zurückgehalten hat. Ich zeige ihm, dass ich seine Anstrengungen anerkenne. Zum ersten Mal in ihrem Leben erhalten meine Schüler plötzlich positives Feedback auf ihre sozial-emotionalen Handlungen. Sie erleben, dass sie keine völligen Versager sind. Gleichzeitig geben wir ihnen mithilfe von speziellen Trainings Strukturen an die Hand, mit denen sie diese Erfahrungen weiter ausbauen können. Sie holen also innerhalb weniger Monate das nach, was sie in ihrem bisherigen Leben nicht lernen konnten, weil, so abgedroschen das auch klingt, sie niemand dort abgeholt hat, wo sie standen.

Wie gehen wir nun vor?

Ein Lernziel erstellen

Zunächst entscheiden wir anhand der Punkte, die ein Schüler auf der individuellen Entwicklungsliste hat, welche Lernziele wir für die nächste Zeit anpeilen. Beherrscht jemand eine soziale Verhaltensweise noch nicht einmal ansatzweise, eignet sich diese *nicht* als Ziel. Vielmehr wählen wir etwas, das das Kind schon ab und zu, aber noch nicht durchgängig zeigt. Sagen wir, mein 14-jähriger Schüler rastet im Sportunterricht immer aus, wenn nicht er, sondern ein anderer Schüler die Mannschaften wählen darf. Nur wenn sein bester Freund dies tun darf, schafft er es, ruhig zu bleiben und abzuwarten, bis er gewählt wird. Das zeigt, dass er grundsätzlich die Fähigkeit hat, diese Situation auszuhalten. Daher können wir als Lernziel festhalten: »Ich bleibe ruhig, wenn ein anderer im Sportunterricht die Mannschaften wählen darf.«

Wie Sie vielleicht bemerkt haben, ist das eine sehr konkrete Situationsbeschreibung. Das Ziel ist nur, im Sportunterricht ruhig zu bleiben, nicht im Biounterricht, nicht im Deutschunterricht. Es betrifft auch nur einen kurzen Zeitabschnitt der gesamten Stunde. Das bedeutet, der Junge hat nicht das Ziel, ruhig bleiben zu müssen, wenn die andere Mannschaft ein Tor erzielt oder er für eine ungenügende sportliche Leistung eine schlechte Note erhält – er soll wirklich nur bei der Wahl der Mannschaften ruhig bleiben. Diese enge Zielsteckung ist bewusst gewählt!

Oft machen Eltern (und auch Lehrer) den Fehler, Ziele zu weit zu stecken. Sie nutzen Zielformulierungen wie: »Ich ärgere meine Schwester nicht mehr«, »Ich esse nicht mehr so viele Süßigkeiten« oder »Ich bin lieb«. Doch solche Zielsetzungen gehen in der Regel nach hinten los. Denn erstens sind die Ziele »lieb sein«, »nicht so viele« und »nicht ärgern« zu vage, und zweitens wird eine zu lange Zeitspanne angelegt. Die Eltern wollen, dass das Kind seine Schwester den ganzen Tag »nicht ärgert«, was quasi ein Ding der

Unmöglichkeit ist. Kein Kind schafft es, den ganzen Tag »lieb« zu sein, es sei denn, es ist extrem verängstigt oder von Natur aus sehr ruhig.

In solchen Fällen machen die Kinder selten Erfolgserfahrungen. Sie waren ja morgens beim Anziehen zickig, wollten nicht die Zähne putzen oder bummelten abends zu lange. Der kleinste Fehltritt kann von den Erwachsenen zum Anlass genommen werden, zu sagen, »das Ziel« sei nicht erreicht worden. So werden die Kinder darauf aufmerksam gemacht, dass sie den Ansprüchen der Erwachsenen noch nicht genügen. Das ist kontraproduktiv.

Setzen Sie kurze, konkrete und machbare Ziele: »Ich lasse meine Schwester in Ruhe, wenn wir morgens im Auto zur Kita fahren«, »Wenn Mama ein wichtiges Telefonat hat, bleibe ich leise in meinem Zimmer«, »Ich warte ab, bis alle ihr Essen auf dem Teller haben, bevor ich anfange zu essen«, »Ich esse jeden Tag nur eine Hand voll Süßigkeiten«. Wählen Sie nicht zu viele Lernziele auf einmal, höchstens ein bis zwei.

Das Lernziel besprechen

Als Nächstes bespreche ich mit meinem Schüler seine Lernziele. Unsere Kinder sind nicht dumm – sie haben natürlich bemerkt, dass sie oft anecken und scheinbar nicht den Erwartungen der Gesellschaft entsprechen. Da sie das aber in der Regel wollen, sind sie an einer Mitarbeit interessiert. Ich sage ihnen meist, welche beiden Lernziele ich mir für die nächste Zeit vorstelle, und meine Schüler stimmen zu oder sagen, woran sie lieber arbeiten möchten. Ich überlege, ob ihr Ziel realistisch ist und stimme zu – oder nicht. In jedem Fall werden wir uns einig.

Kognitive Vorschau, Rückmeldung und Rückschau

Nun geht es ans Training. Vor der Sportstunde erinnere ich den Schüler an sein Ziel und, um ihm Zeit zur inneren Vorbereitung zu geben, sage ich ihm, wann im Ablauf der Stunde etwa der Zeitpunkt kommen wird, an dem er an seinem Ziel arbeiten kann. Kurz bevor ich einen Schüler bestimme, der dann die Mannschaften wählt, nicke ich meinem Schüler zu und erinnere ihn mit einem »Jetzt!« an sein Lernziel.

Schafft er es, ruhig zu bleiben, nicke ich ihm mit einem Lächeln zu. Wird er dagegen laut, dann ist das so. Ich schimpfe nicht mit ihm, denn er weiß ja selbst, dass er versagt hat. In dieser Wunde brauche ich nicht auch noch zu bohren.

Am Ende der Stunde frage ich den Schüler nach seinem Lernziel. Hat er das Gefühl, es erreicht zu haben? Wenn nicht, was hat dazu geführt, dass er laut geworden ist? Kann er das Gefühl oder den Auslöser benennen? Was könnte er beim nächsten Mal anders machen? Es ist wichtig, dass das Kind lernt, sich und sein Verhalten richtig einzuschätzen. Es muss seine Emotionen und ihre Auslöser schon im Anfangsstadium registrieren lernen, um sie umzulenken und mögliche Alternativen nutzen zu können. Genau das ist ja der Sinn des Trainings. Nach einer Weile ist meist zu bemerken, dass der Schüler die trainierte Situation immer besser meistert. Wenn er rund acht von zehn Mal ruhig bleibt, wenn ein anderer wählen darf, ist das Lernziel erreicht.

Natürlich könnten Sie bei gravierenden Entwicklungsrückständen Ihres Kindes als Eltern ähnlich verfahren, wie ich mit meinen Schülern. Doch bitte kommen Sie nicht auf die Idee, dieses Training für jede Kleinigkeit anzuwenden, das Ihr Kind in Ihren Augen falsch macht. Dies ist eine klassische Verhaltenstherapie, die für schwerwiegende Ausnahmen gedacht ist, und nicht für den Beziehungsalltag in ganz normalen Familien. Natürlich ist es verlockend, nervige Eigenheiten der Kinder einfach wegzutrainieren, aber das ist weder beziehungs- noch bedürfnisorientiert. Nur, wenn Ihr Kind wegen seiner Verhaltensauffälligkeiten Gefahr läuft, von der Gesellschaft negativ beurteilt zu werden, es sich seiner sozialen oder emotionalen Defizite bewusst und unglücklich darüber ist, können Sie mit seinem Einverständnis dieses Training versuchen. Und selbst dann ist es mit Vorsicht anzugehen.

Für die meisten Kinder, die in einem bestimmten Alter »seltsam« wirken, wäre dieses Training überdimensioniert. Wir können nicht oft genug betonen, dass sich auffälliges Verhalten überwiegend entweder von selbst auswächst oder gute Gründe wie etwa nicht erfüllte Bedürfnisse hat, welche es aufzulösen gilt. Alexander, von dem Manja eingangs berichtete, ist so ein Beispiel. Ich lernte ihn kennen, als er gerade in die zweite Klasse kam. Von der Einschätzung der Erzieherin aus der Kita wusste ich zunächst nichts, sodass ich mit unvoreingenommenem Blick auf den Jungen schauen konnte. Was ich sah, war ein aufgeweckter Junge, der in keiner Weise negativ auffiel. Er war offen und freundlich, hatte in der Schule Freunde und war allgemein beliebt. Er stellte tatsächlich viele Fragen und beschäftigte sich auch mit altersuntypischen Themen, wie zum Beispiel Martin Luther, doch das empfand ich eher als bezaubernd. Beim Essen unterschied er sich nicht von seinen Klassenkameraden, im Unterricht arbeitete er konzentriert mit. Ich konnte nicht beobachten, dass er malte, aber er knetete und bastelte altersentsprechend. Seine Stifthaltung war entspannt genug, seine Schrift gut. Ein paarmal beobachtete ich Situationen, in denen er wütend wurde, doch auch hier hatte er sich gut unter Kontrolle. Er weinte zwar, rastete aber nicht aus. Nichts deutete auf die Schwierigkeiten hin, die die Erzieherin für den Schulbesuch vorausgesehen hatte. Alexander hatte einfach noch ein bisschen Zeit gebraucht und zu seinem Glück auch bekommen.

Wenn nicht strafen, was dann?

Lina: Einfach mal so was angestellt

Einer unser zentralen Leitsätze ist, dass auffälliges, gesellschaftlich inakzeptables Verhalten von Kindern immer einen guten Grund hat. An dieser Stelle des Buches möchten wir jedoch ein »aber« hinzufügen. Manchmal stellt ein Kind einfach nur deshalb etwas an, weil es ein Kind ist. Eines, das nicht über die Konsequenzen seines Tuns nachgedacht hat. Wie Lina, 9, von der ihre Mutter Tabitha, 45, Folgendes berichtet:

> Wir haben eine große Garage, in der zwei Autos und unsere Fahrräder stehen. Morgens holt mein Mann die Fahrräder der beiden Kinder heraus, damit sie nicht an den Autos entlangschrammen. Es ist sehr eng dort, deshalb haben wir diese Regelung geschlossen. Das wissen die Kinder, und sie müssen warten, bis mein Mann die Räder herausgeholt hat. Heute wollte allerdings unsere liebe Tochter nicht warten. Alles hat Lina zu lange gedauert, und sie quengelte herum. Dabei lagen wir gut in der Zeit, es war nicht so, dass sie für die Schule spät dran gewesen wäre. Vielleicht war sie auch sauer, weil Papa nicht so spurte, wie sie es gern wollte. Auf jeden Fall ging Madame in die Garage und holte ihr Fahrrad selbst heraus. Tja – jetzt habe ich an meinem Auto einen Kratzer, der über die gesamte rechte Seite verläuft.

Einen Teil kann man eventuell herauspolieren, der Rest bleibt. Also wirklich. Es ging um ein bis zwei Minuten; mein Mann musste nur auf die Toilette. Sie hatte reichlich Zeit. Ihr Bruder war auch noch nicht fertig – sie fahren ja gemeinsam in die Schule. Sie wollte einfach nicht warten, das war ihr zu doof, sie wollte da ihren Willen durchsetzen. Von einem fast zehnjährigen Kind kann man schon erwarten, dass es mal ein paar Minuten wartet. Das ist nicht zu viel verlangt meiner Meinung nach. Sie wusste auch, dass das Ärger gibt, denn sie hat sich blitzschnell auf ihr Rad gesetzt und ist abgedüst – gerade als mein Mann herauskam. Ich habe sie nach der Schule dann natürlich gefragt, was diese Aktion sollte. Was sie sich dabei gedacht hätte? Ich war so wütend auf sie. Nichts hätte sie sich gedacht, sagte sie. Sie wollte einfach ihr Fahrrad haben. Na toll. Kein Wort der Reue! Bei ihrem Blick wäre ich beinahe ausgerastet.

Was macht man da jetzt? Mein Mann und ich wollen Lina nun das Fahrrad für eine Woche wegnehmen. Schloss rein, Fahrrad gesperrt. Muss sie zu Fuß zur Schule, Pech gehabt. Ich glaube, damit ist sie noch gut bedient.

Lina hat nicht weiter nachgedacht, sie wollte einfach nur schnell an ihr Fahrrad. Sie war ungeduldig. Vielleicht empfand sie die Regelung der Eltern auch überflüssig, weil sie dachte, sie sei schon groß genug, um ihr Fahrrad allein und ohne Kratzer aus der Garage zu holen. Also hat sie es ausprobiert, und es ist schiefgegangen.

Es ist unnötig, da Tiefschürfendes hineininterpretieren zu wollen. Lina war einfach gedankenlos. Das passiert wohl allen Kindern auf der Welt. Ich erinnere mich, wie ich mit etwa neun Jahren anfing, Handball zu spielen. An einem Nachmittag zu Hause war mir langweilig. Meine Mutter kochte Abendessen, mein Bruder war mit Freunden unterwegs und mein Vater saß im Wohnzimmer und arbeitete an einem Projekt. Ich überlegte, dass ich meine Wurftechnik verbessern könnte, indem ich große Plastikperlen warf. Da mein Zimmer zu klein war, öffnete ich das Fenster des Kinderzimmers weit und sah hinaus. Vor dem Haus verlief eine Einbahnstraße. An deren Rand parkten Autos, dahinter begann ein großes Beet, das mit Sträuchern bepflanzt war. Perfekt, dachte ich. Ich könnte versuchen, die Perlen über die Straße und die Autos hinweg ins Beet zu werfen. Gesagt, getan. Ich erinnere mich, wie viel Freude ich empfand, wenn ich mein Ziel erreichte. Wie ich vor Anstrengung schwitzte und ganz im Flow war. Einmal flog eine Perle nicht so weit wie geplant, und es machte »Plopp« auf einem Autodach. »Cool«, dachte ich, »ich kann ja auch meine Zielgenauigkeit trainieren, nicht nur die Weite!« Also versuchte ich ab diesem Zeitpunkt, die Autos zu treffen.

Legt sich gerade Ihre Stirn in sorgenvolle Falten? Jetzt, da ich erwachsen bin, denke ich auch, dass es eine dumme Idee war. Aber ich versichere Ihnen, dass ich damals als Kind nicht einen Moment darüber nachgedacht habe, dass man in der DDR mehr als zehn Jahre auf ein Auto wartete, bis zu 20.000 Mark bezahlte und es deshalb hegte und pflegte wie einen kostbaren Schatz. Für mich war es einfach ein anregendes Spiel.

Es kam, wie es kommen musste: Irgendwann bemerkte mich ein fremder Erwachsener und rief wütend von unten herauf, was ich denn da täte? Vor lauter Schreck duckte ich mich, in der Hoffnung, er würde einfach weggehen. Da jedoch das Fenster noch offen war und die Wohnblöcke alle gleich aufgebaut waren, zählte er einfach die Fensterreihen ab und wusste genau, wo er klingeln musste. Die Erwachsenen waren außer sich, so viel verstand ich. Sie redeten auf mich ein, von ihnen gingen unangenehme Wellen unterdrückter und offener Wut aus. Ich sollte die Perlen im Gebüsch suchen, damit sie einschätzen konnten, wie viel Schaden diese hatten anrichten können. Derweil suchten sie die umstehenden Autos nach

Lackschäden ab. Voller Erde und altem Laub kam ich mit einer kleinen Handvoll Hartplastikkugeln zurück, jede etwa fünf Zentimeter im Durchmesser. Den Rest der Perlen unterschlug ich bewusst. Mir war nämlich sonnenklar: Ich war in Schwierigkeiten! Da die Dinger nicht verrotten, findet man sicherlich noch heute vor dem Haus meiner Eltern etwa 20 hastig in der Erde unter den Sträuchern verscharrte Kugeln. Ich kann mich nicht mehr erinnern, wie die Geschichte ausging. Ob ich bestraft wurde oder nicht, habe ich nicht abgespeichert. Woran ich mich sehr eindrücklich erinnere, ist, wie wütend und enttäuscht mein Vater war und dass ich mir bei dem Spiel tatsächlich im wahrsten Sinne des Wortes »nichts gedacht« hatte, außer dass ich meine Wurftechnik verbessern wollte. Die Erkenntnis, wie dumm mein Spiel war, kam erst hinterher mit der Aufregung der Erwachsenen.

Wir könnten sicherlich jeder eine ganze Reihe von solchen Dummheiten aufzählen, auf die Kinder so kommen. Autos, die aus Spaß mit Steinen zerkratzt wurden, eine Schaumschlacht mit Feuerlöscher, abgerissene Blumen aus dem Garten des Nachbarn als Geschenk für Mami … Doch unser Punkt ist sicherlich klar geworden: Wenn wir unsere Kinder fragen: »Was hast du dir dabei bloß gedacht?« und sie antworten »Nichts!«, dann ist das vermutlich einfach wahr. Sie haben nicht nachgedacht. Nicht umsonst gelten Kinder vor ihrem siebten Geburtstag als deliktunfähig. Sie sind damit nach § 828 des Bürgerlichen Gesetzbuches für Schäden, die sie einem anderen zufügen, grundsätzlich nicht verantwortlich zu machen. Der Gesetzgeber weiß nämlich, dass Kinder und Jugendliche eben Kinder sind. Selbst wenn sie schon älter als sieben Jahre alt sind, gelten Kinder bis zum 18. Geburtstag als nur beschränkt deliktfähig. Wenn sie bei der Verursachung eines Schadens »nicht die zur Erkenntnis der Verantwortlichkeit erforderliche Einsicht« haben, müssen sie für diesen nicht einstehen.

Fehlverhalten bestrafen – ja oder nein?

Linas Eltern haben entschieden, ihrer Tochter zur Strafe für eine Woche das Fahrrad wegzunehmen. Vielleicht erscheint es ihnen als »logische Konsequenz«, denn immerhin war es ja das Fahrrad, mit dem ihre Tochter den Kratzer verursacht hatte. Doch dies hilft niemandem wirklich. Wenn eine Strafe verhängt wird, bleibt der, der geschädigt wurde, weiterhin geschädigt. Der Verursacher wird absichtlich ebenso geschädigt, vielleicht damit er »fühlt, wie das ist«. Diese Zahn-um-Zahn-Einstellung bringt jedoch Unmut in die Beziehung. Das Kind wird zusätzlich zu seinem vermutlich sowieso schon vorhandenen schlechten Gewissen auch noch beschämt. Es muss sich dem Willen seiner Eltern beugen und die Strafe akzeptieren, weil es abhängig von ihnen ist. Es ist möglich, dass sich deswegen nun Rachegefühle auf der kindlichen Seite entwickeln. Eine echte Einsicht, dass das eigene Verhalten irgendwie problematisch war, wird nicht gefördert. Wahrscheinlicher ist, dass das Kind durch die Strafe den Fokus darauf legt, wie ungerecht es von seinen Eltern behandelt wird, immerhin habe es ja nicht mit Absicht einen Schaden herbeigeführt.

Es gibt zahlreiche Untersuchungen, die die Auswirkungen von Bestrafungen untersuchten. Eine Gruppe kanadischer Forscher um Victoria Talwar von der McGill University in Montreal fand heraus, dass Kinder, denen negative Konsequenzen fürs Lügen angedroht wurden, *mehr* statt weniger logen. In einem Experiment wurden 372 Kinder zwischen vier und acht Jahren einzeln in einen Raum geführt. In diesem stand ein Tisch mit einem Spielzeug. Die Kinder wurden aufgefordert, sich vor den Tisch zu stellen und sich nicht umzudrehen (was zwei Drittel der Kinder trotzdem taten). Die Wissenschaftler kamen nach einer Minute zurück und fragten, ob die Kinder sich umgedreht hätten. Einigen wurde eine Strafe angedroht für den Fall, dass sie lügen. Anderen wurde gesagt: »Ich würde mich freuen, wenn du ehrlich bist.« Die Androhung einer Strafe führte signifikant häufiger dazu, dass die Kinder logen. Diejenigen, an deren soziale Seite appelliert wurde, die Wahrheit zu sagen, taten dies dann auch am häufigsten.[1]

Dass Strafen manchmal das Gegenteil des Gewünschten bewirken, zeigte auch eine Untersuchung israelischer Forscher. Eltern sollten durch Androhung einer Strafe dazu bewegt werden, ihre Kinder pünktlicher aus der Kita abzuholen. Die Geldstrafe führte jedoch dazu, dass die Eltern *seltener* pünktlich kamen – fühlten sie sich durch die Strafe doch moralisch davon befreit, sich ordnungsgemäß zu verhalten. Waren Eltern früher aus moralischen Erwägungen pünktlich gekommen, sahen sie nun ihr Zuspätkommen durch die Strafe als ausreichend ausgeglichen. Nachdem man die Strafen wieder abgeschafft hatte, kamen die Eltern übrigens nicht wieder so pünktlich wie vorher, sondern genauso spät, als würden sie noch bestraft werden.[2]

Ein ähnlicher Effekt tritt bei der Bestrafung von Kindern ein – die Sanktion der Eltern wird als schuldbefreiend empfunden. Ihr »Vergehen« betrachten sie nach Absitzen der Strafe als abgebüßt, was sie wiederum von der Notwendigkeit enthebt, sich mit den moralischen Aspekten ihres Verhaltens zu befassen. Ich beobachte dieses Phänomen in kleinerem Rahmen an meiner Schule, wenn Kinder »Entschuldigung« sagen, wenn sie einem anderen Kind absichtlich geschadet haben. Die wenigsten von meinen Schülern empfinden beim Aussprechen der Worte echte Reue oder machen sich die Mühe, sich in die Gefühlswelt des anderen Kindes hineinzuversetzen. Meist rufen sie mit Blick auf die Erwachsenen sofort die Entschuldigung in den Raum und denken, damit hätten sie es wiedergutgemacht. Ich weiß natürlich, dass ihnen nicht klar ist, dass dies nicht ausreicht. Dieses Vorgehen wurde ihnen von ihrer erwachsenen Umwelt beigebracht. »Sag Entschuldigung!«, wurden sie oft genug aufgefordert, häufig sogar in einem Alter, in dem sie noch nicht in der Lage waren, die Perspektive eines anderen einzunehmen. Somit wurde »Entschuldigung« zur hohlen Phrase. Oberflächlich gesehen verhalten sie sich so, wie die Gesellschaft es will. Aber der eigentliche Sinn dahinter – Verständnis für die Situation des anderen und echte Reue – wird den Kindern nicht beigebracht.

Die Forschung stellt einhellig fest, dass Strafen und das Verhängen »logischer Konsequenzen« auf lange Sicht dramatisch versagen. Der Kinderpsychologe und Lehrer Haim Ginott bringt es in seinem Buch *Teacher and Child* auf den Punkt: »Fehlverhalten und Bestrafung sind keine Gegensätze; vielmehr erzeugen und verstärken sie einander.«[3] Doch wie soll man dann auf Dummheiten oder bewussten Regelbruch reagieren? Man muss doch den Verhaltenskompass der Kinder irgendwie einnorden, oder? Wenn ihnen nie jemand sagt, was richtig und was falsch ist, woher sollen sie wissen, wie man sich gesellschaftskonform verhält?

Alternativen zu Strafen

Eltern bestrafen ihre Kinder nicht aus dem Gefühl heraus, weil es sich so toll anfühlt, jemanden, der kleiner und schwächer als man selbst ist, fertigmachen zu können, sondern aus dem verständlichen Wunsch heraus, sie zu anständigen Menschen zu formen. Um dieses Erziehungsziel weiterhin erreichen zu können, brauchen sie also Alternativen, mit denen das ebenso gut, wenn nicht besser, gelingt.

Unseres Erachtens sind Empathie und Wiedergutmachung dafür besonders geeignet. Empathie ist der Schlüssel zu einer rücksichtsvollen Gesellschaft.[4] Wenn wir unseren Kindern beibringen, die Situation mit den Augen des Geschädigten zu sehen, statt sie zu bestrafen, wird sich ihr moralischer Kompass automatisch danach ausrichten, ob ihre Handlungen anderen Menschen schaden. Oder vielleicht sollten wir schreiben: Wir sollten unseren Kindern ihre Empathie gar nicht erst abgewöhnen, denn sie kommen ja eigentlich mit einem sehr liebenden und inkludierenden Blick auf die Welt, wie Forscher vom Max-Planck-Institut für evolutionäre Anthropologie in einem Experiment feststellten. Sie führten Versuche mit drei- bis fünfjährigen Kindern durch, in denen sie ihnen zeigten, wie eine Puppe einer anderen Puppe Gummibärchen, Stifte oder ein Spielzeug wegnahm. Die Wissenschaftler interessierten sich für die Reaktion der Kinder – es wurden ihnen verschiedene Handlungsoptionen zur Auswahl angeboten. Die meisten Kinder wählten die Option, dem Opfer den Gegenstand zurückzugeben. War das nicht möglich, nahmen sie der gemeinen Puppe zumindest den Gegenstand weg, damit diese ihn nicht benutzen konnte.[5] Die Forscher schlossen daraus, dass es Kindern nicht in erster Linie darum geht, Täter zu bestrafen, sondern dass ihnen vielmehr wichtig ist, für das Opfer den Urzustand wieder herzustellen. *Das* ist doch mal eine wunderbar logische Idee! Es wäre auch in Linas Fall mit dem vom Fahrrad zerkratzen Auto günstiger, wenn das Mädchen gemeinsam mit den Eltern versuchen dürfte, den Kratzer wegzupolieren. Dann wäre der Schaden für die Eltern etwas geringer. Lina wiederum wäre keine »Täterin«, die bestraft werden muss, sondern einfach ein Mensch, dem aus Gedankenlosigkeit und nicht aus Bosheit ein Fehler unterlaufen ist und der versucht, diesen Fehler möglichst wieder auszubügeln. Dieser minimale Unterschied kann sich gewaltig auf das Selbstbild eines Kindes auswirken.

Unser inneres Selbstbild hat einen entscheidenden Einfluss auf unser Handeln. Verschiedene Studien haben gezeigt: Wer davon überzeugt ist, ein sozialer, freundlicher Mensch zu sein, handelt entsprechend sozial und freundlich, selbst wenn das mit Anstrengung oder Kosten verbunden ist.[6] Hat sich jedoch aufgrund von wiederholt negativen Rückmeldungen ein negatives Selbstbild gebildet, neigen Menschen dazu, mit ihren Handlungen genau diesem Bild zu entsprechen. Das Fatale dabei ist, dass ihre Handlungen als Kinder meist nicht »böse« waren, sondern von den Erwachsenen oft fehlinterpretiert wurden. Ihnen wurden böse Absichten unterstellt, die sie nicht hatten.

Wenn Sie an Ihre Kindheit zurückdenken, an eine Situation, in der Sie von Erwachsenen ausgeschimpft oder bestraft wurden, werden Sie sich vermutlich an ein Gefühl von Ungerechtigkeit erinnern. Hatten Sie absichtlich provoziert oder etwas zerstört? Oder hatten die Erwachsenen nicht alle Informationen und haben Ihnen Motive unterstellt, die Sie gar nicht hatten? Wie soll ein Kind sein positives Selbstbild behalten, wenn die Dinge, die ihm unabsichtlich passieren oder die es ohne nachzudenken verursacht hat, als Beweise seiner Schlechtigkeit gelten? Das negative Selbstbild und die dazugehörigen Verhaltensmuster dissozialer Erwachsener haben sich meist in einem langjährigen komplexen Zusammenspiel von Verhalten und Reaktion der Umwelt darauf verfestigt.[7] Erwachsene müssen darum sorgsam mit negativen Zuschreibungen und Strafen für vermeintliches Fehlverhalten umgehen, denn es besteht die Gefahr, durch seine sich selbst erfüllende Prophezeiung ein »ungezogenes Kind« erst zu erschaffen. Gehen Sie stattdessen von den bestmöglichen, unschuldigsten Motiven aus, die zu einer kindlichen Dummheit geführt haben könnten. In der Regel treffen diese zu.

Verstößt bei den Babemba, einem Stamm in Südafrika, jemand gegen die Gesetze, wird er nicht bestraft. Stattdessen wird auf sein Selbstbild eingewirkt: Alle Mitglieder der Gruppe, egal welchen Alters, stellen sich um ihn herum auf und erzählen nacheinander, was sie an dem »Verbrecher« mögen oder lieben. Es sind immer persönliche Geschichten, die wahr und niemals übertrieben sind. Statt für sein Vergehen büßen zu müssen, wird er von allen daran erinnert, was für ein guter Mensch er ist. Sind alle mit ihren Ausführungen fertig, wird ein Fest gefeiert.⁸ Dieses Vorgehen wende ich seit vielen Jahren auch in meinen Klassen an. Gibt es einen Vorfall mit einem »Täter« und einem »Opfer«, bitte ich den Rest der Klasse, sich (zunächst einmal leise für sich selbst) zu überlegen, was sie an beiden Kindern mögen. Vielleicht fallen ihnen kleine Anekdoten ein, wie das eine Kind, der »Täter«, ihnen einmal geholfen hat oder es nett und freundlich mit ihnen gesprochen oder gespielt hat. Bei dem anderen Kind, dem »Opfer«, liegt der Fokus mehr darauf, wann sie ihn als stark, kraftvoll oder anführend (und dennoch freundlich) erlebt haben. Bevor die Klasse ihre positiven Beispiele berichtet, spreche ich meist allein und in Ruhe mit den beiden Kindern, die Streit hatten. Auch hier schimpfe oder bestrafe ich nicht. Das Gespräch ist freundlich-professionell, doch ich weiß, dass die Kinder es als intensiv erleben. Wir gehen nämlich den Vorfall in den folgenden vier Schritten durch.

Zeitstrahl: Wann ist was wo und mit wem genau passiert?

Zunächst erstellen wir einen Zeitstrahl der Ereignisse, was oft gar nicht so einfach ist, weil sich Geschehnisse und ihre Abläufe mit den kindlichen Gefühlen mischen und dann in der Erinnerung plötzlich kunterbunt durcheinandergeraten. Um aber den Auslöser für die Tat und vor allem den Punkt, an dem es noch ein Zurück gegeben hätte, zu erkennen, muss das Kind sich dringend an die tatsächliche Reihenfolge erinnern. Ich male also einen Strich auf ein Blatt Papier und markiere »den Knall«, also den Streit. Davon ausgehend besprechen wir Schritt für Schritt und in allen Einzelheiten, was vorher geschehen ist. Wer war beteiligt? Wer hat was gesagt? Wo standen die Kinder, wohin sind sie gelaufen? Den Auslöser der Tat zu finden, ist wichtig, weil es für eine Weiterentwicklung unabdingbar ist, seine eigenen »Trigger« zu kennen. Eventuell kann man diese dann meiden. Mit »Wiederholungstätern« suche ich meist nicht nur den Auslöser, sondern auch den Grund, der hinter dem Verhalten liegt, und versuche, diese langfristig zu lösen.

Welche Gefühle waren im Spiel?

Als Nächstes fokussiere ich das Gespräch stark auf die körperlichen Signale, die dem Kind gezeigt haben, dass es gerade wütend wird. Bei jedem Punkt des Zeitstrahls frage ich, an welche Körpersignale sie sich erinnern. Die meisten meiner Schüler haben nicht gelernt, ihre Gefühle zu benennen, geschweige denn, sie mit Signalen in Verbindung zu bringen. Man kann aber nur aus einer Gewaltspirale aussteigen, wenn man ihren Anfang bemerkt. Wenn die Ohren heiß werden, sich die Nackenhaare aufstellen, das Herz laut klopft oder sich der Hals zuschnürt, ist meist noch Zeit, sich umzudrehen und die Situation zu verlassen. Sieht man dagegen schon rot oder hat ein Rauschen in den Ohren, das alle klaren Gedanken übertönt, ist man bereits in einem Wutprogramm gefangen, das sich kaum stoppen lässt. Diesen Zusammenhang bespreche ich mit den Kindern, damit sie erkennen lernen, wann sie aus einer Situation noch aussteigen können.

Auch für die Kinder, die Opfer einer Attacke eines Mitschülers wurden, ist dieser Punkt sehr wichtig. Ich erlebe immer wieder, dass Kinder aus Unsicherheit oder Angst in Situationen lächeln, in denen es ganz und gar nicht angebracht ist. Lächeln bedeutet ja eigentlich, dass uns etwas gefällt. Wenn man aber etwas nicht mag oder sogar Angst hat, müssen einem die eigenen Körpersignale so bewusst sein, dass man die richtige Botschaft senden kann. Besonders stark fällt mir das bei Spielen zwischen Jungen und Mädchen auf, die sich eigentlich gern haben: Im Schwimmunterricht tauchen die einen die anderen »aus Spaß« kurz unter Wasser, und obwohl die Mädchen das eindeutig unangenehm finden, lachen, prusten und quietschen sie. Die Jungen machen weiter, weil sie glauben, den Mädchen mache es ebenso Spaß wie ihnen und sind dann ganz konsterniert, wenn die Erste anfängt, zu weinen oder sich beim Lehrer zu beschweren. Solche widersprüchlichen Signale und das Dilemma, das sie auslösen, bespreche ich ebenfalls.

Empathie wecken

Wir haben es schon mehrfach erwähnt: Empathie ist nur möglich, wenn man Mimik und Gestik eines anderen Menschen korrekt interpretieren kann. Darum versuchen wir im Gespräch nun zu rekapitulieren, welche Gesichtsausdrücke das andere Kind hatte beziehungsweise welche anderen Signale helfen, zu erkennen, dass es die Situation unangenehm empfand. Auch hierbei nutze ich den Zeitstrahl als Erinnerungshilfe. Manchmal spiele ich Gesichtsausdrücke oder Körperhaltungen nach, sodass der Schüler die Gelegenheit hat, sie in einer nicht aufgeputschten Situation aufzunehmen. Auch subtile Zeichen wie etwa verschränkte Arme oder das Zurücklehnen des Oberkörpers als Abwehrhaltung besprechen wir. Intensiv überlegen und artikulieren wir, wie sich der jeweils andere wohl gefühlt hat. Das echte Einfühlen in den anderen ist der wichtigste Punkt dieser Übung.

Und beim nächsten Mal?

Dieser Punkt fällt den meisten meiner Schüler in der Regel am leichtesten. Sie wissen theoretisch sehr wohl, wie sie hätten besser agieren können. Sie können auch wunderbar die Regeln der Schule oder der Klasse wiedergeben. Diese haben sie nämlich von Anfang an gelernt. Immer wenn es in der Vergangenheit einen Konflikt gab, wurden sie von Erwachsenen auf die geltenden gesellschaftlichen Normen hingewiesen. Das ist schön und gut. Nur reicht es leider nicht aus, wenn nicht vorher die Basiskompetenzen (Gefühle erkennen, Perspektivenwechsel einnehmen, sich in andere einfühlen) geschult wurden. Das bloße Kennen oder Nachsprechen einer Regel ist die Vorbereitung, um echte Handlungsalternativen aufzubauen. Ich bespreche mit meinen Schülern: Welches Ziel hatte meine Handlung? Wie habe ich versucht, es zu erreichen? War dieser Weg fair für alle? War dieser Weg ungefährlich? Hat er funktioniert? Wo hätte ich noch aussteigen können? Hätte es einen anderen Weg gegeben? Ist dieser neue Weg fair für alle? Wie werden sich die anderen mit dem neuen Weg fühlen? Ist dieser neue Weg ungefährlich? Wird er funktionieren? Wenn etwas kaputtgegangen ist, wie kann ich es wiedergutmachen? Manchmal übe ich sogar im Rollenspiel zusammen mit den Kindern diesen neuen Weg ein.[9]

Insgesamt dauert ein solches Gespräch 30 bis 60 Minuten und ist kein Spaziergang. Trotzdem fühlen sich die Kinder weder beschämt noch bestraft. Kehren wir danach in die Klasse zurück, hatten die anderen Schüler genügend Zeit, um sich zu überlegen, welche schönen Anekdoten sie erzählen wollen. Die beiden Streithähne werden nun in eine Wolke aus Liebe und Wertschätzung eingehüllt. Nach meiner Erfahrung wirkt dieses Vorgehen sehr viel effektiver und nachhaltiger als Lob für gutes und Tadel für schlechtes Verhalten.

Einigen Kindern ist die Erfahrung von Wertschätzung übrigens zunächst unangenehm. Sie albern herum oder tun besonders cool, statt zuzuhören. Das heißt nicht, dass sie es nicht hören wollen. Meist ist das ein Zeichen dafür, dass sie in der Vergangenheit als »böse« oder »auffällig« abgestempelt wurden und dieses Bild von sich bereits verinnerlicht haben. Je älter das Kind ist, desto schwieriger wird es, dieses negative Selbstbild zu ändern. Doch verzagen

Sie nicht, geben Sie nicht auf. Gerade diese Kinder brauchen unsere Wertschätzung am allermeisten.

Mein Kind zeigt keine Reue!

Dass Ihr Kind keine Reue *zeigt,* heißt nicht, dass es keine empfindet. Da Kinder größtenteils durch Nachahmung lernen, sollten Sie sich zunächst fragen, ob Ihr Kind überhaupt schon einmal einen Menschen gesehen hat, der Reue oder ein schlechtes Gewissen offen gezeigt hat? Welche Mimik und Gestik machen dies deutlich? Haben *Sie* vor Ihrem Kind schon einmal Reue gezeigt?

Meine Töchter kamen einmal vom Spielen ohne ihren Hausschlüssel nach Hause. Wir schickten sie zum Spielplatz zurück, doch wieder kamen sie mit leeren Händen heim. Nun wurden wir Eltern unruhig. War der Schlüssel verloren, mussten wir viel Geld für die Erneuerung des Türschlosses ausgeben. Wir befragten die Mädchen eindringlich, wo sie ihn zuletzt gesehen hätten, doch beide saßen scheinbar unbeteiligt auf ihrem Bett und gaben einsilbige, nicht hilfreiche Antworten. Sie wussten es nicht. Sie erinnerten sich nicht. Man sah ihnen an, dass unsere Befragung ihnen unangenehm war.

Am liebsten wollten sie nicht mehr über das Thema nachdenken. Uns Eltern machte das rasend. Dass man einen Schlüssel verliert, kommt vor – aber dann setzt man doch alle Energie ein, um ihn zu suchen, oder nicht? Das taten sie aber nicht. Wir baten sie, die Wohnung zu durchsuchen, während einer von uns Großen mit der Taschenlampe alle Wege draußen ablief. Die beiden taperten lustlos durch alle Zimmer und schauten allenfalls oberflächlich nach dem Schlüssel. Dann legten sie sich ermattet aufs Bett. Das machte uns wirklich wütend. Wir hätten uns gewünscht, dass sie ein wenig Einsatz zeigten, um ihre Schludrigkeit wiedergutzumachen. Der Schlüssel fand sich an diesem Abend nicht wieder. Am nächsten Morgen – ich ärgerte mich immer noch über die scheinbare Unbeteiligtkeit der Mädchen – fand ich in unserem »magischen Briefkasten« (als die Kinder noch an magische Wesen glaubten, korrespondierten sie so mit ihnen) zwei von den Mädchen in der Nacht mühevoll geschriebene Briefe. Sie baten den Weihnachtsmann und den Osterhasen, ihnen bei der Suche nach dem Schlüssel zu helfen, weil sie doch zaubern könnten und sicherlich wüssten, wo er zu finden sei. Das war gleichzeitig so süß und so herzzerreißend traurig, dass ich anfing, zu weinen. Sie waren sehr wohl emotional beteiligt gewesen. Sie hatten sich sehr wohl Sorgen gemacht. Sie hatten sehr wohl ein schlechtes Gewissen. Sie hatten es nur noch nicht zeigen können.

Es gibt Kinder, die keine Reue mehr fühlen. Aber Ihr Kind wird nicht dazugehören. Denn es müssen eine ganze Menge traumatischer und tief verletzender Dinge vorfallen, um das Gefühl für Richtig und Falsch zu verlieren. Die Wahrscheinlichkeit ist hoch, dass Ihr Kind ein schlechtes Gewissen hat, aber dies vor lauter Schuldgefühlen nicht ausdrücken kann. Denn wenn Gefühle allzu überwältigend werden, schützen wir uns mit Ersatzhandlungen. Die einen werden besonders laut und albern, die anderen sprechen plötzlich in Babysprache. Manche tun betont desinteressiert, manche schieben lamentierend die Schuld auf andere. Ab und zu ist die aufgeladene Schuld aus kindlicher Sicht sogar so groß, dass die Tat und die dazugehörigen Gefühle komplett verdrängt und vergessen werden. Dies sind Bewältigungsstrategien, die unbewusst ablaufen. Wenn man das weiß und sein Kind gut kennt, kann man seine Reue durchaus erkennen.

Unser Schlüssel fand sich übrigens noch am gleichen Tag – meine Töchter hatten ihn doch mit nach Hause gebracht und auch ans Schlüsselbrett gehängt, doch von dort war er runtergefallen und hinter eine Kiste gerutscht.

Pascal: Mein Kind hört nicht

Wenn ein Kind nicht »hört«, gibt es drei mögliche Erklärungen. Erstens, es *hört* wirklich nicht. Vielleicht ist es zu laut, oder seine Ohren sind verstopft. Zweitens, es hat Sie zwar gehört, aber seine Selbstkontrolle ist aufgrund von zu viel Kooperation schon aufgebraucht. Wir haben dieses Phänomen, das der Psychologe Roy Baumeister 1998 als »Erschöpfung des Ichs« (*ego depletion*) beschrieben hat, bereits in unserem ersten Buch ausführlich erklärt: Kurz gesagt wird die Fähigkeit eines Menschen zu selbstregulatorischem Verhalten verringert oder sogar aufgebraucht, wenn er im Laufe des Tages immer wieder seine Impulse stark zügeln muss.[10] Ein Kind, das den ganzen Tag in Schule »gehört«, also die Regeln der Erwachsenen befolgt hat, kann möglicherweise danach nicht mehr auf seine Eltern hören, wenn diese wieder von ihm verlangen, still zu sitzen. Selbstkontrolle ist eine limitierte Ressource des Gehirns. Es braucht Erholung, um diese wieder aufzufüllen.

Erinnern Sie sich an unser Beispiel mit der Familie am Abendbrottisch aus dem ersten Kapitel? Die Kinder machten Quatsch, obwohl die Eltern wiederholt um Ruhe gebeten hatten. Es ist sehr wahrscheinlich, dass die Selbstkontrolle der Kinder nach einem langen Tag in der Schule einfach aufgebraucht war. Das Gehirn dieser Kinder hatte deshalb das dringende Bedürfnis nach Erholung, und um dies zu befriedigen, alberten sie herum und lachten. Sich in einem solchen Moment zusammenzureißen, ist eine schier übermenschliche Anstrengung. Man kann sie vielleicht seinen Kindern abverlangen, wenn sie sich auf einer wichtigen Familienfeier befinden. Aber im Alltag halten wir es für zielführender, lieber einen Win-win-Kompromiss zu finden, der die Bedürfnisse der Eltern und die der Kinder berücksichtigt. Es ist einfach unnötig, sie zu stark angepasstem Verhalten zu zwingen, nur weil man das Gefühl hat, sie müssten lernen, Rücksicht zu nehmen. Mal ganz provokant gesagt: Eltern, die so etwas tun, haben offenbar selbst nicht gelernt, Rücksicht zu nehmen, denn sie stellen ihre eigenen Bedürfnisse in diesem Moment über die der Kinder. Viel eher lernen Kinder Rücksichtnahme, wenn ihnen selbst Rücksicht entgegengebracht wird.

Doch kommen wir zur dritten Erklärung, warum Kinder manchmal »nicht hören«: Weil wir Großen mit unserer Art der Ansprache den inneren Kern unsere Kinder nicht berühren. Dies zeigt das Beispiel von Pascal, 6, und Mario, 40.

> Ich war am Wochenende mit meinem Sohn Pascal auf dem Spielplatz. Er ist sechs und kommt demnächst zur Schule. Leider war die einzige Schaukel besetzt – eine etwa Dreijährige saß schon eine Weile darauf. Ich sagte also zu Pascal, dass er warten müsse. Da war er schon das erste Mal beleidigt. Er jammerte und quengelte, dass er da auf die Schaukel wolle. Das nervte mich natürlich, denn ich finde, mit sechs Jahren kann er ruhig auch mal warten. Es ist mir sehr wichtig, dass meine Kinder das lernen. Das Mädchen war mit seinem Papa da und schaukelte noch eine ganze Weile, ohne dass der Vater Anstalten machte, für meinen Sohn Platz zu machen. Nun ja. Pascal wurde immer weinerlicher und ich immer genervter. Ich konnte zwar verstehen, dass er nun auch endlich an die Reihe kommen wollte, aber wir konnten ja schlecht das Mädchen runterwerfen. So was macht man doch nicht. Sie war ja auch noch viel kleiner als mein Sohn.

Und wie gesagt, Abwarten ist ja nun einmal eine Tugend, die gelernt werden will.

Nach etwa zehn Minuten war endlich Pascal dran, und er fing vergnügt an zu schaukeln. Ich dachte, nun sei alles gut und ich komme dazu, meine Zeitung zu lesen. Aber kurz darauf stellte sich ein etwa achtjähriger Junge an die Schaukel und wartete darauf, dass sie frei wurde. Mich machte das ganz nervös, denn ich sah, dass Pascal keine Anstalten machte, mit dem Schaukeln aufzuhören. Ich sagte zu Pascal, dass er noch fünfmal hin und her schaukeln dürfe, dann sei der andere Junge dran. Dieser schien ohne Eltern da zu sein, also wollte ich so ein bisschen für ihn einspringen und zwischen den Jungen vermitteln. Um ganz ehrlich zu sein, wäre ich lieber auf der Bank sitzen geblieben, statt als Schiedsrichter zu fungieren, aber ich wollte auch nicht, dass die umstehenden Eltern auf dem Spielplatz ein schlechtes Bild von meinem Sohn bekommen. Er ist nämlich eigentlich ein echt Lieber. Natürlich konnte ich auch verstehen, dass Pascal gern weiterschaukeln wollte. Schaukeln ist toll, fand ich als Kind auch. Aber manchmal muss man halt in den sauren Apfel beißen und etwas tun, das man nicht will, weil es »das Richtige« ist. Und Rücksicht zu nehmen, ist nun einmal richtig.

Als ich also sagte, dass bald der andere Junge an der Reihe sei, tat Pascal so, als höre er mich nicht. Bockig schaukelte er mehr als fünfmal. Ich blieb erst noch ruhig, aber als er auch noch ein siebtes und achtes Mal schaukelte, wurde ich echt sauer. Was denkt der sich denn? Dass ich ihn von der Schaukel scheuche, weil es mir Spaß macht, ihn zu ärgern? Ganz sicher wäre er nicht freiwillig abgestiegen, er wollte in dem Moment nämlich nicht auf mich hören. Deshalb hielt ich dann die Schaukel mit meiner Hand an, weil ich das echt frech von ihm fand.

Da war was los! Mein Herr Sohn rannte vor mir weg, streckte mir die Zunge raus und benahm sich so was von ungezogen!

> Er riss Blätter von den Sträuchern, stampfte fremde Sandburgen platt und rief unflätige Dinge. Meine Güte, es war nur eine Schaukel, da muss man doch nicht gleich so ausrasten. Mir war sein Verhalten unendlich peinlich vor den anderen, und ich hätte ihn am liebsten richtig durchgeschüttelt, damit er zur Besinnung kommt. Hab ich natürlich nicht. Hätte ich auch gar nicht können, er lief ja immer vor mir weg und versteckte sich. Er warf mir dann laut an den Kopf, dass ich der gemeinste Vater der Welt wäre und ihm immer alles verbieten würde. Also wirklich! Das stimmt überhaupt nicht. Ich erlaube ihm total viel. Aber irgendwann ist auch mal Schluss, und dann will ich, dass er auf mich hört. Ich will nicht die Erziehung meiner Eltern wiederholen, aber was mache ich denn, wenn Pascal einfach nicht tut, was ich sage?

Als ich vor mehr als zehn Jahren in den Schuldienst kam, passierte über Nacht etwas Seltsames mit mir. Ich wurde zur »Lehrerin«. Ich kaufte mir neue hübsche Kleidung, von der ich dachte, sie würde meine Lehrerrolle unterstreichen. Statt meines Rucksacks nahm ich eine Umhängetasche, und bei meinen akribischen Stundenvorbereitungen überlegte ich mir sehr gewissenhaft, was ich sagen würde und was die Schülerinnen und Schüler vermutlich antworten würden. Doch obwohl mich die Kinder an der Schule alle sehr herzlich aufnahmen, hatte ich zunächst Schwierigkeiten, sie dazu zu bewegen, auf mich zu hören. Ich erreichte sie einfach nicht.

Also fing ich an, bei meinen Kolleginnen zu hospitieren. Eines stellte ich sehr bald fest: Es gab solche, die es auf magische Weise schafften, dass die Kinder ihnen aufmerksam zuhörten, gern mitarbeiteten und insgesamt leise waren. Und es gab solche, die mit sehr viel erzieherischem Druck, Lob und Strafen arbeiten mussten, damit es im Unterricht lief. Es dauerte eine Weile, bis ich erkannte, dass der Unterschied vor allem darin lag, dass die einen *authentisch* agierten, während die anderen ihre persönlichen Gedanken und Gefühle hinter der Lehrerrolle versteckten und die Kinder nur als »Schüler« sahen, also als Objekte, nicht als individuelle Subjekte. Damit bauten sie eine unsichtbare Mauer auf und wurden für die Schüler schlechter greifbar – so, wie es mir als Lehrerin auch passiert war.

Das gleiche Phänomen tritt oft ein, wenn das erste Kind geboren wird. Plötzlich schlüpfen wir in *die Rolle* eines Elternteils und tun und sagen Dinge, von denen wir denken, dass »Eltern« das so tun und sagen. Wir sprechen dann zu unseren Kindern nicht mehr als Katja oder Danielle oder Thomas, sondern als Mutter und Vater, und verstecken unser wahres Ich hinter der Funktion. Das kann so weit gehen, dass wir als Individuum sogar etwas völlig anderes denken, als wir als Elternteil aussprechen. Bei Mario ist zum Beispiel gut herauszulesen, dass er eigentlich gern in Ruhe auf der Bank Zeitung lesen wollte und seinem Sohn auch gönnte, nun endlich schaukeln zu können. Dennoch intervenierte er als Elternteil, weil er dachte, das sei sozial angemessen.

Wenn wir als Elternteil agieren und nicht als Individuum, senden wir mitunter widersprüchliche Signale. Unsere Kinder können uns dann nicht richtig erspüren. Weil die Handlungen eines Kindes im Gehirn maßgeblich von den Spiegelneuronen aktiviert werden, wird es schwierig, wenn die unbewussten Signale der Erwachsenen ihren verbalen Äußerungen widersprechen.[11]

Marios unbewusste Körperhaltung, seine Mimik und Gestik zeigten, dass er eigentlich auf Pascals Seite war und fand, sein Sohn dürfe nun ausgiebig schaukeln. Seine bewussten Handlungen und Worte sagten aber das Gegenteil – und auf diese sollte sein Sohn hören. Je jünger unsere Kinder sind, desto schwerer fällt es ihnen, auf unsere Worte statt auf unsere unbewussten Signale zu reagieren, weil ihre Intuition noch nicht so stark vom rationalen Denken übertüncht wird. Ältere Kinder haben schon gelernt, eher auf die Worte der Erwachsenen zu achten.

Man kann aus dem Beispiel gut herauslesen, dass Mario seinen Sohn »erziehen« wollte. Daran ist erst einmal nichts Schlechtes, im Gegenteil: Er möchte seinem Sohn Pascal wertvolle moralische Grundsätze und Tugenden nahebringen. Zum einen möchte er, dass Pascal lernt, abzuwarten. Zum anderen möchte er, dass der Junge nicht egoistisch agiert und Spielgeräte mit anderen Kindern teilt. Er soll also rücksichtsvoll sein. Das sind gute Erziehungsziele, und wir können nachvollziehen, warum ihm diese wichtig sind. Nur versucht er, diese aus der Position des »Vaters« zu vermitteln, der seinem »Sohn« gesellschaftsadäquates Verhalten beibringen möchte. Damit verlässt Marios Wunsch, Pascal möge sich sozial verträglich mit den anderen Kindern einigen, die persönliche (und damit die für das Kind relevante) Ebene. Stattdessen agiert der Vater auf einer erzieherischen Metaebene, auf der »Abwarten eine Tugend« ist, »Kinder Rücksicht nehmen lernen müssen« und »in den sauren Apfel beißen sollen, um das Richtige zu tun«. Wenn man das so überspitzt liest, wird einem schnell klar, wie hohl und nichtssagend solche Phrasen für unsere Kinder sind. Sie erzeugen keine Resonanz im Gehirn unserer Kleinen – es berührt sie nicht. Und doch kommen sie uns Eltern unglaublich oft über die Lippen.

Selbstverständlich ist es möglich, auf diese Art und Weise seinen Kindern gute gesellschaftliche Werte zu vermitteln – unsere Eltern, Großeltern und Urgroßeltern hätten jeden ausgelacht, der ihnen gesagt hätte, sie dürften sich nicht zum »Objekt Mutter« oder »Objekt Vater« machen, sondern müssten mit authentischer innerer Klarheit als individuelles Subjekt zu ihren Kindern sprechen. Selbst zu Zeiten, in denen die Kinder ihre Eltern siezten und mit »Herr Vater« und »Frau Mutter« ansprachen, funktionierte Erziehung. Doch brauchte man für sie äußere Krücken wie feste Regeln.

Innere Klarheit versus äußere Regeln

Uns Eltern wird immer wieder gesagt, wir müssten konsequent in unseren Handlungen sein, damit unsere Kinder gutes gesellschaftliches Verhalten erlernen können. In den meisten Fällen meinen die Ratgebenden mit »konsequentem Verhalten«, dass wir in bestimmten Situationen immer gleich reagieren sollen, damit die Kinder klar herauslesen können, was erlaubt ist und was nicht.

Ich weiß nicht, wie es Ihnen geht, aber ich bekomme Beklemmungen, wenn ich nur daran denke, ich müsste mich immer gleich verhalten; obwohl mir natürlich die Argumentation einleuchtet. Ich würde es jedoch als massive Einschränkung meiner Lebensqualität empfinden, nicht abhängig nach Tagesform oder -zeit handeln zu dürfen. Ich bin doch kein Roboter! An einem Tag finde ich es zum Beispiel schön, wenn Josua im Bad mit Wasser planscht, Wasserbomben füllt oder sich mit seinen Schwestern mit Wasserpistolen beschießt, weil ich so Zeit habe, in Ruhe zu kochen, während sie einträchtig spielen. An einem anderen Tag jedoch bin ich müde von der Arbeit und denke daran, dass bald Gäste kommen – dann bin ich dem Gespritze gegenüber nicht mehr so positiv eingestellt, weil ich weiß, dass mir das gemeinsame Aufräumen hinterher zu anstrengend wird.

Würde ich nun mit äußeren Regeln erziehen, müsste ich festlegen, dass Planschen im Bad verboten ist, weil mich das Aufräumen hinterher nervt. Oder dass Planschen im Bad erlaubt ist, aber dann müsste konsequenterweise diese Regel auch dann gelten, wenn ich müde und gestresst bin. Oder ich könnte die Regel aufstellen, dass Planschen nur in der Duschkabine erlaubt ist, um das Chaos einzuschränken.

Weil ich, wenn ich äußere Regeln nutze, der »Trainer« in der Beziehung mit meinen Kindern bin, müsste ich dann aber auch als »Schiedsrichter« darauf achten, dass meine Maxime eingehalten wird. Sollten sie meine Regel brechen, müsste ich ein ernstes Wort mit ihnen reden. Denn wenn ich nicht die Einhaltung meiner Regeln kontrolliere, merken die Kinder bald, dass ich diese nicht ernst meine, und fangen an, *mich* nicht mehr ernst zu nehmen: »Mama stellt Regeln auf, aber es passiert nichts, wenn wir sie überschreiten.« Mit einer so laschen Haltung würde ich meine Autorität komplett untergraben. Deshalb gilt: *Wenn* ich eine Regel aufstelle, *dann* muss ich konsequent bleiben und die Einhaltung durchsetzen. Für mich klingt das nach schwerster Erziehungsarbeit und nicht sonderlich attraktiv. Außerdem käme bei dieser Variante meine echte innere Haltung (manchmal finde ich schön, dass er planscht, manchmal nicht) zu kurz.

Wenn ich aber nicht als Elternteil erziehe, sondern als Katja mir innerlich klar darüber bin, was ich will, und meine persönlichen Grenzen aufzeige, dann kann ich einfach sagen: »Hör mal, Josua, gleich kommen unsere Gäste, und ich möchte, dass das Bad trocken ist. Such dir heute mal was anderes zum Spielen.« Ich brauche dann gar nicht zu überprüfen, ob er meine Bitte erfüllt, weil ich mir sicher sein kann, dass seine Spiegelneuronen von meinen authentischen Signalen (ich will heute wirklich, dass das Bad trocken bleibt) eine Handlungssequenz ableiten werden. Damit vermittle ich ihm auf unbewusster Ebene, dass ich ihm vertraue. Wie wir in unserem ersten Buch ausführlich dargestellt haben, wollen Kinder von Natur aus kooperieren, deshalb wird Josua in den meisten Fällen meiner Bitte nachkommen.

Selbst wenn er trotzdem planschen würde, bräuchte ich nicht mit ihm schimpfen, denn er hat ja keine Regel gebrochen. Ich würde natürlich verärgert reagieren und ihn grummelnd oder sogar verstimmt polternd bitten, den Boden wieder trocken zu wischen. Aber das wäre für seinen präfrontalen Cortex sogar gut und wichtig. Dieser Teil des Gehirns sammelt ja Kausalitäten zwischen dem eigenen Verhalten und der Reaktion von anderen, um daraus Regeln für soziales Miteinander abzuleiten. Josua würde also aus der Situation mitnehmen, dass ich genervt bin, wenn er meiner Bitte nicht entspricht und nicht kooperiert. Es würde sich aber nicht negativ auf das Selbstbild meines Sohnes auswirken, weil ich ihn nicht als Regelbrecher darstelle und ihm auch nicht sorgenvoll beibringen will, »dass er lernen muss, Rücksicht zu nehmen«.

Bei uns zu Hause ist erst einmal grundsätzlich alles erlaubt, wenn es nicht lebensgefährlich ist. Das wissen meine Kinder. Aber die Freiheit des einen endet da, wo die Freiheit des anderen beginnt. Das wissen sie auch. Das heißt, wenn ich gerade nicht mag, dass jemand im Bad wild mit Wasser planscht, dann sage ich es. Damit bin ich in meinem Verhalten *völlig konsequent*. Meine Kinder lernen nämlich: »Immer wenn meine Mutter etwas stört, sagt sie es.« Sie lernen auch, dass ich nicht immer gleich gut gelaunt bin oder gleich viel Geduld habe. Sie lernen, dass ich ein Mensch bin. Sie lernen, Rücksicht zu nehmen. Gleichzeitig dürfen sie natürlich auch sagen, wenn sie etwas stört und dann bin ich diejenige, die Rücksicht nimmt. Es ist ein Geben und Nehmen.

Erzöge ich mit äußeren Regeln, dann würden sie lernen, dass es Regeln gibt und man diese einhalten muss, weil es sonst Ärger gibt. Das ist keine schlechte Lebensweisheit – denn das Einhalten von Regeln ist in unserer Gesellschaft durchaus wichtig. Meine Kinder hätten aber wenig über mich gelernt. Mein wahres Inneres bliebe hinter der Regel verborgen. Sie würden nicht lernen, auf meine Bedürfnisse zu achten, weil ich sie nicht aussprechen muss. Sie würden nicht lernen, Rücksicht auf die Tagesform des anderen zu nehmen. Es ist ein Unterschied zwischen: »Das darf man nicht!« und »Das ist dem anderen unangenehm, also mache ich es nicht.«

Gesellschaftliche Normen

Schwieriger wird es, wenn ich persönlich kein Problem mit einer Sache habe, aber weiß, dass sie von der Gesellschaft als ungebührlich eingeschätzt wird, zum Beispiel wenn Kinder in der U-Bahn an den Haltestangen hängen. In der Vergangenheit ist es durchaus vorgekommen, dass meine Kinder in einer solchen Situation erst einmal nicht auf mich »gehört« haben – meine unbewussten Signale haben einfach nicht mit meinen Worten zusammengepasst. Das ist ungünstig, weil ich natürlich trotzdem möchte, dass sie sich an die allgemeine Regeln halten.

Dieses Dilemma habe ich gelöst, indem ich darüber nachgedacht habe, was genau mich an der Situation stört. Welche authentischen Gefühle habe ich? Meist war mir unangenehm, dass Umstehende meine Kinder als ungezogene Rotzgören ansehen könnten, also stellte ich meine Kommunikation dahingehend um. Statt »Hört auf, an den Haltestangen zu klettern. Das ist nicht erlaubt«, sagte ich: »Hört auf, an den Haltestangen zu klettern. Ich möchte nicht, dass sich die anderen Mitfahrer von euch gestört fühlen.« Damit war ich viel mehr *bei mir*. Hinter dieser Bitte stand wirklich Katja mit ihren Gefühlen, was sich prompt auf das Hören meiner Kinder auswirkte.

Auf diese Art und Weise lernen meine Kinder – wie andere Kinder auch –, dass es gesellschaftliche Normen gibt, an die man sich einfach zu halten hat: Dass man in der U-Bahn nicht turnt oder mit den Schuhen auf den Sitzen steht, dass man im Restaurant nicht schreiend herumrennt, dass man sich in der Schlange beim Bäcker nicht vordrängelt, weil es andere Menschen stört. Sie lernen, Rücksicht auf die Grenzen und Gefühle anderer zu nehmen.

Mittlerweile merke ich gut, wenn ich die persönliche Ebene verlasse und als Mutter nur noch Phrasen dresche, weil meine Kinder dann schlechter auf mich hören. Sobald ich meinen ureigenen

Wunsch als Katja an sie stelle, ändert sich ihr Verhalten mir gegenüber schlagartig. Meinen Kindern ist diese Änderung gar nicht bewusst – sie reagieren intuitiv, je nachdem, ob ich es schaffe, ihre Spiegelneuronen in Resonanz zu versetzen oder nicht. Ich muss nur als Individuum zu ihnen sprechen und mich nicht hinter meiner Funktion als Mutter verstecken, dann läuft es reibungslos.

Müssen Eltern immer an einem Strang ziehen?

Oft wird uns Eltern gesagt, wir müssten bei der Erziehung unserer Kinder dringend an einem Strang ziehen, um die Kinder nicht zu verwirren. Wenn der eine Hü, und die andere Hott sagt, wie sollen die Kleinen dann herausfinden, was erlaubt und was verboten ist?

Auch hier sehen wir durchaus die vermeintliche Logik hinter der Argumentation, und doch finden wir, sie gilt vor allem für die Erziehung mit äußeren Regeln. Denn wenn man davon ausgeht, dass Mama und Papa Individuen sind mit unterschiedlichen Vorlieben und Toleranzgrenzen, dann passiert es doch ganz automatisch, dass sie unterschiedliche Regeln aufstellen. Wie authentisch wäre es also, die eigene Sicht vor dem Kind zu verstecken, damit man mit dem Partner »auf Linie« ist?

Was jedoch stimmt: Es ist günstiger, an einem Strang zu ziehen, wenn sich die Eltern dafür entscheiden, als Erwachsene äußere Regeln für Kinder aufzustellen. Denn aufgesetzte Grenzen werden von Menschen allgemein und Kindern im Besonderen häufig in Frage gestellt.

Das Bedürfnis, sich Zwängen zu widersetzen, findet man auch bei allen (wilden) Tierarten. Einem Stärkeren machtlos ausgeliefert zu sein, induziert im Gehirn eine unangenehme Inkohärenz, die es um jeden Preis zu verhindern gilt. Der Evolutionsbiologe Lee Kavanau fand heraus, dass Mäuse in Gefangenschaft übermäßig viel Zeit und Energie investierten, um sich gegen experimentelle Manipulation zu wehren. Wichtiger als Sex, Nahrung und Wasser schien ihnen zu sein, den Menschen auf der anderen Seite des Gitters zu »widersprechen«. Machten die Forscher beispielsweise Licht an, klickten die Mäuse es wieder aus. Schalteten die Forscher dagegen das Licht aus, ruhten die Mäuse nicht, bis sie es geschafft hatten, es wieder anzuschalten.[12] Der Psychologe Martin Seligmann schreibt in seinem Buch *Erlernte Hilflosigkeit*, dass seiner Meinung nach der Widerstand gegen Zwänge das Bedürfnis ist, Hilflosigkeit zu vermeiden. Da der Zustand der Hilflosigkeit Furcht und Depression auslöse, diene jede Aktivität, die dies vermeide, gleichzeitig der Vermeidung der unangenehmen emotionalen Zustände.[13] Dieses Phänomen findet man übrigens nicht nur bei Kindern und Mäusen. Weil die New Yorker Metro große Hunde aus der U-Bahn verbannen wollte, wurde in den Beförderungsbedingungen festgelegt, dass nur Hunde, die in eine Tasche passen, mitgenommen werden dürfen. Gemeint waren damit natürlich nur sehr kleine Schoßhündchen. Die New Yorker reagierten darauf mit humorvollem Widerstand: Sie packten ihre Riesenschnauzer, Neufundländer, Rottweiler und Golden Retriever in Wanderrucksäcke oder übergroße Tragetaschen, wie man im Internet auf etlichen Fotos sehen kann, und umgingen so die Bestimmungen.

Zurück zum Menschen: Gilt zum Beispiel die Regel, dass die Kinder um sieben Uhr schlafen gehen müssen, unterwandern sie diese oft, indem sie noch mal rauskommen, weil sie etwas trinken wollen oder es Monster unter dem Bett gibt. Es ist für Eltern schon schwer genug, das einzudämmen. Wenn nun der Vater noch erlaubt, dass die Kinder ausnahmsweise bis acht Uhr wach bleiben, weil die Mutter ausgegangen ist, dann gibt es am nächsten Tag ziemlich sicher einen Aufstand gegen die Sieben-Uhr-Regel. »Aber bei Papa durften wir gestern …!« Und schon ist die Mutter die Gemeine, weil sie »nie was erlaubt« und »immer so streng ist«. Wie frustrierend. Da ist Streit unter den Partnern programmiert. Deshalb ist es tatsächlich ratsam, als Eltern die gleichen äußeren Regeln zu haben, weil es sonst zu unnötigen Reibereien kommt. Reagieren die Eltern individuell nach ihrer Tagesform, ihren Vorlieben oder abhängig von der momentanen Länge ihres Geduldsfadens, dann dürfen sie Hü und Hott sagen, ohne dass ihre Position dadurch wackelt. Denn dieses Hü und dieses Hott entspringen ja unterschiedlichen Bedürfnissen. Diese müssen gegeneinander abgewogen werden: Sagen wir, die Kinder sind noch nicht müde und wollen gern länger aufbleiben und noch spielen. Die Mutter hatte einen langen Tag und will Ruhe, der Vater dagegen hat noch Energiereserven. Die Mutter könnte sich also ins Wohnzimmer zurückziehen und fernsehen oder lesen, während der Rest der Familie noch spielt. Mit fünf Jahren sind Kinder auch nicht mehr so klein, dass sie nicht akzeptieren könnten, dass die Mutter eine Auszeit braucht. So wären alle Bedürfnisse befriedigt. Ist das Bedürfnis der Eltern hingegen, den Abend gemeinsam zu verbringen, die Kinder aber wollen noch nicht schlafen, muss ein anderer Kompromiss gefunden werden. In diesem Fall müssten sich die Kinder allein beschäftigen. Es muss eine Lösung gefunden werden, mit der alle an diesem Abend leben können. Wie das Abwägen von Bedürfnissen konkret aussieht, werden wir im Kapitel »Vom Familiendesaster zum Win-win-Kompromiss« näher beschreiben.

Nicht übers Ziel hinausschießen

Kommen wir noch einmal zurück zu Mario und Pascal aus unserem Eingangsbeispiel. Das Problem war ja nicht nur, dass Pascal nicht auf seinen Vater gehört hat, es ging sogar so weit, dass der

Junge ausfällig wurde und gezielt provozierte. Sicherlich ist Ihnen beim Lesen des Beispiels aufgefallen, was den Jungen so ausrasten ließ.

Der kritische Punkt in diesem Fall ist, dass Mario in kurzer Abfolge zwei widersprüchliche Erziehungsmaxime aussendete, was sein Sohn als Doppelmoral empfand. Einerseits sollte Pascal abwarten, bis ein anderes Kind von selbst ausgeschaukelt hatte, weil dieses noch jünger war als er. Andererseits sollte er aber, als er dann auf der Schaukel saß und selbst der Jüngere war, plötzlich sein eigenes Schaukeln vorzeitig abbrechen. In diesem Fall galt nun plötzlich der Grundsatz, dass der Schaukelnde die Pflicht hat, nach einer Weile seinen Platz freizumachen. Bei dem Mädchen vorher aber galt dieser Grundsatz nicht – da hieß es noch, das wartende Kind (Pascal) müsse es eben so lange aushalten, bis die Schaukelnde von selbst keine Lust mehr hat.

Beide Grundsätze des Vaters – die Wichtigkeit des Abwartens wie die Rücksichtnahme – sind an sich natürlich löblich, und Kinder tun gut daran, diese zu verinnerlichen. Doch Mario ist ein wenig übers erzieherische Ziel hinausgeschossen, als er beide Grundsätze nun ausgerechnet in einer einzigen Situation vermitteln wollte. Zu Recht empfand sein Sohn die widersprüchlichen Aussagen seines Papas so, als wolle dieser ihm in den Rücken fallen. Die beiden anderen Kinder durften so lange schaukeln, wie sie wollten – der Vater des kleinen Mädchens dachte nicht daran, sie zum Aufhören zu überreden, und der ältere Junge hatte keine eingreifenden Erwachsenen dabei. Nur Pascal musste, weil sein Vater es so wollte, erst abwarten und dann abbrechen. Da kann man schon mal wütend werden und sich vergessen, weil man das Gefühl hat, der eigene Papa würde fremde Kinder bevorzugen.

Günstiger wäre also gewesen, Mario hätte versucht, beim Schaukeln nur einen Grundsatz zu vermitteln: Entweder, dass man abwartet, bis das Kind, das auf der Schaukel sitzt, von allein fertig wird. Dann hätte Pascal weiterschaukeln dürfen, obwohl der fremde Achtjährige wartete. Oder dass das schaukelnde Kind nach einer Weile zugunsten der Wartenden abbrechen sollte. Dann hätte Mario aber den Mumm besitzen müssen, den fremden Vater des kleinen Mädchens anzusprechen und ihn zu bitten, ihr Schaukeln für seinen Sohn abzukürzen. Offensichtlich ist es Mario überhaupt nicht aufgefallen, dass er seinen Sohn benachteiligt hat, deshalb war er so verwundert und erbost, als Pascal extrem wütend wurde. Es ist für uns Eltern nicht immer leicht, sofort zu analysieren, was gerade schief läuft. Das ist nicht dramatisch – Menschen machen nun einmal Fehler. Aber wenn es aus dem Ruder gelaufen ist, sollten wir nicht automatisch unseren »ungezogenen« Kindern die Schuld zuschieben, sondern überlegen, ob nicht auch wir einen Anteil daran hatten. Kinder benehmen sich selten einfach schlecht – es gibt in den meisten Fällen einen guten Grund für ihr Verhalten. Und sollte der Grund bei uns Eltern liegen, bricht uns kein Zacken aus der Krone, wenn wir uns bei ihnen entschuldigen. Niemand, der einen Fehler eingesteht, verliert Respekt – im Gegenteil.

Julie: Klauen, Lügen und die Entwicklung der Moral

Wenn unsere Kinder etwas tun, das gegen die moralischen Prinzipien unserer Gesellschaft verstößt, regt sich bei fast allen Eltern die große Sorge, dass sich ihr Kind in eine bedenkliche Richtung entwickeln könnte. Diese ist jedoch in der Regel unbegründet, denn das Überschreiten von gesellschaftlichen Grenzen, zum Beispiel durch Stehlen und Lügen, ist in einem gewissen Rahmen – und vor allem in einem bestimmten Alter – vollkommen normal und hängt eng mit der Moralentwicklung zusammen. Das Beispiel von Freya, 37, und ihrer Tochter Julie, 7, verdeutlicht dies.

> Ich bin ziemlich besorgt wegen meiner Tochter Julie. Sie ist ein liebes Mädchen, aber ich erwische sie in letzter Zeit immer wieder dabei, zu lügen oder auch kleinere Dinge zu entwenden. Das waren bisher keine dramatischen Sachen, aber es ist doch in meinen Augen Stehlen. Vor unserem Supermarkt stehen zum Beispiel zwei Kübel mit künstlichen Hecken. Solche aus Plastik, die man nicht gießen muss. Ich habe jetzt schon drei- oder viermal gesehen, wie Julie im Vorbeigehen ein kleines Plastikblatt abreißt und in die Hosentasche steckt. Ich habe gleich beim ersten Mal mit ihr gesprochen und gesagt, dass sie das nicht mehr machen soll, weil diese Plastikpflanzen Geld kosten und der Inhaber des Ladens sicher nicht erfreut ist, wenn da andauernd

Kinder die Blätter abrupfen und mitnehmen. Aber obwohl sie verständig mit dem Kopf genickt hat, hat sie es wieder getan. Nach dem vierten Mal hat sie zwar aufgehört, aber warum kann sie es nicht gleich nach dem ersten Mal lassen? Ich hatte es ihr doch gesagt!

Manchmal hat sie auch Spängchen oder kleinere Spielzeuge in den Hosentaschen, die definitiv nicht von uns sind. Ich vermute, sie hat die aus der Schule mitgenommen. Wenn ich sie drauf anspreche, sagt sie, dieses oder jenes Mädchen hätte sie ihr geschenkt, aber ich bin wirklich nicht sicher, ob das immer stimmt. Ich fürchte, dass sie mich anlügt. Denn einmal, als ich sie aus dem Hort abholte, war sie behängt mit Haarzöpfen, Kopfschmuck und einer Tasche; alles Dinge, die ihr nicht gehörten. Auf Nachfragen sagte sie mir, das gehöre Charlotte, und sie dürfe es bis morgen ausleihen. Okay, dachte ich. Als wir dann gehen wollten, kam Charlotte mit anderen Kindern über den Hof zufällig in unsere Richtung. Mein Kind beschleunigte den Schritt. Ich roch natürlich den Braten: Sie hatte wohl nicht gefragt, ob sie die Sachen ausleihen durfte! Nun wollte ich sie nicht vor ihren Freundinnen beschämen und reagierte aus dem Bauch heraus: Ich ließ mich von Julie aus dem Hoftor führen, ohne dass Charlotte uns sah. Ich habe also so getan, als hätte ich nicht bemerkt, dass Julie mich angelogen hat. Das fühlte sich aber auf dem Nachhauseweg schon nicht so gut an. Ich grübelte, ob ich es auf die Konfrontation hätte ankommen lassen sollen. Aber ich wollte nicht, dass Julie bei ihren Freundinnen als Diebin abgestempelt ist. Ich habe dann penibel darauf geachtet, dass sie am nächsten Tag alles in Charlottes Fach legt. Seitdem bin ich total skeptisch, was die Aussagen von Julie angeht. Eigentlich vertraue ich ihr gar nicht mehr, aber ich will ihr nun auch nicht das Gefühl geben, sie sei in meinen Augen eine notorische Lügnerin. Ich frage aber jetzt immer mehrmals

> eindringlich nach, ob sie wirklich etwas geschenkt bekam. Ich zweifle wirklich immer, und es tut mir so leid, das so sagen zu müssen. Wer einmal lügt, dem glaubt man nicht, und wenn er doch die Wahrheit spricht. Natürlich geht es hier nur um Kleinigkeiten von wenig Wert, aber ich meine, so fängt es ja immer an. Und irgendwann gewöhnt sie sich dran, Dinge einfach ohne Bezahlung mitzunehmen, weil sie ihr gefallen? So nicht! Ich will jetzt schon eingreifen.

Zur kindlichen Moralentwicklung gibt es unterschiedliche theoretische Betrachtungsweisen. Früher ging die Wissenschaft davon aus, dass Kinder nur dann moralische Werte annähmen, wenn die Erwachsenen aktiv mit Lob und Strafe darauf Einfluss nehmen. Nach Ansicht des Psychologen Lawrence Kohlberg zum Beispiel denken Kinder bis zum neunten Lebensjahr, dass grundsätzlich der Stärkere, Machtvollere recht habe. Dementsprechend könnten sie nicht moralisch abwägen, sondern lediglich Regeln von Autoritäten befolgen – meist aus Angst vor Strafen. Erst im Alter zwischen 10 und 21 Jahren könnten Kinder die Bedeutung moralischer Normen für das Funktionieren der Gesellschaft verstehen und beachten.

Kohlbergs Stufenmodell der kindlichen Moralentwicklung bildete die Basis der Erziehung früherer Generationen. Man ging davon aus, dass jeder Mensch auf der ganzen Welt diese Stufen in derselben Reihenfolge und ohne Sprünge durchliefe. Deshalb war es Usus, Kindern in den ersten zehn Jahren Wertvorstellungen und angemessenes Verhalten durch Belohnungen und Strafen »anzuerziehen«. Durch Tadel oder Lob würden Kinder nach und nach verstehen, zwischen Richtig und Falsch zu unterscheiden.

Kohlberg formulierte seine Theorie 1958 und erweiterte sie in einer 25 Jahre währenden Langzeitstudie. Damit fallen seine Forschungen komplett in die Zeitspanne, in der die Mehrzahl aller Kinder nach dem behavioristischen Prinzip »mit Lob für gutes Verhalten und Strafe für schlechtes Verhalten« erzogen wurden. Dementsprechend entwickelten sich auch die neurologischen Verschaltungen im Gehirn (»Wenn-dann-Nervenbahnen«).

Heute weiß man, dass diese anerzogenen Moralvorstellungen eher instabil sind und sich situationsbezogen ändern. In Versuchen zeigte sich, dass so erzogene Kinder zu ihrem Vorteil mogeln, wenn sie die Gelegenheit haben. Ihre Entscheidung ist schlicht davon abhängig, ob sie glauben, dabei erwischt zu werden oder nicht. Gingen sie davon aus, ungestraft davon zu kommen, hielten sie sich sehr oft nicht an ihre moralische Grundeinstellung.[14]

Das ist nicht der einzige Punkt, in dem Kohlbergs Theorie mittlerweile widerlegt wurde. Vor allem die These, dass Kinder in der ersten Stufe ausschließlich aus Angst vor Strafen moralisch motiviert handeln, hat sich als falsch erwiesen.[15] Forschungsarbeiten der letzten Jahrzehnte ergaben, dass das Moralverständnis jüngerer Kinder sehr viel komplexer ist als von Kohlberg angenommen. Sie gehen davon aus, dass uns moralisches Verhalten quasi in die Wiege gelegt wird, da einige – eng mit Moral verbundene – Gefühle schon sehr früh in der kindlichen Entwicklung auftreten und bei ausnahmslos allen Kindern zu beobachten sind: zum Beispiel Scham, Schuldgefühle und Wut.

Schon Vorschulkinder empfinden Dinge als »unfair«, die anderen widerfahren. In diesem Alter handeln Kinder sowohl empathisch (»Ich tue das, damit es meiner Freundin gut geht«) als auch mit hohem Gerechtigkeitssinn (»Die anderen teilen ihre Gummibärchen ja auch mit mir, und alle sollten gleich viel bekommen«)![16] In einer Untersuchung gaben 80 bis 90 Prozent der Sechs- bis Achtjährigen angesichts verschiedener Situationen an, dass man helfen und von einer Ungerechtigkeit nicht profitieren sollte. Dabei stand für die Kinder das moralische Handeln selbst im Vordergrund.

Fragte man sie, warum bestimmte Handlungsweisen »gut« oder »schlecht« seien, führten sie die entsprechende moralische Norm an (»Schlagen ist schlecht, weil es dem anderen weh tut«, »Stehlen ist unfair!«). Für weniger als zehn Prozent spielte es eine Rolle, dass sich aus dem Verhalten für sie selbst positive oder negative Konsequenzen ergeben könnten.[17]

Kinder brauchen also keine Strafe oder Lob, um moralisch und sozial zu handeln. Und doch muss es etwas mit der Entwicklung der Moralvorstellungen zu tun haben, dass fast alle Kinder zwischen dem vierten und siebten Lebensjahr eine Phase des Entwendens und Flunkerns durchlaufen. Vielleicht markieren die moralisch und sozial verwerflichen Handlungen den Beginn eines Lernprozesses – ähnlich wie das Herunterwerfen von Gegenständen in der Baby- und Kleinkindzeit, in der das physikalische Ursache-Wirkungs-Prinzip erforscht wird. Um verstehen zu können, warum Julie aus unserem Beispiel immer wieder ungefragt Sachen ihrer Freundinnen mitnahm und ihre Mutter anlog, müssen wir uns mit den Voraussetzungen für moralisches Verhalten beschäftigen. Welche kognitiven Voraussetzungen braucht ein Kind, um erkennen zu können, dass Stehlen und Lügen unmoralisch sind?

Voraussetzungen für moralisches Handeln

Damit ein Kind moralisch handeln kann, müssen ein paar Voraussetzungen gegeben sein: Es muss fähig sein, eine andere Perspektive einzunehmen, es muss sich in andere einfühlen können, »meins« und »deins« unterscheiden können, und es muss moralische Normen für sich umsetzen können.

Perspektivenwechsel

Für die Entwicklung eines Moralverständnisses ist es erforderlich, dass Kinder die Sichtweise anderer nachvollziehen können. Sie müssen erkennen, dass Menschen über ganz unterschiedliche Wissensstände verfügen.

Die Fähigkeit zur Perspektivübernahme in Verbindung mit der Erkenntnis, dass man sein Wissen über die Wahrnehmung anderer gezielt ausnutzen kann, um deren Verhalten zu manipulieren, ermöglicht außerdem »richtige« Lügen. Sprich: Erst wenn das Kind versteht, dass ein Erwachsener nicht wissen kann, dass es sich eben in der Küche heimlich einen Schokoriegel genommen hat, weil er nicht dabei war, ist es in der Lage, zu behaupten, es hätte dies nicht getan. Diesen Entwicklungsschritt vollziehen Kinder in der Regel mit vier Jahren. In diesem Alter beginnen viele Kinder zu lügen, dass sich die Balken biegen.

Da dieses Verhalten bei fast allen Kindern auftritt, scheint es ein evolutionär sinnvolles Verhalten zu sein. Der Anthropologe Volker Sommer bezeichnet Lügen als den »Wetzstein, an dem sich unsere Intelligenz schärfte«.[18] Eine Studie zeigt, dass die Kinder, die gut lügen können, in Intelligenztests besser abschnitten.[19]

Dementsprechend ist das Flunkern in diesem Alter einfach ein Ausprobieren und Entwickeln einer neu erlernten Fähigkeit und somit eigentlich etwas Positives. Das heißt nicht, dass wir uns nicht darüber ärgern dürfen, wenn unsere Kinder uns anschwindeln! Der Vertrauensbruch sollte nur ins richtige Licht gerückt werden. Das Lügen ist in diesem Alter nicht boshaft gemeint. Zum einen geht die Fantasie mit den Kindern durch, dann erzählen sie wilde Geschichten, die eher in die Kategorie »Ich wünschte, das wäre tatsächlich geschehen« gehören. Ich selbst habe zum Beispiel im Kindergartenalter meinen Eltern einmal erzählt, ich hätte beim Faschingsfest auf dem Tisch getanzt, und die Erzieherinnen hätten gelacht und geklatscht. Meine Eltern fanden diese Geschichte bezaubernd und freuten sich. Sie war aber ausgedacht. Ich war ein sehr schüchternes Kind. Beliebt bei den anderen Kindern, ja, aber niemals hätte ich mich getraut, mich derart ins Rampenlicht zu stellen. Ich erinnere mich, dass ich mir die Geschichte ausdachte, weil ich mir *wünschte,* ich wäre so mutig. Außerdem fand ich die Reaktion meiner Eltern interessant: Sie schienen stolz auf mich zu sein und lachten, was wiederum mich erfreute, denn ich hatte sie mit meiner Lüge glücklich gemacht.

Zum anderen flunkern Kinder in dem Alter zunehmend, um ihre Ziele zu erreichen. Damit versuchen sie, ihre Wunschwelt mit der Wirklichkeit in Einklang zu bringen. Die fünfjährige Nachbarsfreundin meiner Kinder behauptete zum Beispiel neulich steif und fest, ihr Vater hätte ihr erlaubt, bei uns Toast mit Schokocreme zu essen. Ich war skeptisch, denn sie war nicht zum Fragen nach Hause gegangen, aber ich akzeptierte ihre Aussage erst einmal. Es ist mir wichtig, jedem Kind Vertrauen entgegenzubringen. Doch dann klingelte keine zwei Minuten später ihr Vater und fragte, wo sie denn bliebe, ihre Nudeln mit Tomatensoße seien jetzt fertig.

Eindeutig war die Lüge des Mädchens nicht boshaft gemeint. Ihr erschien die Aussicht auf einen Schokoladentoast jedoch so verlockend, dass ihr die (ihr bewusste) Wahrheit im Weg stand. Beiden Beispielen gemein ist, dass ein Perspektivenwechsel stattgefunden haben musste: Ich musste gewusst haben, dass meine Eltern nicht wissen konnten, dass ich nicht auf dem Tisch getanzt hatte. Unser Nachbarsmädchen musste gewusst haben, dass ich nicht wissen konnte, dass ihr Vater ihr kurz zuvor gesagt hatte, sie solle in fünf Minuten zum Essen nach Hause kommen.

Fühlen und Einfühlen

Schon lange forschen Wissenschaftler, was Moral nachhaltiger beeinflusst: rationales Denken oder Emotionen. Wenn Menschen moralische Entscheidungen treffen, dann sind im Gehirn sowohl kognitive Bereiche im präfrontalen Cortex als auch Teile des limbischen Systems, in dem die Emotionen sitzen, aktiv. Es stellt sich die Frage nach Huhn und Ei: Was ist zuerst da? Bringen uns unsere Emotionen dazu, moralisch zu handeln oder löst moralisches Denken unsere Emotionen aus?

Forscher der Harvard Universität und ihre Kollegen von der University of Iowa haben dazu Versuche mit Menschen gemacht, bei denen ein Teil des präfrontalen Cortex zerstört war.[20] Diese Schädigung führt dazu, dass das Einfühlungsvermögen stark eingeschränkt ist und kaum Gefühle wie Scham oder Schuld empfunden werden. Wenn Emotionen bei moralischen Entscheidungen nur eine Folge wären und keinen maßgeblichen Einfluss hätten, dann dürfte diese Schädigung des Gehirns bei moralischen Fragestellungen keine Rolle spielen.

Die Forscher untersuchten die Gehirnaktivität der Probanden, während sie ihnen schwierige moralische Fragen stellten. In einem Szenario geht es zum Beispiel darum, dass feindliche Soldaten in ein Haus eindringen, in dem mehrere Bewohner versteckt im Keller sitzen. Die Bewohner wissen, dass sie getötet werden, wenn sie entdeckt werden. Unvermittelt beginnt das Baby der Familie zu schreien. Die Forscher fragten: Ist es gerechtfertigt, das Baby zu ersticken, um den Rest der Familie zu retten?

Die Probanden gaben auf diese Frage eine rein rationale Antwort: Natürlich rechtfertigt die Gesamtbetrachtung, einen Menschen zu töten, wenn das verhindern würde, dass weitere sterben. Menschen ohne die Veränderung im Gehirn können in der Regel keine Entscheidung treffen, weil ihre Emotionen sie stark beeinflussen. Der präfrontale Cortex fungiert bei moralischen Erwägungen also als eine Art Mittler zwischen Verstand und Gefühlen – dort wird abgewogen und letztlich entschieden.

Emotionen sind also der Schlüssel zur Moral. Für die Moralentwicklung ist es daher wichtig, dass unsere Kinder die Bandbreite aller ihrer Emotionen und auch alle Gefühle der sie umgebenden Menschen erleben können.

Wichtig für moralisches Handeln ist auch, die Gefühle anderer zu verstehen, sich also einfühlen zu können. Ein Mensch, der sieht, dass seine Handlung einem anderen Menschen Schmerzen oder ungute Gefühle zufügt, wird, wenn er dessen Gefühle nachempfinden kann, aus Rücksicht aufhören. Deshalb ist es wichtig, den Blick unserer Kinder für die seelischen Zustände anderer zu schärfen, indem wir sie immer wieder darauf hinweisen: »Schau, das Mädchen sieht traurig aus. Was ihm wohl passiert ist?« Das ermuntert sie, Interesse an anderen Menschen und ihren Gefühlszuständen zu entwickeln.[21]

Mit dem Einfühlen in andere erklärt sich übrigens auch das bewusste Verschweigen von unschönen Informationen, um den Eltern keinen Kummer zu bereiten. Oft tun Kinder das, wenn sie in der Schule gemobbt werden. Sie sind dann vielleicht zu Hause ungewohnt mürrisch oder zickig, aber sie rücken nicht freiwillig den Grund raus, damit wir Erwachsenen nicht auch traurig oder wütend werden.

Meins und deins

Zwischen dem vierten und fünften Lebensjahr lernen Kinder, den abstrakten Begriff »Besitz« zu verstehen, also »meins« und »deins« zu unterscheiden. Davor befinden sie sich noch in der magischen Phase, in der sie denken, alles, was sie sich wünschen oder vor dem sie sich fürchten, könnte tatsächlich auf magische Art und Weise eintreten. Erst wenn sie ein ausreichendes Maß an Fähigkeiten zu rationalisierenden Denkoperationen haben, können sie erkennen, was Diebstahl wirklich bedeutet.[22] Dieser kognitive Meilenstein wird etwa mit dem siebten, achten Lebensjahr erreicht – was dementsprechend meist auch das Ende der Phase der kleinen Lügen und Diebstähle darstellt.

Konkret bedeutet das, dass Kinder, die noch in der magischen Phase sind, nicht wirklich eines Diebstahls bezichtigt werden können, da die intrapsychischen Voraussetzungen für eine echte unmoralische Handlung nicht gegeben sind. Der Gesetzgeber spricht deshalb bei Kindern unter acht Jahren wertneutraler von »Entwendungen«, die nicht als Diebstahl einer »fremden beweglichen Sache in der Absicht, sie sich rechtswidrig anzueignen« (§ 242 StGB) behandelt werden.

Uns sollte bewusst sein, dass Kinder zwar oft die Gedanken einer höheren Moralstufe nachvollziehen können, deswegen jedoch nicht zwangsläufig in der Lage sind, dies auch umzusetzen. Das verhält sich ähnlich wie beim Sprechen lernen: Auch wenn Kinder noch kein Wort sagen können, verstehen sie schon viel von dem, was wir sagen. Leider überschätzen wir die erreichte Moralstufe unseres Kindes häufig, weil wir annehmen, dass es Dinge, die es grundsätzlich versteht, auch anwenden kann. So kam Danielles Sohn mit fünf Jahren empört aus der Kita und erzählte, dass ein anderes Kind ihm sein Kuscheltier weggenommen hätte. »Man stiehlt keine Sachen!«, erklärte er sehr ärgerlich. Drei Tage später fischte Danielle einen Biene-Maja-Löffel aus seinem Rucksack und fragte erstaunt: »Warum hast du den denn einfach mitgenommen, der gehört doch der Kita?« Ihr Sohn antwortete vollkommen unbedarft und ohne Schuldbewusstsein: »Na, weil ich den haben wollte, das ist mein Lieblingslöffel!«

Moralische Normen anwenden

Die Moralentwicklung ist ein langer und sehr komplexer Prozess, der erst im Erwachsenenalter abgeschlossen ist. Er vollzieht sich in vielen kleinen Schritten und wird von Tausenden kleinen Erlebnissen und Überlegungen geprägt. In ihrem Alltag beobachten Kinder ständig unbewusst, wie andere Menschen in den verschiedensten Situationen reagieren, und werten die Eindrücke aus ihrem Familienleben, der Schule und den Medien aus. So erarbeiten sie sich mühsam nach und nach ein Bild der Wertvorstellungen unserer Gesellschaft. Nur handeln die Mitglieder unserer Gesellschaft nicht immer moralisch, weshalb die Schlussfolgerungen unserer Kinder nicht immer in unserem Sinne sind.

Nehmen wir als Beispiel das Lügen. Kinder haben ein sehr feines Gespür dafür, dass auch wir Erwachsenen nicht immer die Wahrheit sagen. Sie merken außerdem schnell, dass wir es besser finden, wenn sie das scheußliche Geschenk von Tante Bertha nicht mit »Örks, was ist das denn?«, sondern mit »Vielen Dank, dass du an mich gedacht hast!« entgegennehmen. Unsere Kinder müssen aber erst einmal herausfinden, wann Lügen akzeptabel sind und wann nicht. Um zu verstehen, wie Lügen funktioniert, müssen sie damit herumexperimentieren. Man kann die Differenzierung der Alltagslügen für die Kinder einfacher machen, indem man sie in schwarze und weiße Lügen einteilt. Weiße Lügen sind Fantastereien und Flunkereien – sie sind erlaubt. Notlügen und Höflichkeitslügen fallen ebenfalls in diese Kategorie, weil sie die Gefühle anderer schützen. Schwarze Lügen hingegen dienen allein dem Vorteil des Lügenden oder dem Verschleiern. Diese sollten von Kindern wie Erwachsenen vermieden werden. Wichtig ist es auch, deutlich zu machen, wann es *immer* angebracht ist, die Wahrheit zu sagen – zum Beispiel wenn etwas geschieht, das dem Kind unangenehm ist, es aber angehalten wird, nichts zu sagen (Missbrauch).

Auch beim Stehlen haben Kinder nicht immer nur gute Vorbilder. Nicht alle Eltern würden auf einem verlassenen Spielplatz vergessene schöne Buddelförmchen, ein Laufrad oder eine coole Strickjacke liegen lassen. Aber ist es moralisch vertretbar, diese mitzunehmen? In Deutschland wird ein solches Vorgehen eher als moralisch und ethisch verwerflich eingestuft – was aber nicht heißt, dass sich alle Erwachsenen daran halten.

Die Ergebnisse der kindlichen Untersuchungen der moralischen Gesellschaftsnormen fallen also normalerweise sehr exakt aus, aber nicht immer im Sinne der Erwachsenen, die es lieber sähen, wenn Kinder den Grundsätzen »nicht stehlen« und »nicht lügen« folgen würden. Es ist allerdings ratsam, die überzogenen Ansprüche und Erwartungen an die Moral unserer Kinder zurückzuschrauben, weil sie sowohl weltfremd als auch entwicklungsbedingt unmöglich realisierbar sind.

Was tun, wenn das eigene Kind schwindelt oder stiehlt?

Halten Sie doch einmal kurz inne und feiern Sie im Stillen für sich, was Ihr Kind schon alles kann. Um eine Lüge zu formulieren, muss es sich in Sie hineinversetzt haben, es muss so schlau sein, dass es sich auf die Schnelle eine mehr oder minder logische Erklärung ausdenken kann, und es hat eine so innige Beziehung zu Ihnen, dass es Sie vielleicht mit seiner Unwahrheit schützen wollte. Möglicherweise wollte es sich selbst schützen, aber auch das setzt ja eine gewisse Intelligenz voraus. Ihr Kind entwickelt sich gerade. Es erstellt ein inneres Bild der sozialen, ethischen und moralischen Gesetzmäßigkeiten der Gesellschaft. Es verbessert seine moralischen Kompetenzen. Es ist auf dem Weg, das magische gegen rationales

Denken auszutauschen. Das braucht seine Zeit. Wenn wir wollen, dass unsere Kinder zu moralisch handelnden Menschen werden und nicht nur stupide tun, was ein anderer ihnen vorgibt, dann müssen wir ihnen Gelegenheit geben, Konzepte wie Gerechtigkeit selbst zu erfahren und zu konstruieren. Das mag länger dauern, als es ihnen anzuerziehen, und es mag mehr Fehltritte geben, aber Fehler gehören zum Lernprozess dazu. Am Ende werden sie herausgefunden haben, welche Art Mensch sie sein wollen.[23] Um Kinder in ihrem Lernprozess zu unterstützen, können wir Erwachsenen das Folgende tun:

In Beziehung sein

Es ist wichtig zu wissen, was unsere Kinder bewegt, wovor sie Angst haben oder was ihnen Druck macht. Nur so können wir nachvollziehen, woher die Flunkereien oder der Wunsch nach fremdem Besitz kommt. Manchmal ist es ein unbefriedigtes Bedürfnis, das Kinder veranlasst, zu lügen oder zu stehlen. So wie wir Erwachsenen uns mit einem Paar neu gekaufter Schuhe oder einem neuen Buch etwas Gutes tun, könnten auch Kinder positive Gefühle mit schönen, kleinen Dingen erzeugen wollen.

Eine offene Atmosphäre schaffen

Unsere Kinder müssen wissen, dass sie uns all ihre Probleme oder Fehltritte erzählen können, ohne unsere Liebe zu verlieren. Beichtet ein Kind etwas, und die Eltern reagieren mit Schimpfen und Strafen, dann wird dieses Kind vermutlich nie wieder offen zu seinen Eltern sein. Um das zu vermeiden, sollten Eltern das aktive Zuhören üben, das wir im Kapitel »Übersetzungshilfen: Krasse

Worte« beschreiben. Unsere Kinder müssen Gelegenheit haben, in Ruhe mit uns zu sprechen, deshalb lohnt es sich, mit jedem Kind eine längere Exklusivzeit zu haben. Oft klappt das im alltäglichen Stress nicht, darum lieber feste Termine dafür im Kalender blocken.

Ein gutes Vorbild sein

Dieser Punkt versteht sich von selbst: Wenn wir unserem Kind zum Beispiel erzählen, wir könnten ihm diesen großen Eisbecher nicht kaufen, weil da Alkohol drin sei, und das stimmt gar nicht, dann sollten wir uns nicht wundern, wenn unser Kind ebenfalls lügt. Wir setzen mit unserem Verhalten den moralischen Standard unserer Kinder. Viele Jahre lang orientieren sie sich ausschließlich an uns, erst später wird die Peergroup zunehmend wichtiger. Wir sollten unseren Einfluss dazu nutzen, ihnen zu zeigen, wie ein moralisch handelnder Mensch lebt, indem wir Anteilnahme zeigen, Schwächeren helfen und mit offenen Augen durch das Leben gehen. Im Alltag ergeben sich viele Situationen, in denen wir mit unseren Kindern darüber sprechen können, was andere Menschen empfinden.

Dinge klar ansprechen

Wenn wir bemerken, dass unsere Kinder uns anlügen oder etwas aus der Schule mitbringen, das ihnen nicht gehört, sollten wir das ansprechen. Unsere Kinder konstruieren gerade ihr eigenes Bild von den Moralvorstellungen und ethischen Richtlinien unserer Gesellschaft – wenn wir sie nicht darauf hinweisen, dass wir (und die Gesellschaft) Diebstahl nicht gutheißen, entwickeln sie ein verzerrtes Bild. Doch manche Eltern tendieren dazu, Fehltritte ihrer

Kinder bewusst zu übersehen, weil sie keine Lust auf Stress haben. Das ist eine ungünstige Strategie. Sagen wir nichts, wenn sich unser Kind unmoralisch verhält, senden wir eine klare Botschaft, nämlich, dass es okay ist, sich unmoralisch zu verhalten. Besser ist es, zum Beispiel zu sagen: »Ich weiß, dass das nicht stimmt, was du sagst, aber ich habe gerade keine Kraft, es mit dir zu klären. Ich werde morgen deswegen noch einmal zu dir kommen.«

Folgen erklären – mit Blick auf die anderen

Wir sollten unseren Kindern erklären, warum es uns wichtig ist, dass sie nicht lügen oder stehlen. Wichtig ist, in der Begründung den Blick auf die *Folgen für das andere Kind* zu richten. Die in unserer Gesellschaft sehr verbreiteten Aussagen: »Wenn du immer lügst, glauben dir die anderen irgendwann nicht mehr« oder »Wenn du deinen Freundinnen Sachen stiehlst, wollen sie bald nichts mehr mit dir zu tun haben« bringen ein Kind dazu, Situationen und Handlungen ausschließlich danach zu bewerten, ob es ihm selbst schadet beziehungsweise etwas bringt. Solch eine anerzogene egozentrische Weltsicht ist hochproblematisch. Stattdessen sollten Eltern den Blick des Kindes dafür schärfen, was seine Tat *für den anderen bedeutet*: »Wenn du deine Freundin anlügst und sie das irgendwann merkt, dann ist sie sicher sehr traurig. Es fühlt sich schlimm an, betrogen zu werden. Kannst du nachempfinden, wie deine Freundin sich fühlt?« oder »Wenn deine Freundin merkt, dass ihr Buch nicht mehr an dem Platz liegt, an dem sie es hingelegt hat, hat sie sicher Angst, es verloren zu haben. Womöglich sucht sie wie wild danach und weint, weil es ihr viel bedeutet hat. Was könntest du tun, damit es ihr wieder besser geht?« Also weg vom egozentrischen Blick (schadet mein Verhalten mir selbst?) hin zum empathischen Blick (schadet mein Verhalten dem anderen?).

Erwartungen formulieren – ohne Zwang

Unsere Erwartungen an das Verhalten unserer Kinder zu formulieren bedeutet, ihnen eine klare Orientierung zu geben, was wir Erwachsenen als moralisches Handeln empfinden. Es ist gut, Richtlinien zu haben. Dennoch bleibt es dabei, dass unsere Kinder sich freiwillig dazu entscheiden sollten, ihnen zu folgen. Durch Druck, Zwang oder Liebesentzug entstandenes moralisches Verhalten ist nicht nachhaltig, sehr wohl aber solches, für das sich ein Mensch bewusst entscheidet.

Als ich etwa sechs Jahre alt war, nahm ich aus dem Kinderzimmer meines Freundes einmal einen Glitzerstein mit, der dort im Regal mit anderen Glitzersteinen lag. Er war lila, und ich wollte ihn besitzen, weil ich ihn schön fand. Nur war das Ding kein einfacher Glitzerstein, sondern ein Amethyst aus seiner Sammlung. Das war mir damals nicht bewusst. Ich war nicht klug genug, meinen neuen Schatz für mich zu behalten, sondern zeigte ihn stolz auf dem Spielplatz herum. So kam es, wie es kommen musste, ich flog auf – ein paar Tage später riefen seine Eltern meine Eltern an. Mein Vater machte klar, dass ich den Stein zurückgeben sollte und zwar möglichst direkt in die Hand meines Freundes. Diese Lösung erschien mir nicht sehr verlockend, denn dann hätte ich ihm in die Augen schauen und seine Enttäuschung über meinen Vertrauensbruch sehen müssen. Ich quälte mich einen ganzen Nachmittag und wälzte verschiedene Möglichkeiten in meinem Gehirn. Am einfachsten erschien es mir, den Stein in den Briefkasten seiner Eltern zu werfen. Doch dann bestünde die Gefahr, dass er nicht bei seinem Besitzer ankäme. Wie ich es auch drehte und wendete, das persönliche Übergeben war die beste, wenn auch nicht die einfachste Lösung. Also lief ich mit dem Stein los. Unterwegs traf ich eine Freundin, der ich erzählte, wohin ich gerade ging. Ich zeigte ihr den Glitzerstein. Sie bekniete mich, ihn ihr zu schenken. Sie würde auch niemandem davon erzählen, und ich könnte sagen, ich hätte den Stein unterwegs verloren. Oh, es wäre so schön gewesen, den schambehafteten Stein sofort bei ihr loszuwerden, statt den schwierigen Büßerweg weiterzugehen. Doch ich hatte mich dazu entschieden, das Richtige zu tun, also blieb ich dabei. So schlimm wurde es auch nicht – mein Freund nahm seinen Amethyst entgegen, ich bat ihn um Verzeihung und damit war die Sache aus der Welt. Was blieb, war das stolze Gefühl, für meinen Fehler eingestanden zu haben, und das Bewusstsein, dass andere Menschen unglücklich sind, wenn ihnen ihr Eigentum einfach weggenommen wird.

Kommen wir zurück zu Julie und Freya. Die Sorgen und Ängste der Mutter sind nachvollziehbar. Wer möchte schon eine Diebin oder einen Lügner großziehen? Doch Julie ist mit ihren sieben Jahren immer noch in der Phase der Entwicklung von moralischen Grundprinzipien. Dabei kann und soll Freya unterstützen. Das tut sie schon, indem sie zum Beispiel wegen der abgerissenen Blättchen des unechten Strauches den Blick der Tochter auf die Gefühle des Ladenbesitzers gerichtet hat. Sie hat ihr in dem Moment eine klare moralische Richtlinie gegeben, indem sie sagte, sie wünsche, Julie würde damit aufhören, und ihr die Chance gelassen, sich freiwillig für das Richtige zu entscheiden. So hat das Mädchen zwar noch ein paarmal Blätter abgezupft, aber schließlich damit aufgehört – ohne Druck durch eine Strafe. Es ist sicherlich frustrierend, seinem Kind dabei zuzuschauen, wie es sich für einen Weg entscheidet, den wir als falsch empfinden, aber rücken wir es noch mal in die richtige Perspektive: In dieser Phase entwenden unsere Kinder nun einmal Kleinigkeiten wie Haarspangen, und obwohl das natürlich nicht okay ist, sollten wir verstehen, dass sie noch üben. Wer übt, macht Fehler. Es ist besser, sie haben jetzt wie Julie die Chance, sich mehrmals für das Falsche zu entscheiden, um dann doch beim moralischen Handeln zu landen, als wenn wir sie jetzt zwingen, moralisch zu handeln, und sie als Erwachsene nicht gelernt haben, selbst zu entscheiden, was richtig und was falsch ist. In dieser Phase wird das Moralempfinden trainiert, das sie später brauchen, also lassen wir sie üben!

Doch dazu ist es wichtig, dass wir Erwachsenen eine klare Position beziehen. Wir müssen deutlich sagen, dass das Mitgehenlassen von Dingen und das Lügen, um einer Strafe zu entgehen, falsch sind. Insofern hat Freya bei der Situation mit Charlotte ungünstig gehandelt. Es wäre tatsächlich besser gewesen, die mit den fremden Sachen behangene Julie auf die Besitzerin Charlotte treffen zu lassen und sie die natürliche Konsequenz ihrer Tat erleben zu lassen. Stattdessen hat sie stillschweigendes Einverständnis mit der Tat signalisiert. Wir können gut verstehen, dass sie ihrer Tochter die Schmach ersparen wollte, vor ihren Freundinnen als Diebin dazustehen, aber gerade diese Konfrontation mit den echten Gefühlen der Bestohlenen hätte einen wichtigen Eindruck hinterlassen. Diese Lektion konnte Julie nun leider nicht lernen. Auch das »heimliche« Zurückgeben der Sachen war nicht ganz optimal. Auch hier standen für die Mutter die Gefühle der Tochter im Vordergrund, statt ihr die Möglichkeit zu geben, Charlottes Gefühle hautnah mitzuerleben und für ihre Tat geradestehen zu lernen. Insgesamt sollte aber klar geworden sein, dass das, was Julie gerade durchmacht, eine normale Phase ist, die so gut wie alle Kinder durchleben. So braucht sich Freya noch keine großen Sorgen um ihre Tochter machen. Wenn sie es weiterhin schafft, eindeutig auf die kleinen unmoralischen Fehltritte ihrer Tochter zu reagieren, wird diese mit spätestens acht Jahren aus der Phase rauswachsen.

Peter: Der Provokateur

Ein Grundbedürfnis jedes Menschen ist, für geliebte Personen wertvoll zu sein. Manchmal jedoch kommt in einer Beziehung dieses Gefühl abhanden. Vielleicht ist man frustriert, weil der Partner dem, was man sagt, keine Aufmerksamkeit schenkt und man alles dreimal wiederholen muss. Oder die Ehefrau fühlt sich verletzt, weil sie ihrem Mann für das Studium den Rücken frei hält, indem sie Kinder und Haushalt allein betreut, er aber an seinem freien Wochenende lieber sein Arbeitszimmer aufräumt, als mit seiner Familie auf den Spielplatz zu gehen.

Das Beispiel von Peter, 42, zeigt, wie schmerzhaft dieses Gefühl des Werteverlusts für Kinder sein kann und welche schwerwiegenden Folgen es möglicherweise hat.

> Ich war neun Jahre alt, als meine Eltern sich Hilfe gesucht haben, weil sie das Gefühl hatten, mich nicht unter Kontrolle zu haben. Sie sagten, ich habe sie immer provoziert, sei sehr impulsiv und auch aggressiv gewesen, und sie hätten Angst gehabt, dass ich mal auf die schiefe Bahn gerate. In der Schule oder im Sportverein gab es jedoch erst einmal keine Probleme. Da war ich ein Junge unter vielen anderen und auch beliebt. Ich hatte Freunde und mittelgute Noten.
> Ich kann mich leider nur noch bruchstückhaft an den Ablauf der Therapie erinnern, weiß aber, dass der Psychiater mir auf Anhieb böse vorkam. Als ich beim ersten Termin allein mit ihm

dasaß, bestätigte sich das dann auch schnell. Anstatt mich erzählen zu lassen, stellte er mir nur Fragen, die mich direkt in eine Ecke drängten. Ich war froh, als die Sitzung vorbei war. Als der zweite Termin anstand, weigerte ich mich, ins Auto zu steigen. Ich wollte dort nicht hin. Ich fing an, zu weinen und zu schreien und mich auch körperlich zu wehren, was für meine Eltern wohl leider eine Bestätigung war, dass es nötig sei, mit mir dorthin zu fahren.

Die Therapiesitzungen waren der Horror für mich. Der Therapeut hat mich spüren lassen, dass ich das schwarze Schaf der Familie war, und er hat es mir auch so gesagt. Er sagte, wenn ich mich nicht ändere, könne daran die Familie kaputtgehen. Ich habe ihm das geglaubt. Jeder kann sich vorstellen, was das mit einem Kind macht. Um das verhindern, hat er gesagt, bliebe dann nur noch, dass ich aus der Familie raus und in ein Heim oder eine Klinik muss.

Zur Therapie gehörte auch, dass ich mithilfe von Puppen, Bauklötzen und Ähnlichem eine Geschichte erzählen sollte. In der sollte es um meine Familie gehen. Frei in meiner Erzählung war ich allerdings nicht. Auch dabei hat er mich immer wieder in eine gewisse Richtung geführt, und am Ende blieb wieder nur die Erkenntnis: Du ärgerst deine Geschwister, deine Mama macht das traurig und deinen Papa wütend. Du bist ein böser Junge. Bei jeder Sitzung musste ich weinen und hatte Schuldgefühle meiner Familie gegenüber. Ich kann das nur vermuten, aber ich glaube, genau das war sein Ziel.

Zu Hause lief es für meine Eltern jetzt besser, denn ich benahm mich so gut, wie es ging, in der Hoffnung, nicht mehr zur Therapie zu müssen. Aber je mehr ich mich anstrengte, desto mehr passierte auch irgendwie unabsichtlich. Ich wollte zum Beispiel im Flur Handstand üben, weil da ein Stück freie Wand war. Aber dann verhedderte sich eins meiner Beine beim Hochschwingen im Telefonkabel und zog das Telefon vom Schränkchen, das auch prompt kaputtging. Oder ich roch heimlich am Parfum meiner Mutter, um mich ihr nah zu fühlen. Viele Male machte ich das – doch einmal rutschte mir die Flasche aus den Händen. Den Blick meiner Eltern werde ich nie vergessen: »Schon wieder du, Peter«, schien er zu sagen. Dass meine Mutter mich so traurig ansah, ließ mich noch mehr verzweifeln als die Wut meines Vaters. Ich glaubte bald selbst, dass ich schlecht war, durch und durch. Zu diesem Zeitpunkt lief es auch in der Schule nicht mehr so gut. Ich war daueraggressiv und habe meine Freunde ziemlich fies behandelt. Es war so viel Wut in mir. Ich wollte, dass es den anderen ebenso schlecht ging wie mir, und ich freute mich daran, wenn jemand wegen mir weinte. Ja, ich freute mich.

Dass ich in der Schule nun auch auffiel und meine Lehrerinnen immer wieder zu Hause anriefen, half mir natürlich nicht. Meine Eltern dachten, sie müssten die Daumenschrauben noch enger drehen. Also musste ich weiterhin zur Therapie. Jedes Mal, wenn ein Termin dort anstand, habe ich mich mit Händen und Füßen gewehrt. Vor einem Termin kam es dann zum traurigen Höhepunkt. Ich wollte mit aller Macht verhindern, dort noch einmal hin zu müssen. Ich rannte vor meinen Eltern weg aus meinem Zimmer. Doch die Haustür war abgeschlossen. Als ich in das Wohnzimmer lief, um durch die Terrassentür zu fliehen, standen dort aber bereits meine Eltern. Es eskalierte. Ich rannte in den Keller. Meine Eltern folgten mir. Und dann wusste ich mir aus lauter Verzweiflung nicht mehr zu helfen. Ich nahm einen Schraubenzieher in die Hand und drohte meinen Eltern. Ich wollte wirklich niemanden verletzen, und das habe ich auch nicht, aber ich wollte erzwingen, dass sie mich durchlassen. Es half nichts. Sie waren zu zweit ja viel stärker als ich. Am Ende musste ich doch wieder in die Praxis. Ich weinte während der ganzen Fahrt und sagte einen Satz, an den ich mich bis heute genau erinnern kann: »Ich sprenge das Haus dort in die Luft, und dann muss da kein Kind mehr hin.«

Kurz danach haben meine Eltern die Therapie beendet. Ich weiß nicht, inwiefern mein Verhalten sie nachdenklich gemacht hat, aber ich weiß von meinen Eltern, dass der Therapeut Sachen vorschlug, mit denen sie nicht einverstanden waren. Meine Mutter sollte zum Beispiel ihre Arbeit aufgeben, damit sie mich die ganze Zeit kontrollieren könne, und ich sollte auch keinen Hausschlüssel mehr erhalten, damit »das Kind gar nicht erst auf den Gedanken kommt, Herrscher über das Haus zu sein«. Nachdem ich nicht mehr hin musste, wurde ich ruhiger. Meine Eltern und ich hatten eine Art stillschweigenden Waffenstillstand geschlossen. Ich weiß bis heute nicht, warum ich mich vorher eigentlich so aufmüpfig meinen Eltern gegenüber benommen habe, sodass sie keinen Ausweg mehr sahen, als mich in Therapie zu stecken. Ich weiß noch sehr deutlich, dass ich sie sehr geliebt habe und ihnen eigentlich nah sein wollte. Aber irgendwie stellte ich es nicht richtig an, ihnen meine Liebe zu zeigen.

Die Gründe, warum Kinder sich nicht wertvoll in der Beziehung zu einer wichtigen Bindungsperson fühlen, sind zwar individuell, aber dennoch können einige allgemeingültige Aussagen gemacht werden.

Kinder verlieren das Gefühl, wertvoll zu sein, und beginnen, absichtlich zu provozieren, wenn die Eltern, Lehrerinnen, Erzieher oder Trainerinnen

- sie ständig kritisieren (»Musst du immer so langsam sein?«),
- sie als Strafe über längere Zeit ignorieren,
- ihnen gegenüber einen Ton anschlagen, der herablassend, genervt, herabwürdigend, gönnerhaft oder sarkastisch ist,

- mit anderen Erwachsenen in Hörweite der Kinder schlecht über sie reden oder sich über sie lustig machen,
- die Erwachsenen einen absoluten Machtanspruch haben (»Ich bin der Herr im Haus«, »Solange du deine Füße unter meinen Tisch stellst …«),
- ständig Drohungen einsetzen, um das Kind dazu zu bringen, etwas zu tun (»Wenn du jetzt nicht …, dann werde ich …«),
- es allein mit einem gezielten Blick schaffen, das Kind dazu zu bringen, etwas zu unterlassen, was es eigentlich tun wollte (die unausgesprochene Warnung: »Wag es ja nicht!)«,
- immer wieder die kindlichen Grenzen übertreten und »Nein« missachten,
- ihnen Schuld einreden (»Siehst du, was du angerichtet hast?«),
- ihnen verbieten, ihre Freunde zu treffen (zum Beispiel weil die Hausaufgaben noch nicht gemacht sind),
- ihre körperliche Macht einsetzen (am Arm zerren),
- ihnen einreden, sie würden sich etwas, auch Gefühle, nur einbilden (»Ach, das war doch gar nicht so schlimm!«),
- das Eigentum des Kindes wegnehmen oder zerstören (»Ich kassiere dein Handy ein, bis du …«),
- sie klein reden oder ihnen nichts zutrauen (»Ach, das schaffst du doch sowieso nicht!«).

Wenn Sie denken, so würden Kinder heute nicht mehr behandelt, schauen Sie sich genauer um. An jeder Ecke finden sich etliche Beispiele für dieses Verhalten. Besonders verbreitet ist der genervte oder herablassende Ton, mit dem Kinder angesprochen werden. Oftmals ist er den Erwachsenen nicht einmal bewusst. Sie empfinden sich selbst als zugewandt und freundlich.

Ich will mich davon gar nicht ausnehmen – auch ich rede manchmal in diesem bestimmten Ton. Meist verfalle ich in ihn, wenn ich von der Arbeit gestresst bin oder selbst das Gefühl habe, nicht wertgeschätzt zu werden. Meine Mimik, meine Körperhaltung, mein Ton drücken dann unbewusst »Du nervst mich!« oder »Muss ich dir denn alles dreimal erklären?« aus. Den Ohren und den Spiegelneuronen meiner Kinder entgeht das nicht. »Mamaaaa«, beschweren sich Carlotta, Helene und Josua dann meist prompt bei mir, »du redest schon wieder mit dieser komischen Stimme zu uns.« Erst mit diesem Hinweis fällt es mir dann selbst auf. Stimmt, mein Ton war unangenehm herablassend und überhaupt nicht beziehungsorientiert. Weitverbreitet ist auch das unsägliche Gespräch zwischen zwei Erwachsenen, wenn das Kind anwesend ist. Denken Sie nur mal daran, wie oft die Erzieherin in der Kita Ihnen etwas über Ihr Kind erzählt hat, während es daneben stand. Oder beobachten Sie, wie oft Lehrer in Anwesenheit der Klasse, zwar leise, aber dennoch nicht unhörbar, besprechen, was dieser oder jener Schüler heute wieder angestellt habe.

Möglicherweise sind Ihnen diese Punkte bisher nur darum nicht unangenehm aufgefallen, weil das Verhalten der Erwachsenen uns normal erscheint. Es ist gesellschaftlich akzeptiert, so zu handeln, und zu Teilen wird es sogar aktiv von Experten empfohlen, weil dies nun einmal Erziehung sei.

Die Ratgeberautorin Annette Kast-Zahn erzählte einmal in der Zeitschrift *Nido*, sie hätte die Schuhe ihres Sohnes wochenlang jeden Morgen aus der oberen Etage die Treppe hinunter in den Keller geworfen, um ihn dazu zu erziehen, diese ordentlich in den Schuhschrank zu stellen statt in den Hausflur. Über Wochen hatte er also jeden Morgen erst einmal hinunterlaufen müssen, um seine Schuhe anziehen zu können.[24] Damit hatte sie eindeutig »Wenn du nicht ..., dann werde ich...« gedroht. Diese Erziehungsmaßnahme erscheint einem jetzt nicht als *so* schlimm, oder? Irgendwie musste sie ihm ja beibringen, ordentlicher zu werden, nicht wahr? Aber stellen wir uns vor, ihr Mann hätte das mit Frau Kast-Zahns Schuhen gemacht, um sie zur Ordnung zu erziehen. Wie würden wir das bewerten? In dieser Konstellation wirkt die vorher relativ harmlos erscheinende Aktion plötzlich viel boshafter.

Wir wollen Ihnen etwas verraten: Die Punkte unserer Liste finden sich auch in Checklisten für Erwachsene wieder, die herausfinden wollen, ob sie in einer auf psychischer Ebene gewaltvollen Liebesbeziehung (»emotionally abusive relationship«) leben. Die Beispiele sind andere, aber der Inhalt ist gleich. Würden auch nur einige dieser Punkte auftreten, schreiben Beziehungsexperten, sollten die Frauen diese ungute Liebesbeziehung schnellstmöglich beenden, da sie in Gefahr seien, emotional missbraucht und seelisch niedergemacht zu werden. Die gleichen Verhaltensweisen eines Beziehungspartners, die bei einem Erwachsenen als Alarmsignal für psychische Gewalt eingestuft werden, gelten bei Kindern als … nun … Erziehung. Sollte uns das nicht aufhorchen lassen? Der letzte Punkt auf diesen Emotionale-Gewaltbeziehung-Listen ist übrigens: »Wenn er Sie wie ein Kind behandelt.«[25]

Je stärker Menschen das Gefühl haben, an Wert für ihre Liebsten verloren zu haben, desto aggressiver reagieren sie. Hört der Partner ein- oder zweimal nicht zu, dann mag man das noch als Nichtigkeit abtun. Passiert das aber häufiger, baut sich großer Frust auf, der sich irgendwann in einem wütenden Streit entlädt. Oder erfährt eine Ehefrau von einer Affäre ihres Mannes, kann es durchaus sein, dass sie so verletzt ist, dass sie auf ihn losgeht, um ihn voller Wut, Trauer und Aggression zu schlagen.[26] Auch Kinder reagieren auf den gefühlten Wertverlust mit Aggression und Provokation – oder aber mit Rückzug.

»Ungefähr die Hälfte aller Kinder versucht«, so der dänische Familientherapeut Jesper Juul, »ihr Unwohlsein zu verinnerlichen; sie werden introvertiert, leicht zu handhaben und versuchen, nicht mehr Wind als nötig zu machen. […] Du musst ihnen sehr nah sein, um den dunklen Schatten zu erkennen, der sich um ihre Augen, vielmehr ihr Gemüt, gelegt hat. Die andere Hälfte wird den

Mangel an Wohlbefinden nach außen tragen und später ›ausleben‹, wie man das unglücklicherweise formuliert«.[27]

Während Kinder, die sich in sich zurückziehen, für ihr gesellschaftsadäquates Verhalten meist gelobt werden, ernten Kinder, die ihren Schmerz zeigen, indem sie »schwierig sind«, meist herbe Kritik. Dadurch erleben sie sich als noch weniger wertvoll und agieren diesen Schmerz noch stärker aus – ein Teufelskreis, der *nur durch die Erwachsenen* durchbrochen werden kann. Denn Kinder treffen bis zu einem bestimmten Alter keine bewussten Entscheidungen, was ihr Verhalten angeht. Sie reagieren schlicht und ergreifend auf die Beziehung zu ihren Eltern und die gesamte momentane Atmosphäre in der Familie.[28] Sie zeigen immer das *beste* Verhalten, dass ihnen in ihrem vorherrschenden Gemütszustand möglich ist. Sie sind nicht in der Lage, sich in diesem Moment anders zu verhalten, es sei denn, sie verbiegen sich bis zur Unkenntlichkeit. Reagiert ein Kind also aggressiv und provokant, müssen die Erwachsenen alles daransetzen, die Beziehungsqualität zu verbessern und herauszufinden, warum sich das Kind im Moment als wertlos empfindet. Ein um sich schlagendes, beißendes, spuckendes Kind, das nicht mehr nur im Affekt agiert, sondern *absichtlich*, sendet immer das Signal: »Mir geht es nicht gut. Hilf mir!«

Leider können Kinder aus der Beziehung zu ihren Eltern oder Lehrern nicht aussteigen. Sie müssen sie aushalten, darum ist es wirklich kein Wunder, dass sie aggressiv reagieren. Im Lichte dessen sollten wir ihnen dankbar sein für ihre Provokationen. Denn diese sind ein klares Signal dafür, dass wir Großen uns gegenüber dem Kind wertmindernd verhalten und unseren Kurs schnellstmöglich ändern sollten.

Man kann an Peters Beispiel gut sehen, wie eskalierend sich ein nicht wertschätzender Weg auswirken kann. War der Neunjährige am Anfang einfach nur frech seinen Eltern gegenüber, kam es bald schon zu körperlichen Auseinandersetzungen und der Androhung von Gewalt (Schraubendreher, Haus in die Luft sprengen). War er zunächst in der Schule unauffällig, fing er mit steigendem Druck auch dort an zu provozieren. Tatsächlich ist das der übliche Weg des Ausagierens: Wenn Kinder das Gefühl haben, die Verbindung zu ihren Eltern verloren zu haben oder nicht genügend gesehen zu werden, leben sie ihr inneres Unwohlsein meist zunächst zu Hause in ihrem sicheren Hafen aus. Wenn dort die Erwachsenen nicht feinfühlig reagieren, wenn sie also nicht den Grund für die Not finden und auflösen, wenden sich die meisten Kinder nach außen. Sie werden in Schule oder Verein »auffällig«, in der unbewussten Hoffnung, dort möge sich jemand ihres Schmerzes annehmen.

Erfahren Kinder den Verlust von Wertschätzung allerdings zuerst in der Schule, zeigen sie dort sofort aggressives Verhalten und erscheinen zu Hause erst einmal nur bedrückt. Der Verlust von Wertschätzung ist also nicht ausschließlich ein Phänomen der Eltern-Kind-Beziehung, sondern kann durch jeden Beziehungspartner (auch Freunde oder Lehrer) passieren.

Die Eskalationsstufen sind meist:

- mürrisches Verhalten (aber das Kind hört noch auf die Eltern, wenn auch widerwillig oder zeitverzögert),
- verbale Entgleisungen den Eltern gegenüber, »Kommandoton«, Keifen,
- Kind hört nicht auf die Eltern und kooperiert nicht mehr,
- Kind provoziert aktiv (zerstört absichtlich Dinge, tut genau das Gegenteil von dem, was sich die Eltern wünschen),
- physische Entgleisungen den Eltern gegenüber (hauen, schubsen, boxen),
- verbale und physische Entgleisungen den Mitschülern gegenüber,
- verbale und physische Entgleisungen anderen Erwachsenen gegenüber.

Zu jedem Zeitpunkt der Eskalation ist eine Umkehr möglich, keine Stufe folgt zwangsläufig auf die andere. Wenn Sie also dieses Buch in die Hand genommen haben, weil Sie einen motzenden Neunjährigen oder eine handgreifliche Siebenjährige zu Hause haben, dann bekommen Sie jetzt bitte keine Angst. Sie tun Ihren Kindern keine psychische Gewalt an, da sind wir sicher. Aber es könnte sein, dass die Maßnahmen, die Sie bisher ergriffen haben, um Ihr Kind dazu zu bringen, freundlicher oder weniger impulsiv zu reagieren, eher dazu beigetragen haben, dass sich das Symptom verschlimmert, weil Ihr Kind dadurch das Gefühl bekam, nicht gut genug oder nicht liebenswert zu sein. Es ist möglich, genau heute damit anzufangen, die Beziehung zu Ihrem Kind wieder zu verbessern. Sie werden erstaunt sein, wie schnell dieser Wandel Wirkung zeigt.

Peter ist übrigens zu einem normal angepassten Mitglied der Gesellschaft herangewachsen. Das Ende der Therapie war für ihn nach eigenen Angaben der Wendepunkt. Als der Druck nachließ, konnte er mit dem immensen Gegendruck aufhören. Heute ist er ein liebevoller Familienvater. Er hat Kontakt zu seinen Eltern und geht einer geregelten Arbeit nach. Er sagt von sich, er habe wenig Selbstbewusstsein, doch im Großen und Ganzen ginge es ihm gut.

In meiner Laufbahn als Sonderpädagogin habe ich nur wenige Fälle erlebt, in denen wir trotz aller Bemühungen und Liebe den Kindern nicht helfen konnten. Diese waren oft durch gravierende Erlebnisse in ihrem jungen Leben so traumatisiert, dass es mehr als pädagogischer Arbeit bedurfte, um an den Kern des Problems heranzukommen. Die Mehrzahl der Kinder, die provozieren, ist im Grunde nur traurig. Sie finden nicht die richtigen Worte und Taten, um ihre Liebe zu zeigen. Sie machen sich Sorgen um ihre Eltern oder Geschwister. Sie haben Streit mit ihren Freunden und fühlen sich einsam. Sie haben eine Dummheit begangen, die ihnen schwer auf dem Gewissen lastet, und sie wissen nicht, wem sie sich anvertrauen sollen. Sie haben unerfüllte Bedürfnisse, die sie nicht verbalisieren können. Oder sie haben immer wieder rückgemeldet bekommen, dass sie »schlecht« sind und glauben es nun schon selbst. Irgendwo in ihrem Leben ist ein Problem aufgetreten oder ein unerfülltes Bedürfnis aufgetaucht, dessen sie sich vielleicht gar nicht bewusst sind und mit dessen Auflösung oder Befriedigung sie allein überfordert sind.

Anders als das aggressive Verhalten, das Kleinkinder zeigen, weil sie nur wenig Impulskontrolle haben und noch keinen Perspektivenwechsel einnehmen können, hat *bewusstes* Provozieren größerer Kinder also immer eine Botschaft, die es zu entschlüsseln gilt. Unsere Aufgabe ist es, diese Botschaft anzunehmen und die Beziehung wieder ins Lot zu bringen. Gleichzeitig müssen wir es schaffen, unsere eigenen Grenzen zu wahren und dem Kind andere Strategien aufzuzeigen, mit denen es lernt, auf sein Bedürfnis gesellschaftsadäquat aufmerksam zu machen.

Übersetzungshilfen: Krasse Worte

Die »vier Ohren« von Kindern und Eltern

Der Kommunikationsexperte Friedemann Schulz von Thun schreibt: »Der Grundvorgang der zwischenmenschlichen Kommunikation ist schnell beschrieben. Da ist ein *Sender*, der etwas mitteilen möchte. Er verschlüsselt sein Anliegen in erkennbare Zeichen; wir nennen das, was er von sich gibt, seine *Nachricht*. Dem *Empfänger* obliegt es, dieses wahrnehmbare Gebilde zu entschlüsseln. In der Regel stimmen gesendete und empfangene Nachricht leidlich überein, sodass eine Verständigung stattgefunden hat.«[1] Aber nicht immer entschlüsselt der Empfänger die Nachricht so, wie der Sender sie gemeint hat. Denn jede menschliche Kommunikation enthält auf einer tieferen Ebene viele Botschaften. Manche davon sind vom Sender tatsächlich gewollt, andere werden vom Empfänger aufgrund seines Charakters oder seiner derzeitigen Gemütslage herausgelesen, obwohl sie nicht enthalten sind. Nehmen wir ein alltägliches Beispiel. Die Großeltern sind mit der Schwiegertochter und den beiden Enkelinnen zum Brunch im Restaurant. Die Schwiegereltern wohnen weit weg und kennen die Kinder nur aus kurzen Besuchen. Sie stehen der beziehungs- und bindungsorientierten Erziehung der Schwiegertochter eher skeptisch gegenüber. Die Zweijährige läuft im Raum umher, ihre Mutter isst in Ruhe weiter. Nach einer Weile spricht der Schwiegervater sie an:

Schwiegervater: »Du weißt schon, dass die Kleine gerade im Restaurant rumläuft? Bist du sicher, dass sie nicht abhaut?«
Schwiegertochter: »Ja, ich weiß es, und ja, ich bin sicher.«

Nach Schulz von Thun kann man die Sätze des Schwiegervaters mit »vier verschiedenen Ohren« hören, das bedeutet, vier verschiedene Botschaften heraushören:

- Auf dem *Sachohr* achten wir nur auf die *Sachinformation*: »Die Kleine läuft im Restaurant rum.«
- Auf dem *Beziehungsohr* hören wir das, von dem *wir denken, was der andere von uns hält*. Die meisten Menschen hören unterschwellige Angriffe heraus: »Du bist keine gute Mutter, weil du nicht auf dein Kleinkind aufpasst. Es könnte wegrennen, und du würdest es nicht einmal merken.«
- Auf dem *Selbstoffenbarungsohr* hören wir, *was der andere über sich selbst preisgibt*: »Weil ich sie so liebe, mache ich mir Sorgen um meine Enkelin, wenn sie so allein im Restaurant herumläuft. Ich habe Angst, dass sie abhaut.«
- Auf dem *Appellohr* hören wir, *wozu uns der andere vermutlich veranlassen möchte*. Eltern tendieren dazu, mit diesem Ohr besonders stark hinzuhören: »Geh und hole deine Tochter zurück.«

Die Mutter, an die diese Sätze gerichtet waren, nahm sie mit dem Beziehungsohr auf und war innerlich erbost über ihren Schwiegervater. Sie hatte das Gefühl, von ihm als schlechte Mutter dargestellt zu werden. Das ärgerte sie, denn sie riss sich tagtäglich ein Bein aus, um die beiden Töchter beziehungs- und bedürfnisorientiert aufwachsen zu lassen. Um sich ihre Verletztheit nicht anmerken und den Schwiegervater auflaufen zu lassen, entschloss sie sich, auf seine Worte auf der Sachebene zu reagieren und sagte: »Ja, ich weiß, dass sie herumläuft.« Der Schwiegervater hatte seine Aussage allerdings an ihr Appellohr gesendet – er wollte gern erreichen, dass sie aufsteht und die Kleine zurückholt – und war nun seinerseits verärgert, dass seine Schwiegertochter ihn »nicht verstehen wollte«. Aus seiner Sicht hatte er, wie die Selbstoffenbarung seiner Nachricht zeigte, aus Sorge um seine Enkelin gesprochen und nicht, um die Erziehungskompetenz seiner Schwiegertochter verbal herabzusetzen.

Nun haben wir also eine verstimmte Schwiegertochter, die sich durch ihren Schwiegervater bevormundet fühlt, und einen verärgerten Schwiegervater, der sich in seiner Sorge um das Wohlergehen seiner Enkelin nicht ernst genommen fühlt. Beide sitzen stumm am Tisch des Restaurants und würden sich am liebsten an die Gurgel gehen. Mit nur drei Sätzen hat sich ein vergiftetes Klima zwischen ihnen gebildet.

Sicherlich kennen Sie solche Situationen mit Ihren Liebsten ebenfalls. Nicht nur Schwiegereltern haben ein Talent dafür, uns auf die Palme zu bringen, sondern auch unsere eigenen Eltern, unsere Kinder und manchmal sogar der eigene Partner. Wie Sie aber im Beispiel erkennen können, liegt es oftmals gar nicht in deren Absicht, uns zu ärgern. Wir hören ihre Nachricht vielleicht nur auf dem falschen Ohr.

Je nachdem, welches seiner vier Ohren der Empfänger gerade vorrangig auf Empfang geschaltet hat, nimmt das Gespräch einen sehr unterschiedlichen Verlauf. Oft ist dem Empfänger gar nicht bewusst, dass er einige seiner Ohren abgeschaltet hat und dadurch die Weichen für das zwischenmenschliche Geschehen stellt.

Hätte die Schwiegertochter nicht auf dem Beziehungsohr gehört, sondern auf die Selbstoffenbarung der Nachricht geachtet, wäre sie vermutlich eher gerührt gewesen von der Sorge des Opas um die Enkelin. Vielleicht hätte sie geantwortet: »Mach dir keine Sorgen, sie läuft hier öfter rum und ist noch nie weggelaufen. Ich vertraue ihr.« Möglicherweise hätte diese Aussage den Schwiegervater noch nicht ganz überzeugt, aber zumindest hätte er sich nicht so brüsk abgebügelt gefühlt. »Vertrauen ist ja gut, aber sie ist wirklich noch sehr klein«, hätte er daraufhin antworten können, damit hätte er auf der Selbstoffenbarungsebene seiner Sorge noch einmal deutlich Nachdruck verliehen. Wie beim ersten Mal ginge seine unausgesprochene Bitte an das Appellohr: »Bitte hol sie zu uns zurück.« Die Schwiegertochter könnte erwidern: »Wäre dir wohler, wenn ich sie zurückhole? Sie langweilt sich einfach an unserem Tisch, deshalb läuft sie gern durchs Restaurant. Wenn ich sie jetzt zurückhole, müsste ich mich mit ihr beschäftigen, aber ich möchte in Ruhe mein Essen genießen. Dazu habe ich so selten Zeit.« Nun könnte der Schwiegervater, wenn er alle Ohren offen hat und ihre Aussage richtig interpretiert, antworten: »Bleib sitzen, du musst dich ja den ganzen Tag um die Kleine kümmern. Ich gehe ihr hinterher und passe auf, dass sie nicht wegläuft. Ich wollte mir sowieso gern die Beine vertreten.« Schon wäre die Atmosphäre zwischen den Erwachsenen eine völlig andere gewesen.

Ich habe meinen beiden Töchtern mit etwa sechs Jahren das Vier-Ohren-Modell von Schulz von Thun erklärt, weil Helene und ich immer wieder aneinander gerieten, wenn ich ihre Bitten nicht richtig entschlüsselte. Sie hatte bis dahin oft Sätze an mein Appellohr geschickt, die ich aber unabsichtlich mit dem Sachohr aufnahm: »Ich habe Hunger« oder »Aua, mein Finger tut weh«. Was sie jedoch meinte, war, »Bitte mach mir etwas zu essen« beziehungsweise: »Bitte puste auf meinen Finger und bring mir ein Pflaster«. Sie war dann natürlich erbost, wenn ich nur mit »Aha« reagierte. Von mir war das gar nicht böse gemeint, ich hörte wirklich einfach nur die Information.

Da sie das gleiche kommunikative Verständigungsproblem auch mit Freundinnen und anderen Erwachsenen hatte, beschloss ich, nicht nur mein Hörverhalten anzupassen (also das Appellohr zu öffnen), sondern sie zu bitten, Appelle klarer zu formulieren, weil Menschen manchmal mit dem falschen Ohr hören. Ich erklärte ihr das ein wenig albern anhand eines Menschen, der auf der Toilette sitzt und quer durch die Wohnung ruft: »Das Toilettenpapier ist alle!« Vermutlich sendet er neben der Sachinformation (»Das Toilettenpapier ist alle.«) auch noch eine Selbstoffenbarung (»Ich brauche Toilettenpapier!«) und einen Appell (»Bitte bringt mir Toilettenpapier!«). Möglicherweise ist er auch verärgert und sendet mit seinem Satz zusätzlich noch eine Nachricht auf der Beziehungsebene (»Warum zur Hölle schafft es niemand in dieser Familie, das Toilettenpapier dann nachzufüllen, wenn es fast alle ist?!«).

Was zwischenmenschliche Kommunikation so kompliziert macht, ist: Der Empfänger hat prinzipiell freie Auswahl, auf welche Seite der Nachricht er reagieren will. Ob der Gute also letzten Endes das Toilettenpapier gereicht bekommt oder gar einen Streit vom Zaun bricht (»Du füllst es doch selbst nicht regelmäßig nach, wenn es fast alle ist!«), kommt darauf an, mit welchem Ohr seine Familienmitglieder hinhören. Hätte er aber »Schatzi, bitte bring mir mal neues Toilettenpapier! Das hier ist alle und ich brauche welches!« gerufen, wäre die Chance, dass Schatzi ihm welches gebracht hätte, sehr hoch. Ganz ohne Missverständnis und Streit.

Unsere neue Kommunikation klappte erstaunlich gut. Manchmal hakte ich mit »An welches meiner Ohren hast du das gesendet?« nach, wenn ich nicht sicher war, was meine Kinder von mir erwarteten. Doch im Großen und Ganzen präzisierte sich ihre Sprache schnell, sodass wir auf dieser kommunikativen Ebene kaum noch Streit miteinander hatten. Heute, mit acht Jahren, machen sich meine Töchter sogar manchmal den Spaß, *bei mir* nachzuhaken. Gestern zum Beispiel sagte ich nach dem Abendbrot wohlig seufzend zu Carlotta: »Der Tee, den du gemacht hast, war superlecker. Schade, dass er schon alle ist.« Sie erwiderte augenzwinkernd: »War das an mein Appellohr gerichtet?« (Übersetzung: »Soll ich dir noch mehr Tee kochen?«) Ich grinste sie an: »Nein. Das war eine Selbstoffenbarung und eine Sachinformation.« (Übersetzung: »Ich liebe Tee. Der Tee war gut gemacht.«) Dann lehnte ich mich verschwörerisch zu ihr und flüsterte: »Man könnte sogar sagen, ich habe deine Arbeit *gelobt*! Uiuiui, oder?« Carlotta schnaufte lachend durch die Nase und rollte mit den Augen: »Mamaaaaaaa!« Dann trollte sie sich in Richtung Kinderzimmer und ich fing an, die Teekanne abzuwaschen.

Manchmal klärten sich durch das Vier-Ohren-Modell auch Situationen, die einer von uns supernervig fand. Als Carlotta sieben Jahre alt war, machten wir als Familie an der Ostsee Urlaub. Wir waren schon ein paar Tage dort und waren immer morgens, nachmittags und abends an den Strand gegangen. Carlotta wäre aber am liebsten den gesamten Tag im Wasser gewesen, deshalb fragte sie zwischendurch unablässig, wann wir wieder an den Strand gehen würden. Ein paarmal hatte ich ihr unseren Rhythmus geduldig erklärt, irgendwann jedoch platzte mir der Kragen: »Frag das doch nicht andauernd! Du *weißt* doch nun schon, wann wir gehen!« Zunächst war Carlotta verärgert über meinen Ausbruch. Doch sie beschloss, mich nicht so schnell aufzugeben, auch wenn ich unhöflich und verletzend gewesen war. »Mama,« sagte sie nach kurzem Überlegen, »wenn ich frage, wann wir wieder an den Strand gehen, dann … dann meine ich das gar nicht als Frage. Ich bin nur so glücklich und vorfreudig, dass ich übersprudle. Und dann schlüpfen mir diese Worte raus.«

»Das heißt, du fragst mich gar nicht wirklich?«

»Nein, ich will keine Antwort von dir. Es ist mehr so ein Von-mir-selbst-Erzählen, verstehst du?«

»Ach so. Du sendest es nicht an mein Appellohr, sondern an mein Selbstoffenbarungsohr.«

»Genau.«

Sie platzte mit dieser Frage übrigens noch viele Male in diesem Urlaub heraus, doch es nervte mich nun nicht mehr halb so stark, da ich mich nicht länger genötigt fühlte, immer wieder darauf zu reagieren.

Kindermund

Um keinen falschen Eindruck zu wecken: Oft genug gerate ich trotz allem mit Carlotta, Helene und Josua aneinander. Sie sind, wie alle Kinder im Alter zwischen fünf und zehn Jahren, sehr damit beschäftigt, ihre Gefühle zu ordnen, zu erfahren, wer sie wirklich sind, was sie können und wollen und woran sie noch scheitern. Sie orientieren sich weg von der Geborgenheit der Familie hin zur Gruppe ihrer Peers, wo sie einen Platz finden und anerkannt werden wollen. Diese Prozesse sind eine emotionale Achterbahnfahrt, die sie oft genug wütend und frustriert zurücklassen. Weil unsere Kinder sich darauf verlassen können, dass wir sie so lieben, wie sie sind, richten sie ihre schlechte Laune und emotionalen Ausbrüche oft an uns. Wir sind dann »die blödesten Eltern von der Welt«, sie wünschen sich, wir wären tot, oder sie wollen sofort ausziehen und weit weggehen. Hinter all diesen unheimlich verletzenden Sätzen unserer Kinder stecken jedoch wichtige Aussagen, und wir Eltern tun gut daran, diese bewusst nicht auf dem Beziehungsohr, sondern auf dem Selbstoffenbarungsohr zu hören. So nehmen wir die Chance wahr, *hinter* das »schlechte« Verhalten der Kinder zu schauen, und nach dem Grund zu suchen, statt auf die Provokation einzusteigen.

Wie groß die Diskrepanz sein kann zwischen dem, was als Selbstoffenbarung gemeint ist, und was als Botschaft für das Beziehungsohr ankommt, zeigen die folgenden Beispiele.

»Ich hasse euch! Ihr seid die schlechtesten Eltern der Welt!«
Das *Beziehungsohr* hört: »Ihr macht echt überhaupt nichts richtig! Ihr seid so scheiße im Elternsein, dass ich euch nicht einmal lieb haben kann. Wer hat euch eigentlich erlaubt, Kinder zu bekommen?«

Die Kinder senden eigentlich an das *Selbstoffenbarungsohr*: »Ich bin so unglaublich wütend auf euch!«

»Ich wünschte, ich wäre tot!«
Das *Beziehungsohr* hört: »Ich hasse mein ganzes Leben. Nichts darin ist irgendwie schön – mir wäre lieber, ich wäre gar nicht erst geboren worden. Und ihr seid schuld!«

Die Kinder senden eigentlich an das *Selbstoffenbarungsohr*: »Diese ganzen heftigen Gefühle in mir sind so überwältigend, dass ich sie kaum aushalten kann. Ich komme mir vor, als zerreiße ich innerlich. Ich wünschte, das würde aufhören! Ich möchte nichts mehr fühlen, weil es so schwer ist, das auszuhalten.«

»Ich will eine neue Familie, ihr liebt mich nicht richtig!«
Das *Beziehungsohr* hört: »Ihr schafft es nicht einmal, mich richtig zu lieben. Mein Gott, was seid ihr bloß für schlechte Eltern! Selbst bei einer fremden Familie würde ich mehr Zuneigung bekommen als bei euch.«

Die Kinder senden eigentlich an das *Selbstoffenbarungsohr*: »Ich bin verzweifelt, weil ich das Gefühl habe, ihr habt meine Schwester lieber als mich.«

»Ich ziehe aus und wohne ab jetzt bei Papa/Oma/Freund!«
Das *Beziehungsohr* hört: »So weit hast du es schon gebracht mit deiner ewigen Nörgelei. Gratulation – ich ziehe lieber aus, als noch eine Minute mit dir verbringen zu müssen. Du verstehst mich echt null. Papa dagegen ist super, deshalb ziehe ich auch zu dem. Der hat es drauf! Er ist ein viel besserer Elternteil als du.«

Die Kinder senden eigentlich an das *Selbstoffenbarungsohr*: »Ich bin wirklich unglücklich mit deiner Entscheidung/Regel/Ansage und brauche Zeit und Raum, diese zu verdauen.«

»Mir! Doch! Egal!«
Das *Beziehungsohr* hört: »Erzähl das der Tapete, die interessiert das mehr als mich. Du kannst mir verbieten, was du willst, es stört und interessiert mich nicht. Ich mache eh, was ich will.«

Die Kinder senden eigentlich an das *Selbstoffenbarungsohr*: »Um mein Gesicht vor dir nicht zu verlieren, möchte ich dich nicht wissen lassen, wie wichtig mir diese Sache wirklich ist.«

Elternmund

Auch Eltern sagen manchmal Dinge, die ihre Kinder unheimlich verletzen. Es kann vorkommen, dass uns Erwachsenen hinterher gar nicht klar ist, was wir eigentlich »Schlimmes« gesagt haben, weil doch unsere Worte ziemlich gewaltfrei daherkamen. Die Wahrscheinlichkeit ist hoch, dass unsere Kinder unsere Aussagen mit dem Beziehungsohr gehört haben, obwohl wir sie an das Selbstoffenbarungsohr geschickt haben.

»Zieh die Jacke an, es ist kalt draußen.«
Das *Beziehungsohr* der Kinder hört: »Ich vertraue dir nicht. Ich bezweifle, dass du selbst einschätzen kannst, was gut für dich ist, denn du bist klein und dumm.«

Die Eltern senden eigentlich an das *Selbstoffenbarungsohr*: »Ich mache mir Sorgen um deine Gesundheit. Ich liebe dich so sehr, dass ich dich nicht leiden sehen will. Meiner Erfahrung nach kann man krank werden, wenn man bei Kälte ohne Jacke rausgeht.«

»Kinder, hört auf zu streiten! Schüttelt euch die Hände und vertragt euch wieder. Ihr habt euch doch lieb.«
Das *Beziehungsohr* der Kinder hört: »Jetzt reißt euch mal zusammen. Das war ja nun wirklich kein Grund, gleich auszurasten und

so aufeinander loszugehen. Immer muss ich dazwischengehen und den Schiedsrichter spielen – ihr seid echt nicht in der Lage, Konflikte selbst zu lösen. Es ist nicht richtig, sich zu streiten, wenn man jemanden gern hat.«

Die Eltern senden eigentlich an das *Selbstoffenbarungsohr*: »Ich kann eure Konflikte nicht aushalten, weil ich nie gelernt habe, dass Streit und Wut okay sind. Ich habe Angst, dass eure Bindung das nicht aushält und ihr euch so verkracht, dass ihr nie wieder zueinanderfindet. Deshalb möchte ich am liebsten, dass dieser Streit schnell aufhört, und ich diese schlimmen Gefühle in meinem Inneren nicht länger aushalten muss.«

»Schhhh, du musst nicht weinen, es ist nicht schlimm.«
Das *Beziehungsohr* der Kinder hört: »Du darfst nicht weinen. Weinen ist nicht erlaubt. Deine Einschätzung der Situation und des Schmerzes ist falsch. Du kannst deinen Gefühlen nicht trauen.«

Die Eltern senden eigentlich an das *Selbstoffenbarungsohr*: »Ich liebe dich so sehr, dass es mir Schmerzen bereitet, wenn dir etwas wehtut oder du traurig bist. Ich wünschte, der Schmerz wäre schon vorbei, damit du ihn nicht mehr fühlen musst. Dann könntest du mit dem Weinen aufhören und *ich* müsste deinen Schmerz ebenfalls nicht mehr spüren. Ich habe kein Vertrauen darin, dass richtiges Ausweinen bei der Bewältigung des Schmerzes hilft, weil ich immer ›tapfer‹ sein sollte und das Weinen schnellstmöglich abbrechen musste. Zusätzlich stresst mich die Lautstärke deines Weinens. Die Leute gucken schon. Ich kann es nicht aushalten, wenn die anderen uns so anstarren. Ich möchte nicht so auffallen.«

»Ich brauche dir nicht helfen, das schaffst du doch allein!«
Das *Beziehungsohr* der Kinder hört: »Du bist mir nicht wichtig genug, als dass ich meine Arbeit unterbrechen möchte, um dir zu helfen. Lass mich in Ruhe.«

Die Eltern senden eigentlich an das *Selbstoffenbarungsohr:* »Ich sehe das Potenzial in dir und bin sicher, dass du es ganz allein auf die Reihe kriegst. Ich will dich nicht durch meine Hilfe kleinhalten. Du sollst groß und unabhängig sein, damit du im Leben bestehen kannst.«

»Wenn du meinst …«
Das *Beziehungsohr* der Kinder hört: »Ich finde deine Idee vollkommen idiotisch. Ich bin sauer, dass du sie durchziehen willst.« Die Eltern senden eigentlich an das *Selbstoffenbarungsohr:* »Ich bin geradezu verzweifelt darüber, dass ich dir nicht klarmachen kann, wie sehr ich mich um dich sorge, wenn du deine Idee umsetzt. Ich will dir aber nicht zeigen, wie wichtig mir das ist, weil ich Angst davor habe, mich verletzlich und angreifbar zu machen. Ich kann das Gefühl der Hilflosigkeit, mit ansehen zu müssen, wie du womöglich in dein Verderben rennst, nicht aushalten. Lieber wandle ich meine Angst um dich in passiv-aggressive Wut auf dich um, denn durch diese fühle ich mich stark.«

Auch Eltern müssen von Zeit zu Zeit die Perspektive wechseln

Die Sätze der Eltern wirken eigentlich nicht wirklich schlimm, oder? Im Grunde sind das doch mehr oder minder unterstützend gemeinte Aussagen? Ja, das stimmt. Der Zweck dieser Auswahl an Sätzen besteht darin, Ihnen zu zeigen, dass es manchmal nicht genug ist, unsere Kinder bedingungslos zu lieben. Viel wichtiger ist nämlich, ob bei unseren Kindern auch *ankommt*, dass wir sie bedingungslos lieben! Alle diese Elternsätze werden aus Liebe, Sorge und mit guten Absichten ausgesprochen, doch die wenigsten Kinder interpretieren sie als unterstützend oder Mut machend. Es ist gut, wenn wir Großen ab und zu die Perspektive wechseln. Erziehungsexperte Alfie Kohn rät uns Eltern deshalb, uns zu fragen: »Wenn das, was ich gerade zu meinem Kind gesagt habe, zu mir gesagt worden wäre – oder wenn das, was ich gerade mit ihm gemacht habe, mit mir gemacht worden wäre –, würde ich mich dann bedingungslos geliebt fühlen?«[2]

Seien Sie sich also dessen bewusst, dass auch Ihre Kinder vier Ohren haben und dass sie selbst auswählen, auf welchem sie Ihre lieb gemeinten Äußerungen hören. Flippt Ihr Kind völlig aus, weil Sie etwas »Harmloses« gesagt haben, dann denken Sie daran, dass es vielleicht etwas anders verstanden hat, als Sie es gemeint haben. Lösen Sie dieses Missverständnis auf, erklären Sie, was Sie wirklich sagen wollten.

Es ist übrigens eine weitverbreitete Elternkrankheit, zu viele Äußerungen unseres Nachwuchses auf dem Appellohr zu hören. Oft haben wir das Gefühl, sie erzählen uns etwas, weil sie unsere Hilfe wollten. Dann verfallen wir in einen Aktivitätsmodus, der nicht nur völlig unnötig ist, sondern unsere Kinder sogar nervt und sie kleinhält, weil wir ihnen nicht die Chance geben, das Problem selbst zu lösen. Wir werfen mit Ratschlägen und Lösungen um uns, wir moralisieren, belehren, diagnostizieren oder versuchen abzulenken, wenn unsere Kinder eigentlich nur wollen, dass wir ihnen mit offenem Ohr zuhören. Dieses »aktive Zuhören« nach Thomas Gordon wollen wir uns im nächsten Kapitel genauer ansehen, denn damit können wir sowohl unsere Kinder stärken als auch unsere Beziehung zu ihnen.

Grit: Aktives Zuhören schafft Nähe

Es passiert uns allen als Eltern: Wir hören unseren Kindern zwar zu, verstehen sie aber nicht wirklich, weil wir von vornherein denken, wir wüssten ja, was sie meinen. Das führt zu wenig hilfreichen und manchmal sehr fruchtlosen Gesprächen, die beide Seiten frustrieren. So ging es auch Grit, 43, und ihrem Sohn Christoph, 8.

> Als unser drittes Kind, Bela, geboren wurde, stürzte dies meinen damals achtjährigen Sohn Christoph in eine tiefe Krise. Er war ungeheuer aggressiv, hörte nicht mehr auf uns und machte absichtlich nur Blödsinn. Er zerschnitt seine T-Shirts, malte in seinem Zimmer Totenköpfe an die Wände und so was. Es gab kein Rankommen an ihn. Er war uns emotional völlig entglitten. Nur wenn er mit mir allein spazieren gehen konnte, war er zeitweise wieder der Alte.
>
> Nach ein paar Wochen fing er – für mich völlig überraschend – an, seine Zwillingsschwester Smilla zu hassen und sie richtig fies zu ärgern. Man konnte die beiden keine Minute mehr allein lassen. Ich konnte diese Gefühle und Streits nicht nachvollziehen, immerhin waren sie seit ihrer Geburt ein Herz und eine Seele, und Smilla hatte auch nichts »gemacht«, um diesen Hass zu provozieren.
>
> Ich war ratlos und führte Tag für Tag auf unseren Spaziergän-

gen Gespräche mit meinem Sohn. Ich wollte ihm zuhören und verstehen. Ich wollte ihm aber auch klarmachen, wie schade es ist, wenn er sich einfach so von seiner besten Freundin und Schwester abwendet. Ich wollte Harmonie. Doch die Gespräche zwischen Christoph und mir liefen nicht gut. Eigentlich drehten wir uns andauernd im Kreis:

Christoph: Ich hasse Smilla. Ich hasse sie! Sie ist so doof!
Grit: Du hasst sie gar nicht. Das ist doch albern. Ich weiß doch, wie gern du sie eigentlich hast. Du solltest dich besser wieder mit ihr vertragen.
Christoph: Nein, ich hasse sie. Ich hasse sie richtig doll.
Grit: Aber warum denn nur? Was ist denn zwischen euch vorgefallen?
Christoph: Nichts. Sie ist einfach doof, und ich will nie wieder mit ihr zu tun haben! Sie soll weggehen!
Grit: Na ja, das geht ja nun einmal nicht. Sie wird niemals weggehen, sie ist doch deine Schwester. Du bist für immer mit ihr verbunden, und das ist doch auch schön. Sie wird immer in deinem Leben sein.
Christoph: Dann will ich, dass sie tot ist!
Grit: Hör mal, ey, so was will ich echt nicht hören. Das finde ich total krass. Smilla soll nicht tot sein! Mir tut das Herz weh, wenn ich an so etwas denke.
Christoph: Ich will einfach nicht, dass sie in meiner Familie ist! Es soll niemand in unserer Familie sein, nur du und ich! Alle anderen sollen tot sein!
Grit: Ich will aber nicht, dass alle anderen tot sind. Ich möchte, dass wir alle zusammen glücklich sind.
Christoph: Dann will ich eben sterben! Dann muss ich niemanden mehr von euch sehen!
Grit: Ey! Ich will auch nicht, dass du tot bist! Bitte sag doch nicht

so etwas! Ich liebe euch alle, und ich wäre supertraurig, wenn nur einer davon fehlen würde. Bitte hör auf, so zu reden, ich kann das nicht aushalten. Ich weiß doch, dass du das nur sagst, weil du wegen des Babys eifersüchtig bist. Aber du meinst es nicht wirklich so.

Christoph: Es tut so weh! Es tut in mir drin so weh! Das soll aufhören! Ich hasse mein ganzes Leben! Ich will sterben! (weint herzzerreißend)

Grit: (total verängstigt wegen dieser Aussage, aber in strengem Ton): Okay, Schluss jetzt! Ich will es nicht mehr hören! Dein Leben ist schön! Es ist wunderschön!

Christoph: (sagt nichts, schluchzt)

Grit: Komm, wir gehen ein Eis essen, nur wir zwei. Hm? Dann geht es dir bestimmt besser.

Aber es ging ihm nicht besser. Es ging ihm über Wochen schlecht. Wir führten dieses Gespräch in etlichen Variationen, aber nie kamen wir auf eine Lösung. Er beharrte darauf, zu hassen (sein Leben, seine Schwester, den Rest unserer Familie) und sterben zu wollen; ich beharrte darauf, wie schön alles sei. Ich machte mir wirklich Sorgen wegen seines Zustands. Er war wütend und traurig, das konnte ich sehen. Aber nichts, was ich sagte, half. So lange, bis ich ihm endlich richtig zuhörte. Als ich endlich, endlich meine Ohren und mein Herz öffnete, hatten wir das Gespräch, das alles änderte.

Grit wendete zunächst kein aktives Zuhören in den Gesprächen mit ihrem Sohn an. Stattdessen nutzte sie, wie man oben lesen kann, relativ typische Antworten, die fast allen Eltern schnell über die Lippen kommen. Sie berichtet, dass sie erst mehrere dieser fruchtlosen Gespräche mit Christoph führen musste, bis sie bemerkte, dass es ihre wenig annehmenden Antworten waren, die eine Lösung verhinderten. Etwas weiter unten werden wir noch einmal ein Gespräch zwischen ihr und Christoph protokollieren, in welchem sie aktiv zuhörte. Das brachte den Durchbruch. Zunächst wollen wir aber kurz erklären, wie aktives Zuhören funktioniert.

Was ist »aktives Zuhören«?

Aktives Zuhören beschreibt einen Prozess innerhalb eines Dialoges, bei dem der Empfänger einer Nachricht sich für einen Moment empathisch in die Situation des Senders einfühlt. Er hört auf dem Selbstoffenbarungsohr und gibt die Botschaft mit eigenen Worten wieder, um dem Sender das Problem wertfrei vor Augen zu führen und ihn dazu anzuleiten, eigenständig eine Lösung zu finden.

Das klingt sehr hochgestochen – es bedeutet nichts anderes, als dass der Zuhörer aufmerksam zwischen den Zeilen hört und überlegt, was der Sprecher meinen könnte, ohne es bewusst selbst schon zu wissen. Das Ergebnis des Zwischen-den-Zeilen-Hörens wird in eigene Worte verpackt. Durch das Umformulieren werden beim Sender Gefühle ausgelöst – entweder er kann dem zustimmen (»Ja, das meinte ich«), oder er wird es ablehnen (»Nein, so fühle ich ganz und gar nicht!«). Beides setzt in ihm einen Prozess des Verstehens in Gang: Ein neuer, weiterführender Gedanke blitzt in ihm auf. So kommt er dem Kern des Problems immer näher. Schafft der Empfänger es, mit seinen Antworten weder lenkend noch wertend zu agieren, kann der Sender sein Problem und dessen mögliche Lösung ganz allein erkennen. Das gibt ihm einerseits ein befriedigendes Gefühl von Selbstwert und andererseits ein wohliges, verbindendes Gefühl des Verstanden-worden-Seins.

Psychologen oder Psychotherapeuten verbringen Jahre damit,

zu lernen, in einem Gespräch auszudrücken, dass sie den Sprecher und dessen Gefühle genau so annehmen, wie er ist. Ein Gespräch kann heilen, konstruktive Veränderung anregen und frei machen – wenn der Zuhörer »aktive Annahme« auszudrücken vermag. Auch Eltern können diese Art therapeutischer Kommunikation lernen – vielleicht nicht so professionell wie ein Psychologe, aber doch so, dass sie hilfreich statt destruktiv wirkt.

Der Gesprächsauftakt: Türöffner!

Wenn Kinder etwas bedrückt, dann wollen sie gern in irgendeiner Weise ihr Unbehagen loswerden. In den meisten Fällen nutzen sie allerdings erst einmal ungünstige Strategien, um auf ihr Problem aufmerksam zu machen. Sie sind wütend, schnippisch, maulig oder wortkarg gegenüber ihren Eltern, obwohl das Problem vielleicht in der Schule oder bei ihren Freunden liegt. Oder sie sind in der Schule aggressiv und ausfallend ihren Lehrern gegenüber, wenn sie zu Hause das Gefühl haben, nicht wertgeschätzt oder nicht in Beziehung zu sein. Kaum ein Kind geht reflektiert auf seine Eltern zu und sagt: »Ich habe ein Problem, lass uns reden.« Es liegt also an uns, hinter ihrem ungewöhnlichen oder frechen Verhalten einen Grund zu vermuten und sie unaufdringlich zum Sprechen zu bringen.

Türöffner sind einfache Sätze, die wir Erwachsenen nutzen können, um unsere Kinder aufzufordern, ihre Gedanken und Gefühle zu äußern. Türöffner sind sanfte Anstupser. Sie schwingen nicht gleich die »Wir-müssen-reden«-Keule, sie überfallen das Kind nicht mit guten Intentionen. Sie sind ein Angebot, das angenommen oder abgelehnt werden kann. Beginnt das Kind das Gespräch, indem es »Du bist eine Kackmama!« oder »Ich werde nie wieder zur Schule gehen!« oder »Lotti ist die gemeinste Freundin!« sagt, reichen einfache Türöffner, um das Gespräch in Gang zu bekommen:

- Wirklich?
- Oh?
- Aha …
- Das scheint dich echt zu ärgern, was?
- Schieß los, ich höre.

Beispiele für Dialoge, die das Kind in Gang bringt:

Kind: »Du bist eine Kackmama!«
Eltern: »Wirklich?«
Kind: »Ja, wirklich! Es ist voll gemein, dass ich nie das machen darf, was ich will!«

Kind: »Ich werde nie wieder zur Schule gehen!«
Eltern: »Ach so?«
Kind: »Die anderen Kinder sind so gemein. Ich will da nicht mehr hin!«

Lia: »Mama, die Serafina hat heute gesagt: Lia, das ist Florian. Florian, das ist Lia.«
Eltern: »Aha …«
Lia: »Das hat mich so wütend gemacht! Ich wollte das nicht! Das ist nicht nett!«
Eltern: »Das schien dich echt zu ärgern, ja?«
Lia: »Ja! Ich wollte mich gar nicht mit ihm umarmen. Aber Serafina hat uns so eng zusammengeschoben, als sie das sagte. Das war mir so unangenehm. Ich bin dann vor Wut weggerannt.«

Möchte man dagegen als Erwachsener das Gespräch beginnen, müssen die Türöffner relativ konkret das beobachtbare Verhalten ansprechen:

- Du siehst wütend aus.
- Ich habe das Gefühl, du provozierst mich heute absichtlich – was ärgert dich so?
- Du bist so ruhig heute …

Hier ein Beispiel für einen Dialog, den die Eltern in Gang bringen:

Eltern: »Ich habe das Gefühl, du provozierst mich heute absichtlich – was ärgert dich so?«
Kind: »Du ärgerst mich! Du und deine blöden Regeln! Ständig muss ich leise sein oder Rücksicht auf das Baby nehmen oder mich selbst beschäftigen.«

Nicht ganz so günstig sind Sätze wie: »Willst du darüber reden?« oder »Du weißt, dass du immer zu mir kommen kannst, wenn du reden willst, ja?«. Diese sind zwar lieb gemeint, werden aber selten angenommen. Vielleicht liegt es daran, dass wir Menschen nur ungern über unsere Probleme reden und bei einem solchen Türöffner schon ganz klar ist, dass es auf ein aufwühlendes Gespräch hinauslaufen wird. Wer würde sich davor nicht drücken? Vor allem, wo fängt man an, wenn man sich gar nicht so sicher ist, was eigentlich das Problem ist? Bei guten Türöffnern ist es weniger offensichtlich, dass gleich einer von beiden sein Herz ausschütten wird. Es passiert natürlicher, Schritt für Schritt. Und da die Rückmeldungen ganz auf die Botschaften des Sprechenden eingehen, muss dieser nicht schon vorher wissen, was sein Problem ist, und überlegen, wie er es in Worte fassen kann, sondern er kann einfach den Rückmeldungen des Hörenden und seinen eigenen purzelnden Gedanken folgen, sodass das Problem von ganz allein zutage tritt.

Das Gespräch am Laufen halten

Wie wir schon ausführlich beschrieben haben, besteht der Grundvorgang von zwischenmenschlicher Kommunikation immer aus einem Sender, der etwas mitteilen möchte, und einem Empfänger, der etwas verstehen möchte. Der Sender verschlüsselt seine Nachricht in erkennbare Zeichen (Worte), die der Empfänger wiederum entschlüsselt. Je nachdem, wie der Empfänger gerade drauf ist, hört er aus der Nachricht unterschiedliche Botschaften heraus – einen persönlichen Angriff etwa oder eine Aufforderung zu helfen. Öfter als uns lieb ist, stimmen diese entschlüsselten Botschaften nicht mit dem überein, was der Sender eigentlich übermitteln wollte. Das ist schon im normalen Alltagsgespräch unschön, aber bei einem Problemgespräch ist das Hören »auf dem falschen Ohr« geradezu fatal.

Deshalb meldet der Empfänger beim aktiven Zuhören zurück, wie die Nachricht und ihre Botschaft bei ihm angekommen ist, damit der Sender überprüfen kann, ob er diese Botschaft tatsächlich senden wollte. Schauen wir uns an, wie Grit das »aktive Zuhören« anwandte:

> Christoph: Ich hasse Smilla. Ich hasse sie! Sie ist so doof!
> Grit: Wow, das klingt, als könntest du deine Schwester gerade ü-ber-hau-pt nicht leiden.
> Christoph: Kann ich auch nicht! Sie ist voll blöd, und ich hasse sie! Sie soll weggehen!

Grit: Du wünschst dir, sie wäre gerade woanders.

Christoph: Sie soll ganz weit weggehen! Ich will einfach nicht, dass sie in meiner Familie ist! Es soll niemand in unserer Familie sein, nur du und ich! Alle anderen sollen weg sein!

Grit: Am liebsten wärst du gerade ganz mit mir allein, ohne die anderen.

Christoph (weint): Ja, du sollst nur meine Mama sein. Meine ganz allein.

Grit (mit brüchiger Stimme): Du wünscht dir, deine Geschwister wären nie geboren.

Christoph (weint herzzerreißend)

Grit (wartet mit Tränen in den Augen ab)

Christoph (schluchzend): Du hast so wenig Zeit für mich, seit Bela da ist. Er wird andauernd gestillt oder hängt in der Trage. Du kannst gar nicht mehr richtig mit mir kuscheln, weil er immer bei dir ist.

Grit (um Fassung ringend): Du möchtest wieder mehr mit mir kuscheln können.

Christoph (flüstert weinend): Ja.

Grit (flüstert weinend): Jetzt bin ich gerade frei zum Kuscheln. (breitet ihre Arme aus)

Christoph klettert auf Mamas Schoß, beide weinen und kuscheln.

Christoph (schluchzend): Es tut so weh! Es tut in mir drin so weh! Das soll aufhören! Ich will sterben, dann muss ich das nicht mehr spüren!

Grit (weinend): Du hast das Gefühl, den Schmerz nicht mehr aushalten zu können.

Christoph: Ich zerreiße! Ich will nichts mehr fühlen!

Grit: Es ist so schwer, das alles so stark zu fühlen. (kuschelt noch ein bisschen enger)

> Christoph (sagt nichts)
> Grit (wartet ab)
>
> Eine Pause entsteht, beide hängen ihren Gedanken nach.
>
> Christoph (nach etwa einer Minute, nicht mehr weinend, aber noch mit tränennassem Gesicht): Eigentlich habe ich ihn ja auch lieb, Mama.
> Grit (guckt ihren Sohn aufmerksam an, sagt aber nichts)
> Christoph (hüpft vom Schoß, sagt wild gestikulierend und voller Liebe): Er ist so süß, wenn er immer so daliegt (zeigt mit den Armen, wie das Baby fuchtelt) und »Äh! Äh!« sagt! Und wenn er mich sieht, dann lächelt er immer, weißt du?
> Grit (noch völlig fertig von dieser emotionalen Achterbahnfahrt, aber lächelnd): Ja, das tut er.
> Christoph (schon im Weggehen): Wo ist er denn jetzt? Ich will ihn küssen!

Aktives Zuhören ist wertfreies Zuhören plus das Rückmelden der Botschaft, die wir denken, gehört zu haben:

> Christoph: Ich hasse Smilla. Ich hasse sie! Sie ist so doof!
> Grit: Wow, das klingt, als könntest du deine Schwester gerade ü-ber-hau-pt nicht leiden.

Grit hat bei ihrem Gespräch Christophs Aussage, er hasse seine Schwester, mit ihren eigenen Worten wiedergegeben. Ob sie ihren Sohn damit richtig verstanden hatte, wusste sie zu diesem Zeitpunkt noch nicht, aber normalerweise sagen unsere Kinder uns deutlich, wenn wir sie missverstanden haben, oder aber sie bestätigen, dass wir richtig gehört haben:

Grit: Wow, das klingt, als könntest du deine Schwester gerade ü-ber-hau-pt nicht leiden.
Christoph: Kann ich auch nicht! Sie ist voll blöd und ich hasse sie!

Das »kann ich auch nicht« ist die Bestätigung, dass Grit ihn richtig verstanden hatte. Christoph hätte anders reagiert, wenn sie seine Gefühle mit den falschen Worten ausgedrückt hätte:

Christoph: Ich hasse Smilla. Ich hasse sie! Sie ist so doof!
Grit: Wow, das klingt, als hättest du dich über deine Schwester geärgert.
Christoph: Ich habe mich nicht geärgert. Ich hasse sie! Ich hasse sie so sehr!

In diesem Fall war die »Übersetzung« seiner Gefühle durch die Mutter zu lasch. Er fühlte sich nicht richtig verstanden, deshalb betonte er noch einmal mit Nachdruck, was er meinte. Es ist kein Drama, wenn wir die Gefühle nicht gleich beim ersten Mal richtig erkennen, weil uns Kinder in der Regel viele Chancen geben, bevor sie das Gespräch abbrechen.

Der schwierige Teil des aktiven Zuhörens ist, so genau hinzuhören, dass man kleine Variationen und Nuancen erfasst und diese neu übersetzt. Sonst dreht man sich irgendwann im Kreis:

Christoph: Sie ist voll blöd, und ich hasse sie! Sie soll weggehen!
Grit: Du wünschst dir, sie wäre gerade woanders.

Wäre die Mutter hier nicht auf das »Weggehen« eingegangen, sondern interpretatorisch beim »blöd« und »hasse sie« geblieben, hätte sie das Gespräch zunächst ins Stocken gebracht, weil sie ihm keinen Aufhänger zum Weiterreden gegeben hätte:

Christoph: Sie ist voll blöd, und ich hasse sie! Sie soll weggehen!
Grit: Dir ist wirklich wichtig, dass ich verstehe, wie doof du deine Schwester gerade findest.
Christoph: Sie ist ja auch doof. Doof, doof, doof. Die doofste Schwester der Welt!

An dem Punkt wäre es für Grit schwieriger gewesen, das Gespräch wieder aus dem Wir-drehen-uns-doof-im-Kreis heraus und auf Spur zu bringen. Denn im Prinzip ist die Botschaft seiner Sätze nur: »Ich finde meine Schwester doof.« Darauf noch mal einzugehen, hätte die beiden nur wieder die gleiche Runde drehen lassen. Grit hätte versuchen können, das »die doofste Schwester der Welt« umzuformulieren in »Du wünschst dir eine andere Schwester«:

Grit: Dir ist wirklich wichtig, dass ich verstehe, wie doof du deine Schwester gerade findest.
Christoph: Sie ist ja auch doof. Doof, doof, doof. Die doofste Schwester der Welt!
Grit: Am liebsten hättest du eine andere Schwester.

Mit diesem Satz hätte sie Christoph wieder die Gelegenheit gegeben, zu verneinen oder zu bestätigen, dass sie richtig gehört hat:

Grit: Am liebsten hättest du eine andere Schwester.
Christoph: Nein! Ich wünsche mir gar keine Schwester! Es soll niemand in unserer Familie sein, nur du und ich! Alle anderen sollen weg sein!

Grits Übersetzung war in Christophs Augen nicht richtig, deshalb korrigierte er sie noch einmal mit Nachdruck: keine *andere* Schwester, sondern *gar keine* Schwester! Wie Sie sehen, hätte ihr Gespräch so zwar einen kleinen Schlenker gemacht, doch sie wären aller Wahrscheinlichkeit nach auf das »Es soll niemand in unserer Familie sein, nur du und ich« gekommen, einfach, weil es Christoph unbewusst so wichtig war, dass es unbedingt rausmusste:

> Christoph: Es soll niemand in unserer Familie sein, nur du und ich! Alle anderen sollen weg sein!
> Grit: Am liebsten wärst du gerade ganz mit mir allein, ohne die anderen.

Auch in den vorangegangenen Gesprächen, in denen die Mutter nicht aktiv zugehört hatte, fiel dieser Satz immer wieder:

> Christoph: Sie ist einfach doof und ich will nie wieder mit ihr zu tun haben! Sie soll weggehen!
> Grit: Na ja, das geht ja nun einmal nicht. Sie wird niemals weggehen, sie ist doch deine Schwester. Du bist für immer mit ihr verbunden, und das ist doch auch schön. Sie wird immer in deinem Leben sein.
> Christoph: Dann will ich, dass sie tot ist!
> Grit: Hör mal, ey, so was will ich echt nicht hören. Das finde ich total krass. Smilla soll nicht tot sein! Mir tut das Herz weh, wenn ich an so etwas denke.
> Christoph: Ich will einfach nicht, dass sie in meiner Familie ist! Es soll niemand in unserer Familie sein, nur du und ich! Alle anderen sollen tot sein!

Selbst in einem eher ungünstig gelaufenen Gespräch hätte die Mutter im richtigen Moment noch die Kurve bekommen können, wenn sie von da an aktiv zugehört hätte. Diese Gewissheit dürfte alle, die aktives Zuhören vielleicht zunächst schwierig finden, beruhigen.

Sie werden bemerkt haben, dass das »nur du und ich« beziehungsweise die Aussage »alle anderen sollen tot/weg sein« der

Schlüsselmoment des Gespräches war. Hier wurde klar, dass der Hass auf die Schwester eine unbewusste Schutzreaktion war. Nicht seine Zwillingsschwester hasste der Junge, sondern das neue Baby (»alle anderen«). Da man aber ein kleines Baby nicht hassen darf – so viel war dem Achtjährigen klar – musste er unbewusst jemand anderen finden, um die gewaltigen Gefühle verbalisieren und loswerden zu können. Aggressionsverschiebung nennt man das. Gott sei Dank war der Mutter schon vor dem Gespräch bewusst, dass der Hass ihres Sohnes auf seine Schwester mit der Entthronung zu tun haben musste, deshalb hörte sie aus dem »alle anderen« heraus, dass seine Gefühle eigentlich mit dem neuen Babybruder zu tun hatten. Um aber nicht das Gespräch zu stören, behielt sie dieses Wissen zunächst für sich und formulierte ihre Antwort ebenso allgemein wie Christoph:

> Grit: Am liebsten wärst du gerade ganz mit mir allein, ohne die anderen.
> Christoph (weint): Ja, du sollst nur meine Mama sein. Meine ganz allein.

Dass Grit richtig lag, bestätigte ihr Sohn mit dem »Ja«. Dann betonte er noch einmal, wie sehr er sie für sich allein haben wollte. Diesen Punkt griff die Mutter im Sinne des aktiven Zuhörens wieder auf und formulierte ihn um. Diesmal sprach sie ein wenig konkreter von »deine Geschwister«:

> Grit: Du wünschst dir, deine Geschwister wären nie geboren.
> Christoph (weint herzzerreißend).

Sie hätte »meine ganz allein« auch etwas milder übersetzen können: Statt »Du wünschst dir, deine Geschwister wären nie geboren« vielleicht mit »Du wünschst dir, deine Geschwister wären nicht mehr da« oder »Du wünschst dir, du und ich würden ganz allein zusammenleben«. Es war aber von ihr sehr gut und wichtig, dass sie das Ungeheuerliche tatsächlich aussprach, um ihm zu zeigen, dass die Gedanken frei sind. Man kann sich im Schmerz vieles wünschen. Denn wenn man sogar Gedanken tabuisiert, kann es passieren, dass sich der momentane Hass so sehr verfestigt, dass aus dem ehemals theoretischen, aus dem Herzschmerz geborenen Wunsch womöglich eine handfeste Tat wird. So traurig die Mutter seinen Wunsch, seine Geschwister wären nie geboren, auch fand, sie *musste* seine wahren Gefühle ohne Ablehnung, Einschränkung oder Relativierung aussprechen, damit er sie selbst annehmen und überwinden konnte.

Grit: Du wünschst dir, deine Geschwister wären nie geboren.
Christoph (weint herzzerreißend).
Grit (wartet ab).

Das Abwarten an dieser Stelle ist kein aktives, sondern passives Zuhören, aber auch dieses ist gut, um ein Gespräch am Laufen zu halten, wenn man nicht mit einem Standardsatz reagieren möchte. Grit wusste in diesem Moment einfach nicht, was sie sagen sollte, und blieb daher abwartend still. Andere passive Aufforderungen an den Sender, weiterzusprechen, können ein Kopfnicken sein, ein Achselzucken, ein »Mmmh-mmh« oder ein »Okay …«. Christoph nutzte die Stille, um sich seiner wahren Gefühle klar zu werden. Da die Mutter mit »deine Geschwister« seinen Babybruder schon mit ins Spiel gebracht hatte und damit signalisiert hatte, dass es okay ist, sich zu wünschen, er wäre nie geboren worden, konnte er ohne Angst konkreter formulieren, was ihm wirklich auf dem Herzen lag:

Christoph (schluchzend): Du hast so wenig Zeit für mich, seit Bela da ist. Er wird andauernd gestillt oder hängt in der Trage.

> Du kannst gar nicht mehr richtig mit mir kuscheln, weil er immer bei dir ist.
>
> Grit (um Fassung ringend): Du möchtest wieder mehr mit mir kuscheln können.
>
> Christoph (flüstert weinend): Ja.

Statt auf das Kuscheln einzugehen, hätte die Mutter auch rückmelden können, dass sie gehört habe, dass er mehr Zeit mit ihr verbringen will. Vermutlich hätte das für den weiteren Verlauf des Gesprächs keinen großen Unterschied gemacht.

> Grit (flüstert weinend): Jetzt bin ich gerade frei zum Kuscheln. (breitet ihre Arme aus)
>
> Christoph (klettert auf Mamas Schoß, beide weinen und kuscheln)
>
> Christoph (schluchzend): Es tut so weh! Es tut in mir drin so weh! Das soll aufhören! Ich will sterben, dann muss ich das nicht mehr spüren!
>
> Grit (weinend): Du hast das Gefühl, den Schmerz nicht mehr aushalten zu können.

Obwohl diese Aussage die Mutter immer noch in Panik versetzte, nahm sie sie diesmal an, statt ihm, wie in den vorangegangenen Gesprächen, einreden zu wollen, wie schön sein Leben doch sei. Damit lenkte sie ihn nicht mehr vom Schmerz ab oder redete ihn klein, sondern half ihm, ihn wahrhaftig zu erspüren, um ihn anzunehmen und als schmerzhaften Teil dieser Krise zu akzeptieren.

> Christoph: Ich zerreiße! Ich will nichts mehr fühlen!
>
> Grit: Es ist so schwer, das alles so stark zu fühlen. (kuschelt noch ein bisschen enger).

In dem Moment, in dem sie ihm »erlaubte«, den Schmerz auszudrücken und zu betrauern, löste sich ein Knoten. In seinem Schmerz erkannte er nämlich plötzlich auch seine Liebe zu dem neuen Erdenbürger. Das war vorher unmöglich, weil er immerzu damit beschäftigt gewesen war, mit seiner Mutter darum zu kämpfen, dass sie seinen Schmerz wirklich sieht. Sein liebevoller Blick auf das Baby war verstellt von dem Kampf um die Berechtigung seiner starken Gefühle.

> Christoph: Eigentlich habe ich ihn ja auch lieb, Mama.
> Grit (guckt Christoph aufmerksam an, sagt aber nichts)
> Christoph (hüpft vom Schoß, sagt wild gestikulierend und voller Liebe): Er ist so süß, wenn er immer so daliegt (zeigt mit den Armen, wie das Baby fuchtelt) und »Äh! Äh!« sagt! Und wenn er mich sieht, dann lächelt er immer, weißt du?
> Grit (noch völlig fertig von dieser emotionalen Achterbahnfahrt, aber lächelnd): Ja, das tut er.
> Christoph (schon im Weggehen): Wo ist er denn jetzt? Ich will ihn küssen!

Christoph brauchte nur die kurze Nachdenkpause, in der seine Mutter passiv zuhörte, um zum Schluss zu kommen, dass sein kleiner Babybruder ja doch irgendwie auch süß sei. Damit rutschte er vom Schoß der Mutter, als Zeichen, dass für ihn das Gespräch beendet war. Es wäre sinnlos gewesen, ihm nachzurennen und noch mehr besprechen zu wollen. Für ihn war das Problem gelöst. Tatsächlich war dieses Gespräch der Durchbruch. Grit achtete ab diesem Zeitpunkt viel stärker darauf, genügend Zeit mit den beiden großen Kindern zu verbringen. Sie kuschelte mehr, las mehr vor und verbrachte insgesamt wieder mehr Zeit mit ihnen. Das bedeutete, dass erst einmal ihre eigenen Entspannungsinseln wegfielen. So saß sie zum Beispiel nicht mehr zwischendurch auf der Couch und las etwas auf dem Handy, während die Kinder sich selbst beschäftigten. Stattdessen machte sie von sich aus Angebote, indem sie auf die Zwillinge zuging und fragte, ob sie mitspielen könne. Das war natürlich anstrengend, aber da sie wusste, dass es sich um eine temporäre Phase bis zur Überwindung der großen Krise handelte, nahm sie diese Kraftanstrengung in Kauf. Christophs Hass auf Smilla verschwand von einem Tag auf den anderen, direkt nach dem Gespräch. Dass dies eine Verschiebung war und er eigentlich »Hass« beziehungsweise Eifersucht auf das Baby empfunden hatte, war ihm natürlich nicht bewusst, aber das Gespräch und das annehmende Zuhören seiner Mutter lösten die Blockade trotzdem. Ebenso wie weggeblasen waren seine Äußerungen, er wolle sterben und sein Leben sei nicht schön. Das erleichterte Grit ungemein, weil sie sich ernsthaft Sorgen um ihren Sohn gemacht hatte.

Wann ist das Gespräch zu Ende?

Eltern müssen erkennen, wann Schluss ist oder das Kind keine emotionalen Botschaften senden will. Dann ist es klug, es dabei zu belassen und das aktive Zuhören sein zu lassen. Manchmal kommt so ein Ende ziemlich abrupt, und es kann sein, dass wir Erwachsene denken, es sei noch nicht alles geklärt. Aber für das Kind ist es das! Rücken Sie Ihren Kindern dann nicht weiter auf die Pelle. Aktives Zuhören ist meist nur der Stein, der einen ganzen inneren Prozess für das Kind ins Rollen bringt. Auf diese Weise werden Gefühle klarer und das konkrete Problem wird fassbarer. Den Rest schaffen die Kinder ganz von allein. Es kann Stunden, Tage oder manchmal Wochen dauern, bis das Kind sein Problem durchgearbeitet und eine Lösung gefunden hat. Diesen Prozess müssen wir Eltern aber meist nicht mehr aktiv begleiten, er geschieht im Inneren des Kindes.

Wenn Eltern die Tür öffnen, aber Kinder nicht hindurchgehen

Manchmal erscheint es dem Erwachsenen auch so, als helfe das aktive Zuhören überhaupt nicht. Das Kind offenbart keine Botschaften, sondern bleibt in seiner Wut gefangen. Mir ging das vor ein paar Jahren mit meiner Tochter Carlotta so. Wir hatten ein kleines Trampolin geschenkt bekommen, und ich hatte erst erlaubt, es aufs Bett zu stellen, damit eine doppelte Schwingkraft möglich war. Nach einer Weile sah ich aber, dass das eine Verletzungsgefahr darstellte, die ich vorher nicht antizipiert hatte. Ich machte also klar, dass ich nicht mehr möchte, dass das Trampolin auf das Bett gestellt wird. Daraufhin wurde meine Tochter wütend mit mir.

> Carlotta: Du bist eine doofe Mama! Doof!
> Mama: Du ärgerst dich unheimlich über mich!
> Carlotta: Ja, weil du doof bist.
> Mama: Es ist dir wirklich wichtig, dass ich höre, wie gemein du mich gerade findest.
> Carlotta: Ja, DU SOLLST ES HÖREEEEEN.
> Mama: Wow, du bist wirklich, wirklich wütend mit mir!
> Carlotta: WEIL DU EINE DOOFE MAMA BIST!!!!
> Mama: Okay ... Ich höre, dass ich dich geärgert habe ... mit dem Trampolin? [Da sie mir nichts angeboten hat, habe ich versucht, das Gespräch in die Richtung zu drehen, in der ich das Problem vermutete.]
> Carlotta: DU BIST EINFACH GEMEIN UND DOOF! [Sie geht nicht auf meinen Köderversuch ein. Weder bestätigt sie, dass ich richtig lag, noch dass ich falsch lag. Das bedeutet, dass sie nicht bereit ist, mir zu sagen, was ihr Problem ist. Sie möchte nicht darüber reden, sondern wütend sein.]

Mama (leicht resignierend): Ich höre, dass du wütend mit mir bist, aber ich kann nicht heraushören, was dich so wütend macht. [Ein letzter Versuch von mir, ihr zu sagen, dass ich ein offenes Ohr habe.]

Carlotta: WILL ICH ABER NICHT SAGEN! (geht weg) [Klare Aussage: Ich will nicht drüber sprechen, Mutter! Daher: Gespräch beendet, auch von meiner Seite aus. Hätte ich weiter nachgebohrt, hätte sie sich vermutlich in die Ecke gedrängt gefühlt und wäre explodiert.]

Daher gilt also: Aktives Zuhören ist toll und öffnet die Türen für ein echtes Gespräch mit unseren Kindern, aber: Es bleibt die Entscheidung unserer Kinder, ob sie durch diese Tür gehen wollen.

Fehler, die wir beim aktiven Zuhören machen könnten

Es gibt einige Fehler, die einem beim aktiven Zuhören unterlaufen können. Wenn man noch unsicher im Gebrauch ist, passiert es zum Beispiel manchmal, dass man die Worte des Kindes nur nachplappert, statt die Botschaft zwischen den Zeilen zu entschlüsseln und in Worte zu fassen. Werden vom Zuhörer keine emotionalen Informationen zurückgegeben, sondern nur dieselben Worte, wird sich das Kind schnell wie von einem Papagei nachgeäfft fühlen und sauer werden. Außerdem bewirkt das Nachplappern ein Stocken im Gespräch, da das Kind von den Eltern nichts zum Nachdenken bekommt. Beim aktiven Zuhören geht es aber vor allem um das Heraushören und Zurückmelden der Anteile der Botschaft, die dem Sender ein vertiefendes Verständnis von sich selbst geben. Auch das aktive Zuhören zur falschen Zeit oder das Hören auf dem falschen Ohr können verhindern, dass ein Kind sich uns weiter öffnet. Es würde den Rahmen dieses Buches sprengen, hier auf alle Stolperfallen einzugehen. Wenn Sie sich tiefer mit dem aktiven Zuhören beschäftigen wollen, legen wir Ihnen das Buch *Familienkonferenz* von Thomas Gordon wärmstens ans Herz. Er hat darin schon in den 1970er-Jahren geschildert, wie eine gleichwürdige Beziehung zwischen Eltern und Kind möglich ist.

Vom Familien-desaster zum Win-win-Kompromiss

Lea: »Ich will mich wieder wohl in meiner Haut fühlen!«

Viele Kinder haben morgens große Schwierigkeiten, etwas zu finden, das sie anziehen wollen. Das ist oft eine Phase zwischen dem sechsten und dem achten Lebensjahr. Einige haben diese Probleme, weil sie in der Schule einen unangenehmen Gruppendruck erleben – es geht bei ihnen also tatsächlich um die Kleidungsstücke an sich. Sie sind sich unsicher, was gut ankommt und wofür sie ausgelacht würden. Bei anderen liegt der Grund des Dramas darin verborgen, dass sie nicht zur Schule gehen wollen. Sich für kein Outfit entscheiden zu können, ist dann eher eine unbewusste Strategie, um das Losgehen hinauszuzögern oder ganz unmöglich zu machen. Bei manchen Kindern in diesem Alter geht es aber auch um das unangenehme Gefühl der Sachen auf der Haut. Meist hatten sie gerade einen Wachstumsschub, und ihre neuen Körperproportionen fühlen sich ungewohnt an, was durch den Stoff der Kleidung verstärkt wird. Sie fühlen sich im wahrsten Sinne des Wortes »nicht wohl in ihrer Haut«. Gut zu wissen also, dass es ein endliches Problem ist – keines der Kinder, deren Eltern wir befragt haben, zog das morgendliche Anziehdrama mehr als ein paar – zugegeben sehr lang erscheinende – Wochen durch.

Wenn man Nerven wie Drahtseile oder den Langmut eines buddhistischen Mönches hat, könnte man diese Phase also aussitzen. Doch liest man, wie verzweifelt Thea, 45, im nachfolgenden Beispiel mit der morgendlichen Situation ist, wird sonnenklar, dass es so nicht weitergehen kann.

Ich bin mit meiner Geduld am Ende. Ich kann nicht mehr. Jeden Morgen haben wir hier zu Hause Drama und ein weinendes Häufchen Elend. Jeden Morgen! Und die Tränen sind keine Show. Ich sehe, dass da echte Verzweiflung in den Augen meiner Tochter ist, aber ich weiß nicht mehr, wie ich das begleiten soll.

Das Problem ist: Leas Anziehsachen »passen« plötzlich nicht mehr. Vom einen auf den anderen Tag sind sie plötzlich zu eng, zu lang, zu kratzig, zu weit, was weiß ich. Sagt sie jedenfalls. Nur, bis vor Kurzem hat sie sie gern angezogen, und sie findet sie auch schön. Trotzdem bricht sie jetzt jeden Morgen weinend vor dem Kleiderschrank zusammen. Mich nervt das so. Es tut mir leid, das so herzlos zu sagen, aber boah, es sind nur Klamotten. Soll sie irgendwas anziehen, ganz egal, Hauptsache, sie ist bedeckt.

Aber alles fühlt sich schlimm an, sagt sie und liegt schluchzend auf dem Teppich. Mir zuliebe probiert sie irgendwann die Sachen an. Drei Hosen, zwei T-Shirts, fünf Kleider … nichts passt und alles wird postwendend wieder ausgezogen. Sie weint und weint. Im Zimmer auf dem Boden Klamottenchaos. Die Zeit wird knapp, wir müssen los zur Schule. Zum Anziehdruck kommt nun noch der Zeitdruck. Laut jaulend zieht sie dann widerwillig eine kurze Hose und ein Shirt an. Hysterisch weinend zerrt sie an allem, um mir zu zeigen, wie furchtbar das für sie ist. Aber sie weiß ja, sie muss was anhaben, also lässt sie die Sachen doch an.

Dann noch Schuhe. Gleiches Drama. Die Schuhe sind furchtbar. Sie drücken. Sie sind zu schwer. Sie engen ein. Bis vor ein paar Wochen liebte Lea sie. Hat sie selbst ausgesucht, problemlos getragen. Sie sind auch nicht zu klein. Alles ist äußerlich in Ordnung, ich kann nirgendwo etwas finden, das zu klein, zu eng oder zu kratzig wäre. Ich habe wirklich gesucht! Letzten Endes

> des kann ich mit gutem Zureden erreichen, dass sie die Schuhe anlässt.
> **Weinend verlässt sie mit mir das Haus.** Sie schleppt sich zur Schule, gibt mir weinend einen Abschiedskuss. Das Ding ist: Wenn wir das einmal geschafft haben, dann wird es auch besser. Sie gewöhnt sich im Laufe des Tages an die Klamotten und fühlt sich darin wieder wohl. Nur beim ersten Anziehen, da geht gar nichts. Ich fühle mich so hilflos. Ich möchte am liebsten alles hinschmeißen, weil dieses Drama dermaßen an mir zerrt.

Wie die Mutter selbst richtig feststellt, sind die Verzweiflung und das Unbehagen der Tochter nicht gespielt. Möglicherweise steigert sich Lea ein bisschen in die Sache hinein, aber man sieht ja an dem Anprobieren der vielen Sachen und dem pünktlichen Losgehen, dass sie grundsätzlich bereit zur Kooperation ist. Auch die Mutter kooperiert – sie nimmt das Leiden ihrer Tochter ernst, auch wenn sie es nicht nachvollziehen kann. Eine gute Voraussetzung, um einen Win-win-Kompromiss zu finden.

Lösungswege

Der Psychologe Thomas Gordon hat in seinem Buch *Familienkonferenz* eine niederlagelose Methode beschrieben, mit der sich Kompromisse finden lassen, die die Bedürfnisse aller Beteiligten berücksichtigen. Er beschreibt sechs Schritte, die eine Familie bei einem Konflikt der Bedürfnisse gehen kann:

1. Schritt: Den Konflikt identifizieren und definieren.
2. Schritt: Mögliche Alternativlösungen entwickeln.

3. Schritt: Die Alternativlösungen kritisch bewerten.
4. Schritt: Sich für die beste annehmbare Lösung entscheiden.
5. Schritt: Wege zur Ausführung der Lösung ausarbeiten.
6. Schritt: Spätere Untersuchung, um zu beurteilen, wie sie funktionierte.[1]

In der Praxis könnte das so aussehen, dass sich die Eltern mit den Kindern an einen Tisch setzen und offenlegen, was sie stört:

> Eltern: »Es stresst mich ungemein, wenn wir uns schon morgens in die Haare bekommen. Ich habe verstanden, dass deine Anziehsachen dich so stören, dass du sie nicht anziehen kannst.«
> Kind: »Sie fühlen sich schrecklich an. Am liebsten würde ich gar nichts anziehen. Alle meine Klamotten sind doof.«
> Eltern: »Du willst nichts anziehen. Wir können aber nicht zulassen, dass du ohne Sachen aus dem Haus gehst.«
> Kind: »Das will ich ja gar nicht. Dann wäre ich ja nackt.«
> Eltern: „Was können wir denn tun, damit du dich in deinen Sachen wieder wohlfühlst?

Als Lösungen für das Problem bieten sich – je nach Grund für das Verhalten – mehrere Optionen an. Sollte es so sein, dass das Kind das Gefühl hat, seine Kleidungsstücke seien irgendwie nicht »in«, dann könnte ein Win-win-Kompromiss sein, ihm einen für die Eltern akzeptablen Festbetrag zuzugestehen, mit dem es sich selbst neue Sachen kauft. Damit wäre auch gleichzeitig der Wunsch, »groß« zu sein, befriedigt. Zu beachten sind allerdings die Vorgaben des Gesetzgebers, wonach Kinder erst ab sieben Jahren berechtigt sind, kleinere Dinge wie Süßigkeiten oder ein Buch von ihrem Taschengeld zu kaufen. Möglicherweise ist also die Anwesenheit der Eltern beim Kauf der Kleidung vonnöten.

Hat das Kind das Problem, sich morgens entscheiden zu müssen, könnten seine Eltern mit ihm ausmachen, dass es sich am Abend zwei Outfits zurechtlegt und am Morgen nur noch unter diesen beiden auswählen darf. Als praktikabel hat sich auch erwiesen, den Kleiderschrank so umzuräumen, dass komplette Outfits (Shirt, Rock, Strumpfhose beziehungsweise Shirt, Hose, Socken) direkt beieinanderliegen, sodass morgens nicht mehr überlegt werden muss, welche Teile zueinanderpassen, sondern nur noch, ob es das weiße Outfit sein soll, das blaue oder das grüne.

Manchmal werden auch Lösungen von den Kindern vorgeschlagen, die nicht akzeptabel sind: »Ich ziehe mich nicht an und gehe nicht zur Schule!« Das ist schlicht nicht möglich, denn es herrscht in Deutschland Schulpflicht. Letzten Endes wäre es sogar – auch wenn es sich vielleicht für das Kind erst einmal nicht so anfühlt – eine Lose-lose-Situation, würden die Eltern diesem Wunsch nachgeben. Ist der Grund für das morgendliche Drama, dass das Kind nicht zur Schule will, muss erst einmal grundsätzlich herausgefunden werden, warum das Kind diesen Ort so dringend meiden will. Hier hilft aktives Zuhören. Vielleicht hat das Kind Angst vor einem der Lehrer, es fühlt sich von der Fülle der Anforderungen überfordert oder es wird von seinen Mitschülern geärgert. Zusätzlich sollte die Klassenlehrerin oder der Klassenlehrer mit ins Boot geholt werden. Wird der Grund für die Schulunlust beseitigt, fällt meist auch das morgendliche Drama weg.

Keine der in Schritt zwei vorgeschlagenen Lösungen sollte bewertet werden. Alle Vorschläge werden kommentarlos angenommen, um sie dann in Schritt drei gemeinsam zu bewerten: »Welche Lösung könnte uns allen gefallen?« Jedes Mitglied der Familie darf sein Veto einlegen, wenn eine Lösung ganz und gar inakzeptabel für ihn ist. Genau wie beim Schachern im freien Spiel wird dann überlegt, wie es anders ginge. Haben sich alle geeinigt, wird in Schritt vier die Lösung in Gedanken ausgeführt. Die Fragen, die sich alle stellen sollten, sind: Könnte es funktionieren? Ist sie fair für alle?

Nachdem Thea mit ihrer Tochter gesprochen hatte, kristallisierte sich heraus, dass Leas Problem offenbar das Gefühl der Sachen auf der Haut war. Sie hatte gerade einen Wachstumsschub hinter sich, von einem auf den anderen Tag kamen ihre die sonst vertrauten Kleidungsstücke fremd und einengend vor. Lea und Thea probierten ein paar Möglichkeiten aus. Lea wollte nicht, dass ihre Sachen weiterhin im Trockner getrocknet werden, da sie meinte, sie würden darin enger werden. Darauf ließ sich die Mutter ein. Zusätzlich kaufte sie noch ein anderes Waschmittel, um dadurch vielleicht das Gefühl auf der Haut zu ändern. Das funktionierte allerdings nicht.

Lea suchte sich daraufhin eine kurze Hose aus, die sich gut anfühlte, und beschloss, nur noch diese zu tragen. Das war für Thea zunächst schwer auszuhalten. Da die Hose tagsüber dreckig wurde, bestand Thea darauf, dass diese täglich gewaschen wurde. Lea akzeptierte diesen Wunsch. Sie erbat sich eine Tube Reisewaschmittel, wusch ihre Hose jeden Abend selbst im Waschbecken und hing sie dann auf. Damit war sie am Morgen natürlich viel steifer, als das mit normalem Waschmittel und Trockner der Fall gewesen wäre, und doch war das der Durchbruch. Nachdem sie sie morgens ordentlich weich geknetet hatte, zog Lea ihre Sachen wieder ohne großes Drama an. Sie verzog zwar immer noch leidend das Gesicht und wimmerte leise, was für die Mutter zwar nervig, jedoch aushaltbar war.

Spannend an dieser vom Kind gefundenen Lösung ist, dass eigentlich das »komische Gefühl« der Kleidung auf der Haut durch das Handwaschmittel eher schlechter geworden sein müsste. Trotzdem konnte Lea das nun offenbar besser tolerieren. Erklären lässt sich dieses Phänomen damit, dass das Kind sich dadurch, dass es *aktiv* etwas unternehmen konnte, dem unguten Hautgefühl nicht mehr so hilflos ausgeliefert sah. In Studien zur erlernten Hilflosigkeit konnte bewiesen werden, dass Menschen, die *glauben*, eine unangenehme Situation aus eigener Kraft ändern zu können, sich wohlerfühlen, obwohl sich objektiv gesehen nichts geändert hat.

Auch für die Schuhe fanden Lea und Thea einen Kompromiss. Da es Sommer war, konnte Lea barfuß zur Schule laufen, ihre Sandalen nahm sie in der Schultasche mit. Auf Glasscherben und Zigarettenstummel achtete sie gut. In der Schule trug sie Hausschuhe, in den Pausen auf dem Hof ihre Sandalen, sofort nach der Schule zog sie ihre Schuhe wieder aus. Sie dachte sogar von selbst daran, sich die Füße zu waschen, damit die Wohnung nicht unnötig dreckig wurde. Die ganzen Sommerferien über lief sie so spärlich bekleidet herum, wie sie nur konnte. Als das neue Schuljahr begann, hatte sich das Drama plötzlich erledigt. Halleluja!

Diese Methode der Win-win-Kompromisse erfordert Übung und mag zunächst aufwendig erscheinen, vor allem, wenn man sie mit jüngeren Kindern durchführt. Doch je häufiger man sie praktiziert, desto leichter fällt die Lösungssuche, weil das Gehirn regelmäßig trainiert wird, Alternativen zu finden. Außerdem kühlt allein die gemeinsame Suche sehr schnell die Emotionen ab und sorgt dafür, dass ein offenes Diskussionsklima entsteht, bei dem die Beteiligten mit der Haltung: »Wir finden eine akzeptable Lösung für alle« aufeinander zugehen. Kinder lernen auf diese Art und Weise, dass Konflikte in den meisten Fällen mit Worten lösbar sind. Und dass es gewinnbringender ist zu verhandeln, als zu streiten oder den eigenen Willen durchzusetzen. Am wichtigsten ist: Die Beziehung von uns Eltern zu unseren Kindern wird gestärkt und nicht durch Machtgebrauch belastet. Erkennen die Kinder, dass ihre Bedürfnisse ernst genommen und berücksichtigt werden, sind sie in der Regel gern bereit, Verhaltensweisen abzustellen, die uns negativ berühren oder einschränken. Wenn wir ihnen unsere Wünsche und Bedürfnisse nachvollziehbar darlegen, werden sie versuchen, gemeinsam mit uns eine gute Lösung zu finden.

Als Carlotta sechseinhalb Jahre alt war, hatte sie eine Phase, in der sie abweisend und grantig zu uns war. Häufig gerieten wir wegen Dingen in Konflikt, die in meinen Augen Nichtigkeiten waren. Ich vermutete, dass sie mehr Freiheit wollte, sich dessen aber noch nicht bewusst war. Zu dieser Zeit mussten wir morgens 40 Minuten mit verschiedenen öffentlichen Verkehrsmitteln fahren, um zu ihrer Schule zu kommen. Eines Morgens platzte sie spontan mit dem Wunsch heraus, diese Strecke allein meistern zu wollen. Obwohl ich ihr Bedürfnis nach Autonomie gut nachvollziehen konnte, übermannte mich eine wahnsinnige Furcht um sie – immerhin wohnen wir in Berlin. Sie konnte noch nicht wirklich lesen, manchmal fuhren die S-Bahnen nicht oder endeten einfach und nicht selten begegneten uns etwas durchgeknallte, aggressive oder betrunkene Menschen auf den Bahnhöfen, um die selbst ich als Erwachsene weiträumig einen Bogen machte. Außerdem musste sie mehrere dicht befahrene Straßen überqueren. Ich war mir sicher, dass Carlotta den Weg gut kannte und auch schaffen würde – doch die unvorhersehbaren Ereignisse empfand ich als eindeutig zu überfordernd für eine Sechseinhalbjährige. Ihre mürrische, unzufriedene Grundstimmung machte aber deutlich, dass sie mehr Freiheit und mehr Herausforderung brauchte. Was also tun?
Wir redeten ausführlich miteinander. Wir Eltern legten all unsere Ängste und Argumente dar, sie versuchte, diese zu zerstreuen. Sie verstand den Punkt mit den aggressiven und manchmal arg verrückten Mitreisenden, die ihr auch dann unheimlich waren, wenn sie mit mir fuhr. Als wir darüber sprachen, an welchen Punkten unserer Fahrt es meist zu den brenzligsten Situationen kam, stellten wir einhellig fest, dass es vor allem zwei Umsteigebahnhöfe waren, die Schwierigkeiten bargen. An dem einen S-Bahnhof gab es oft Zugchaos, und man musste gut lesen können, um zu sehen, wohin die Bahnen wirklich fuhren. Auf dem

Umsteigebahnhof zur U-Bahn wiederum lungerten die meisten Verrückten herum. Der Anfang und das Ende der Strecke jedoch waren zwar herausfordernd für ein sechseinhalbjähriges Kind, aber machbar.

Die meisten Eltern von Carlottas Mitschülern hatten mit ihren Kindern ähnliche Gespräche geführt und machten es so, dass sie ihre Kinder bis zum Zielbahnhof begleiteten, dann aber in der U-Bahn blieben, um weiter zur Arbeit zu fahren. Die Kinder gingen von dort allein über eine vielbefahrene Straße mit Ampel weiter zur Schule. Carlotta und ich entschieden uns jedoch für den Anfang des Weges, weil wir diese Strecke bereits seit ihrer Geburt fahren und sie sie sehr gut kennt. Sie musste dafür zunächst über eine riesige Kreuzung mit Ampel, die mir das meiste Kopfzerbrechen bereitete, da dort regelmäßig Autos auch bei Rot rüberbrettern. Dann musste sie etwa zehn Minuten zu Fuß zur U-Bahn gehen, zwei Stationen fahren, aussteigen und noch einmal über eine Ampel, um dann dort in unserem Lieblingscafé auf mich zu warten. Morgens stand ich nun also mit Helene und Josua vor der Haustür, bis es Carlotta sicher über die riesige Ampelkreuzung vor unserem Haus geschafft hatte. Auf der anderen Seite winkte sie uns noch einmal zu, dann lief sie zur U-Bahn-Station, während ich ihre Geschwister in die Kita brachte.

Für Carlotta war diese Strecke aufregend genug, um ihr Bedürfnis nach Autonomie und Gefahrenbewältigung zu befriedigen. Von Stund an verschwand ihr mürrisches Verhalten. Für uns Eltern wiederum war der Weg übersichtlich und bekannt genug, um unser Bedürfnis nach Sicherheit für unser Kind nicht zu stark zu aktivieren. Wir wussten, dass sie jeden Stein und jede Abzweigung so gut kannte, dass sie auch Alternativen finden würde, wenn etwas

Unvorhergesehenes wie eine Straßensperrung auftauchen würde. Um unser Sicherheitsgefühl noch etwas zu verstärken, gaben wir ihr ein altes Handy mit, damit sie uns im Notfall anrufen konnte. Das ganze Unternehmen war zwar immer noch beängstigend für uns Erwachsene, aber es war auszuhalten. Wir hatten einen Win-win-Kompromiss gefunden.

Interessant an dieser Geschichte ist, dass Carlotta zwar schon unsere Sicht der Dinge einnehmen konnte, aber trotzdem für einige unserer Ängste noch keine Empathie aufbringen konnte. Unsere vorherrschende Angst war, dass irgendein Irrer sie in sein Auto zerren könnte. Dieses Risiko war jedoch so abstrakt für sie, dass sie es einfach als irrelevant abtat. Das ist nicht weiter verwunderlich, wenn man bedenkt, dass für das Einfühlen in die Ängste eines anderen die Voraussetzung gegeben sein muss, dass man eine zumindest ähnliche Situation schon einmal selbst durchlebt hat. Carlotta hat noch keine eigenen Kinder und weiß nicht, wie es sich anfühlt, jemanden so sehr zu lieben, dass man ihn am liebsten auf Schritt und Tritt beschützen möchte. Sie hat auch noch keinerlei Erfahrung mit verschwundenen Kindern gemacht. Sie liest nicht in der Zeitung über versuchtes Kidnapping, über Natascha Kampusch oder Mohamed und Elias. Und selbst wenn wir Eltern sie für mögliche Gefahren sensibilisieren, scheinen sie ihr aufgrund ihres noch nicht vorhandenen Erfahrungshorizonts nur vage beängstigend. Erfahrungen gemacht hatte sie jedoch mit Zugchaos und brüllenden Betrunkenen, sodass sie auf dieses Argument viel verständiger reagierte. Damit konnte sie konkret etwas anfangen, und es leuchtete ihr ein, dass deswegen der gesamte Weg für sie vielleicht noch etwas zu überfordernd wäre.

Win-win-Kompromisse nach Altersstufen

Beim Finden von Win-win-Kompromissen sollten Eltern das Alter des Kindes im Auge behalten. Eine grobe Richtlinie ist, dass die Zugeständnisse des Kindes an die Bedürfnisse eines anderen umso geringer sein müssen, je jünger es ist.

Vier bis fünf Jahre

In diesem Alter ist gerade erst der Meilenstein des Perspektivenwechsels erreicht worden. Das Gehirn des Kindes ist nun zwar grundsätzlich in der Lage, eine Situation mit den Augen eines anderen zu sehen, doch fehlt es noch an Referenzsituationen und Übung. Es fällt den Kindern in diesem Alter daher naturgemäß schwer, von ihrer eigenen Position abzurücken, um die Wünsche und Bedürfnisse anderer zu berücksichtigen. Deshalb ist jedes Zugeständnis, und sci es noch so minimal, als Erfolg zu werten. Will das Kind beispielsweise noch auf dem Spielplatz bleiben (Bedürfnis: spielen, lernen), die Eltern aber möchten nach Hause (Bedürfnis: Entspannung, Hunger) und schlagen vor, dass sie noch weitere fünf Minuten bleiben, dann wäre es schon ein Win-win-Kompromiss, wenn das Kind dieses Angebot auf zehn Minuten erhöht. Denn immerhin ist es von seinem originalen Wunsch, noch *nicht* zu gehen, abgerückt. Es ist ein Lernprozess, der, wenn die Eltern auf zu viel Entgegenkommen pochen, leicht ins Stocken gerät. In diesem Alter sollte eher ein positiver Grundstein für zukünftige Verhandlungen gelegt werden, und das klappt nur, wenn die Kinder merken, dass es sich lohnt, von ihren Wünschen etwas abzurücken, weil es das Miteinander deutlich erleichtert.

Sechs bis acht Jahre

Mit etwa sechs bis acht Jahren ist das Verständnis, dass andere Menschen einen anderen Blick auf Situationen haben und sich daher ihre Wünsche und Bedürfnisse von denen des Kindes unterscheiden, so weit ausgereift, dass wirkliche Win-win-Kompromisse möglich sind. Man erkennt das auch am Spielverhalten der Kinder, denn nun nehmen sie beim sozialen Spiel (Rollenspiele) viel stärker Rücksicht auf die Wünsche ihrer Freunde, auch wenn es noch schnell in Streit endet. Hat eines der Kinder das Gefühl, dass ihm nicht genug entgegengekommen wird, ist es beleidigt und steigt aus dem Spiel aus.

Für Erwachsene bedeutet das, dass sie weiterhin feinfühlig beim Finden von Win-win-Kompromissen mit ihren Kindern sein sollten. Wir Großen dürfen sehr wohl unsere Bedürfnisse in die Waagschale werfen und darauf pochen, dass diese beachtet werden, doch wir müssen erkennen, wann das Kind an der Grenze zum Aussteigen steht.

Als Helene sechs Jahre alt war, hatte ich eines Morgens mit ihr folgenden Dialog im Badezimmer:

Mama: »Bitte geh dich schon mal anziehen.«
Helene: »Ich mag es nicht, allein in meinem Zimmer zu sein. Bitte komm mit mir mit.«
Mama: »Ich will mich gerade anziehen.«
Helene: »Dann warte ich, bis du fertig bist.«
Mama: »Dazu haben wir heute keine Zeit. Wir müssen gleich los, um pünktlich zu sein.«
Helene: »Wie wäre es, wenn wir deine Anziehsachen mit in mein Zimmer nehmen würden?«

> Mama (eigentlich war ich nicht einverstanden, aber sie hatte sich wirklich bemüht, Win-win-Vorschläge zu machen, deshalb sagte ich): »Oh, tatsächlich, das können wir machen.«

Mir war in dieser Situation wichtig, nicht mein Anziehen abbrechen zu müssen, und ich wollte, dass sie sich sofort anzieht, doch sie bestand darauf, nicht allein sein zu wollen. Durch unseren Win-win-Kompromiss bekamen wir beide, was wir wollten. Dass ich dazu kurz halb angezogen vom Bad ins Kinderzimmer wandern musste, war ein für mich erträgliches Zugeständnis.

Neun bis zehn Jahre

Wenn es vorher kontinuierlich eingeübt wurde, sind neun- bis zehnjährige Kinder schon sehr gut in der Lage, Kompromisse zu schließen, die alle im Blick behalten. In diesem Alter ist es sogar möglich, dass sie gänzlich für jemanden zurückstecken, wenn sie merken, dass dessen Bedürfnis schwerer wiegt, selbst wenn es in diesem Moment nicht ganz gerecht ist. Nun sind die Bedürfnisse der Eltern und der Kinder wirklich »auf Augenhöhe«. Meist schlagen die Kinder in diesem Alter von allein Kompromisse vor, die die Wünsche oder Bedürfnisse der Eltern mit einbeziehen. Zum Beispiel würde ein Kind, das eine spezielle, sehr teure Jeans haben möchte (Bedürfnis: Zugehörigkeit zu einer Gruppe), vorschlagen, dass die Eltern ihm das Geld für eine »normale« Hose geben, und es den Rest von seinem Taschengeld bezahlt. Damit hätte es antizipiert, dass die Eltern die spezielle Jeans nicht kaufen wollen und ihnen gleich einen Win-win-Kompromiss präsentiert.

Es muss darauf geachtet werden, dass niemand – die Eltern nicht, die Kinder nicht – *zu oft* zurückstecken muss. Gerade wenn es jüngere Geschwister gibt, die eben noch nicht so gut von ihren Bedürfnissen zurücktreten können, muss dringend auf das ältere Kind geachtet werden.

Bei Schwierigkeiten: Think outside the box

Als ich ein Schulkind war, amüsierten wir uns mit einer Rätselaufgabe, die unlösbar schien. Man sollte neun zu einem Quadrat angeordnete Punkte mit nur vier geraden Strichen verbinden, ohne den Stift abzusetzen. Was haben wir uns daran den Kopf zerbrochen! So sehr wir auch knobelten, das Verbinden der neun Punkte klappte einfach nicht. Entweder mussten wir den Stift absetzen, um es zu bewerkstelligen, oder wir hätten Bögen malen müssen.

Das Problem war natürlich, dass unser Gehirn die äußeren Punkte, die den Rand des Quadrates markierten, gleichzeitig auch als Begrenzung interpretierte – wir hatten immer versucht, mit dem Stift nicht darüber hinauszuzeichnen. Doch genau das ist die Lösung! Sucht man sich nämlich imaginäre Punkte außerhalb des Quadrates, kann man die Punkte innerhalb problemlos mit vier geraden Strichen und ohne Absetzen verbinden. *Think outside the box!* So verblüffend einfach war diese Lösung, dass wir uns hinterher wirklich wunderten, warum wir so lange gebraucht hatten, um auf sie zu kommen. Wir hatten uns mit unserer eigenen zusätzlich auferlegten Einschränkung – dem Verbleiben des Stiftes innerhalb des Punktequadrates – selbst im Weg gestanden.

Das gleiche Phänomen befällt uns Eltern oft, wenn wir Win-win-Kompromisse finden wollen. Unser Gehirn denkt schon zu sehr in festen Mustern, sodass wir auf die einfachsten Lösungen meist nicht kommen. Die häufigste »Box«, die uns Erwachsene einschränkt, ist: »Das macht man nicht.« Auch »Das darf man nicht«,

»Das geht nicht«, »Das ist halt so« und das beliebte »Das haben wir schon immer so gemacht« sind meist unnötige Begrenzungen, die der guten Lösung eines Problems innerhalb einer Familie im Weg stehen.

Ich hatte ein solches Das-geht-doch-aber-nicht-Erlebnis im Winter.

> Meine Tochter Helene hat sehr zarte Haut, und da sie draußen viel ohne Handschuhe spielte, waren ihre Hände bald rau und rissig und bluteten bei jeder Gelegenheit. Da ich Neurodermitis habe, machte ich mir Sorgen – ich wollte, dass sie ihre Hände mit Fettcreme pflegte, damit die Haut wieder heilen konnte. Doch Helene war nicht davon zu überzeugen. Sie hasst Creme an den Händen. Ich kann sie gut verstehen, ich mag das Gefühl auch nicht sonderlich. Um ehrlich zu sein, creme ich mich auch nur notgedrungen dann ein, wenn das Jucken allzu unangenehm wird. Doch bei Helene wollte ich nicht nachgeben. In meinen Augen wusste ich schließlich besser als sie, was gut für sie ist. Nachdem wir eine Weile erhitzt darüber debattiert hatten, wessen Bedürfnis in diesem Fall schwerer wog, machte Helene den Vorschlag, ich könne ihre Hände eincremen, sobald sie eingeschlafen sei. Dann würde sie das eklige Gefühl der nachfettenden Creme an den Händen nicht spüren, und ihre Haut könne über Nacht regenerieren.

Eigentlich hatte sie damit den perfekten Win-win-Kompromiss gefunden, und doch war mein erster Impuls der Gedanke: »Das geht doch nicht!« Dass es funktionieren würde, war mir schon klar, doch ich zweifelte, ob wir es uns nicht vielleicht zu leicht machten mit dieser Lösung. Musste »das Kind« nicht lernen, auch mal unangenehme Dinge auszuhalten? Doch dann dachte ich an Carlotta, die als Kleinkind panische Angst vor dem Schneiden der Fingernägel hatte, und der ich mit ihrem Einverständnis damals auch im Schlaf die Nägel geschnitten hatte, während ich ihr gleichzeitig im wachen Zustand gutes Vorbild war und sie immer zugucken ließ, wenn ich mir selbst die Nägel kürzte. Irgendwann überwand sie ihre Angst und fing an, sich die Nägel selbst zu schneiden. Auch bei ihr hatten wir den Weg des geringsten Widerstandes gewählt. Weshalb sollte das in der Situation mit Helene nun schlechter sein? Ich war nur in meiner eigenen Box gefangen. Niemand hatte festgelegt, dass das Pflegen von Haut nur im wachen Zustand erlaubt ist. Hatte ich irgendein Problem damit, meine Tochter vor meinem eigenen Schlafengehen einzucremen? Nein, überhaupt nicht. Es war nur eine Kleinigkeit, die schnell erledigt war. Würde das Eincremen ihre Haut verbessern und meine Sorge verringern? Ja! Würde diese Lösung Helenes Wunsch, nicht die Creme spüren zu müssen, berücksichtigen? Ja, absolut. Wenn das also kein Win-win-Kompromiss war, was dann?

Vielleicht wundern Sie sich, warum ich über etwas so Simples wie das Eincremen in der Nacht erst nachdenken musste, weil es ein ungutes Gefühl auslöste. Mittlerweile verdrehe ich sogar selbst die Augen ob meiner eigenen Zögerlichkeit damals. Aber so sind die persönlichen Boxen nun einmal – jeder Mensch hat seine individuellen Grenzen. Manch einer kann sich nicht vorstellen, den Kindern vor dem Frühstück Süßigkeiten zu erlauben. Andere sind entsetzt, wenn sie hören, das Baby würde in der Nacht in seiner Tageskleidung schlafen. Wieder andere können sich nicht vorstellen, an irgendeinem anderen Ort als dem Bad die Zähne zu putzen. All diese persönlichen Das-macht-man-nicht-Boxen stehen uns manchmal im Weg beim Finden eines guten Win-win-Kompromisses. Das heißt nicht, dass wir all unsere Ressentiments über

Bord werfen müssen. Darum geht es nicht. Wir sollten nur wissen, dass sie uns möglicherweise behindern. Sollten Sie also in einem Bedürfniskonflikt mit ihren Kindern stecken und eine Win-win-Lösung präsentiert sich, die Ihnen jedoch im ersten Moment unbehaglich ist, nehmen Sie sich die Zeit, sich ganz ehrlich zu fragen: »Warum eigentlich nicht?« Sollten Sie sich selbst keine befriedigende Antwort geben können, sind Sie womöglich im »Neun-Punkte-Dilemma« gefangen. Dann dürfen Sie ganz selbstbewusst sagen: »Scheiß drauf. Unsere Familie. Unser Spiel. Unsere Regeln.«

Bedürfnis- und beziehungsorientiert durch die Jahre 5 bis 10

Natürlich möchten wir, dass unsere Kinder empathisch und sozial agieren – aber wie können wir sie darin bestärken? Wie können wir ihnen helfen? Viele Themen haben wir in den vorangegangenen Kapiteln schon angeschnitten; in diesem Teil möchten wir zusammenfassen, was für uns die wichtigsten Elemente einer bedürfnis- und beziehungsorientierten Erziehung für die Jahre fünf bis zehn sind: echte Gefühle zeigen, Enttäuschungen zulassen, wirklichen Trost anbieten, die eigenen Grenzen aufzeigen, empathisch reagieren statt zu drohen oder zu belohnen, verlässlich in unserem Verhalten sein und die Grenzen der Kinder akzeptieren.

Echte Gefühle zeigen

Wie schon erwähnt, muss sich im Gehirn eines Kindes zunächst einmal abspeichern, welche Gefühle es überhaupt gibt, welche Mimik und Gestik Menschen normalerweise zeigen, wenn sie diese Gefühle haben, und auch, wie man als Gegenüber adäquat auf diese Gefühle reagiert. Ich arbeite mit diagnostiziert »verhaltensauffälligen« Kindern – meine Schüler können oftmals nicht den emotionalen Zustand ihres Gegenübers bestimmen. Das heißt, sie merken nicht, wenn das, was sie tun, den anderen ärgert. Sie sind nicht in der Lage, dies in seinem Gesicht oder an seiner Haltung abzulesen. Weil sie diese Signale nicht erkennen, machen sie oft so lange weiter, bis der andere explodiert – erst das kommt bei ihnen an. Das Explodieren erkennen sie als Signal, aber oft überrascht es sie, wenn es passiert. Wir müssen mit ihnen also in der Schule Schritt für Schritt trainieren, die Mimik und Gestik von anderen Menschen zu entschlüsseln. Zum Beispiel, dass zusammengezogene Augenbrauen meist Wut bedeuten, Tränen möglicherweise Trauer. Normalerweise übernehmen diese Aufgabe die Eltern oder Erzieherinnen beziehungsweise Erzieher, wenn die Kinder noch sehr klein sind. Sie bringen ihnen bei, sich in ein anderes Kind einzufühlen und es zu verstehen.

An dieser Stelle kommt noch eine weitere wichtige Aufgabe der Erwachsenen hinzu: Die Kinder müssen erleben, wie man richtig auf traurige oder wütende Mitmenschen reagiert. Dass man jemanden, der traurig ist oder der sich wehgetan hat, in den Arm nimmt, tröstet und sich ausweinen lässt. Oder dass man einem wütenden Menschen aufmerksam zuhört, ohne ungewollte Lösungsvorschläge zu machen. Ein Kind lernt, andere mitfühlend zu behandeln, wenn ihm in schmerzhaften, traurigen oder wütenden Situationen selbst mitfühlend begegnet wurde. Die Eltern meiner Schüler haben das aber meist als Kinder selbst kaum erlebt, deshalb können sie dieses Wissen nicht an ihre Kinder weitergeben. Sie reagieren – ungewollt – lieblos, wenn ihre Kinder hinfallen und weinen, und sagen dann: »Steh auf und hör auf zu weinen. Es ist doch nichts passiert.« So eine Reaktion ist aber problematisch. Wenn eine alte Frau auf dem Gehweg stolpert und stürzt, gehen wir ja auch nicht an ihr vorbei und sagen: »Steh auf, so schlimm war es nicht.« Wir eilen zu ihr und helfen ihr auf. Wir bleiben so lange bei ihr, bis sie sagt, dass es ihr gut geht. Das alles sind normale Reaktionsweisen – wenn einem dies als Kind vorgelebt wurde.

Deshalb ist es so wichtig, als Erwachsene wirklich *authentisch* zu reagieren, wenn in uns Gefühle aufwallen. Es ist kontraproduktiv, wenn wir Großen, obwohl wir wütend sind, mit freundlicher Stimme »Das war nicht schön, Konstantin-Noah!« säuseln und vielleicht dabei noch ein begütigendes Gesicht machen. Es ist kontraproduktiv, weil so das Gehirn des Kindes nicht korrekt abspeichern kann, welche Gefühle beim Gegenüber ausgelöst werden, wenn es um sich schlägt, freche Sachen sagt oder auch schöne Dinge tut. Um Empathie entwickeln und empathisch agieren zu können, ist eine korrekte Abspeicherung von Aktion samt Reaktion dringend notwendig.

Es ist auch deshalb wichtig, weil die Einschätzung von Gefahr sonst nicht richtig funktioniert. Im Gehirn wird innerhalb der Kontrollschleife in Sekundenschnelle abgewogen, ob ein Zurückschlagen sinnvoll ist oder einem selbst oder dem anderen zu viel Schaden zufügen würde. Um die Gefahr einschätzen zu können, braucht das Gehirn verlässliche Vorinformationen. Das bedeutet nicht, dass Erwachsene zurückschlagen sollen, damit das Kind »es lernt«! Denn dann würde im kindlichen Gehirn abgespeichert werden, dass man als Erwachsener Kinder schlagen darf. Und diesen Impuls wollen wir unseren Kindern nun wirklich nicht einpflanzen. Aber es bedeutet, dass man als Erwachsener wütend reagieren darf, wenn einem das Kind wehtut. Vielleicht drehen Sie sich um und gehen in ein anderes Zimmer, um sich zu beruhigen. Vielleicht brechen Sie das Spiel ab, das Sie gerade mit Ihrem Kind spielen. Insgesamt gilt: Alle Gefühle, die Sie haben, sollten Sie mit reichem Repertoire mimisch und gestisch darstellen, um die Empathie-Entwicklung und die Funktionsweise des präfrontalen Cortex Ihrer Kinder zu unterstützen.

Allerdings ist totales »Ausflippen« von Elternseite nicht wirklich authentisch. Viel zu oft versuchen Erwachsene ihre unkontrollierten Wutausbrüche auf diese Weise zu rechtfertigen: »Ich bin doch nur authentisch …«, behaupten sie. Nein. Einfach nein. Ein unkontrolliertes Schreien oder Brüllen mag von Ihren Kindern ausgelöst worden sein, doch der wahre Grund für diese extremen Gefühle sind sie nicht, deshalb sollten sie sie auch nicht abbekommen. Es gibt Experten, die meinen, solch ein unkontrolliertes Explodieren sei eine getriggerte, zeitlich und örtlich verschobene Reaktion, die eigentlich in der eigenen Kindheit hätte stattfinden sollen, dort aber nicht ausgelebt werden konnte.[2] Ob dies in allen Fällen stimmt, darüber lässt sich streiten, doch eigentlich ist es unwichtig. Zentral ist, im Hinterkopf zu behalten, dass Kinder keine *Schuld* an den Gefühlen der Eltern tragen. Unsere Gefühle liegen in unserer eigenen Verantwortung. Diese Verantwortung abzugeben und einem Kind zu übertragen, ist nicht erwachsen.

Enttäuschungen zulassen

Um im Leben bestehen können, müssen Kinder Resilienz entwickeln, das bedeutet, sie müssen lernen, kleinere Rückschläge auszuhalten und zu überwinden, um daraus gestärkt herauszugehen. Die neuronalen Voraussetzungen für Resilienz sind im menschlichen Gehirn angelegt, aber auch sie müssen trainiert werden. Grundlage für die Resilienzentwicklung sind Selbstwirksamkeit und soziale Resonanz. Erlebt ein Kind von klein auf, dass es Dinge selbst bewirken und schaffen kann, wächst es über sich selbst hinaus und entwickelt echtes Selbstbewusstsein. Bekommt es von den Bindungspersonen zurückgemeldet, dass auch diese daran glauben, dass es Dinge schaffen kann, potenziert sich die Wirkung.

Dabei ist die innere Haltung der Erwachsenen sehr viel wichtiger als ihre Worte. Es ist für das kindliche Gehirn viel eindrücklicher, wenn Eltern ängstlich das kletternde Kind festhalten, als ihre gesprochenen Worte: »Du schaffst das!« Im kindlichen Gehirn wird eher das mulmige Gefühl zurückbleiben, das Klettern nur mit Hilfe meistern zu können. Es ist also wichtig, Kinder von Anfang an auch scheitern zu lassen. Selbst Babys, die vor sich hin jammern, weil sie noch nicht vorwärts robben und an das Spielzeug kommen können, brauchen keine Hilfe, solange sie nicht wirklich weinen. Dieser Frust, den sie da verspüren, ist Antriebsfeder der inneren Motivation, über sich selbst hinauszuwachsen und Neues zu lernen. Nehmen wir Großen ihnen das aus Übervorsorge ab, stutzen wir ihnen die Flügel, statt sie zu befähigen, das Hindernis zu überwinden.

Auch kleinere emotionale Rückschläge müssen Kinder aushalten lernen dürfen. Das ist für uns Eltern oft schwer zu ertragen. Wenn ein Spielzeug kaputt- oder verlorengeht, hört man Eltern oft vermeintlich tröstend sagen, dass sie ein Neues kaufen werden, statt eine halbe Stunde mit ansehen zu müssen, wie untröstlich das eigene Kind ist. Ich kann das gut verstehen – und habe es lange selbst so gemacht. Ich konnte es einfach nicht aushalten, meine Kinder so traurig zu sehen. Wenn ein Lieblingshaarreif beim Spiel zerbrach, habe ich einen neuen gekauft. Wenn eine meiner Töchter zur Übernachtung bei einer Freundin eingeladen wurde, habe ich der anderen Tochter als Trostpflaster erlaubt, einen Film am Nachmittag zu schauen. Mittlerweile weiß ich allerdings, dass das nicht der richtige Weg war. Ich hätte sie besser trösten sollen und sie in ihrem Schmerz begleiten, als die Enttäuschung schnell wegzuschummeln. Denn so habe ich immer wieder die Fähigkeit ihres Gehirns geschwächt, Frustrationen auszuhalten.

Das Aus-dem-Weg-Räumen von Schwierigkeiten ist ein Problem, weil daraus lebensuntüchtige Menschen entstehen. Solche, die schon an kleinen Rückschlägen zerbrechen oder Dinge gar nicht erst angehen, aus Angst, zu versagen. Die Wirtschaft beschwert sich schon jetzt, dass die Lehrlinge, die zu ihnen kommen, es nicht gewohnt sind, sich durchzubeißen und mal, entschuldigen Sie bitte die Ausdrucksweise, den »Arsch zusammenzukneifen«, um eine Sache bis zum Ende zu führen. Wie sollen sie es aber auch können, wenn ihr Gehirn nie darauf trainiert wurde? Wenn ihnen immer wieder alle Schwierigkeiten, jeder Frust und jede Trauer aus dem Weg geräumt wurden, weil die Erwachsenen sie vor lauter Liebe nicht leiden sehen wollten?

Echter Trost statt schnelle Bedürfnisbefriedigung

Nehmen wir als Beispiel einen Vater, der beruflich sehr eingespannt ist und deshalb nicht wie versprochen mit seinem Sohn übers Wochenende zum Angeln fahren kann. Er schenkt ihm deshalb vielleicht zum »Trost« eine neue, teure Angel. Einerseits um sein Gewissen zu beruhigen und andererseits um die Enttäuschung des Kindes abzumildern. Doch das hilft dem Kind nicht wirklich. Die teure Angel ist bestimmt schön, aber mit dieser Handlung suggeriert der Vater dem Gehirn des Sohnes, dass man Enttäuschung und Schmerz nicht aushalten, sondern sich davon ablenken muss.

Eine geschenkte Angel befriedigt das faule Basissystem des Gehirns. Dieses mag schnelle Bedürfnisbefriedigung. Wenn man es regelmäßig füttert, ist es eines Tages stärker als der präfrontale Cortex. Das Gehirn lernt dann, dass es den Schmerz beiseiteschieben und sich auf schnelle Bedürfnisbefriedigung stürzen sollte, weil diese im Gehirn eine Art Belohnungshormon ausschütten lässt – daraufhin fühlt sich der Mensch für eine kurze Weile gut.[3] Lernt das Kind also von seinen Eltern, sich bei Schmerz mit »schönen Dingen« abzulenken, erlernt das Gehirn nicht Resilienz, sondern sich auf Ersatz zu stürzen: Essen, Trinken, Kaufen, Videospiele und so weiter.

Es gibt einen qualitativen Unterschied zwischen echtem Trost und unechtem. Bei Ersterem fühlt sich der Mensch wahrhaftig gut und erleichtert. Unechter Trost ist eine Ersatzbefriedigung. Es ist okay, wenn Eltern darauf ab und zu zurückgreifen – ich tue das auch –, aber ihnen sollte bewusst sein, dass es nur ein Lückenfüller ist. Einer, der sich schnell abnutzt.

Setzt sich der Vater aber am Abend hin und erklärt dem Sohn die Sache und hält es aus, dass dieser weint und mit ihm wütend ist, bietet er seine Schulter zum Ausweinen an, dann gibt er echten Trost, der das Gehirn des Kindes stärkt. In zukünftigen enttäuschenden Situationen wird das Kind nicht zusammenbrechen, sondern die Enttäuschung meistern können, weil das Gehirn das schon einmal mithilfe einer Bezugsperson ausgehalten hat. Es weiß, dass es das kann. Je öfter es das schafft, desto besser lernt ein Kind, mit Enttäuschungen umzugehen. Das *gemeinsame* Aushalten der Enttäuschung und des Schmerzes lässt im Gehirn ein Feuerwerk an Glückshormonen entstehen. Der Sohn fühlt sich nach dem Weinen erschöpft, aber trotzdem irgendwie gut und zufrieden. Das soziale Miteinander, die mitfühlende Resonanz des Vaters, hat das ausgelöst. Eine neue Angel ist dann unnötig.

Eigene Grenzen aufzeigen

Gerade wir Eltern, die es gern anders machen wollen als unsere Eltern, merken manchmal nicht, dass wir unsere Kinder zu oft unsere Grenzen überschreiten lassen. Es ist wichtig, Stopp zu sagen, wenn wir uns nicht wohlfühlen oder über unsere Belastungsgrenze gehen! Wenn wir Eltern schon keine authentischen Grenzen aufzeigen, wie sollen unsere Kinder dann lernen, auf andere Menschen Rücksicht zu nehmen? Wir sind hier in der Pflicht, gut auf uns selbst zu achten. Denn das hilft auch unseren Kindern. Die Fähigkeit, sich selbst zurückzunehmen, also die eigenen Wünsche und Impulse zurückzustellen und eine Verzögerung der Bedürfnisbefriedigung auszuhalten, wird durch den präfrontalen Cortex geregelt und steigt mit vermehrtem Training. Neben den Eltern und anderen erwachsenen Bezugspersonen sind auch Kindergruppen wichtige Übungspartner. Denn Kinder zeigen anderen Kindern oft wunderbar klar und direkt die eigenen Grenzen auf. Möchte ein Kind zum Beispiel gerade nicht umarmt und geküsst werden, stößt es normalerweise das umarmende Kind einfach weg. Natürlich ist das kein besonders gesellschaftlich akzeptierter Weg, Grenzen aufzuzeigen, aber ein sehr direkter und eindrücklicher.

Erwachsene, die ihre Grenzen aufzeigen, müssen natürlich achtsamer vorgehen. Sie sollten nicht die Integrität des Kindes verletzen. Es ist ein Unterschied, ob man sagt: »Ich möchte jetzt nicht mit dir spielen. Ich bin müde und möchte kurz in Ruhe meinen Kaffee zu Ende trinken. Danach komme ich zu dir. Bitte spiel bis dahin allein« oder »Boah, lass mich doch *ein Mal* in Ruhe meinen Kaffee austrinken, ey! Ich will jetzt nicht mit dir spielen. Ich bin total k. o., siehst du das nicht? Spiel jetzt mal allein, verdammt noch mal.« In beiden Fällen hat das Elternteil zwar klargemacht, dass es müde ist und momentan nicht spielen will, doch die zweite Version ist verletzend.

Kinder reagieren auf diese Form der gewaltvollen Kommunikation der Eltern oft mit provokantem Verhalten, während ein nicht verletzendes Aufzeigen von Grenzen normalerweise ein kooperatives Verhalten nach sich zieht.

Empathie statt Drohungen oder Belohnungen

Wenn Eltern mit Konsequenzen, Auszeiten oder auch Belohnungen agieren, erziehen sie ihre Kinder zu gesellschaftsadäquatem Verhalten, indem sie auf ihre körperliche, finanzielle oder psychische Stärke pochen. Das klingt bedrohlicher, als es gemeint ist. Eltern sind die Trainer ihrer Kinder und entscheiden, was ein Regelverstoß ist und wie er geahndet wird. Wirft ihr Kind auf dem Spielplatz mit Sand, dann entscheiden sie vielleicht, dass der Spielplatzbesuch abgebrochen wird, wenn das Kind es noch einmal macht. Kommt das Kind wiederholt unpünktlich nach Hause, könnte ihm eine Zeit lang das Recht entzogen werden, allein irgendwohin zu gehen, bis es mehr Verantwortungsbewusstsein zeigt. Streiten Geschwister heftig miteinander, werden sie möglicherweise von den Eltern getrennt und müssen in verschiedene Räume, bis sie sich beruhigt haben. Die Eltern stehen sozusagen auf einer höheren Machtebene als die Kinder – sie entscheiden darüber, was richtiges oder falsches Handeln ist. Gutes Verhalten wird durch Lob oder Belohnung verstärkt, schlechtes Verhalten soll durch Strafe beziehungsweise logische Konsequenzen unterbunden werden.

Das kennen wir aus unserem Alltag. Auch wir Erwachsenen werden beispielsweise mit einem Bußgeld bestraft, wenn wir beim zu schnellen Fahren erwischt werden. Wir müssen mit einer Abmahnung oder gar Kündigung rechnen, wenn wir unsere Arbeit ungenügend erledigen. Andererseits winkt eine Beförderung oder Gehaltserhöhung, wenn wir besonderen Einsatz zeigen. Wenn wir immer im gleichen Supermarkt einkaufen, werden wir mit Treuepunkten belohnt und können uns hinterher ein hübsches Geschenk aussuchen, doch wenn wir dort alkoholisiert randalieren, erhalten wir Hausverbot. In unserem Fall sind die höheren Mächte also die Polizei, unsere Chefs und Chefinnen, die Supermarktleiterinnen, das Jugendamt, der Staat oder auch Gott, bei unseren Kindern sind es wir Eltern, die Kita-Erzieher, die Lehrerinnen oder der Weihnachtsmann.

Interessanterweise neigen auch wir Erwachsenen dazu, uns diesem System zu entziehen, wann immer wir können. Manche von uns halten sich zum Beispiel nicht ans Tempolimit, wenn klar ist, dass es auf dieser Strecke keinen Blitzer gibt. Einige entladen illegal ihren Müll im Wald, wenn niemand sie dabei beobachten kann, weil sie keine Gebühr auf dem Recyclinghof zahlen wollen. Und wie oft sieht man jemanden achtlos den Rest seines Döners oder seinen leeren Kaffeebecher in den Korb eines parkenden Fahrrads werfen. Es ist völlig klar, wie unangenehm es für den Besitzer des Fahrrads ist, den fremden, manchmal ekligen Müll vorzufinden und dann entsorgen zu müssen, und doch hält es nicht alle davon ab, es wieder und wieder zu tun.

Genau das ist eine der Schwachstellen, die die Erziehung mit einer lobenden oder strafenden Macht im Hintergrund hat: Wird man von seinen Eltern so erzogen, bilden sich, um das mal sehr vereinfacht und plakativ darzustellen, relativ kurze, unverzweigte neuronale Bahnen im Gehirn. Nennen wir sie der Einfachheit halber Wenn-Dann-Nervenbahnen. Diese werden nur dann aktiv, wenn eine Macht im Rücken spürbar ist. Fühlt sich der Mensch dagegen unbeobachtet, feuern sie nicht oder nur teilweise. Ohne Observation durch seine Eltern würde das Kind auf dem Spielplatz also höchstwahrscheinlich trotzdem mit Sand werfen. Selbst wenn diesem Kind von den Eltern erklärt wurde, warum das Sandwerfen verboten ist, nämlich weil es für den anderen unangenehm ist, speichert sich im Gehirn vornehmlich die Wenn-Dann-Kausalität des »Ich werfe Sand – ich muss vom Spielplatz weg« ab. Das Kind weiß dann zwar, warum es nicht mit dem Sand werfen soll, es hat jedoch nie gelernt, eigenverantwortlich zu handeln. Seine Neuronen werden nur dann aktiv, wenn eine Drohung im Raum steht, nur dann stoppt sein Gehirn als Ergebnis den Prozess des Sandwerfens. Im Prinzip hat das Gehirn des Kindes also nur gelernt zu gehorchen.

Die allermeisten Menschen haben die Normen und Werte unserer Gesellschaft so gut internalisiert, dass sie nicht mehr an die Sanktionen denken, wenn sie sich »richtig« verhalten, sie sind aber als latente Drohung weiterhin im Gedächtnis vorhanden. So können Kinder die Regel, nicht mit Sand zu werfen, so stark verinnerlicht haben, dass sie es auch unterlassen, wenn sie nicht direkt beaufsichtigt werden. Das gleiche gilt für Autofahrer, die sich immer an die Geschwindigkeitsbegrenzung halten, oder Menschen, die im Supermarkt nicht stehlen oder Dosen aus den Regalen reißen. Unser moralisches Gewissen drängt uns dann, bestimmte Handlungen auszuführen oder zu unterlassen – wir haben darüber im Kapitel über die Moralentwicklung schon gesprochen. Das ist ein gewünschter Effekt von Erziehung, der das soziale Gefüge unserer Gesellschaft zusammenhält. Die Handlung des Einzelnen wird dabei über die Vernunftsebene gesteuert. Doch, wie wir schon schrieben, versagt bei einigen Menschen diese vernunftsmäßige Gewissensprüfung. Deshalb müssen wir auf eine Erziehung bauen, die unsere Kinder dazu anregt, ihre eigenen moralischen und gesellschaftsrelevanten Rückschlüsse über ihre Handlungen zu ziehen. Sie müssen einen Perspektivenwechsel einnehmen und entscheiden können, wie sie sich an der Stelle des Gegenübers fühlen würden (»Schadet es meinem Bruder, wenn ich ihm die Gummibärchen wegnehme?«). Erst dann können sie ihr Verhalten eigenständig einschätzen und überdenken (»Ja, das wäre gemein von mir, und er wäre traurig.«). Die Entscheidungen, die sie daraufhin fällen, können möglicherweise in den Augen der Eltern »falsch« sein (»Egal, ich will seine Gummibärchen unbedingt!«). Doch es ist wichtig, dass sie immer wieder die Möglichkeit haben, auch nicht zielführende oder egoistische Entscheidungen zu treffen, weil nur durch das Erleben der darauf folgenden echten Gefühle und Reaktionen des Geschädigten im präfrontalen Cortex ihres Gehirns *natürliche und echte* Konsequenzen abgespeichert werden (»Verdammt, tatsächlich, nun weint mein Bruder!«). Schaffen Erwachsene es, sich rauszuhalten, werden in solchen sozialen Situationen sowohl empathische als auch moralische und gesellschaftliche Normen gleichzeitig in Erwägung gezogen, und es bilden sich im kindlichen Gehirn lange, komplexe und verschachtelte Nervenbahnen, die nicht nur dann aktiviert werden, wenn eine lobende oder strafende Macht im Hintergrund steht. Das Kind lernt, *selbst* zu entscheiden, was richtig und was falsch ist.

Verlässlich reagieren

Als ich in den Kindergarten ging, hatte ich eine beste Freundin. Sie hieß Anja und war genau einen Tag jünger als ich. Sie lebte im Nachbarhaus in der neunten Etage, und ich liebte sie sehr. Was mich jedoch belastete, war die Unsicherheit, die von ihren Eltern ausging. Man konnte nie wissen, wie sie reagieren würden. Mal waren sie supernett, überhäuften uns mit Süßigkeiten und ließen uns stundenlang unbeaufsichtigt fernsehen. Oft jedoch, meist aus heiterem Himmel, wurden sie wütend, gaben Anja Ohrfeigen und warfen mich raus. Nie wusste ich, was wir falsch gemacht hatten. Ein unpassendes Wort, ein einfacher Blick, ein unbedarftes Kichern an der falschen Stelle und schon suchte man besser das Weite. Irgendwann zog ihre Familie weg, wir verloren uns aus den Augen. Ich kann mich nicht mehr an ihr Gesicht erinnern, nicht mehr an ihre Stimme. Aber den Terror im Herzen, den spüre ich noch immer, wenn ich an ihrem Haus vorbeigehe und hoch in den neunte Etage schaue. Ich frage mich: Wenn *mich* das schon so belastet hat damals, wie muss es Anja ergangen sein?

Mehrere der vorangegangenen Kapitel handeln von menschlichen Grundbedürfnissen. Eines dieser Bedürfnisse ist das nach Struktur und Ordnung im Leben. Können Menschen über einen längeren Zeitraum nicht voraussehen, wie ihr Tag ablaufen wird, geraten sie in Stress und erkranken. Das Gleiche gilt für das Verhalten von Eltern: Es muss eine Struktur aufweisen, die für ein Kind entschlüsselbar ist, sodass es weiß, woran es ist. Kinder brauchen Erwachsene, die sich berechenbar verhalten, denn an dieser klaren Struktur orientieren sie sich. Sie gibt ihnen Verhaltenssicherheit. Anjas Eltern verhielten sich aber nicht berechenbar. Wie ich schon schrieb: Wir wussten nie, was ihren Vater oder ihre Mutter wütend werden ließ. Nicht einmal hinterher konnten wir erkennen, was wir nun wieder falsch gemacht hatten. Im Prinzip versuchten wir, in ihrer Gegenwart möglichst unsichtbar zu sein, unter ihrem Radar zu bleiben, doch oft genug schafften wir es nicht.

Ich weiß nicht, was aus Anja geworden ist – sie ist aus meinem Leben verschwunden, als ich sieben Jahre alt wurde. Doch ich sehe die Schüler an meiner Schule, die von der Gesellschaft den Stempel »verhaltensauffällig« aufgedrückt bekommen haben, und weiß, dass viele von ihnen ebenso unberechenbare Erwachsene in ihrem Leben haben. Das macht es für den präfrontalen Cortex meiner Schülerinnen und Schüler unglaublich schwierig, valide Regeln für zwischenmenschliches Verhalten abzuspeichern. Wenn sie als Kleinkinder nach ihren Eltern schlugen, konnte es sein, dass diese hart zurückschlugen, es ignorierten oder sogar lachten, weil sie es cool fanden, wie stark ihr kleiner Racker schon ist. Welche dieser Reaktionsmuster sollte das Gehirn nun als »richtig« einstufen?

Wenn es keine Anhaltspunkte dafür gibt, wie sich die eigenen Eltern im nächsten Augenblick verhalten werden, dann kann ein Kind nicht gesund aufwachsen – es wird die Regeln für ein »normales«, gesellschaftlich gewünschtes Miteinander nicht verinnerlichen, sondern ebenso unberechenbar reagieren und damit in Kita und Schule anecken. Es braucht dann andere, verlässliche Bindungspersonen wie Lehrer, Erzieherinnen, Sozialarbeiter und auch gleichaltrige Freunde, um den »normalen« Umgang mit Mitmenschen zu erlernen.

Die Grenzen anderer akzeptieren

Ein Merkmal von Tyrannen und Arschlöchern ist, dass sie denken, sie könnten sich alles erlauben – selbst, wenn ihr Gegenüber »Nein!« sagt. Beispiele gibt es im Alltag viele: Der alte Mann, der sich an der Kassenschlange einfach vordrängelt und anderen auch noch in die Hacken fährt, weil er meint, das Recht zu haben, vorgelassen zu werden. Die Schwiegereltern, die ihrem Enkel eine Spielzeugpistole kaufen, obwohl der Vater klipp und klar gesagt hat, dass er das nicht möchte. Bis hin zum Collegestudenten, der mit Alkohol im Blut nicht mehr auf das Nein seiner Kommilitonin hört und sie missbraucht, weil er ihr kräftemäßig überlegen ist.[4] Wir sind uns sicher, dass niemand dieser grenzüberschreitenden Erwachsenen von seinen Eltern dazu ermutigt wurde, sich wie ein Arschloch zu verhalten. Vermutlich wurde ihnen in der Kindheit gesagt, dass sie das Nein oder Stopp eines anderen beachten sollen. Wie kommt es also, dass uns doch immer wieder Erwachsene begegnen, die sich einfach über das Nein von anderen hinwegsetzen?

Die Antwort darauf ist so einfach wie schockierend. Unsere Kinder lernen vornehmlich das, was ihnen vorgelebt und weniger das, was ihnen gesagt wird. Wenn Sie sich umschauen, dann sehen Sie vielleicht einen Vater mit seinem Zweijährigen, der sich laut brüllend auf den Gehweg geworfen hat und lautstark »Nein!« zum Weitergehen sagt. Der Vater nimmt den strampelnden Knirps hoch und klemmt ihn sich vorsichtig unter den Arm; er geht weiter, als würde er den Protest seines Sohnes nicht hören. Und vielleicht erinnern Sie sich selbst daran, als Kind trotz »Hör auf!« so lange und stark von Ihren Eltern gekitzelt worden zu sein, bis es nicht mehr lustig, sondern schmerzhaft war? Oder wurden Sie als Kind vielleicht von Ihrer Oma, dem Opa oder der Tante auf die Wange geküsst, obwohl Sie das nicht wollten?

Ich denke, 100 Prozent der Erwachsenen stimmen zu, wenn man sie fragt, ob das Nein eines Menschen wirklich Nein bedeuten sollte. Wir alle wollen unsere Kinder in diesem Sinne erziehen. Niemand von uns wünscht sich, dass sein Kind einmal ein Erwachsener wird, der einfach über die Grenzen anderer hinwegwalzt. Aber wie viele Eltern bringen ihren Kindern unbewusst genau das Gegenteil bei? Denn was lernt denn ein Kind, das eindeutig Nein sagt und trotzdem tun muss, was die Großen verlangen? Es lernt, dass der Stärkere entscheidet, wann ein Nein wirklich Nein bedeutet! Und das ist ein Problem. Denn genau das ist die innere Überzeugung von den Arschlöchern und Tyrannen: dass sie das Recht haben, die Grenzen der anderen zu ignorieren, weil sie stärker oder machtvoller sind.

Oft wird eingewendet, dass es gar nicht geht, dass Eltern *immer* auf das Nein ihrer Kinder hören. Das stimmt natürlich. Selbstverständlich gibt es Situationen, in denen wir Eltern auch über die Neins unserer Kinder hinweggehen müssen. Wirft sich der Zweijährige nicht auf den Gehweg, sondern mitten auf die Straße, ist es überhaupt keine Frage, dass der Vater ihn zur Sicherheit hochheben und wegtragen muss. Wir Eltern müssen und dürfen »beschützende Macht« über unsere Kinder ausüben. Notfalls auch mittels körperlicher Überlegenheit. Aber wie oft kommen solche Situationen vor?

Sehr viel öfter übergehen Eltern im Alltag die Grenzen ihrer Kinder aus Unbedachtheit, Zeitnot oder Bequemlichkeit. Deshalb möchten wir Sie dafür sensibilisieren: Dass Nein wirklich Nein bedeutet, lernen unsere Kinder sehr viel früher und sehr viel eindrücklicher, als es vielen Menschen bewusst ist. Wenn wir über ihr Nein immer wieder ohne besondere Not hinweggehen, kann es sein, dass sich diese Botschaft in ihrem Kopf festbeißt. Wir Erwachsenen sollten mit unserer Macht und unserer Kraft sehr bewusst und achtsam umgehen.

Nachwort: Liebevolles Begleiten zwischen Trotzphase und Pubertät

Am Anfang unseres Buches haben wir Ihnen von dem zehnjährigen Mirko erzählt, der, wann immer seine Eltern nicht zu Hause waren, ihre Regel brach, nicht auf dem weißen Sofa zu essen. Die Wahrscheinlichkeit, dass sie ihn erwischen würden, war minimal, deshalb spürte er die »höhere Macht« im Rücken nicht. Und nicht nur das: Er fing nach einer Weile an, seinen Regelbruch aktiv zu kommunizieren. Er schickte seiner Mutter Bildnachrichten, die zeigten, wie er gerade ihre Regel brach. Er provozierte! Er wollte dem Regeldruck seiner Eltern aktiv widerstehen.

Mirko hatte keine Angst mehr vor den Konsequenzen, da er nun groß und stark genug war, um diese auszuhalten oder zu umgehen. Auch bei Kindern, die von ihren Eltern geschlagen werden, findet sich in der Biographie oft dieser Zeitpunkt, an dem sie nicht mehr kuschen, sondern sich in ihrer ganzen Größe vor ihren Peinigern aufrichten und selbstbewusst sagen: »Du schlägst mich nicht mehr, sonst schlage ich zurück!«

Mirkos Mutter Mara spürte, dass ihrer Machtposition plötzlich der Boden entzogen war, und tat das für sie einzig Logische: Sie suchte nach jemandem mit *noch höherer* Machtposition und drohte: »Warte nur, wenn ich das dem Papa erzähle!« Doch wie die weißen Mäuse in Kavanaus Experiment wollte auch Mirko nicht länger seine Integrität verletzen lassen. Lieber verzichtete er auf

WLAN oder sein Handy, als sich noch länger unterzuordnen, so wie die Mäuse lieber auf Sex oder Nahrung verzichtet hatten, als sich unwidersprochen den Manipulationen durch die Forscher zu beugen. »Na und? Soll mir das Angst machen?«, schrieb er zurück und nahm seiner Mutter damit den Wind aus den Segeln.

Die Jahre 5 bis 10 sind entscheidende Jahre

Ist man an diesem Punkt der Machtabnahme angelangt, hat man als Elternteil ein Problem. Wie soll man darauf reagieren? Wie soll man das Kind dazu bringen, sich trotzdem an die Regeln zu halten? Die meisten Erwachsenen versuchen es zunächst mit noch mehr Druck, denn was bisher funktioniert hat, kann doch jetzt nicht einfach wirkungslos bleiben, oder? Je jünger das Kind ist, desto größer ist tatsächlich die Wahrscheinlichkeit, dass es zunächst mit noch mehr Druck funktioniert. Doch irgendwann verliert das Kind auch die Angst vor dieser Konsequenz, und was dann? Dann muss eine noch höhere Machtinstanz oder eine noch stärkere Strafe gefunden werden … oder man verliert als Elternteil gänzlich den Einfluss auf das eigene Kind.

Sie verstehen sicherlich, worauf wir hinauswollen. Diese Art der Erziehung funktioniert durchaus, aber sie funktioniert nicht für immer, und es gibt die eindeutige Tendenz, dass die Belohnungen oder Strafen immer größer werden müssen, um die Kinder zur Mitarbeit zu »überreden«. Ganz sicher werden sie deswegen nicht gleich zu emotionalen Krüppeln, aber vielleicht bleiben Eltern und Kinder dadurch in einem Machtkampf gefangen, der eigentlich unnötig ist. Spätestens in der Pubertät ist der elterliche Einfluss verloren. Die Jugendlichen hören nicht mehr, sondern machen einfach, was sie wollen. Da sie bis zu diesem Zeitpunkt das Gefühl hatten,

»immer tun zu müssen, was die Erwachsenen sagen«, kann es sein, dass sie nun sehr überschwänglich mit ihrer neu gewonnenen Freiheit umgehen und sich auf all das stürzen, was sie bisher nicht durften, ohne groß darüber nachzudenken, ob es ihnen guttut oder nicht. Bei den meisten von ihnen verliert sich diese Aufmüpfigkeit nach der Pubertät wieder, aber bis dahin gibt es möglicherweise eine Menge emotionaler Verletzungen innerhalb der Familie.

Dieses Buch ist unser Versuch, Ihnen zu zeigen, dass es einen anderen Erziehungs- und Beziehungsweg gibt. Einen, der mit weniger emotionaler Verletzung und Machtkampf einhergeht. Einen Weg, der am Anfang vielleicht anstrengend erscheint, weil Sie immer wieder in sich hineinhorchen müssen, weil Bedürfnisse erkannt und formuliert werden müssen, weil diese innerhalb der Familie abgewogen werden und Kompromisse gefunden werden müssen, bei denen es keinen Sieger und keinen Verlierer gibt. Doch dieser neue Weg wird immer leichter, je älter und kompetenter unsere Kinder werden, während es mit den alten Erziehungsmethoden mit jedem Jahr schwieriger wird, sie zum Hören zu bringen. Die Jahre fünf bis zehn sind dabei entscheidende Jahre, denn hier werden Werte gelegt und Verhaltensweisen ausgebildet, die ein ganzes Leben halten.

Sie sind gute Eltern!

Glauben Sie uns, Sie sind als Eltern gut genug. Sie müssen nicht perfekt sein. Ihre Kinder werden weder »Tyrannen« noch »kleine Prinzen oder Prinzessinnen« noch »Arschlöcher« – auch wenn sie sich vielleicht dann und wann unmöglich benehmen. Egal, welchen Erziehungsweg Sie einschlagen – aller Wahrscheinlichkeit nach werden Ihre Kinder zu freundlichen, zuvorkommenden

Erwachsenen heranwachsen. Selbst meine krassesten Schüler sind im Laufe der Zeit verträglicher geworden. Natürlich auch, weil wir ihnen in der Schule ein paar Grundbausteine mitgegeben haben. Wenn sie mich besuchen kommen, sehe ich tätowierte Hünen, die mir mit leuchtenden Augen ihre kleinen Töchter in niedlichen Kleidchen präsentieren oder stolz erzählen, dass sie eine ehrliche Arbeit gefunden haben. Keiner meiner ehemaligen Schüler ist bisher im Gefängnis gelandet, obwohl ihr Start ins Leben alles andere als vielversprechend war.

Wir denken, dies kann uns Eltern aufatmen lassen. Natürlich gibt es Fallstricke in der Erziehung (und außerhalb), die es Kindern schwerer machen, in der Gesellschaft nicht anzuecken. Kinder müssen lernen, sich in andere hineinzuversetzen, sie brauchen Empathie, Liebe, Fürsorge, echten Trost. Sie müssen ab und zu auf die authentische Grenze eines anderen stoßen und dazu angehalten werden, diese einzuhalten. Sie brauchen lange, verschachtelte Nervenbahnen, damit sich ihr Moralverständnis und ihre Impulskontrolle entwickeln kann, und Zeit und Gelegenheit, diese anzulegen. Sie müssen scheitern dürfen. Sie brauchen Freiheit und unser Vertrauen. Und das ist eigentlich schon das ganze Geheimnis einer gelungenen Erziehung.

Quellenverzeichnis und Anmerkungen

Drahtseilakt Zahnlückenpubertät

[1] Hüther, 2015. S. 110 f.
[2] Gray, 2015. S. 136 f.
[3] Der Begriff »Gleichwürdigkeit« stammt von Jesper Juul.
[4] Seligman, Petermann, 2016. S. 53
[5] Ebenda. S. 20
[6] Hiroto, 1974
[7] Seligman/Petermann, 2016. S. 150 f.
[8] Bauer, 2011. S. 56

Schon groß und doch noch klein

[1] Hüther, 2016. S. 119
[2] Rosenberg, 2012
[3] Gray, 2015. S. 20 f.
[4] Weaver/Meaney, 2004
[5] Bauer, 2006. S. 108
[6] Bauer, 2015. S. 88
[7] Eisenberger/Liebermann/Williams, 2003
[8] Berns, 2003
[9] Dieser Begriff wurde von der Erziehungsexpertin Susanne Mierau geprägt.
[10] Imlau, 2013. S. 137
[11] Chapman/Campbell, 2012

Dem Wunschkind die Wurzeln stärken

[1] Insel/Fernald, 2004
[2] Bauer, Prinzip, 2008. S. 63 f.
[3] Ebenda. S. 37 f.
[4] Ebenda. S. 192
[5] Bauer, Lob, 2008
[6] Cannon, 1942
[7] Gordon, 1972. S. 103
[8] Neubauer/Stern, 2013. S. 120
[9] Levinson/Smallwood/Davidson, 2012
[10] Twenge/Zhang/Im, 2004
[11] Hüther/Quarch, 2016. S. 36 f.
[12] N. N., 2004
[13] Mayo Clinic, 2016
[14] Sandseter, 2009
[15] Gray, 2015. S. 146
[16] Renz-Polster/Hüther, 2013. S. 180 f.
[17] Lindgren, 1986. S. 24 f.

Selbstbestimmung für Wackelzahn-Rebellen

[1] Davis, 1928
[2] Mascola/Bryson/Agras, 2010
[3] Carruth u. a., 1998
[4] Mascola/Bryson/Agras, 2010
[5] Renz-Polster, 2012. S. 22 f.
[6] Hermann, 2016. S. 143 f.
[7] Renz-Polster, 2012. S. 23
[8] Juul, 2013. S.88 f.
[9] Alexander, 2001

[10] Hüther/Hauser, 2012. S. 48 f.
[11] Eisen, 1993
[12] Hüther/Hauser, 2012. S. 159
[13] Renz-Polster/Hüther, 2013. S. 114
[14] Black/Steinkuehler, 2009
[15] Green/Bavelier, 2003
[16] Akilli, 2007
[17] Johnson, 2008
[18] Chang/Chen/Jhan, 2015
[19] Milzner, 2016. S. 81
[20] Der Mashmallow-Test untersucht die kindliche Fähigkeit zum Bedürfnisaufschub. Mischel, 2016
[21] Bauer, 2015. S. 66
[22] Hüther/Hauser, 2012. S. 46 f.
[23] Oláh, 1998. S. 66
[24] Bauer, 2015. S. 22
[25] Ebenda. S. 78
[26] Ferguson/Rueda, 2010
[27] Hermanutz u. a., 2002
[28] Bauer, 2006. S. 121 f.
[29] Verena Pausder, persönliche E-Mail
[30] Renz-Polster/Hüther, 2013. S. 159
[31] Wildt u. a., 2014
[32] Hüther/Hauser, 2012. S. 114 f.
[33] Milzner, 2016. S. 122
[34] Graf/Seide, 2016
[35] Feshbach, 1975
[36] Bauer, 2006. S. 56 f.
[37] Vgl. ELDiB
[38] Vgl. ebenda

Wenn nicht strafen, was dann?

[1] Talwar u. a., 2014
[2] GneezyRustichini, 2000
[3] Ginott, 1972. S. 151
[4] Gruen, 2013. S. 105
[5] Riedl u. a., 2015
[6] Freedman/Fraser, 1966
[7] Galli, 2016. S. 139

[8] Birkenbihl, 2001. S. 116
[9] Dieses Vorgehen ist eine Mischung aus den Konzepten, die in von Cierpka, 2006, und ELDiB entwickelt wurden.
[10] Baumeister u. a., 1998
[11] Bauer, 2008. S. 111
[12] Kavanau, 1967
[13] Seligman/Petermann, 2016. S. 52
[14] Hartshorne/May, 1928
[15] Horster, 2008. S. 33 f.
[16] Paulus/Gillis/Li/Moore, 2013
[17] Nunner-Winkler, 2009
[18] Dorhöfer, 2016
[19] Alloway/McCallum/Alloway/Hoicka, 2015
[20] Koenigs u a., 2007
[21] Kohn, 2011. S. 234 f.
[22] Eggers, 2013. S. 111 f.
[23] Kohn, 2011. S. 227
[24] Nido, 2/2014, S. 73
[25] Vgl. Davonport, 2014; Feuerman, 2014; N. N. (Pseudonym: Merely Me) 2013
[26] Juul, 2013. S. 81 ff.
[27] Ebenda. S. 87 f.
[28] Ebenda. S. 84

Übersetzungshilfen: Krasse Worte

[1] Schulz von Thun, 2013. S. 25
[2] Kohn, 2011. S. 165

Vom Familiendesaster zum Win-win-Kompromiss

[1] Gordon, 1972, S. 225
[2] Bauer, 2011. S. 77 f.
[3] Bauer, 2015. S. 56 f.
[4] Scheff/Schorr, Melissa, 2017. S. 13

Literatur

Alexander, Bruce K. (2001): »The Myth of Drug Induced Addiction«, https://sencanada.ca/content/sen/committee/371/ille/presentation/alexender-e.htm

Alloway, Tracy P./McCallum, Fiona/Alloway, Ross G./Hoicka, Elena (2015): »Liar, liar, working memory on fire: Investigating the role of working memory in childhood verbal deception«. In: *Journal of Experimental Child Psychology* 137, S. 30–38

Akilli, Göknur K.: »Games and simulations: A new approach to education?« In: Gibson, David/Aldrich, Clark/Prensky, Mark (Hrsg.): *Games and simulations in online learning: Research and development frameworks*. Hershey u. a.: Information Science Publishing, 2007. S. 1–20

Bauer, Joachim: *Lob der Schule. Sieben Perspektiven für Schüler, Lehrer und Eltern*. München: Heyne, 2008

Bauer, Joachim: *Prinzip Menschlichkeit. Warum wir von Natur aus kooperieren*. München: Heyne, 2008

Bauer, Joachim: *Schmerzgrenze. Vom Ursprung alltäglicher und globaler Gewalt*. München: Blessing, 2011

Bauer, Joachim: *Selbststeuerung. Die Wiederentdeckung des freien Willens*. 5. Auflage. München: Blessing, 2015

Bauer, Joachim: *Warum ich fühle, was du fühlst. Intuitive Kommunikation und das Geheimnis der Spiegelneuronen*. 20. Auflage. München: Heyne, 2006

Baumeister, Roy F. u. a. (1998): »Ego depletion: Is the active self a limited resource?« In: *Journal of Personality and Social Psychology* 74, S. 1252–1265

Berns, Gregory (2003): »Something funny happend to reward«. In: *Cognitive Sciences* 8, S. 193

Birkenbihl, Vera F.: *StoryPower. Welchen Einfluss Storys auf unser Denken und Leben haben*. München: mvg, 2001

Black, Rebecca W./Steinkuehler, Constance: »Literacy in virtual worlds«. In: Christenbury, Leila/Bomer, Randy/Smargonrinsky, Peter (Hrsg.): *Handbook of adolescent literacy research*, New York/London: Guilford Press 2009, S. 271–281

Cannon, Walter B. (1942): »Voodoo Death«. In: *American Anthropologist* 44, S. 169–181

Carruth B. R. u. a (1998): »The phenomenon of ›picky eater‹: a behavioral marker in eating patterns of toddlers«. In: *Journal of the American College of Nutrition* 17/2, S. 180–186

Chang, Ben/Chen, Sherry Y./Jhan, Sin-Ni (2015)· »The influences of an interactive group-based videogame: Cognitive styles vs. prior ability«. In: *Computers & Education* 88, Oktober, S. 399–407

Chapman, Gary/Campbell, Ross: *Die fünf Sprachen der Liebe für Kinder. Wie Kinder Liebe ausdrücken und empfangen*. Marburg/Lahn: Francke, 2012

Cierpka, Manfred: *Faustlos. Wie Kinder Konflikte gewaltfrei lösen lernen*. Stuttgart: Herder, 2005

Davenport, Barrie (2014): »30 Signs Of Emotional Abuse«, https://liveboldandbloom.com/11/relationships/signs-of-emotional-abuse

Davis, Clara M. (1928): »Self selection of diet by newly weaned infants«. In:

American Journal of Diseases of Children, Vol 36, Oktober, Nr. 4

Dorhöfer, Pamela (2016): »Evolution: Lügen macht schlau«, *Frankfurter Rundschau*, 29. April, http://www.fr.de/wissen/evolution-luegen-macht-schlau-a-346226

Eggers, Christian: *Kinder- und Jugendpsychiatrie*. Berlin u. a.: Springer, 2013

Eisen, George: *Spielen im Schatten des Todes. Kinder im Holocaust*. München: Piper, 1993

Eisenberger, Naomi I./Liebermann, Matthew D./Williams Kipling D. (2003): »Does rejection hurt? An fMRI study of social exclusion«. In: *Science* 302: S. 290–292

ELDiB: Der entwicklungstherapeutische/entwicklungspädagogische Lernziel-Diagnose-Bogen (1992). Hrsg. vom Developmental Therapy Institute

Feldman, Robert S./Forrest, James A./Happ, Benjamin R. (2002): »Self-presentation and verbal deception: Do self-presenters lie more?« In: *Basic and Applied Social Psychology*, 24, S. 163–170

Ferguson, Christopher/Rueda, Stephanie M. (2010): »The Hitman-Study. Violent Video game exposure effects on aggressive behavior, hostile feelings, and depression«. In: *European Psychologist* 15, 2010, S. 99–108

Feshbach, Norma D. (1975): »Empathy in children: Some theoretical and empirical consideration«, In: *Counselling Psychologist* 5, S. 25–29

Feuerman, Marnie (2014): »21 Warning Signs of an Emotionally Abusive Relationship«, https://psychcentral.com/blog/archives/2014/10/13/21-warning-signs-of-an-emotionally-abusive-relationship/

Freedman, Jonthan L./Fraser, Scott C. (1966): »Compliance without pressure: The Foot-in-the-door-technique«. In: *Journal of Personality and Social Psychology* 4/2, S. 195–203

Galli, Thomas: *Die Schwere der Schuld. Ein Gefängnisdirektor erzählt.* Berlin: Das Neue Berlin, 2016

Geer, James H. /Davidson, Gerald C./Gatchel, Robert I. (1970): »Reduction of stress in humans through nonveridical perceived control of aversive Stimulation«. In: *Journal of Personality and Sicial Psychology* 16/4, S. 731–738

Ginott, H. G.: *Teacher and Child*, New York: McMillan, 1972

Gneezy, Uri/Rustichini, Aldo (2000): »A Fine Is a Price«. In: *The Journal of Legal Studies* 29/1, S. 1–17

Graf, Danielle/Seide, Katja: *Das gewünschteste Wunschkind aller Zeiten treibt mich in den Wahnsinn. Der entspannte Weg durch Trotzphasen*. Weinheim und Basel: Beltz, 2016

Graf, Danielle; Seide, Katja: *Das gewünschteste Wunschkind aller Zeiten treibt mich in den Wahnsinn. Das Geschwisterbuch*. Weinheim und Basel: Beltz, 2020

Graf, Danielle/Seide, Katja: *Das gewünschteste Wunschkind aller Zeiten treibt mich in den Wahnsinn. Babys verstehen und gelassen begleiten*. Weinheim und Basel: Beltz, 2023

Graf, Danielle; Seide, Katja: *Das gewünschteste Wunschkind aller Zeiten treibt mich in den Wahnsinn. Trotzsituationen entspannt begegnen. 60 Praxiskarten für Eltern*. Weinheim und Basel: Beltz, 2021

Graf, Danielle; Seide, Katja: *Baby ist da. Pappbilderbuch*. Weinheim und Basel: Beltz, 2020

Graf, Danielle; Seide, Katja: *Alex, abgeholt! Pappbilderbuch*. Weinheim und Basel: Beltz, 2021

Graf, Danielle; Seide, Katja: *Maxi, beeil dich! Pappbilderbuch*. Weinheim und Basel: Beltz, 2022

Graf, Danielle; Seide, Katja: Ab nach Hause, Luca! *Pappbilderbuch*. Weinheim und Basel: Beltz, 2023

Green, C. Shawn/Bavelier, Daphne (2003): »Action video game modifies visual selective attention«. In: *Nature* 423, S. 534–537
Gordon, Thomas: *Familienkonferenz. Die Lösung von Konflikten zwischen Eltern und Kind*. Hamburg: Hoffmann und Campe, 1972
Gray, Peter: *Befreit lernen. Wie Lernen in Freiheit spielend gelingt*. Klein Jasedow: Drachen, 2015
Gruen, Arno: *Dem Leben entfremdet. Warum wir wieder lernen müssen zu empfinden*. Stuttgart: Klett-Cotta, 2013
Haarer, Johanna: *Die deutsche Mutter und ihr erstes Kind*. München: Lehmanns, 1934
Hartshorne, Hugh/May, Mark A.: *Studies in the nature of character*. Vol. I: *Studies in deceit*, Bd. 1 und 2. New York: Macmillan, 1928.
Hermann, Nadja: *Fettlogik überwinden*. Berlin: Ullstein, 2016
Hermanutz, Max u. a. (2002): »Computerspiele – Training für Schusswaffengebrauch? Ergebnisse einer experimentellen Studie«. In: *Polizei und Wissenschaft* 2, S. 3–9
Heyn, Gudrun (2004): »Nahrungsmittelallergien: Toleranz muss gelernt werden«, *Pharmazeutische Zeitung online*, https://www.pharmazeutische-zeitung.de/index.php?id=26846
Hiroto, Donald S. (1974): »Locus of control and learned helplessness«. In: *Journal of Experimental Psychology*, 102, S. 187–193
Horster, Detlef: *Moralentwicklung von Kindern und Jugendlichen*. Berlin u. a.: Springer, 2008
Hüther, Gerald: *Etwas mehr Hirn, bitte. Eine Einladung zur Wiederentdeckung der Freude am eigenen Denken und der Lust am gemeinsamen Gestalten*. Göttingen: Vandenhoeck & Ruprecht, 2015
Hüther, Gerald: *Mit Freude lernen – ein Leben lang. Weshalb wir ein neues Verständnis vom Lernen brauchen. Sieben Thesen zu einem erweiterten Lernbegriff und eine Auswahl von Beiträgen zur Untermauerung*. Göttingen: Vandenhoeck & Ruprecht, 2016
Hüther, Gerald/Hauser, Uli: *Jedes Kind ist hoch begabt. Die angeborenen Talente unserer Kinder und was wir aus ihnen machen*. München: Knaus, 2012
Hüther, Gerald/Quarch, Christoph: *Rettet das Spiel! Weil Leben mehr als Funktionieren ist*. München: Hanser, 2016
Imlau, Nora: *Das Geheimnis zufriedener Babys. Liebevolle Lösungen, damit Ihr Baby ruhiger schläft und weniger weint*. München: Gräfe und Unzer, 2013
Insel, Thomas/Fernald, Russel (2004): »How the brain processes social Information: Searching for the social brain«. In: *Annual Review of Neuroscience* 27, S. 697
Johnson, Genevieve Marie (2008): »Verbal and visual reasoning in relation to patterns of Internet use«. In: *Internet Research* 18/4, S. 382–392
Juul, Jesper: *Aggression. Warum sie für uns und unsere Kinder notwendig ist*. Frankfurt/Main: Fischer, 2013
Juul, Jesper: *Essen kommen. Familientisch-Familiengück*. Weinheim und Basel: Beltz, 2017
Kavanau, J. Lee (1967): »Behavior of captive whitefood mice«. In: *Science* 155, S. 1523–1539
Koenigs, Michael u. a. (2007): »Damage to the prefrontal cortex increases utilitarian moral judgements«. In: *Nature*, 446 (7138), S. 908–911.
Kohlberg, Lawrence: *Die Psychologie der Moralentwicklung*. Frankfurt/Main: Suhrkamp, 1996
Kohn, Alfie: *Liebe und Eigenständigkeit. Die Kunst bedingungsloser Elternschaft, jenseits von Belohnung und Bestrafung*. 2. Auflage. Freiburg: Arbor, 2011
Kohn, Alfie: *Der Mythos des verwöhnten Kindes. Erziehungslügen unter die Lupe genommen*. Weinheim und Basel: Beltz, 2015

Krenz, Armin: *Kinderseelen verstehen. Verhaltensauffälligkeiten und ihre Hintergründe.* München: Kösel, 2012

Lee, Kang u. a. (2014): »Can Classic Moral Stories Promote Honesty in Children?«, In: *Psychological Science* 25/8, S. 1630–1636

Levinson, Daniel B/Smallwood, Jonathan/Davidson, Richard J. (2012): »The persistence of thought: evidence for a role of working memory in the maintenance of task-unrelated thinking«, In: *Psychological Science*, 23/4, S. 375–380

Lindgren, Astrid: *Ronja Räubertochter.* Hamburg: Oetinger, 1986

Mascola, Anthony J./Bryson, Susan W./Agras, W. Stewart (2010): »Picky eating during childhood: A longitudinal study to age 11years«. In: *Eating behaviors* 11/4, S. 253–257

Mayo Clinic (2016): »Testosterone, Total, Bioavailable, and Free, Serum«, Mayo Clinic: Mayo Medical Laboratories, https://www.mayomedicallaboratories.com/test-catalog/Clinical+and+Interpretive/83686

Messmer, Rita: *Ihr Baby kann's! Selbstbewusstsein und Selbstständigkeit von Kindern fördern.* Weinheim und Basel: Beltz, 2013

Mierau, Susanne: *Geborgen wachsen. Wie Kinder glücklich groß werden und Eltern entspannt bleiben.* München: Kösel, 2016

Miller, Alice: *Am Anfang war Erziehung.* Frankfurt/Main: Suhrkamp, 1983

Milzner, Georg: *Digitale Hysterie. Warum Computer unsere Kinder weder dumm noch krank machen.* Weinheim und Basel: Beltz, 2016

Mischel, Walter: *Der Marshmallow-Effekt: Wie Willensstärke unsere Persönlichkeit prägt.* München: Pantheon, 2016

N. N. (Pseudonym: Merely Me), 2013: »10 Signs You May Be in an Emotionally Abusive Relationship«, http://www.healthcentral.com/slideshow/10-signs-you-may-be-in-an-emotionally-abusive-relationship#slide=8

N. N. (2004): Kindermorde: Statistik widerspricht gefühlter Härte. RP-online, 28.12, http://www.rp-online.de/panorama/deutschland/kindermorde-statistik-widerspricht-gefuehlter-haerte-aid-1.1611573

Neubauer, Aljoscha/Stern, Elsbeth: *Lernen macht intelligent. Warum Begabung gefördert werden muss.* München: DVA, 2013

Nunner-Winkler, Gertrud (2009): »Prozesse moralischen Lernens und Entlernens«, In: *Zeitschrift für Pädagogik* 55/4, S. 528–548

Oláh, Annegret E.: *Neurolinguistische Aspekte der dysgrammatischen Sprachstörung bei Kindern.* Tübingen: Narr, 1998

Paulus, Markus/Gillis, Samantha/Li, Joyce/Moore, Chris (2013): »Preschool children involve a third party in a dyadic sharing situation based on fairness«, In: *Journal of Experimental Child Psychology* 116/1, S. 78–85

Ray, Brian D. (2016): »Research facts on homeschooling«, National Home Education Research Institute, https://www.nheri.org/research/research-facts-on-homeschooling.html

Renz-Polster, Herbert: *Kinder verstehen. Born to be wild: Wie die Evolution unsere Kinder prägt.* 2. Auflage. München: Kösel, 2012

Renz-Polster, Herbert/Hüther, Gerald: *Wie Kinder heute wachsen. Natur als Entwicklungsraum. Ein neuer Blick auf das kindliche Lernen, Denken und Fühlen.* Weinheim und Basel: Beltz, 2013

Riedl, Katrin u. a. (2015): »Restorative Justice in Children«. In: *Current Biology* 25/13, S. 1731–1735

Rosenberg, Marshall B.: *Gewaltfreie Kommunikation. Eine Sprache des Lebens.* Paderborn: Junfermann, 2012

Sandseter, Ellen B. H. (2009): »Characteristics of risky play«. In: *Journal of Adventure Education and Outdoor Learning* 9. S. 3–21

Scheff, Sue/Schorr, Melissa: *Shame Nation. The Global Epidemic of Online Hate.* Naperville: Sourcebooks, 2017. S. 13

Schulz von Thun, Friedemann: *Miteinander reden. 1. Störungen und Klärungen: Allgemeine Psychologie der Kommunikation.* Reinbek bei Hamburg: Rowohlt, 2013

Seligman, Martin E. P./Petermann, Franz: *Erlernte Hilflosigkeit.* Weinheim und Basel: Beltz, 2016

Talwar, Victoria u. a. (2014): »The effects of punishment and appeals for honesty on children's truth-telling behavior«. In: *Journal of Experimental Child Psychology* 130, S. 209–217

Twenge, Jean M./Zhang, Liqing/Im, Charles (2004): »It's beyond my Control. A cross-temporal meta-analysis of increasing externality in locus of control, 1960-2002«. In: *Personality and Social Psychology Review* 8, S. 308–319

Weaver, Ian C. G./Meaney, Michael J. (2004): »Epigenetic programming by maternal behavior«. In: *Nature Neuroscience* 7, S. 1–8

Wildt, Bert T. te u. a. (2014): »Nicht substanzgebundene Abhängigkeit – Verhaltenssüchte«. *Psychotherapie, Psychosomatik, Medizinische Psychologie* 64, S. 151–160

Register

A

Abendroutine 51, 54
abwarten 246
Aggression 57, 58, 59, 61, 62, 69, 80, 85, 86, 87, 98, 132, 134, 135, 179, 189, 190, 206, 266, 272, 273, 274, 290, 294
aktives Zuhören 97, 260, 290, 292, 293, 297, 299, 300, 301, 302, 303, 304, 305, 306, 307, 309, 316
Angst 57, 87, 103, 109, 137, 138, 139, 140, 141, 142, 144, 251, 260, 316, 327
Anteilnahme 261
Antriebslosigkeit 132
Apps 180, 182, 183, 187, 188, 190, 193, 196
Arschlochkinder 173
Attachment Parenting 82
auffälliges Verhalten 80
Aufgaben (im Haushalt) 61, 118, 119, 123, 124, 125, 126, 127, 128
Aufmerksamkeit 73, 74, 76, 90, 91, 93, 172, 174, 183, 266
Auszeiten 337
Authentizität 56, 237, 240, 242, 243, 331
Autonomie 57, 73, 204, 319, 320
autoritative Erziehung 18, 24

B

Bedürfnisorientierung 81, 174
Bedürfnisse 53, 54, 55, 57, 61, 62, 63, 64, 65, 67, 68, 69, 70, 71, 72, 73, 74, 75, 76, 77, 79, 80, 82, 89, 96, 106, 135, 167, 233, 234, 241, 243, 244, 245, 275, 276, 314, 318, 319, 322, 323, 324
Belohnungen 62, 63, 100, 250, 337
Blickkontakt 89, 90

C

Computerspiele 178, 179, 180, 183, 184, 185, 187, 188, 189, 190, 191, 193, 194, 196, 197, 198

D

Depressionen 57, 59, 132
Dopamin 182
Drohungen 60, 270
Druck 52, 70, 96, 173, 236, 260, 263, 264, 275
Durchhaltevermögen 130, 131, 184

E

Eigenheiten 199, 211, 216
Eigenverantwortung 58, 99, 101, 104, 105, 111, 112, 113, 114, 115, 117, 124, 125, 128, 130, 155
Einfühlung 88, 96, 230, 255, 256, 321
Emotionen 215, 255, 256, 318
Empathie 114, 204, 224, 229, 251, 321, 329, 331
Entscheidungen 57, 58, 75, 255
Entschuldigung 223, 247
Entspannung 54, 71, 75, 155
Enttäuschung 263, 332, 333, 334, 335
Entwicklung 199, 200, 202, 203, 204, 207, 211, 215, 216
Entwicklungsplan 132, 203
erlernte Hilflosigkeit 34, 35, 38, 44, 244
Ernährung 146, 151, 153, 155
Eskalationsstufen 274

F

Fehlverhalten 222, 226
Fernsehen 189, 245
Flow 98, 181, 193, 220
frech 165, 235

freies Spiel 18, 20, 22, 24
Freiheit 133, 136
Freundschaft 161, 162, 163, 167, 168
Frühstück 49, 74, 75, 76, 104, 110, 208, 327
Frustration 184, 190

G

Geborgenheit 60, 135
Gefühle 62, 96, 106, 116, 167, 169, 190, 204, 228, 230, 232, 237, 242, 251, 256, 258, 260, 264, 265, 270
Gemeinschaft 60, 61, 74, 75, 93, 169
Gerechtigkeit 76, 251, 260
Geschwistereifersucht 73, 76
Gestik 58, 94, 95, 204, 229, 231, 237
Gewaltspirale 228
Gleichbehandlung 76
Glückshormone 193
Grenzen 132, 166, 168, 240, 242, 243, 248, 270, 327
Grundbedürfnisse 55, 58, 59, 61, 68, 69, 80, 132, 175, 177, 180, 195, 266

H

Handy 68, 69, 182, 185, 186, 187, 197, 321
Hausaufgaben 100, 101, 108, 109, 111, 270
helfen 76, 125, 127, 205, 333
Herausforderungen 130, 133, 135, 136
Hilflosigkeit 79, 135, 317

I

Impulse 189, 205, 233, 266, 275, 336
Impulskontrolle 114, 180, 188, 204, 205, 207, 276, 348
in Beziehung sein 260
Individuum 237, 243
Integrität 56, 117, 336

J

Joint Attention 88, 91, 92

K

Kommunikation 170, 203, 242, 294, 297, 336
Kompetenzen 31, 32, 115, 139, 180
Kompetenzerfahrungen 38, 43, 44
Kompromisse 167, 234, 245, 314, 315, 318, 321, 322, 323, 324, 325, 327
Konflikte 167, 318
konsequent 240, 241
Konsequenzen 113, 114, 118, 124, 165, 218, 222, 224, 252, 265, 337, 340
Kontrolle 116, 132, 135, 189, 190, 266
Kooperation 125, 314, 336
Körperhaltung 58, 78, 94, 237, 271
Körperkontakt 55, 76

L

lernen 73, 108, 109, 110, 180, 181
Lernziele 213, 214, 215
Liebesentzug 263
Lob 58, 230, 236, 250, 337
lügen 222, 248, 252, 253, 254, 258, 259, 260, 261, 265

M

Macht 270, 337
Machtkämpfe 50, 54, 117, 153, 154, 155
Magische Phase 256, 257
Mimik 58, 78, 89, 94, 95, 204, 229, 231, 237, 271
Missmut 132
Moral 114, 251, 255, 256, 259
Moralentwicklung 238, 248, 251, 255, 256, 258, 263
Motivation 87, 88, 89, 96, 97, 226, 333

N

Nein sagen 342, 343, 344
Neun-Punkte-Dilemma 328
Normen 230, 242, 258

O

Ordnung 64, 271
Oxytocin 55

P

Peergroup 261
Perspektivenwechsel 205, 230, 253, 254, 276, 322
präfrontaler Cortex 189, 194, 205, 206, 240, 255, 256, 334, 336, 340
Prioritäten 123
Problemgespräch 297
Problemlösungsstrategien 184
provozieren 226, 246, 266, 272, 273, 274, 276

R

Regeln 63, 81, 181, 224, 229, 233, 238, 239, 240, 241, 242, 243, 341
Resilienz 332, 334
Reue 219, 223, 231, 232
Rituale 63
Rückschläge 332, 333
Rücksicht 163, 234, 235, 241, 242, 246, 323
Rückzug 272

S

schimpfen 70, 169, 215, 227, 240, 260
schlechtes Gewissen 231, 232
schlechtes Verhalten 230
schreien 103, 267
Schuld 232, 247, 270
Schuldgefühle 251, 267
Selbstbewusstsein 181
Selbstbild 225, 226, 230, 241
Selbstfürsorge 103, 105, 107, 111
Selbstkontrolle 196, 198, 233
Selbstwertgefühl 39, 43, 131
Selbstwirksamkeit 56, 57, 135, 181, 332
soziale Resonanz 332
Sozialverhalten 180, 241
Spiegelneuronen 103, 237, 240, 243, 271
spielen 62, 136, 137, 181, 182
Sprachentwicklung 202
stehlen 248, 252, 257, 259, 260
Strafe 171, 173, 174, 221, 222, 223, 224, 226, 236, 250, 260, 264, 265, 269, 337
Strategien 52, 53, 54, 56, 58, 64, 68, 70, 72, 114, 135, 195
Streit 49, 75, 82, 117, 172, 227, 245, 272, 323
Stress 51, 52, 71, 96, 261
Struktur 62, 73
Süßigkeiten 68, 147, 150, 151, 152, 214, 315, 327

T

Trauer 62, 96, 106, 272
Trost 85, 95, 167, 330, 335, 348
Tyrannenkinder 30, 34, 42, 44, 45, 46, 54, 342, 343, 347

U

Ungerechtigkeit 226, 251

V

Verantwortung 61, 100, 101, 102, 103, 108, 109, 110, 111, 116, 117, 128, 153, 154, 155, 160, 163, 166, 168, 332
Verantwortungsbereich 103, 108
Verantwortungsbewusstsein 123, 124, 125
Verbindung 59, 88, 98, 135, 181, 228, 274
Vertrauen 136, 254
Vorbilder 156, 166, 261, 327

W

weinen 52, 62, 70, 79, 95, 103, 162, 171, 232, 267
Werte 238, 339
Wertschätzung 58, 64, 70, 131, 230
Wünsche 52, 53, 54, 56, 64, 75, 76, 135, 318, 319, 322, 323, 324
Wut 55, 62, 96, 169, 174, 220, 228, 246, 247, 251, 268, 272

Z

Zähneputzen 51, 74, 116, 117
Zeitdruck 74
Zugehörigkeit 60, 324
Zuhören 293, 309

Die Autorinnen

Katja Seide lebt im schönsten Stadtteil Berlins mit ihrer Frau, ihren beiden Töchtern (geb. 2010) und ihrem Sohn (geb. 2014). Sie ist Sonderpädagogin und arbeitet an einer Grundschule in Brandenburg. Seit Jahren arbeitet sie als Sonderpädagogin mit Kindern mit Verhaltensauffälligkeiten, Autismus, Lernbehinderungen u. a. Sie begleitete außerdem junge Lehrer als Seminarleiterin, analysierte Situationen in deren Unterricht und half ihnen, Unterrichtsstörungen zu vermeiden. Sie verbringt ihre freie Zeit am liebsten in ihrem Lieblingscafé, wo sie zu viel Kuchen isst, zu viel Kaffee trinkt, ein Buch nach dem anderen liest und ellenlange Beiträge für ihren Blog schreibt. Ihre Stärken sind das »Übersetzen« von wissenschaftlichen Termini, sodass auch Nichtfachleute diese verstehen, sowie das Analysieren von schwierigen Situationen zwischen Eltern und Kind und das Aufzeigen von Lösungsmöglichkeiten.

Danielle Graf lebt eher ländlich im nördlichen Speckgürtel von Berlin mit ihrem Mann, einer Tochter (geb. 2009), einem Sohn (geb. 2011), einer frechen und faulen Katze, einem Hamster und neun Wellensittichen. Sie hat ein Studium zur Rechtsökonomin absolviert und ein weiteres zum Bachelor of Business Administration. In ihrer Freizeit verschlingt sie jedes Buch über Kinder, das ihr in die Hände kommt – ihre Bibliothek umfasst mittlerweile über hundert davon. Bloggen ist zu ihrer Leidenschaft geworden, der sie jede freie Minute widmet. Ihre Stärken sind umfangreiche Recherchen und das Zusammentragen und Verknüpfen von Fakten.

Beide zusammen schreiben seit 2013 den Blog »Das gewünschteste Wunschkind aller Zeiten treibt mich in den Wahnsinn«

(www.gewuenschtestes-wunschkind.de), der viele Millionen Zugriffe verzeichnet. Als Katjas erste Tochter nach vier Jahren nervenaufreibender Kinderwunschzeit endlich geboren wurde, schickte sie allen Freunden die überglückliche Geburtsanzeige: »Das gewünschteste Wunschkind aller Zeiten ist da!« Keine acht Wochen später, völlig übermüdet und frustriert, bekam ihre beste Freundin eine SMS von ihr mit den Worten: »Das gewünschteste Wunschkind aller Zeiten treibt mich in den Wahnsinn!« Sie hatte sich die Zeit mit Baby so schön ausgemalt – stillen, kuscheln, schlafen, mehr braucht so ein Winzling doch nicht, dachte sie. Ha! Weit gefehlt. Wer hätte gedacht, dass der Umgang mit dem eigenen Baby so schwer ist?

Sie suchte Rat in ihrem Lieblingsforum, wo auch Danielle sehr aktiv war, die selbst schon Erfahrungen mit einem sehr anspruchsvollen Baby gesammelt hatte. Der Austausch wurde intensiver und bald waren die beiden gut befreundet. Wegen ihrer fundierten Antworten im Forum wurden sie immer öfter gebeten, zusammen ein Buch zu schreiben. Katja schlug vor, erst mal mit einem Blog zu beginnen. Innerhalb kürzester Zeit verzeichneten sie überragende Besucherzahlen und begeisterten die Leserinnen und Leser mit ihren Texten. Nach drei Jahren Erfolg im Blog ist 2016 ihr erster Erziehungsratgeber entstanden: *Das gewünschteste Wunschkind aller Zeiten treibt mich in den Wahnsinn. Der entspannte Weg durch Trotzphasen.* Ihr zweites Buch, *Das gewünschteste Wunschkind aller Zeiten treibt mich in den Wahnsinn. Gelassen durch die Jahre 5 bis 10*, erschien 2018. 2020 kamen *Das gewünschteste Wunschkind aller Zeiten treibt mich in den Wahnsinn. Das Geschwisterbuch* hinzu sowie 2023 *Das gewünschteste Wunschkind aller Zeiten treibt mich in den Wahnsinn. Babys verstehen und gelassen begleiten*. Auch mit ihren Bilderbüchern und ihrem Podcast *Das gewünschteste Wunschkind* erreichen sie viele Mütter und Väter.